Das Buch

Als Andreas Englisch vor vielen Jahren als Korrespondent nach Rom geschickt wurde, hielt er den Kirchenstaat für eine pompöse Institution und das Oberhaupt der katholischen Kirche für einen rückständigen Moralapostel. Doch je näher er dem Papst kam, umso mehr gerieten seine Skepsis und seine Vorurteile ins Wanken. Als Reporter arbeitete er tagtäglich im Vatikan, er beobachtete Johannes Paul II. bei Privataudienzen, Messen und Seligsprechungen, beim Skifahren und im Krankenhaus. Vor allem aber begleitete er den »Marathonmann Gottes« im Papstflugzeug auf seinen Reisen rund um die Welt.
In diesem Buch zeichnet Andreas Englisch mit viel Humor und großer Leidenschaft ein aufregendes und intimes Porträt einer der beeindruckendsten Persönlichkeiten unserer Zeit. Wir lernen Karol Wojtyla aus nächster Nähe kennen und beginnen zu verstehen, worin die Stärke und das Geheimnis dieses so umstrittenen wie hoch verehrten Mannes lagen.

Der Autor

Andreas Englisch, Jahrgang 1963, studierte Literaturwissenschaft und Journalistik und arbeitet seit vielen Jahren als Korrespondent der *Welt*, der *Welt am Sonntag*, der *Berliner Morgenpost*, der *Bild*, der *Bild am Sonntag* sowie des *Hamburger Abendblatts* in Rom. 1995 wurde er in den Pool der wenigen Vatikan-Journalisten aufgenommen, die den Papst bei seinen Reisen im päpstlichen Flugzeug begleiten. Er hat bisher zwei Romane veröffentlicht: *Der stille Gott der Wölfe* (1995) und *Die Petrusakte* (1998).

Andreas Englisch

Johannes Paul II.

Das Geheimnis des Karol Wojtyla

Ullstein

Besuchen Sie uns im Internet:
www.ullstein-taschenbuch.de

Umwelthinweis:
Dieses Buch wurde auf chlor- und säurefreiem Papier gedruckt.

Ungekürzte Ausgabe der aktualisierten und erweiterten HC-Ausgabe
im Ullstein Taschenbuch
1. Auflage Dezember 2004
3. Auflage 2005
© 2004 by Ullstein Buchverlage GmbH, Berlin
© 2003 by Ullstein Heyne List GmbH & Co. KG, München/Ullstein Verlag
Umschlaggestaltung: Thomas Jarzina, Köln,
unter Verwendung einer Vorlage von
Hauptmann und Kampa Werbeagentur, München – Zürich
Titelabbildung: dpa, München
Satz: LVD GmbH, Berlin
Druck und Bindearbeiten: Ebner & Spiegel, Ulm
Printed in Germany
ISBN 3-548-36710-0

Für Leonardo

Inhalt

Einleitung
9

1 Im Pool des Papstes
20

2 Unterwegs in Sachen Gott
40

3 Schuld und Teilung der Kirche
80

4 Stille Tränen vor Millionen
124

5 Das Papamobil im Stau
148

6 Aufbruch im Heiligen Jahr
190

7 Die Botschaft von Fatima
292

8 Der Papst in der Moschee
312

9 Der alte Mann und die Supermacht
337

10 Ein Zimmer in Krakau
350

11 Das Geheimnis Karol Wojtylas
356

12 Das Ende einer Ära
368

13 XX. Weltjugendtag in Köln 2005
395

Epilog
424

Zeittafel
429

Personenregister
435

Einleitung

Ich weiß, dass mein Sohn eines Tages in meiner Schreibtischschublade eines dieser Fotos finden wird, die nicht ins Familienalbum gehören, die ich aber auch nicht wegwerfen mag: Bilder meiner Dienstreisen mit dem Papst. Mein Sohn wird sehen, dass sein Vater irgendwo neben Johannes Paul II. steht, und er wird fragen: »Sag mal, du kennst den doch: Was ist das für ein Mann?«

Was soll ich dann sagen? Soll ich es seinen Lehrern überlassen, ihm von Karol Wojtyla zu erzählen, weil ich es nicht schaffen würde, objektiv zu bleiben? Soll ich ihm ein paar Biographien kaufen, die Fakten berichten, während alles, was ich sagen würde, durch meine Erinnerungen geprägt ist? Mir ist klar, dass ich weder vollständig noch unparteiisch über Johannes Paul II. berichten kann. Dieser Papst hat mich geärgert, er hat mich überrascht, er machte mich sprachlos. Vielleicht wird es dem majestätischen Papst auch nicht gerecht, wenn man ihn im Licht des alltäglichen Lebens zeigt und erzählt, wie dieser Mann mit seinem Amt lebte, wenn er nicht an einem Altar stand. Ich erinnere mich auch nicht lückenlos. Mein Gehirn spielt mir einen Streich. Was mir etwas bedeutete, taucht klar vor mir auf, auch wenn es lange zurückliegt. Gleichzeitig tilgt mein Gedächtnis ganze Monate. So ist mir zwar das Thema der Rede entfallen, die der Papst in St. Louis in den USA hielt, aber ich weiß noch genau, wie er dort mit seinem Gehstock einen Baseballspieler nachmachte und mit einem Schlag in die Luft Tausende von Jugendlichen für sich einnahm. Ich erinnere mich daran, wie hell seine Augen leuchten können, wenn er das Gefühl hatte, dass

Gott sich ihm für einen Augenblick in der Freude und dem Gelächter junger Menschen zeigte.

Mein Sohn soll ruhig erfahren, was ich eigentlich tat, wenn ich wochenlang mit dem »weißen Mann« unterwegs war. Ich bin sicher, dass er irgendwann sagen wird: »Erzähl doch mal!« Vielleicht ist es sinnvoll, mir schon jetzt zu überlegen, was ich ihm dann über diesen Papst sagen soll, der mich so verändert hat.

Der Papst war mein Job

Als ich nach Rom kam, war ich ein sehr junger Mann und hegte einen Groll gegen Johannes Paul II. Ich hielt ihn für einen Verräter an der Sache Jesu. Meiner Meinung nach unternahm der Mann so ziemlich das Gegenteil von dem, was Jesus von Nazareth gewollt hätte. Ich bin in einer katholischen Familie aufgewachsen und war ein frommer Junge. Vom Kerzenträger bis zum Gruppenleiter hatte ich alle Karrierestufen des Messdieners hinter mich gebracht, bevor ich als Abiturient und Student das wahre Wesen der katholischen Kirche und ihres Oberhaupts zu enthüllen glaubte: Johannes Paul II., fand ich, sei mitverantwortlich am Hungertod von Millionen Menschen in der Dritten Welt, weil die Kirche empfängnisverhütende Mittel verbietet. Es gab für mich nicht den geringsten Zweifel daran, dass der energische und verhältnismäßig junge Papst, der im Vatikan regierte, sehr weit weg von Gott war. Damals dachte ich genau so, wie es in dem römischen Witz über das Autokennzeichen des Vatikans zum Ausdruck kommt. In Rom übersetzt man scherzhaft das »SCV«, das für *Stato della Città del Vaticano* (Vatikanstadt) steht, mit »Se Cristo vedesse«: Wenn Jesus das sähe! Wie konnte ein Papst, der sich darauf berief, der Nachfolger eines Fischers zu sein, in Goldbrokat-Gewändern in einem Pracht-Palast residieren, wenn der Gründer der Religion sein Leben lang barfuß gegangen war?

Als ich meinen Dienst als Auslandskorrespondent in Rom antrat, interessierte mich der Papst nur deshalb, weil er mich interessieren musste: Er wurde ein Teil meines Jobs. Nichts weiter.

Durch Zufall erhielt ich gleich zu Beginn meines Rom-Aufenthaltes einen Schlüssel zum Vatikan: Ein Freund verschaffte mir auf bizarre und abenteuerliche Weise einen direkten Zugang zur Welt im Inneren des Kirchenstaates. Was ich dort sah, bestätigte meine Vorurteile. Das Zölibat und die strenge Hierarchie innerhalb der katholischen Kirche trieben Priester zur Verzweiflung. Etwas anderes wollte ich zunächst nicht sehen.

Mein Job ist ungewöhnlich, aber nicht einzigartig. Es gibt Kollegen, die kümmern sich um einen Rennfahrer, einen Politiker oder einen Show-Star. Diese Reporter müssen sich dafür interessieren, wie sich der Rennfahrer nach dem Test eines neuen Motors fühlt, was ein Politiker über den jüngsten Vorschlag seines Gegners denkt und wann der Popstar seine Freundin zu schwängern gedenkt. So musste ich mich eben dafür interessieren, wie sich das Verhältnis des Papstes zum Patriarchen in Konstantinopel entwickelt. Während andere Reporter beim Abendessen darüber philosophieren, ob der Mann, den sie beobachteten, Weltmeister werden kann, versuche ich, Interesse dafür zu erwecken, ob es dem Papst gelingen könnte, jemals eine heilige Messe auf dem Roten Platz in Moskau zu feiern.

Zweifellos beschäftige ich mich mit einem langlebigen Thema. Päpste werden auf Lebenszeit gewählt und müssen sich nicht wie Rennfahrer bei Wettbewerben oder Politiker bei Wahlen immer neu beweisen. Johannes Paul II. überlebte praktisch sämtliche Gegner aus der Zeit des Kalten Krieges. Heute scheint die Ära Breschnew unendlich weit zurückzuliegen, ebenso wie das Wettrüsten zwischen der NATO und den Staaten des Warschauer Paktes. Die Politik Ronald Reagans ist für die meisten längst Geschichte. Aber für Johannes Paul II. geschah das alles erst gestern. Er blieb als Zeitzeuge und Hauptdarsteller auf der Weltbühne, von Fidel Castro abgesehen, allein zurück.

So nahm für mich die Berichterstattung über den Vatikan, zunächst nur ein Nebenaspekt meiner Arbeit als Italienkorrespondent, im Laufe der Jahre eine immer größere Bedeutung ein. Seit beinahe zwei Jahrzehnten kümmere ich mich nun als Reporter um den Papst und kam ihm deshalb zwangsläufig immer näher. Ich stand jedes Mal auf dem trostlosen Betonplatz vor dem vatikaneigenen Krankenhaus *Gemelli*, wenn er operiert werden musste, versuchte aus Tausenden seiner Predigten Nachrichten zu destillieren und genoss das Privileg, in seinem Dienstflugzeug alle Kontinente der Welt zu bereisen. Dafür werde ich glühend beneidet von Freunden und Bekannten, die nicht wissen, dass man als Begleiter des Papstes beim Welt-Jugendtag in Kanada nicht die Niagarafälle zu sehen bekommt, sondern eine Menschenmasse, die eine Messe feiert, und dass man beim Papstbesuch auf Kuba nicht im Karibischen Meer baden gehen kann. Ich habe nie einen Blick auf die Pyramiden der Azteken in Mexiko City werfen können, obwohl ich viermal dort war. Stattdessen habe ich viele Stunden meines Lebens im modernen Betonbau am Stadtrand von Mexiko City verbracht, in dem die Madonna von Guadalupe verehrt wird. Das weltberühmte Rote Fort in Neu-Delhi habe ich nicht besichtigt, kann mich jedoch gut an das einschläfernde Geräusch der Ventilatoren unter der Decke der Basilika in der indischen Hauptstadt erinnern. Ich habe auch nie das Glück gehabt, die Sphinx am Fuße der Cheops-Pyramide zu bewundern, aber ich kenne die Kirche in Kairo, in der der Flucht Marias und Josefs nach Ägypten gedacht wird. Im Grunde bestand mein Job vor allem darin, zu warten. Ich wartete überall auf der Welt: in der Kälte des Kaukasus, in einer Favela am Zuckerhut in Rio de Janeiro und auf einem staubigen Feld in Abuja in Nigeria. Das Warten hatte immer den gleichen Grund: Wenn der Papst kommt, bilden sich die größten Menschenansammlungen, die es je auf diesem

Globus gegeben hat. Wir Journalisten aus dem Papstgefolge müssen uns viele Stunden vor Beginn der Messen von Sicherheitsleuten an den Altar schleusen lassen, sonst haben wir keine Chance mehr, dem Hauptdarsteller des Geschehens nahe zu kommen. Im Januar 1995 pilgerten mehr als 3,2 Millionen Menschen zu seiner Messe in Manila. Niemand kommt bei solchen Ansammlungen noch irgendwo durch. Die Menschenmasse blockiert sich von allein. Wer jemals auf einer Massenveranstaltung, einem Popkonzert oder einer Großdemonstration war, weiß, dass es unmöglich ist, kurz vor Beginn des Ereignisses in das Zentrum des Geschehens zu gelangen. So wurde ich also stets drei bis vier Stunden, bevor der Papst am Altar eintraf, von irgendeinem Polizisten oder Protokollchef auf eine Holzbank verfrachtet oder unter ein Zeltdach geschoben, damit ich von dort aus meinen Job verrichten konnte: den Einzug und den Auftritt Seiner Heiligkeit zu beobachten. Ich habe im Regen gewartet und im gleißenden Sonnenlicht; morgens, mittags, abends und nachts. Wenn mir das Warten wieder einmal zu lang wurde, rief ich meine Frau an, die diese Gespräche hasste, weil es außerordentlich unangenehm ist, sich von einem Ehemann ins Ohr brüllen zu lassen, der versucht, Hunderttausende zu überschreien, die »*Cristus hodie, Cristus semper*« singen und außer Rand und Band geraten, weil sie das Oberhaupt von einer Milliarde Katholiken *live* erwarten.

An all diesen Orten habe ich den Papst lachen sehen und weinen. Ich habe beobachtet, wie er verzweifelte, ich war dabei, wenn er Fehler beging, und auch, wenn er versuchte, sie wieder gutzumachen, und ich habe mit ihm darüber sprechen dürfen. Ich habe erfahren, was Johannes Paul II. ärgert und was ihn langweilt. Ich wusste, was er gegessen hatte, was er gern getan hätte und man ihn nicht tun ließ, und manchmal glaubte ich zu ahnen, wovon er träumte. Der Papst war mein Job, für lange Zeit, nichts weiter, bis er ganz plötzlich aufhörte, nur ein Job zu sein.

Ich weiß noch genau, wann das war: im Sommer 1999, während dieser unglaublichen siebten Polenreise, der längsten Reise überhaupt in Europa. Es passierte an einem Abend, an dem der Papst noch einen späten Termin hatte, in einer Stadt irgendwo im Süden des Landes. Ich bat darum, ihn auch an diesem Abend begleiten zu dürfen. Aus professioneller Sicht war diese Schicht überflüssig. Die Zeitungen, für die ich berichtete, hatten längst Redaktionsschluss. Es war sinnlos, mit dem Papst in eine abgelegene Kirche zu fahren, um zu sehen, wie er betete. Warum also tat ich mir das an? Warum ruhte ich mich nicht aus? Auf einmal wurde mir klar, welche Frage ich mir seit Jahren des Wartens in Kirchen und auf staubigen Plätzen in Afrika und Amerika, in Asien oder in Rom immer wieder unbewusst gestellt hatte: Ist dieser Mann vielleicht tatsächlich von Gott gesandt worden? Redet sich Karol Wojtyla einen direkten Kontakt zu Gott ein, oder besitzt er ihn wirklich? Es war nicht mehr der Reporter, der diese Frage stellte. Ich persönlich wollte das wissen. Ich hatte den Journalisten hinter mir gelassen, der sich dafür interessieren muss, was das Oberhaupt der römisch-katholischen Kirche auf seinen Reisen erlebt, weil man ihn dafür bezahlt. Ich wollte für mich selbst eine grundsätzliche Frage klären.

Manchmal ist Johannes Paul II. in der Lage, eine überzeugende Antwort auf diese Frage zu geben. Ich hatte diese unglaublichen Augenblicke schon erlebt, in denen es schien, als ob Gott sich Karol Wojtyla mitteilte, ihn gleichsam berührte. Der Gott dieses Papstes ist kein verborgener, versteckter Gott, sondern ein tätiger Schöpfer, der sich mitteilen will, der den Dialog sucht. Ich kenne eine Menge frommer Menschen, und ich kenne einen Mönch namens Pater Pietro, den ich für einen echten Heiligen halte. Pater Pietro hat 40 Jahre lang ganz allein ein großes Kloster in den Bergen von Ascoli Piceno gebaut, ohne jemals einen Pfennig Geld zu besitzen. Er lebt von Pilzen, Hühnereiern, Gemüse und verschimmeltem Brot und sammelt geeignete Bausteine im Wald. Aber es ist eine Sache, als Einsiedler auf einem abgelegenen Gipfel seinem Schöpfer näher zu kommen, und es ist eine andere Sache, als Vikar Jesu Christi den Willen Gottes zu erkennen und in einer modernen Welt umzusetzen.

Genau das versucht Karol Wojtyla. Er fragt immer wieder seinen Herrn: »Was soll ich als Nächstes tun? Was ist dein Wille?« Manchmal bekommt er eine Antwort und manchmal nicht. Er ist ständig auf der Suche nach seinem Gott, und oft schien es mir, als könne er ihn einfach nicht finden, wie er damals in der dramatischen Rede am 11. Dezember 2002 zugab, als er sagte: »Die größte Tragödie ist das Schweigen Gottes, der sich nicht mehr offenbart, der sich im Himmel zu verbergen scheint, als sei er angewidert vom Handeln der Menschheit.« Keinen dieser Momente, in denen Karol Wojtyla seinen Herrn sucht, wollte ich mir fortan entgehen lassen, und deshalb hatte der Papst aufgehört, mein Job zu sein. Ich hatte die Distanz zu Johannes Paul II. verloren, und ich wusste, wie gefährlich das ist.

Der Vatikan ist keine Demokratie, sondern ein Machtapparat; ein Fürstenhof mit den Regeln eines Renaissance-Herrscherhauses. Es ist unvermeidlich, dass sich Menschen der Macht des Palastes anbiedern, von dem sie sich magisch angezogen fühlen. Es kommt vor, dass sich Kollegen, die zunächst eine vorgefertigte negative Meinung über die katholische Kirche hatten, in glühende Bewunderer des Vatikans verwandeln, nachdem sie vom Palast hofiert wurden. Fürstenhöfe machen aus Menschen, die unabhängige Beobachter sein sollten, leicht Untertanen. Und es ist schwierig, von Johannes Paul II. nicht fasziniert zu sein: Der 263. Nachfolger des heiligen Petrus, der erste slawische Papst der Geschichte und der erste Nichtitaliener auf dem Thron Petri seit 455 Jahren, gehört zu den wichtigsten Persönlichkeiten des 20. Jahrhunderts. Vermutlich hat keiner seiner Vorgänger das Amt des Papstes so stark verändert wie er. Es wird in der modernen Geschichte der Päpste zwei Epochen geben: die Zeit vor Karol Wojtyla und die Zeit nach seiner Regentschaft.

Natürlich war auch ich von dem Mann zunehmend fasziniert.

Aber ich hatte mir jahrelang eingeredet, Distanz bewahrt zu haben. Stimmte das noch? Mir war plötzlich klar, dass ich von nun an vorsichtiger sein und meine Berichterstattung kritischer als bisher überprüfen musste. Aber es gab keinen Rückweg mehr: Ich hatte damit begonnen, Johannes Paul II. als einen Mann zu betrachten, von dem ich glaubte, dass er mir helfen würde, eine Antwort auf die Frage zu finden: Existiert Gott?

Zimmer frei

Meine Annäherung an den Vatikan wäre völlig anders verlaufen, wenn ich nach meiner Ankunft in Rom nicht bei der Zimmersuche gescheitert wäre. Denn dann wären mir die Menschen, die mir den ersten Blick hinter die Kulissen des Kirchenstaates öffneten, nie begegnet. Ich trat meinen Job als Auslandskorrespondent an, war jung und noch unverheiratet, kannte keinen Menschen in der Stadt und wollte nicht allein wohnen. Mir war klar, dass ich Land und Leute besser begreifen würde, wenn ich italienische Mitbewohner hätte. Deshalb suchte ich ein Zimmer in einer Wohngemeinschaft und erfuhr, dass es Mitte der 80er-Jahre in Rom noch keine Wohngemeinschaften gab. Studenten wohnten bei den Eltern, bei einem Verwandten oder in einem Wohnheim der katholischen Kirche. Ich musste mir deshalb eine eigene Wohnung mieten und fand einen Traum: ein viel zu großes, komplett möbliertes Apartment mit einer Dachterrasse direkt am Kolosseum. Die Behausung war alles andere als chic und überhaupt nicht praktisch. Sie erinnerte an die Kulisse eines italienischen Stummfilms. Fingerdicke dunkelrote Samtvorhänge schirmten jeden Lichtstrahl ab, im Schlafzimmer stand neben dem goldenen Messingbett eine verschnörkelte Anrichte voller bizarrer Kristallgläser. Ich stellte mir nachts manchmal die Tischgesellschaften vor, die hier getafelt haben mussten, und meinte noch das Rauschen prächtiger Roben zu hören. Wie ein Gespenst schlich ich durch die Zimmer, in denen es prächtige Goldlack-Spiegel gab, goldfarbene Sofas und gewaltige, verstaubte Schränke, in denen ich Uniformen aus dem Ersten Weltkrieg entdeckte. In der Küche fand ich ein Paket Salz, das ein Geschenk der US-Armee an die italienische Bevölkerung im Zweiten Weltkrieg gewesen war. Der Unterhalt der Wohnung drohte mich allerdings zu ruinieren. Also hängte ich überall in der Umgebung Zettel mit der Aufschrift »Zimmer frei« auf. Ich ahnte damals nicht, dass ich mich für den Geschmack der damaligen römischen Gesellschaft außerordentlich ungewöhnlich verhielt. Unverheiratete Männer lebten nicht allein oder mit Bekannten zusammen. Wenn sie gezwungen waren, ihre Stadt zu verlassen, dann wählte die Familie aus, wohin sie zu gehen hatten, und zwar nach einem einzigen Kriterium: ob in den in Frage kommenden Städten Verwandte wohnten, bei denen die jungen Herren unterkommen konnten. Dass junge Frauen allein Apartments anmieten könnten, war nicht vorgesehen. Junge Damen, die in eine andere Stadt zogen, um zu studieren, lebten in der Regel ebenfalls bei Verwandten oder in einem Wohnheim, meist in einem Wohnheim der katholischen Kirche.

Ich ahnte nicht, was mein schlichter Aushang an einem bürgerlichen Wohnhaus, der besagte, dass ein Zimmer zu vermieten sei, auslösen würde. Ich wusste nicht, dass ich mit der Zimmersuche eine nicht mehr zu stoppende Entwicklung in Bewegung gesetzt hatte.

Als mögliche Untermieter stellten sich in den kommenden Monaten eine Vielzahl von Menschen vor. Ich erinnere mich an einen Gitarristen aus Jamaika, eine Frau aus Perugia, die mit ihrem Liebhaber durchgebrannt war und dringend Unterschlupf suchte, und auch an eine Reihe von Mitbewohnern, die zeitweilig in meiner Wohnung lebten. All diese Menschen signalisierten nach außen vor allem eines: Da gibt es eine Wohnung, in der die Gesetze des bürgerlichen Roms außer Kraft gesetzt worden sind. Es ist eine Wohnung, in die man keinen Kuchen mitbringen muss und keinen Blumenstrauß, wenn man einfach mal vorbeikommen will, sie ist verschwiegen, aber sie steht nicht in dem Ruf, dass in ihr skandalöse Dinge geschehen. Da ich damals keine Freundin hatte und Frauen nie aus dem Apartment kamen, gab es in dem Haus seltsamerweise keinen Streit mit den durch und durch bürgerlichen Nachbarn. Es war, als würde die Wohnung, in der ich lebte, gar nicht existieren, als wäre dort nur eine Wand, als gäbe es die etwa 140 Quadratmeter Wohnfläche nur in einer Phantasiewelt. Weil die Mitbewohner des Hauses mich nicht einschätzen konnten, ignorierte man mich. Es muss eine automatische Anziehungskraft entstanden sein zwischen dieser Insel und derjenigen Gruppe in Rom, die dringender als irgendwer ein neutrales Territorium brauchte und mich und meine seltsame Wohngemeinschaft entdeckte: homosexuelle geweihte Priester.

Ich lernte polnische, italienische, argentinische und US-amerikanische katholische Priester kennen, die an meinem Küchentisch saßen und mir nach und nach ihre Liebesgeschichten erzählten. Sie litten darunter, Priester zu sein und trotzdem einen Mann zu lieben, wie ich selten Menschen habe leiden sehen. Ich erinnere mich an Abende, an denen einige von ihnen zusammen beteten und sich wieder und wieder ihre Sünden vorwarfen. Es dauerte eine ganze Weile, bis ich begriff, worum es überhaupt ging. Nach Meinung der katholischen Kirche war Homosexualität eine Verirrung des Menschen, etwas Unnatürliches. Diese Haltung hatte mit dem Stifter der christlichen Religion, Jesus, nichts zu tun. Der Mann aus Nazareth hat sich nie zu dem Thema Homosexualität geäußert. Ich lernte damals, dass diese Ablehnung der Kirche auf einer Stelle bei Paulus beruht. Im Römerbrief schreibt Paulus über Gottes Zorn angesichts der Ungerechtigkeit des Menschen. Die Vergehen der Menschen bestraft Gott. Im Römerbrief des Apostels heißt es im ersten Kapitel, Vers 26 bis 28: »Darum lieferte Gott sie entehrenden Leidenschaften aus: Ihre Frauen vertauschten den natürlichen Verkehr mit dem widernatürlichen, ebenso gaben die Männer den natürlichen Verkehr mit der Frau auf und entbrannten in Begierde zueinander; Männer trieben mit Männern Unzucht und erhielten den ihnen gebührenden Lohn für ihre Verirrungen.«

Es war schrecklich zu sehen, was diese Worte noch fast 2000 Jahre später auslösten. Die Priester, die ich kennen lernte, fürchteten sich vor der Einsamkeit, vor einem Leben ohne Zärtlichkeit und auch vor der Strafe Gottes. Ich fuhr oft mit einem von ihnen mit meiner alten Vespa zum Petersplatz, weil er den Papst während des Angelus-Gebets sehen wollte. Wir hörten dann auf dem Petersplatz beide dem Papst zu: der Priester auf Knien, ich im Stehen. Ich verlor in dieser Zeit meine Achtung vor dem Papst. In meinen Augen hatte die katholische Kirche nicht die Kraft, sich zu reformieren oder auch nur die schlimmsten Fehler zu korrigieren.

1
Im Pool des Papstes

Es war ein seltsames Gefühl, als ich zum ersten Mal den vatikanischen Pressesaal am Petersdom betrat, um mich als Reporter im Gefolge des Papstes akkreditieren zu lassen. Die Presseabteilung des Kirchenstaates sah wie eine Behörde aus. Ich hatte den Eindruck, Gott wäre unter den Papierbergen des Büros begraben worden. Während der ersten Mittwochs-Audienzen, zu denen ich nach meiner Aufnahme in den Presseclub Zugang hatte, sah ich das, was ich erwartet hatte: einen schlanken, athletischen, energischen Papst, der mit fester Stimme sprach und von einer unkritischen Masse bejubelt wurde. Da war er also, der Mann, der den antiken römischen Titel für religiöse Führer tragen durfte: »*Pontifex*«, also »Brückenmacher« zwischen zwei Welten. Offiziell trägt ein Papst neun Titel: Bischof von Rom, Vikar Jesu Christi, Nachfolger des Apostelfürsten, Pontifex (Papst) der Universalen Kirche, Patriarch des Westens, Primas Italiens, Erzbischof und Metropolit der Provinz Rom, Oberhaupt des Staats der Vatikanstadt, Diener der Diener Gottes. Ich fand, das waren ein paar Titel zu viel. Die Menschen hielten ihre Rosenkränze hoch, damit der Papst sie segnen konnte. Mir kam das Ganze lächerlich vor. Ich verstand auch nicht, wie es so vielen Polen gelingen konnte, durch den Eisernen Vorhang zu schlüpfen und an den Audienzen teilzunehmen. Damals wusste ich noch nicht, dass die Stadt mit der größten polnischstämmigen Bevölkerung nicht Warschau, sondern Chicago ist.

Erst Monate nach der ersten Generalaudienz wurde ich zum ersten sogenannten Bibliothekspool meines Lebens eingeteilt. Irgendein deutscher Ministerpräsident durfte Johannes Paul II.

treffen, und ich sollte darüber berichten. Damals stand die Tür zu den päpstlichen Gemächern noch weit auf: Sportler und Künstler, Parlamentarier und Vereinspräsidenten wurden von Johannes Paul II. empfangen. Erst seit dem Jahr 2000 gewährt der Papst nur noch hohen Volksvertretern Privataudienzen.

Mehr als 100 internationale Journalisten sind am Vatikan akkreditiert und haben ein Recht darauf, hautnah an Ereignissen teilzunehmen. Sinn einer Privataudienz ist hingegen die private Atmosphäre des Treffens. Da man nicht hundert Reporter vor die Bibliothek stellen kann, in der die Vier-Augen-Gespräche stattfinden, wählen die Journalisten für die Audienztermine in der Bibliothek zwei Repräsentanten als »Pool« aus, die tatsächlich am Ereignis teilnehmen und sich verpflichten, den Kollegen hinterher detailliert das Geschehen zu schildern.

Es war ein Gefühl, wie in eine andere, geheimnisvolle Welt zu tauchen, als ich zum ersten Mal den vatikanischen Palast betrat, vorbei an den salutierenden Schweizergardisten durch die Bronzepforte Portone di bronzo schritt und über die blank gewienerten Böden spazierte. Eine Ordensschwester, die für den Pressesaal arbeitet, begleitete uns. Es gehört zu ihren Aufgaben, Journalisten durch den vatikanischen Palast zu schleusen. Im Jargon heißt die Nonne deshalb »Pool-Pilot«. Erstmals stieg ich die Treppe zur Bibliothek hinauf. Ich weiß nicht mehr, wie oft ich später diesen Weg gegangen bin, aber beim ersten Mal schritt ich staunend durch die bunt ausgemalten Säle, vorbei an den Kammerherren, die den hohen Gast erwarteten, zum Vorzimmer der Bibliothek. Dort steht der Thron des Papstes, und andere Päpste haben ihn tatsächlich benutzt: Es ist ein mit Goldlack verzierter, pompöser Sessel. Wir Pool-Journalisten mussten hinter einem roten Seil warten. Dann ging irgendwann die Tür auf, und Papst Johannes Paul II. kam heraus.

Er war kleiner, als ich erwartet hatte, und sah nicht so schmal aus wie auf Entfernung oder im Fernsehen. Ich kann ihn damals kaum mehr als eine Viertelstunde gesehen haben, aber es kam mir viel länger vor. Ich weiß noch ganz genau, was ich damals dachte: Ich hatte erwartet, eine Majestät anzutreffen. Aber Karol Wojtyla hatte nichts Majestätisches, keine Spur von herablassender Güte an sich. Im Gegenteil. Er wirkte auf mich, als wäre es ihm ein wenig peinlich, dass er der Papst ist. Damals wandte sich Johannes Paul II. plötzlich von seinem Sekretär Don Stanislaw Dziwisz ab und sprach mich an. Wahrscheinlich hatte Don Dziwisz ihm zugeflüstert, dass ich neu war im vatikanischen Pressesaal.

»Sie sind aus Deutschland? Woher kommen Sie genau?«, fragte Johannes Paul II. »Diözese Paderborn, interessant. Sie sind gerade in Rom angekommen? Herzlich willkommen!«, sagte er und gab mir die Hand. Ich kam nicht darauf, das zu tun, was gläubige Katholiken in so einem Augenblick zu tun pflegen: Auf die Knie zu fallen und seinen Ring zu küssen. Nicht nur, weil mir diese Geste der Unterwürfigkeit zuwider gewesen wäre. Es gab noch einen anderen Grund: Johannes Paul II. begrüßte mich so zurückhaltend, als käme gleich noch ein anderer, der richtige Papst, und als sei er nur Karol Wojtyla aus Wadowice. Aber sein Händedruck war kräftig und passte zu seinen ausgeprägt breiten Schultern. Ich erinnere mich noch daran, dass ich damals dachte, dieser Mann sähe im Gewand des Papstes wie ein verkleideter Holzfäller aus. Der Weg durch die Flure des gewaltigen vatikanischen Palastes bereitet Besucher darauf vor, einen Herrscher zu treffen. Papst Johannes Paul II. wirkte dagegen wie ein Gemeindepfarrer, der lieber unter freiem Himmel zeltet und Rucksäcke mit Proviant schleppt, als in einem Palast einem Kammerorchester zu lauschen. Noch etwas fiel mir gleich an diesem Tag meiner ersten Begegnung auf: Der Papst war in Eile. Als der Gast damals endlich kam, sah ich zum ersten Mal das Ritual des *handshaking* für die Fotografen. Der Papst gab dem Gast im Blitzgewitter die Hand, und ich erkannte, dass ihm die Sache lästig war. Aber nicht, weil die Fotografen dabei waren. Er wollte ganz offensichtlich keine Zeit verschwenden. Er wollte zur Sache kommen. Ich sah, was ich später bei Hunderten anderer Gelegenheiten beobachtete: Der Papst rieb sich nervös die Hände, weil er endlich anfangen wollte, weil das Gespräch endlich beginnen sollte. Er ist damals noch ein Mann gewesen, der bei allem, was er tat, schon an die nächste Aufgabe dachte.

Johannes Paul II. sprach fließend Deutsch mit seinem Gast aus Deutschland. Ich weiß noch genau, wie sehr ich mich wunderte. Denn er sprach es nicht wie andere Menschen, die zeigen wollen, wie gut sie Fremdsprachen beherrschen. Er sprach es auf eine einfache, bescheidene Weise, so als wolle er es seinem Gast leichter machen, sich wohl zu fühlen. Dann schloss sich die Tür hinter den beiden. Mein Kollege und ich mussten mit dem Sekretär draußen bleiben. Immerhin hatte ich zum ersten Mal mit eigenen Augen den Schreibtisch der Päpste erblicken können, auf dem in einem Glasröhrchen ein Knochensplitter des heiligen Petrus liegt, der auf diese Weise symbolisch bei allen wichtigen Entscheidungen präsent ist.

Die Ordensschwester erklärte uns, dass wir nun in einem kleinen Kämmerchen nebenan warten mussten. Die Anwesenheit von Journalisten während des Vier-Augen-Gesprächs ist nicht erlaubt, aber wenn der Gast sich verabschiedet und Geschenke ausgetauscht werden, sollen die Reporter an der Zeremonie teilnehmen. Damals, während jenes ersten Pools, rauchte ich noch, und ich erinnere mich, wie überrascht ich war, als der persönliche Fotograf des Papstes, Arturo Mari, ein Fenster öffnete und mir eine Zigarette anbot. Ich hatte nicht erwartet, dass es so ungezwungen zugehen würde. Mit uns wartete auch ein freundlicher alter Herr darauf, dass das Gespräch zu Ende ging: Angelo Gugel, der Kammerdiener des Papstes. Er hielt ein silbernes Tablett mit den weißen Schächtelchen in der Hand, in denen die Medaillen stecken, die jeder Besucher als Andenken an die Papstaudienz mit nach Hause nehmen darf. Ich weiß nicht mehr, wie oft ich später den Austausch von Geschenken beobachtet habe. Moslemische Gäste brachten vorzugsweise Schwerter und

Dolche mit, Besucher aus Polen am liebsten Bilder der Schwarzen Madonna von Tschenstochau, amerikanische Gläubige fast immer Mosaiken. Der italienische Ministerpräsident Silvio Berlusconi kam mit einem Karabiner, der einmal der Schweizergarde gehört hatte. Dieser erste Austausch der Geschenke war für mich hochinteressant, aber meine grundsätzliche Meinung über den Papst hatte sich nicht geändert: Ich hielt ihn noch immer für einen Mann, der die Botschaft Jesus von Nazareth nicht umsetzte. Mein Urteil hatte sich nur in einem Punkt gewandelt: Johannes Paul II. war kein übermächtiges Gespenst mehr im weit entfernten Vatikan. Er war ein Mensch und erstaunlicherweise einer, der sich klein machte.

Die bewegte Jugend des Karol Wojtyla

Bis zu dem Tag, an dem ich zum ersten Mal Karol Wojtyla begegnete, hatte sich nie irgendjemand sonderlich für meinen Beruf als Auslandskorrespondent interessiert. Bei italienischen Bekannten stieß ich eher auf Ablehnung, wenn ich Erlebnisse aus dem Parlament oder aus dem Amt des Ministerpräsidenten erzählen wollte. Politiker genossen einen schlechten Ruf. Sie galten als korrupt und verlogen. Lediglich die seltenen Interviews mit Fußballspielern fanden einen gewissen Anklang in meinem Bekanntenkreis. Das änderte sich schlagartig, nachdem ich zum ersten Mal den Papst gesehen hatte.

Sobald ich erzählte: »Ich musste heute in den Vatikan, ich musste zu einem Treffen eines Politikers mit dem Papst«, reagierten alle Bekannten auf gleiche Weise.

»Wie?«, fragten sie ungläubig. Du hast mit dem Papst gesprochen? So richtig mit ihm geredet? Was hast du denn gesagt?«

Ich antwortete dann: »Na, Guten Tag eben, auf Deutsch, er spricht sehr gut deutsch. Was sollte ich denn sagen? Er ist schließlich nur das Oberhaupt eines Ministaates, Chef einer Gruppe, die überall auf der Welt ihre Meinung durchsetzen will.« Die meisten meiner Bekannten waren über mich entsetzt.

»Wie?«, sagten sie. »Du hast den Heiligen Vater gegrüßt wie einen Tankwart? Sag mal, spinnst du?«

Fast alle Bekannten, mit denen ich sprach, hielten Johannes Paul II. für einen der mächtigsten Männer der Welt und gleichzeitig für unerreichbar. In Rom rankten sich zahllose Legenden über die Sicherheitsmaßnahmen rund um den Papst. Es hielt sich hartnäckig das Gerücht, dass alle Schweizergardisten in ihrer Renaissance-Uniform, die Michelangelo Buonarroti entworfen haben soll, kleine Maschinenpistolen versteckt hätten. Ich wusste, dass das Unsinn war. Der Papst bewegte sich im Vatikan ohne jeden Schutz. Menschen, die in seine Nähe kamen, wie ich auch, wurden nie nach Waffen durchsucht. Besucher, die in die päpstliche Bibliothek eingeladen waren, mussten nicht einmal einen Metalldetektor passieren. Vielleicht lag es daran, dass Johannes Paul II. so wenig majestätisch und so menschlich wirkte. Der Papst hatte mich zweifellos beeindruckt. Ich meinte zu wissen, warum: Im Gegensatz zu den meisten seiner Vorgänger wurde er nicht als Fürst geboren. Er stammt aus einer einfachen Familie und versucht auch als geistliches Oberhaupt von einer Milliarde Katholiken nicht, seine kleinbürgerliche Herkunft zu verleugnen.

Karol Wojtyla ist am 18. Mai 1920 als zweiter Sohn des Offiziers Karol Wojtyla und seiner Frau Emilia Kaczorowska in eine bescheidene Familie hineingeboren worden. Die Wojtylas lebten in einer Zwei-Zimmer-Wohnung, Mutter Emilia nähte für Nachbarinnen, um den mageren Sold des Gatten aufzubessern. Sohn Lolek, wie sie den Jüngsten nannte, hat auf einem holprigen Acker Fußball gespielt und als Torwart Elfmeter pariert, statt Klavierstunden zu nehmen, und er hat sich mit gleichaltrigen Jungen geprügelt, statt bei einem Fechtmeister Touchieren zu lernen. Wahren Fürsten ist der junge Karol Wojtyla durchaus voller Ehrfurcht begegnet, wie etwa seinem Schutzherrn Fürst Adam Sapieha, ehemaliger Erzbischof von Krakau, der ihn in seinem Palast versteckt und dadurch vor der Verhaftung durch die Gestapo gerettet hat. Karol Wojtyla spricht mit großer Bewunderung und Dankbarkeit von Sapieha, seinem »Bischofs-Fürsten«, weil ihm immer klar gewesen ist, dass die Welt der Adligen niemals seine eigene Welt sein kann.

Johannes Paul II. hat früh die Härten des Lebens kennen gelernt. Er war noch nicht einmal neun Jahre alt, als seine Mutter am 13. April 1929 an einem Nierenleiden starb. Als Zwölfjähriger, am 5. Dezember 1932, verlor er seinen 14 Jahre älteren Bruder Edmund, den er geliebt und bewundert hatte. Am 18. Februar 1941 starb Karol Wojtylas Vater an einem Herzinfarkt. Der spätere Papst war erst 20 Jahre alt und hatte keinen einzigen nahen Angehörigen mehr auf der Welt. Von 1941 an schuftete er als Zwangsarbeiter im Steinbruch Zakrzowek, um nicht nach Deutschland deportiert zu werden. Er hatte 1939 nach der Besatzung Polens an verbotenen Theateraufführungen teilgenommen: Wenn die Gestapo ihn erwischt hätte, wäre er ins KZ gekommen. Er besuchte trotz aller Bedrohungen vom November 1942 an heimlich ein Priesterseminar und entging mehrfach den Hetzjagden der Gestapo, die junge Polen aufgriffen und in Arbeitslager brachten. Am 29. Februar 1944 wurde er, noch immer auf Baustellen tätig, von einem Lkw der Wehrmacht überfahren und so stark verletzt, dass er sechs Wochen im Krankenhaus bleiben musste.

Auf den Fotos, die ihn als jungen Pfarrer zeigen, sieht Karol Wojtyla so aus, als hätte er seinen Platz in der Welt gefunden. Viele Bilder aus seinen ersten Jahren als Priester in Polen gleichen den Fotos seiner ersten Besuche der römischen Gemeinden, als er gerade Papst geworden war. Er spielte mit Kindern und nahm an Pfarrgemeindefesten teil. Oft war er mit Schülern, Studenten und Gläubigen seiner Gemeinde in die Berge gezogen. Als er 1958 erfuhr, dass er zum Bischof geweiht werden sollte, war seine erste Sorge, ob er trotz des Amtes noch Gelegenheit zum Wandern finden würde.

Andererseits muss er einen ungeheuren Antrieb in sich gespürt haben: Karol Wojtyla, der bodenständige Gemeindepfarrer, machte in rasender Geschwindigkeit Karriere. Nur wenige Monate nach Kriegsende und kurz nachdem er noch im Steinbruch gearbeitet hatte, wurde Karol Wojtyla am 1. November 1946 zum Priester geweiht. Sofort danach schickte ihn sein Erzbischof zum Studium nach Rom. Nur zwei Jahre später kam er als Doktor der Theologie zurück nach Krakau, um seine erste Gemeinde in Niegowic zu übernehmen.

Dieses Kaff Niegowic ging in die Geschichte ein, denn an einem Tag, an dem fast niemand zusah, erfand Wojtyla ein Ritual, das Jahrzehnte später Milliarden Menschen sehen sollten. Zum ersten Mal küsste er den Boden, wie er es später als Papst in 120 Ländern tun sollte. Der Gemeindepfarrer Karol Wojtyla nahm sofort ein gewaltiges Werk in Angriff: Um das 50-jährige Bestehen der Gemeinde zu feiern, trotzte er den kommunistischen Machthabern und organisierte den Bau einer neuen Kirche. Sie steht noch heute. Adam Sapieha, der Erzbischof von Krakau, wunderte sich über diesen umtriebigen jungen Priester, holte ihn nach wenigen Monaten zurück in die Stadt und gab ihm eine der wichtigsten Gemeinden: Sankt Florian. Von nun an ging es Schlag auf Schlag. Karol Wojtyla wurde zum Dozenten für Ethik der Universität Lublin berufen. Das Amt behielt er bis zu seiner Wahl zum Papst inne. Am 28. September 1958 wurde er zum jüngsten Bischof Polens geweiht. Damals schon wählte er sein Motto, das er auch als Papst beibehielt und das heute an Tausenden katholischer Kirchen der Welt hängt: »*Totus tuus*« (Ganz dein), ein Versprechen an Maria. Am 18. Januar 1964 stieg er zum jüngsten Erzbischof Polens auf, und nur drei Jahre später, am 28. Juni 1967, war er Kardinal. Elf Jahre später, am 16. Oktober 1978, wählten die Kardinäle den erst 58-Jährigen zum ersten slawischen Papst der Geschichte.

Er ist einer der konservativsten Moralapostel, die je als Päpste regiert haben, dachte ich. »Die Kirche begibt sich wieder auf den Weg zurück in ihre dunkle Vergangenheit«, war damals einer meiner Lieblingssätze.

Unfehlbare Sünder: Exkurs in die Geschichte

Meine Vorurteile gegenüber der katholischen Kirche wurden nie auf so nachhaltige Weise bestätigt wie an dem Tag, als ich zum ersten Mal ganz allein durch die vatikanischen Museen spazierte, durch den apostolischen Palast neben dem Petersdom, in dem früher die Gemächer der Päpste lagen. Ich wusste seit meiner Kindheit, dass die wenigen Erwachsenen in meiner Umgebung, die die Päpste regelrecht verabscheuten, alle das gleiche Argument gegen die Kirche vorbrachten. Nämlich dass die Kirche steinreich sei. Wahrscheinlich gibt es keinen auffälligeren Unterschied zwischen dem Mann aus Nazareth, der barfuß durch Galiläa zieht und von Almosen und der Gastfreundschaft der Menschen lebt, und einem in prächtige Gewänder gekleideten Papst, der in einem Palast residiert. Ich kannte Priester, die unter Gewissensbissen litten, weil sie im Gegensatz zu Jesus von Nazareth einen ziemlich hohen Lebensstandard genossen. In meiner Kindheit hatte mir ein Priester gestanden: »Manchmal denke ich, jetzt gehst du raus auf die Straße und suchst dir den ärmsten Bettler, den du finden kannst und nimmst ihn mit zu dir nach Hause.« Soweit ich weiß, tat der Priester das nie. Dass ohne die vermeintlich so reichen Päpste einige der wichtigsten Kunstwerke der Welt nie entstanden wären, dass die Päpste zahllose Kunstgegenstände vor dem Untergang bewahrt hatten, ließen die Menschen, die gern auf den Papst schimpften, nicht gelten. Und ich ließ das an diesem Tag, als ich zum ersten Mal in den Vatikan kam, auch nicht gelten.

Ich wusste damals noch nicht, dass es möglich ist, einen Teil des Kirchenstaats zu mieten. Große Unternehmen, die es sich leisten können, geben Cocktail-Partys im Vatikan. In der Residenz der Päpste geht es dann überaus weltlich zu. Manager flirten mit Sekretärinnen, ein Kammerorchester spielt auf, Nachwuchstenöre singen dazu, hübsche Kellnerinnen servieren Häppchen.

Ich erlebte zum ersten Mal so eine Feier im *Cortile del Belvedere*. Im milden Abendlicht amüsierten sich in dem Hof zwei Dutzend Spitzenmanager eines französischen Unternehmens, während ich Zeit hatte, mir den Teil des Palastes, in dem die Päpste früher gewohnt hatten, in aller Ruhe und ganz allein anzuschauen.

Je länger ich durch die vatikanischen Museen spazierte, desto weniger konnte ich mir vorstellen, dass Jesus Christus einen Vatikan gewollt hatte. Das hier war ein Königspalast. Die Nachfolger des Fischers Petrus hatten sich mit maßlosem Prunk umgeben. Aber nicht nur das: Einige waren regelrechte Verbrecher gewesen. Ich spazierte zu den alten Gemächern der Päpste, dorthin, wo Papst Alexander VI. mit seiner Geliebten, der Gräfin Farnese, gewohnt hatte. In dieser Wohnung im vatikanischen Palast hatte sein Sohn Cesare Borgia den Schwiegersohn des Papstes Alfonso, Herzog von Bisceglie, den Ehemann der päpstlichen Tochter Lucrezia Borgia, in Stücke gehauen. Woher nahmen die Nachfolger eines solchen Papstes das Recht, sich noch Vikare Jesu Christi zu nennen und den Anspruch zu erheben, unfehlbar zu sein?

Dieser Punkt störte mich damals am meisten: Waren die Menschen, die in diesem Palast gelebt hatten, unfehlbar gewesen? Nicht nur Alexander VI., sondern auch unzählige seiner Nachfolger waren ohne Zweifel große Sünder. Sie hatten ungerechte Kriege geführt und die Guillotine auf dem Petersplatz aufbauen lassen. Ich hatte den Tübinger Theologen Hans Küng bei »Kirchentag[en] von unten« gehört. Ihm war 1979 von Johannes Paul II. die Lehrerlaubnis entzogen worden, nur weil er die Frage gestellt hatte, ob Päpste wirklich unfehlbar sein können. Wer je durch den Vatikan wandert, wird keinen Zweifel daran haben, dass Päpste Fehler machen, und zwar große Fehler. Während ich mir ein paar Häppchen vor der Statue des *Laokoon* geben ließ, fragte ich mich, wie die modernen Päpste an dem Anspruch der Unfehlbarkeit festhalten konnten. Erst später lernte ich, dass dieses Dogma erst seit verhältnismäßig kurzer Zeit gilt und nur entstand, weil die Päpste nicht einsehen wollten, dass ihre Zeiten als allmächtige Könige eines Kirchenstaates auf der Erde vorbei waren. Als Napoleon I. in der Nacht vom 5. auf den 6. Juli 1809 Papst Pius VII. verhaften und nach Fontainebleau verschleppen ließ, war der Tiefpunkt des Papsttums erreicht. Am 19. Januar 1813 zwang Napoleon seinen Gefangenen, ein neues Konkordat zu unterzeichnen, das den Imperator und Kirchenfeind vor dem Volk rehabilitieren sollte. Fortan verkümmerte der Kirchenstaat zum Spielball der europäischen Könige und Fürstenhäuser. Selbst im Konklave, wo die Kardinäle abgeschirmt von der Welt den neuen Papst wählen sollten, waren sie Befehlsempfänger. Da saßen nicht mehr die Nachfolger der Apostel, die auf die Stimme des Heiligen Geistes hörten, sondern Vasallen der europäischen Könige. Während der Wahl von Papst Klemens XIV. kam es zu einem unerhörten Vorfall. Die Kardinäle brachen die wichtigste Regel des Konklaves, die besagt, dass niemand in die Kardinalsversammlung hineindarf. Der Erzherzog Josef, der erstgeborene Sohn der österreichischen Kaiserin Maria Theresa, verlangte, die Kardinäle im Konklave sprechen zu dürfen, und wurde eingelassen. 179-mal mussten die Wahlgänge wiederholt werden. Die Wahlen von Pius VII., Leo XII., Pius VIII. und Gregor XVI. in der ersten Hälfte des 19. Jahrhunderts standen allesamt unter dem Einfluss des österreichischen Imperiums. Ihre Nachfolger wollten nicht einsehen, dass die Zeiten eines großen Kirchenstaats, der ganz Mittelitalien umfasste, vorbei waren. Je stärker der Kirchenstaat in Bedrängnis geriet, desto eher waren die Päpste bereit, ihre Untertanen zu tyrannisieren. Am 24. November und am 10. Dezember 1868 ließ Papst Pius IX. vier Männer köpfen, die verdächtigt wurden, einen revolutionären Aufstand im Kirchenstaat geplant zu haben.

Ausgerechnet zu diesem Zeitpunkt, als die Handlungen des Papstes überaus umstritten waren, erließ das Erste Vatikanische Konzil am 18. Juli 1870 die Apostolische Konstitution »Pastor aeternus« mit dem Dogma der Unfehlbarkeit. Erst seitdem kann der Papst in Fragen des Glaubens und der Moral nicht irren, wenn er kraft seines Amtes spricht. Am 20. September 1870 kam trotzdem das Ende. Der italienischen Artillerie gelang es, an der *Porta Pia* eine Lücke in die Stadtmauer von Rom zu reißen. Papst Pius IX. befahl: »Feuer frei!« Während der Gefechte starben 49 italienische Soldaten und 19 Soldaten der Schweizergarde, dann unterzeichnete der Kommandant der Schweizergarde, Hermann Kanzler, die Kapitulation. Der Papst zog sich in den Vatikan zurück und schrieb an der Enzyklika »Respicientes«, in der er die Besetzung des Kirchenstaats durch italienische Truppen als ungeheuren und ungerechten Akt verurteilte. Der Papst erklärte sich zum Gefangenen und exkommunizierte den italienischen König und alle, die es wagten, in den Kirchenstaat einzudringen. Als acht Jahre später die Leiche von Pius IX. in einer Nacht-und-Nebel-Aktion zum Friedhof *Verano* transportiert wurde, warfen die Römer Steine und Abfall auf den Sarg. Papst Leo XIII. (1878 bis 1903) setzte zunächst die totale Konfrontation mit dem italienischen Staat fort. Allen Katholiken war die direkte oder indirekte Beteiligung am politischen Leben verboten. Das Ergebnis dieser Politik bewundern entspannte Rombesucher seit Jahrhunderten auf einem der charakteristischsten Plätze der Stadt von den zahlreichen Caféhaustischen aus. Am 9. Juni 1889 weihten die Römer auf dem *Campo dei Fiori* das Denkmal Giordano Brunos ein, genau an der Stelle, an welcher der Mönch und Wissenschaftler im Jahr 1600 verbrannt worden war. Die Masse schrie dazu »Tod dem

Papst!« Erst 1922 bestieg wieder ein großer Mann den Thron: Pius XI. machte sofort klar, dass die Zeiten sich geändert hatten. Er spendete nach seiner Wahl den Italienern den »*Urbi-et-Orbi*«-Segen, was seit dem Angriff an der *Porta Pia* nicht mehr geschehen war. Am 11. Februar 1929 unterschrieb der Papst die »Lateranverträge« mit Benito Mussolini. Erst seitdem herrscht Rechtssicherheit im Verhältnis zwischen dem Reich der Päpste und dem italienischen Staat. Der Kirchenstaat wurde auf den 0,44 Quadratkilometer kleinen Vatikan beschränkt.

Mit Ruhm bedeckt hatte sich das Papsttum also wirklich nicht. Jeder, der die vergangenen 2000 Jahre betrachtet, muss einsehen, dass die Geschichte der Päpste eine Geschichte voller menschlicher Irrtümer und Verfehlungen ist. Wie man am Fall Küng sah, schien auch Karol Wojtyla nicht geneigt, das Dogma der Unfehlbarkeit zu überdenken. »Gleichzeitig«, dachte ich damals, als die angeheiterten französischen Manager sich langsam aufmachten, um anderorts weiterzufeiern, »versucht der Papst noch ein paar Mark nebenbei einzustecken. Peinlich!«

Der Herausforderer

In den ersten Jahren im Vatikan empfand ich nichts als so unangenehm wie den maßlosen Personenkult um den Papst. In seiner Nähe erlebte ich Hysterie in jeder denkbaren Form. Menschen warfen sich auf den Boden, schmissen sich auf andere Pilger, nur um die vage Chance zu haben, den Papst zu berühren. Ich sah Leute in der aufgeheizten Menge vor Aufregung das Bewusstsein verlieren.

Doch katholische Christen aus dem Ostblock überboten alles. Ich lernte Katholiken aus Polen, der DDR und Ungarn kennen, für die der Papst mehr war als ein Mensch. Er war ein strahlender Held, eine Lichtgestalt, eine Figur, die schon in die Geschichte eingegangen war. Viele dieser Katholiken aus dem

Ostblock, mit denen ich sprach, empfanden Johannes Paul II. gewissermaßen als das Gegenteil von Pius XII. (Papst zwischen 1939 und 1958).

Pius XII. hat sich während des Zweiten Weltkriegs, aus welchen Gründen auch immer, nie mit einer unmissverständlichen Geste gegen Nazi-Deutschland gestellt. Er hat Hitlers katholische Helfershelfer nie exkommuniziert und zur Shoa geschwiegen. Johannes Paul II. war das Gegenteil: Er hat das Sowjetimperium herausgefordert. In diesem sensationellen Juni des Jahres 1979, als Wojtyla zum ersten Mal als Papst in sein Heimatland zurückkam, schien die zweitausend Jahre alte katholische Kirche plötzlich wieder vor Energie, Überzeugungskraft und Kampfgeist zu strotzen. Der Papst sagte dem übermächtigen Sowjetreich den Kampf an: »Es ist unmöglich, diese polnische Nation ohne Christus zu verstehen«, rief Johannes Paul II. in Warschau. Die Machthaber sollten wissen, dass die Polen ihren Glauben an Gott nicht verraten würden, dass der Atheismus keine Chance hätte, dass der Papst ein ernster Gegner sein würde. Zum ersten Mal seit Jahrhunderten schien die katholische Kirche wieder auf der richtigen Seite zu stehen, auf der Seite der Schwächeren, Machtlosen und Ausgelieferten, auf der Seite derer, die unterdrückt und eingesperrt wurden, die keine Waffen hatten.

Den Mythos des Papstes als Herausforderer der Sowjets hatte ein berühmtes Telefonat begründet. Im Frühjahr 1979 hatte im Kreml das Telefon geklingelt, das für Anrufer aus den Warschauer-Pakt-Staaten reserviert war. Staatschef Leonid Breschnew nahm ab. Es meldete sich der polnische Regierungschef Edward Gierek: Er machte sich Sorgen wegen der überraschenden Karriere eines ehemaligen Bergarbeiters und Laienschauspielers, der noch unter der Nazi-Herrschaft begonnen hatte, Theologie zu studieren, und der jetzt zum ersten slawischen Papst der Geschichte gewählt worden war. Gierek hatte auf Grund der schlechten wirtschaftlichen Lage in Polen versucht, erste Reformen durchzusetzen, und war in den Augen der

KPdSU schon deshalb suspekt. Jetzt hoffte Gierek auf einen großen Coup: Er wollte den polnischen Papst in seine Heimat einladen, um durch diese Geste die Sympathie der Bevölkerung zu gewinnen. Aber er wollte den Segen Moskaus für seine Idee. Gegenüber Breschnew versuchte Gierek, die Einladung als eine Geste der Stärke des Kommunismus in Polen erscheinen zu lassen. Polen, so sagte er, bräuchte einen Papst nicht zu fürchten. »Es wird nur Ärger geben«, antwortete Breschnew.

Alle Polen, die ich später kennen lernte, waren sich in einem einig: Edward Gierek hätte die Einladung an den Papst nicht ausgesprochen, wenn ihm damals die Konsequenzen klar gewesen wären. Als Johannes Paul II. am 2. Juni 1979 um 10.07 Uhr in Warschau aus der Alitalia-Maschine »*Città di Bergamo*« (Stadt Bergamo) kletterte, begann für die Katholiken des Ostblocks so etwas wie ein Wunder. Die meisten, mit denen ich sprach, wählten einen überaus militärischen Vergleich, um zu beschreiben, was der Papst damals ihrer Ansicht nach getan hatte. Er habe Minen an die Fundamente des polnischen Kommunismus gelegt, und ein paar Jahre später habe er die Ladungen dann hochgehen lassen: Der Kommunismus kollabierte. Mehr als 13 Millionen Polen erlebten den Papst aus nächster Nähe, an einer Straße, während einer Messfeier oder auf einem Platz. Alle anderen sahen ihn zumindest im Fernsehen. Johannes Paul II. hatte seine Landsleute nicht vergessen. Es muss damals so etwas wie ein Wir-Gefühl entstanden sein, ein Wiedererwachen des Nationalstolzes, den fünf Jahre Besetzung durch die Nazis und 35 Jahre Unterdrückung durch die Sowjets nicht ganz hatten zerstören können. Während der ersten großen Messe auf dem Siegesplatz in Warschau forderte der polnische Papst das Sowjetimperium heraus. Das war gefährlich, und der Papst wusste damals genau, dass er mit Umsicht handeln musste, um nicht eine gewalttätige Reaktion des Regimes auszulösen, denn die päpstliche Reise entwickelte sich zu einer politischen Massendemonstration. Viele Polen, mit denen ich später sprach, erinnerten sich an einen bestimmten Abend in Krakau. Tausende Arbeiter und Studenten hatten vor der Kirche des heiligen Michael von Skalka auf Johannes Paul II. gewartet. Der Papst war zu einem kurzen Gebet in die Kirche gegangen und dann vor die Menge getreten. Die Menschen riefen »*Sto lat! Sto lat!*« (Hundert Jahre sollst du leben!). Es knisterte vor Spannung. Eine Revolte lag in der Luft. Johannes Paul II. spürte genau, wie stark die Atmosphäre aufgeladen war, und beschloss, auf seine Rede zu verzichten. Er scherzte stattdessen mit Studenten, die ihm zuriefen »Bleib hier!« Er antwortete: »So sind die Polen: Sie schließen den Stall erst, wenn das Vieh weggelaufen ist. Ich bin bis nach Rom gelaufen.« Es war ein lockerer Dialog, der zwischen Johannes Paul II. und den Studenten entstand, und die Situation entspannte sich. Nach dem Wortgeplänkel bat der Papst seine Anhänger, »geordnet und leise und ohne Ungemach zu verursachen« nach Hause zu gehen.

Behutsam, aber nachhaltig hatte Johannes Paul II. die Polen während dieser Reise zum Widerstand ermuntert. Nur ein Jahr später wurde die Entwicklung weltweit sichtbar: Am 14. August 1980 beschlossen die 17 000 Angestellten der Lenin-Werft in Danzig, angeführt von Lech Walesa, ihren Arbeitsplatz zu besetzen. Die Streiks dehnten sich auf das ganze Land aus. Innerhalb kurzer Zeit traten mehr als acht Millionen Menschen in die Solidarność-Gewerkschaft ein. Sofort nach der Gründung stellten die Streikenden klar, welchen Verbündeten sie an ihrer Seite hatten. Am 17. August 1980 las ein katholischer Priester in der Lenin-Werft eine heilige Messe, an der nahezu alle Arbeiter teilnahmen. Moskau betrachtete die Situation mit Argusaugen. Erich Honecker schrieb an Leonid Breschnew und teilte ihm mit, dass er fürchte, das sozialistische Polen könnte verloren gehen. Am 28. Oktober schloss die Tschechoslowakei die Grenzen zu Polen, um nicht von der sich ausbreitenden Revolte angesteckt zu werden. Im November wurde Verteidigungsminister Jaruzelski von den Warschauer-Pakt-Staaten darüber informiert, dass »Vorbereitungen liefen«. Es drohte eine zweite Besetzung durch die Sowjetarmee wie in der Tschechoslowakei im August 1968. US-Satelliten entdeckten die Vorbereitungen, die NATO wurde alarmiert. Der deutsche Bundeskanzler Helmut Schmidt unterstrich, dass die Bundesrepublik einen Einmarsch in Polen nicht hinnehmen werde. Die NATO versetzte ihre Truppen in höchste Alarmbereitschaft. Am 7. Dezember 1980 klingelte im Staatssekretariat des Vatikans das Telefon. Das Gespräch wurde in die Gemächer des Papstes umgestellt: US-Präsident Jimmy Carter informierte ihn darüber, dass eine Invasion Polens unmittelbar bevorzustehen schien. Am 16. Dezember schrieb Johannes Paul II. an Leonid Breschnew einen sehr harten Brief: Er verglich die Sowjetarmee mit den Nazi-Truppen, die über Polen hergefallen waren, und platzierte das Reizwort »Solidarność/Solidarität« an hervorgehobener Stelle. Die Drohungen kamen an. Breschnew blies die Invasion in Polen in letzter Sekunde ab.

Geschichtswissenschaftler und Kriminalisten werden auch in vielen Jahren noch von der Frage fasziniert sein, was in den Monaten danach im Kreml genau geschah. Irgendjemand bereitete im Winter 1980/81 eines der unglaublichsten Attentate in der Geschichte vor und suchte den perfekten Täter aus: Alì Agca, einen gesuchten Killer, der den Chefredakteur einer türkischen Tageszeitung ermordet hatte. Agca tauchte am Nachmittag des 13. Mai 1981 auf dem Petersplatz auf und schoss um 17.19 Uhr zweimal auf den Papst. Eine Kugel verletzte Johannes Paul II. schwer am Unterleib. Die Polizei nahm den Täter kurz nach dem Attentat fest und bewahrte ihn vor der Lynchjustiz der aufgebrachten Menge. Es ließ sich nie klären, warum der Türke Alì Agca das Attentat ausübte, obwohl er wusste, dass er keine Chance haben würde, zu entkommen. Der für den Fall zuständige Staatsanwalt Ferdinando Imposimato gab am Ende seiner Karriere zu, dass der Mordanschlag auf den Papst nicht zu klären ist. Denn der Täter konnte zwar gefasst werden, und er sagte auch aus. Dennoch bleiben die Hintergründe des Attentats bis heute im Dunkeln.

Alì Agca beschuldigte alle nur denkbaren Hintermänner: den KGB, den Islam und die »Grauen Wölfe«. Er nannte zahlreiche Mord-Motive und versicherte unter anderem, er wäre der wahre Messias. Sicher ist: Der Mann ist kein geistig verwirrter Einzeltäter. Er handelte nicht allein. Irgendjemand hatte ihn angeheuert. Agca war vor seiner Tat kreuz und quer durch Italien gereist. Dabei war er ein mittelloser gesuchter Mörder. Wer finanzierte das? Wer buchte seine Hotels? Wer beschaffte ihm gefälschte Papiere und die nagelneue Pistole, die in Belgien produziert worden war? Staatsanwalt Ferdinando Imposimato konnte die Spur bis zum bulgarischen Geheimdienst verfolgen: Dann verblasste sie. Die Ermittlungen in den Archiven der Stasi ergaben nur, dass die DDR aus Moskau den Auftrag bekam, den Verdacht zu zerstreuen, der KGB sei der Auftraggeber des Attentats gewesen.

Am 27. Dezember 1983 besuchte Johannes Paul II. Alì Agca in seiner Zelle im römischen Hochsicherheitsgefängnis Rebibbia und verzieh ihm. Im Juni des Jahres 2000 wurde Agca auf eigenen Wunsch in ein Gefängnis der Türkei verlegt. Dort wartet er auf seine Freilassung und bewahrt immer noch »alle seine Geheimnisse«, wie die türkische Tageszeitung Yenibinyil im Juni des Jahres 2000 schrieb. Auch wenn die Hintermänner nie enttarnt wurden, so bewirkte der schlichte Verdacht, das Sowjetreich habe einen Mordanschlag auf den polnischen Papst organisiert, überall im Ostblock, vor allem aber in Polen, eine dramatische Eskalation. Das Attentat empfanden viele Polen als ein Signal: Das Sowjetimperium kämpfte offenbar mit allen Mitteln. Nun musste sich jeder entscheiden, für die Kommunisten und ihre Machtmaschine oder für die Sache Gottes, die in der Hand eines angeschossenen, geschwächten Polen lag.

Ein halbes Jahr nach dem Attentat auf dem Petersplatz, am 18. Oktober 1981, setzte die Kommunistische Partei Polens den

Staatschef Stanislaw Kania ab. Verteidigungsminister General Wojciech Jaruzelski übernahm die Macht. Die Lebensmittelversorgung war durch die Streiks völlig zusammengebrochen. Jaruzelski fällte einen folgenschweren Entschluss. Um 23.57 Uhr des 12. Dezember 1981 ließ er die 3,4 Millionen Telefone in Polen stilllegen. Das Land war vom eigenen Machthaber besetzt, die komplette Führungsmannschaft von Solidarność verhaftet worden. Durch Warschau rollten Panzer. Don Stanislaw weckte den Papst. Der Staatsstreich nahm vielen Polen zunächst jeden Mut. Aber alle standen wieder hinter Lech Walesa. Der Papst verstand, dass er ein Zeichen setzen musste, und reiste am 16. Juni 1983 erneut nach Polen. Vor jedem Auftritt versuchte die Polizei Hunderttausende, die zu den heiligen Messen strömten, durch Absperrungen und willkürliche Sicherheitskontrollen zu stoppen. Die Plätze, auf denen der Papst beten wollte, sollten möglichst leer erscheinen. Doch Jaruzelskis Taktik ging nicht auf: Manchmal gelang es dem Regime, einen Platz, an dem eine päpstliche Messe stattfinden sollte, so gut abzusperren, dass tatsächlich nur einige Tausend Gläubige zum Papst-Altar gelangen konnten. Aber die Menschenmassen, die nicht auf die Plätze gelassen wurden, sangen und jubelten und skandierten immer wieder den Namen des Papstes und den Namen der Gewerkschaft Solidarność. So zeigten die TV-Bilder menschenleere Tribünen, aber der Ton bewies: Draußen warteten Hunderttausende darauf, den Papst wenigstens über Lautsprecher hören zu können. Während des Vier-Augen-Gesprächs mit Jaruzelski schlug Johannes Paul II. mit der Faust auf den Tisch: Ohrenzeugen berichteten später, dass der Papst und der Diktator »ziemlich laut geworden waren«. Der Papst forderte die Freilassung der Gefangenen. Jaruzelski gestattete nur »ein privates Treffen« zwischen dem Häftling Walesa und dem Papst, wobei Johannes Paul II. dem General mitteilte, es gäbe mit einem Papst keine privaten Treffen.

Aber bald entspannte sich die Situation. Am 21. Juli 1983 hob

Jaruzelski den Ausnahmezustand offiziell auf, doch noch immer behielt die Polizei Sonderrechte. Am 5. Oktober erhielt Lech Walesa den Friedensnobelpreis. Der Papst schickte ein Glückwunschtelegramm, Jaruzelski verbot dem Geehrten, den Preis in Oslo in Empfang zu nehmen. Der Kampf wurde härter: In der Nacht des 19. Oktober 1984 verschwand der 36-jährige katholische Priester Jerzy Popieluszko, der auf dem Heimweg nach Warschau gewesen war. Don Popieluszko hatte zum Kern der Priester gehört, die Solidarność unterstützten. Tagelang suchten seine Anhänger den Verschwundenen. Hunderttausende Polen pilgerten in die Kirche des Priesters, *San Stanislao Kostka*, im Warschauer Stadtviertel *Zoliborz*, wo jede Stunde eine Messe gefeiert wurde. Am 30. Oktober entdeckte ein Passant die Leiche des Geistlichen im Fluss *Vistola*. Der polnische Geheimdienst hatte den Priester gefoltert, zu Tode geprügelt und die Leiche in den Fluss geworfen. In Rom betete der Papst für den Märtyrer Popieluszko. Er glaubte, dass die Katholiken in Polen den Kampf gegen den Kommunismus gewinnen würden. Er hielt den Zusammenbruch des Kommunismus nur für eine Frage der Zeit.

Ich saß damals in meiner Küche in Rom und diskutierte mit Freunden darüber, woher der Papst die Gewissheit nahm, dass der Kommunismus vor dem Ende stehe. Ich hielt das für vermessen und dachte, dass Kardinal Jozef Glemp, der polnische Primas, vollkommen Recht hatte. Die Polen mussten sich mit dem Kommunismus arrangieren, eine Konfrontation brachte niemandem etwas. Ich weiß noch ganz genau, wie ich damals argumentierte: Wen hatte denn Karol Wojtyla schon auf seiner Seite? Ein paar Mütterchen, die mit ihren frommen Söhnen in dunklen Kirchen zur Madonna von Tschenstochau beteten? Sollten die in der Lage sein, dem waffenstarrenden Sowjetimperium den Todesstoß zu versetzen? Womit denn? Durch ein paar »Vaterunser« und ein »Ave Maria«? Gegen die Sowjets, so hatte ich damals gedacht, hat der Papst keine Chance.

2
UNTERWEGS IN SACHEN GOTT

Es gibt einen bedeutenden Unterschied zwischen der Reporter-Arbeit im Gefolge eines Staatschefs und der im Gefolge des Papstes: Gewählte Volksvertreter, egal ob in Berlin, Washington oder Moskau, geben Interviews und halten regelmäßig Pressekonferenzen ab, bei denen sie sich den Fragen der Journalisten stellen. Päpste lehnen das ab. Ich war schon unzählige Male im eleganten Pressebüro des Vatikans gewesen, dem Pressesaal des Heiligen Stuhls in der *Via della Conciliazione 52*, ganz nah am Petersdom. Ich hatte schon mehrere hundert Stunden lang Kardinälen und Chefs päpstlicher Räte zugehört, aber der Papst selbst hatte den Pressesaal nicht ein einziges Mal betreten. Ich sah ihn regelmäßig während der Bibliothekspools, konnte aber bis auf ein paar unverbindliche Worte *off the records* nie mit ihm sprechen. Damals regierte in Italien noch Francesco Goria, Außenminister war Giulio Andreotti, und beide hatte ich bereits interviewt. Darauf, jemals ein Interview mit dem Papst führen zu können, brauchte ich mir eigentlich keine Hoffnung zu machen. Es gab nur eine klitzekleine Chance. Ich musste in den kleinen Kreis der Journalisten aufgenommen werden, die den Heiligen Vater auf seinen Reisen begleiten. Denn nur hoch in der Luft in seinem Dienstflugzeug redet der Papst mit Reportern.

Ich war mutlos, als ich erfuhr, dass manche Kollegen seit mehr als einem Jahrzehnt erfolglos darum gebeten hatten, einmal in der päpstlichen Maschine mitfliegen zu dürfen. Der Vatikan nimmt nur eine Gruppe von Journalisten mit, die der Pressesprecher des Papstes, Joaquin Navarro-Valls, persönlich kennt und denen er vertraut. Seine Auswahlkriterien richten sich vor allem nach Reichweite der Medien verschiedener Nationen. Als Navarro-Valls sein Amt antrat, saßen fast ausschließlich italienische Journalisten in der päpstlichen Maschine. Navarro-Valls sorgte dafür, dass Amerikaner und Deutsche, Spanier und Franzosen einen Platz im Flugzeug bekamen. Zudem führte er das Prinzip ein, dass Nachrichtenagenturen Vorrang haben. Natürlich möchte der Vatikan, dass TV-Bilder von den Papstreisen um die Welt gehen, und wünscht sich, dass möglichst viele Gläubige die Reiseberichte lesen. So haben – bis auf rätselhafte Ausnahmen – nur die wichtigsten internationalen Medien überhaupt eine Chance auf einen Platz in der päpstlichen Maschine, den die Journalisten bezahlen müssen. Vor jeder Reise gehen mehr als tausend Anfragen ein, aber nur ein Dutzend Korrespondenten für Tageszeitungen nimmt der Vatikan mit. Die meisten Plätze sind an Stammkunden wie die »New York Times« und die wichtigsten italienischen Tageszeitungen vergeben. Zehn Tage, bevor der Papst eine Auslandsreise antritt, heftet eine Ordensschwester einen sauber getippten Aushang mit den Namen der Journalisten, die den Papst begleiten dürfen, in einen Glaskasten, der im Pressesaal des Heiligen Stuhls hängt. Die Liste fing immer mit dem gleichen Namen an. Mit A wie Accattoli, Vorname: Luigi, dem Vatikan-Korrespondenten der wichtigsten italienischen Tageszeitung »Corriere della Sera«.

Jedes Mal, wenn die Liste der Journalisten veröffentlicht wurde, fuhr ich zum Vatikan oder rief an. Die Ordensschwester machte am Telefon immer den gleichen Witz. Wenn ich fragte »Hängt die Liste schon aus?«, fragte sie zurück: »Welche Liste, die Einkaufsliste?« Ich fand das überhaupt nicht komisch, zumal sie mir damit sagen wollte, dass ich wieder nicht auf dem Aushang stand. Ein pfiffiger Kollege hat die starke Nachfrage ausgenutzt und organisiert Parallelflüge. Egal, wohin der Papst fliegt: Eine zweite Maschine fliegt hinterher. Es gibt also eine klare

Zwei-Klassen-Gesellschaft unter den Papst-Reportern. Die Oberklasse sitzt in der Maschine des Papstes, darf mit dem Heiligen Vater sprechen, wohnt im Hotel der Vatikan-Delegation, hat feste Arbeitsplätze vor Ort und wird mit Limousinen, Kleinbussen oder Hubschraubern zu den Messen gebracht. Der Pöbel jettet hinterher und sitzt auch vor Ort immer in der zweiten Reihe. Ich weiß noch, wie enttäuscht ich jedes Mal war, wenn ich wieder nicht auf der Liste gestanden hatte. Ich ging dann mit Kollegen aus, die auch nicht mitgenommen wurden, und wir versuchten, uns zu trösten. Aber irgendwann, nach Jahren des Wartens, rief ich aus reiner Routine die Ordensschwester an, fragte wie immer: »Ist die Liste schon veröffentlicht?«, und wartete auf ihren Einkaufslisten-Witz. Doch diesmal sagte sie:

»Ja, die Liste ist draußen. Ihr Name steht drauf.«

Mir fiel fast der Hörer aus der Hand. Ich fuhr zum Vatikan, um selbst nachzusehen. In dem Glaskasten hing die Liste, und unter dem Buchstaben E stand nur ein Name: meiner.

Für meine erste Dienstreise mit dem Papst kaufte ich mir den neutralsten aller dunkelgrauen Anzüge, die unauffälligsten Krawatten und blütenweiße Hemden. Ich stellte mich mit Hochachtung an den Sonderschalter der Alitalia im römischen Hauptquartier der Fluglinie in der *Via Bissolati* in Rom. An dem Schalter wehte ein Vatikan-Fähnchen im Luftzug der Klimaanlage, und eine Alitalia-Mitarbeiterin verkaufte mir ein Ticket des päpstlichen Flugs nach Brasilien, das ich wie eine Trophäe nach Hause trug.

Die Flüge des Papstes werden nicht wie die Flüge der Alitalia gekennzeichnet, die das Kürzel AZ haben. Die päpstlichen Flüge werden mit VP (Volo Papale) ausgezeichnet, was auf Deutsch schlicht päpstlicher Flug heißt. Die Alitalia kennzeichnete den Flug der ersten Auslandsreise Johannes Paul II. am 25. Januar 1979 nach Santo Domingo mit »VP1«. Der Jubiläumsflug nach Kroatien im Juni 2003, die hundertste Auslandsreise des Papstes, trug das Kürzel »VP100«.

Zwei Tage vor dem Abflug durfte ich im Vatikan das Programmheft abholen. Vor jeder Reise des Papstes bekommt jeder Teilnehmer die wahrscheinlich ungewöhnlichste Vorschau der Welt. Ich habe viele Delegationen begleitet, aber ich habe nie etwas Vergleichbares gesehen. Es ist ein Traum für unentschlossene, entscheidungsschwache Menschen. Aber es ist der Alptraum für jeden, der ein Minimum persönlicher Freiheit braucht. In dem Programmheft wird jeder einzelne Schritt des Papstes und all seiner Begleiter bis ins letzte Detail vorgeschrieben. In dem Büchlein steht, wer auf welche Uhrzeit seinen Wecker zu stellen hat (meist auf vier Uhr morgens), wann und wo das Frühstück beginnt, wann es endet, wer wo in welchen Bus steigen wird, wann und von welchem Ort aus man arbeiten darf, wer mit wem wo zu Mittag isst und wie viele Minuten später das Mittagessen zu enden hat. Im Minutentakt geht es weiter bis gegen 22 Uhr. Nur eines darf man als Papstbegleiter selbst entscheiden: wann man das Licht im Hotelzimmer löscht. Die Programme der Papstreisen sind ein Meisterwerk der Logistik, bewunderungswürdig und unnachahmlich. Nichts wird dem Zufall überlassen: Wenn ein Mitreisender zu Fuß zu einer Zeremonie des Papstes gehen soll, kann er vorher in dem Büchlein schon nachlesen, wie viele Meter zwischen der Hotelhalle und dem Holzbänkchen liegen, auf dem er Platz zu nehmen hat. Es hat absolut keinen Sinn, die Vorgaben mit den Organisatoren des Vatikans diskutieren zu wollen. Wenn im Programmheft steht, dass der Bus zu einer päpstlichen Messe um 5.45 Uhr abfährt, obwohl die Messe erst um 11 Uhr beginnt, hat man zwei Möglichkeiten: Entweder man sitzt um 5.44 Uhr im Bus oder man versäumt die Messe. So einfach ist das.

Ich schlief schlecht in den Tagen vor meiner ersten Reise mit dem Papst und verpasste im Traum ständig den Bus. Viel zu früh präsentierte ich mich am Sonderschalter zum »*Check In*«, nahm erstaunt die übergroße, prächtige Bordkarte mit Goldrand in Empfang, die bestätigte, dass ich ins päpstliche Flugzeug einsteigen durfte, und wunderte mich, dass mir kein Sitzplatz zugeteilt worden war. Vor dem Abflug lud die Alitalia zum Frühstück ein. Im Gefolge des Papstes ist Bescheidenheit angesagt: Es gab schwarzen Kaffee, Wasser und ein trockenes Hörnchen. Ich begrüßte höflich die Kollegen. Um es in einem Satz zu sagen: Ich machte an diesem Morgen alles falsch. Schüchtern ließ ich mich zurückdrängeln, während alle anderen an dem für Staatszeremonien reservierten Ausgang des Flughafens versuchten, möglichst als Erste ihren Pass abzugeben, den der Vatikan vor der Reise einsammelt. Jeder Journalist hängte sich eine »ID«, eine Erkennungskarte mit Foto und persönlichen Angaben als Pass-Ersatz, um den Hals. Damit war man ein Mitglied der »Gruppe Papst-Flugzeug«.

Hart, aber unfair

Ich war natürlich davon ausgegangen, dass die Journalisten würdevoll die päpstliche Maschine besteigen würden. Immerhin ist das Flugzeug genau genommen Staatsgebiet des Vatikans. Gemessenen Schrittes ging ich mit der Computertasche in der Hand die Rampe zum Bus hinunter, der mich zum Flugzeug bringen sollte. Doch statt eine gewisse Andacht zu zeigen, lieferten sich die anderen Damen und Herren der Weltpresse, die Büroleiter und erfahrenen Kommentatoren, die in Würde ergrauten Auslandskorrespondenten und mit internationalen Preisen ausgezeichneten Fotografen plötzlich einen harten und unfairen Kampf, um als Erste den Bus zu erreichen. Unter massivem Einsatz ihrer Ellenbogen und Füße schoben sich Kollegen an mir vorbei. Ich sah, dass die Kostüme einiger Damen dabei ernsthafte Schäden erlitten und dass Kollegen mit Veilchen und Beulen ins Flugzeug stiegen, verursacht durch den Zusammenprall mit Kamerastativen oder schweren Computertaschen. An diesem Morgen lernte ich, dass es sinnvoll ist, auf dem Papst-Flug möglichst knitterfreie Anzüge zu tragen und ein paar Ersatzknöpfe mitzunehmen, weil die im Handgemenge gern abgerissen werden. Ziel der Rangelei ist es, den besten Platz im Flughafen-Bus zu ergattern. Diesen Kampf gewann an diesem Morgen, wie später immer wieder, ein erstklassiger US-Journalist. Ich begriff nur langsam, was das ganze sollte: Der beste Platz im Bus liegt vor der Tür. Denn nur, wenn man genau an der Glastür steht, hat man eine Chance, als Erster aus dem Bus zu springen, über das Rollfeld zu hechten und als Erster auf die Metalltreppe zum Flugzeug zu klettern. Ich wusste damals einfach noch nicht, dass davon der Erfolg der ganzen Reise abhängen kann. Wie ein Rudel hechelnder Windhunde in der Startbox einer Rennbahn warteten die den Papst begleitenden Journalisten darauf, dass die Bustür aufsprang. Ich sah mir das Spektakel an und dachte, selbst wenn die Reise jetzt abgebrochen würde, hätte ich schon genug gesehen, um meine Freunde tagelang zu unterhalten. Irgendwann gab ein Alitalia-Mitarbeiter das Zeichen: »Okay: Die Passagiere der Presse können an Bord kommen.« Die Bustüren öffneten sich, und plötzlich stürmte die johlende Weltpresse auf die Treppe zu, die zum Flugzeug hinaufführt. Undurchdringlich wie einst der Eiserne Vorhang war die menschliche Mauer, die zwei Alitalia-Angestellte jetzt am Fuß der Treppe bildeten. Sie heißen Lucio Paciaroni und Maurizio Dickmann, sind nette Kerle und werden von der italienischen Fluggesellschaft dafür abgestellt, den Papst zu begleiten. Ihr Job ist nicht schlecht: Wenn Johannes Paul II. erst einmal am Ziel ist, haben sie frei. Jahrzehntelang brachten sie den Papst in 120 Länder, nach Rio de Janeiro oder Toronto, auf die Bahamas oder nach Malta, und konnten sich – einmal angekommen – auf Firmenkosten an den Hotel-Pool legen und auf die Rückreise warten. Doch in dem Augenblick, in dem gewaltbereite Journalisten auf sie zustürmen, sind die beiden Männer nicht zu beneiden: Mit Würde versuchen sie, die Horde zurückzudrängen und die Journalisten, die sie zum

Teil seit Jahren kennen, wie ungehorsame Schüler zur Ordnung zu rufen, um ihnen schön der Reihe nach die goldenen Bordkarten der Papstmaschine abzunehmen.

»Jetzt nehmt doch mal Vernunft an! Hört doch auf zu drängeln! Wie benehmt ihr euch denn? Gleich kommt doch der Papst! Aber langsam: Da sind doch auch Damen dabei«, riefen Lucio und Maurizio, während sie dagegen ankämpften, einfach überrollt zu werden. Die Drängel-Sieger stürmten als Erste die Treppe hinauf und hatten ihr Ziel erreicht: Sie besetzten die Plätze, die direkt hinter dem Vorhang lagen, der das für den Papst reservierte Abteil vom hinteren Teil des Flugzeugs trennt. Sie befanden sich jetzt, wie man in der Formel 1 sagen würde, in der Poleposition. Ich stieg fast als Letzter ein und saß auf dem schlechtesten Platz.

Bis zum Januar 1999, der sechsten Reise Papst Johannes Paul II. nach Mexiko, trat Karol Wojtyla auf jedem längeren Flug vor den Vorhang, um die Journalisten an Bord zu begrüßen und mit ihnen zu sprechen, manchmal stundenlang, bis ihnen die Fragen ausgingen. Jedes Mal wiederholte sich die gleiche Szene: Kameramänner und Tontechniker, *Anchormen* und Auslandskorrespondenten versuchten mit allen Mitteln, zu denen auch Kratzen und Beißen gehörten, dem Papst möglichst nahe zu kommen. Im engen Flugzeug haben nämlich nur die Reporter und Kameraleute, die in den ersten Reihen sitzen, die Gelegenheit, ausführlich mit dem Heiligen Vater zu plaudern. Einem Pulk frustrierter und ineinander gekeilter Reporter bleibt in einem total verstopften Flugzeuggang nichts anderes übrig, als von weitem zuzuhören. Wer so weit hinten sitzt wie ich auf meiner ersten Papstreise, hat keine Chance, den Papst auch nur zu sehen, geschweige denn, ihn zu interviewen: Das schaffen nur die Kollegen in der Poleposition.

Seitdem ist viel Zeit vergangen, und ich habe viel dazugelernt: Seit dem Januar 1999 lässt der Papst die Reporter, wenn er mit ihnen sprechen möchte, in den für ihn reservierten Teil des Flugzeugs kommen, um sich die Mühe zu sparen, durch den schmalen Gang zu gehen. Trotzdem wird um die besten Sitze weiterhin hart gekämpft, denn Johannes Paul II. schickt während jeder Reise einen hochkarätigen Gesprächspartner aus seinem Team nach hinten, der plötzlich durch den Vorhang schreitet und eine improvisierte Pressekonferenz über den Wolken abhält. Regelmäßig kommt der Sekretär des Papstes, Don Stanislaw Dziwisz, um einige Journalisten zu begrüßen. In diesem Augenblick schreit dann die Journalistenhorde von hinten: »Lasst ihn durch! Macht den Gang frei!« Don Stanislaw ist durchaus gewillt, den ganzen Gang hinunterzugehen, alle, die ihn kennen, zu grüßen, hier und da ein paar Worte zu verlieren. Ich habe vom ersten Mal an, als ich Don Stanislaw vorgestellt wurde, bewundert, dass er trotz seines exponierten Jobs ein so bescheidener Mensch geblieben ist. Der Sekretär des Papstes würde niemals irgendwelche Geheimnisse verraten. Aber er ist für Journalisten trotzdem eine wertvolle Quelle, weil er der einzige Mensch auf der Erde ist, der Einzelheiten über das Privatleben des Papstes kennt. Es war Don Stanislaw, der mir von der Schüttellähmung des Papstes erzählte, die dazu führte, dass er nicht mehr mit eigener Hand schreiben kann. Don Stanislaw beschrieb mir gegenüber, wie der Papst nunmehr alle Reden und Predigten diktiert und dazu einen neuen Mitarbeiter eingestellt hat, der an einem Computer arbeitet, wann immer der Papst einen neuen Hirtenbrief oder ein Angelus-Gebet schreiben will. Aber der Sekretär des Papstes ist sensibel: Wer eine unhöfliche Frage stellt, riskiert, dass er sich einfach umdreht und geht. Eine unhöfliche Frage ist für Don Stanislaw schon der Satz: »Wie geht es dem Papst denn gesundheitlich?« Der Sekretär reagiert ungehalten, wenn Journalisten versuchen, ihn auszuhorchen.

Damit diese wertvolle Informationsquelle nicht auch von der Konkurrenz angezapft wird, verstopfen die Journalisten in der ersten Reihe wie ein Pfropf den Gang, sobald sich Don Stanislaw sehen lässt. Der Sekretär des Papstes wird auf den Reisen schlicht nicht durchgelassen. Ich bewundere immer wieder, mit welcher Präzision sich in Windeseile ein Pulk von Kollegen zusammendrängelt, so dass Don Stanislaw nicht weitergehen kann. Die Blockade wird für jeden interessanten Gesprächspartner aufgebaut. Für die Kollegen im hinteren Teil des Flugzeuges gibt es nur eine Gelegenheit, mit Don Stanislaw oder einem anderen hochrangigen Geistlichen aus der Delegation zu sprechen: Wenn die Würdenträger den Drang zum Wasserlassen verspüren, scheuchen sie die Journalisten-Meute rücksichtslos auseinander. Das Bad im vorderen Teil des päpstlichen Flugzeuges ist nämlich für Johannes Paul II. reserviert. Kardinäle und andere Delegationsmitglieder müssen die hintere Toilette benutzen.

Das Essen im Papstflugzeug unterscheidet sich auf dem Hinweg in einer der gecharterten Maschinen der Alitalia nicht von dem auf normalen Linienflügen. Auf den Rückflügen in einer Maschine, die dem Papst immer von den besuchten Ländern angeboten wird, kann es hingegen positive Überraschungen geben. Mexiko schickte im Januar 1999 einen Koch mit in die Papstmaschine. Der Papst isst selbst in der Regel nur Obst, und dazu trinkt er Saft. Nach dem Essen plündern besonders eifrige Kollegen die Tabletts, die zurückgegeben werden. Auf jedem Tablett liegt ein silberner Serviettenring mit einer Prägung, die an den päpstlichen Flug erinnert. Diese Ringe tauchen erstaunlicherweise immer auf dem römischen Flohmarkt Porta Portese auf und werden dort zu hohen Preisen gehandelt. Das begehrteste Souvenir aus der Papstmaschine ist aber die Bettdecke von Johannes Paul II. Auf jedem Interkontinental-Flug wird im vorderen Teil der Maschine ein Bett für den Papst installiert. Johannes Paul II. wird jetzt natürlich nicht die grüne Wolldecke der Business-Class der Alitalia zugemutet. Schwester Tobiana bringt für ihren Chef eine gelbe, flauschig weiche Wolldecke mit, auf die das päpstliche Wappen gestickt wurde.

Soweit mir bekannt ist, gelang es nur einmal einem Kollegen, die Decke aus der päpstlichen Maschine zu klauen. Dazu musste er nichts weiter tun, als sich nach der Landung in Rom sehr viel Zeit mit dem Aussteigen zu lassen. Als der Papst längst von Bord war, schlich er sich in den vorderen, für den Klerus reservierten Flugzeugbereich und ließ die Decke einfach mitgehen.

Einigen Kollegen ist auch gelungen, Handschriften des Papstes aus dem Flugzeug zu stehlen. Johannes Paul II. beginnt jeden Brief, jede Predigt, jeden Text auf die gleiche Art und Weise: Wie schon zu Zeiten, als er noch Erzbischof in Krakau war, schreibt er oben links auf das Papier seinen Namen »Karol Wojtyla« und rechts daneben auf den oberen Rand des Papiers die Inschrift seines Wappens »Totus tuus«. Manchmal missfiel dem Papst der Entwurf eines Textes, den er im Flugzeug geschrieben hatte. Den Zettel warf er dann in den Papierkorb des Flugzeugs. Der eine oder andere gerissene Kollege fischte diese misslungenen päpstlichen Texte wieder heraus. Als es dem Papst gegen Ende der 90er-Jahre immer schwerer fiel, eigenhändig zu schreiben, führte der Vatikan eine Änderung im Protokoll ein. Von nun an reiste der Chef der polnischen Sektion des Staatssekretariats im Vatikan immer mit. So konnte der Papst, wann immer er wollte, in seiner Heimatsprache Änderungen der Predigten oder Ansprachen diktieren, die dann in die vorbereiteten Texte eingebaut wurden. Selbst diese Zettel mit Notizen der polnischen Mitarbeiter des Papstes wurden regelmäßig von Kollegen aus den Abfalleimern der päpstlichen Maschine herausgewühlt.

Ich kann mich an Kollegen erinnern, die wie ich beim ersten Flug mit dem Papst schlicht nicht fassen konnten, wie es in der Gruppe der Reporter zugeht, die den Papst begleiten. Auch ich hatte bis dahin geglaubt, dass eine mehr oder weniger fromme Gruppe den Heiligen Vater umrahmen würde. Aber Journalisten, die alle wichtigen Medien der Welt vertreten, sind hartgesottene Leute. Sie haben Kriege erlebt, überall auf der Welt gearbeitet, sie sind belastbar und rücksichtslos. Sie sind sich ihrer

Macht bewusst und lassen sich nur schwer beeindrucken. Nur eine Minderheit unter den ständigen Papstbegleitern ist katholisch: Es gibt Juden und lutherische Christen, Atheisten und Buddhisten unter den Reportern, die dem Papst folgen. Die meisten Mitglieder dieser Gruppe kennen sich seit vielen Jahren. Man muss sich die Atmosphäre wie auf einer Klassenreise undisziplinierter Schüler vorstellen. Es gibt, wie in jeder Schulklasse, den Primus, der alles richtig macht, den Deppen, neben dem keiner sitzen will, den Langeweiler und den Besserwisser. Die Stewardessen sind hoffnungslos überfordert mit der Aufgabe, diese Gruppe zu disziplinieren. Während der Flüge am Abend stehlen Reporter Wein- und Schnapsflaschen aus der Bordküche. Bis vor drei Jahren wurde im Flugzeug des Papstes hemmungslos geraucht. Es gibt unter den Papst-Reportern Menschen mit den erstaunlichsten Macken. Eine Legende ist Maria Paloma Gomez Borrero. Sie arbeitet für zahlreiche spanische Medien und steht wie alle anderen unter ständigem Zeitdruck, aber sie reist immer mit einer uralten Reiseschreibmaschine. Während alle anderen Kollegen potente, tragbare Computer benutzen, tippt Paloma ihre Artikel auf einem Schreibmaschinen-Modell, das schon in den 70er-Jahren aus der Mode gekommen war. Sie kann stundenlang über ihr Hauptproblem reden: frische Farbbänder zu bekommen. Die Bänder gibt es nur noch in Antiquitätengeschäften, aber Maria Paloma schwört darauf, dass sie nur auf dieser Maschine gute Artikel tippen kann, die sie dann irgendwie in ihre Redaktionen faxen muss, statt wie alle anderen E-Mails zu verschicken.

Sobald sich der Moment der Landung nähert, geht das Gerangel wieder los, diesmal andersherum. Für Kameramänner und Fotografen ist es wichtig, so schnell wie möglich aus dem Flugzeug herauszukommen, denn sie haben ein hartes Stück Arbeit vor sich. Sie müssen mit Kameras und Stativen, etwa 30 Kilogramm Gepäck, die Treppe des Flugzeugs hinunterjagen, bis zur vorbereiteten Tribüne für Kameraleute rennen, Stativ und Kamera aufbauen und richtig einstellen, bevor der Papst aus dem Flugzeug steigt. Seitdem er nach der Operation an der Hüfte im April 1994 schlecht gehen kann, drängeln sich die Kameramänner noch schneller aus dem Flugzeug. Sie können nichts dafür, aber der Moment, in dem der Papst die steile Treppe am Flugzeug hinuntergeht, ist einer der heikelsten Augenblicke für seine Sicherheit. Seit dem Jahr 2002 erspart man ihm die Kletterei und setzt eine Hebebühne ein. Zuvor war die Gefahr groß, dass er auf der Treppe stolpern würde oder gar stürzen könnte. Ich habe oft zugesehen, wie er sich Stufe um Stufe hinunterkämpfte, ärgerlich den angebotenen Arm von Don Stanislaw beiseite schiebend. Er wollte den Gastgebern zeigen, dass er noch allein gehen konnte, dass ein Papst kam, der seinem verfallenden Körper noch nicht ganz unterlegen war. Ich dachte jedes Mal: »Mein Gott ist diese Treppe steil für diesen alten Mann.« Ich verstand die Kollegen, die auf keinen Fall riskieren wollten, diesen Augenblick nicht zu filmen, nur weil sie sich nicht entschlossen genug aus dem Flugzeug gedrängelt hatten. Also beginnt, sobald der Pilot das Flugzeug zum Landeanflug sinken lässt, in der Papstmaschine eine heftige Rangelei. Stewardessen versuchen dann erfolglos, Kameramänner daran zu hindern, noch vor der Landung Stative und Leitern aus den Gepäckfächern zu reißen. Übereifrige Reporter, die eigentlich noch Zeit hätten, springen auf. Man bekommt Kameras gegen den Kopf geknallt, Stative in die Magengrube gedrückt, während Stewardessen und Vatikan-Mitarbeiter zunächst höflich, später weniger freundlich schreien: »Hinsetzen, verdammt noch mal!« Irgendwann landet die Maschine, und jetzt hält die Fotografen und Fernseh-Crews nichts mehr auf den Sitzen. Dafür haben die Organisatoren des Vatikans sogar Verständnis. Deswegen gilt die Regel: Kameramänner und Fotografen dürfen zuerst aussteigen. Das klappt natürlich nicht, weil sich immer wieder irgendwelche Redakteure dazwischendrängeln, so dass ein mörderisches Chaos auf dem Gang entsteht.

Es ist mir dabei mehrfach passiert, dass ein Kollege seinen Computer aus dem Staufach holen wollte, aber umgerissen wurde, so dass mir der Apparat auf den Kopf fiel. Ich habe auch schon Fernsehkameras und Anlagen für Blitzlichter auf den Schädel bekommen. Meistens purzelt kurz nach der Landung die ganze Herde Journalisten durcheinander, denn der Kapitän lässt das Flugzeug nicht ausrollen, sondern bremst einmal, meistens ziemlich brüsk. Bevor die Maschine des Papstes vor dem Flughafengebäude vorrollen kann, wo die Gastgeber auf geschmückten Tribünen warten, muss der Kapitän das Cockpit öffnen und außen die vatikanische Flagge anbringen, weil das Tradition ist. Erst dann gehen die Türen auf.

In diesem Augenblick vollzieht sich eine seltsame Wandlung: Soeben hat man noch einen Kollegen angeschrien, der einem seinen Aluminium-Kasten mit dem Satellitentelefon gegen das Schienbein geschlagen hat, doch dann steigt man aus dem Flugzeug aus und wird ein anderer Mensch. Die Organisatoren eines päpstlichen Besuchs haben manchmal jahrelang für diesen Moment gearbeitet. Wenn der Papst endlich eintrifft, ist das ein feierlicher und würdevoller Moment, und das verändert auch die Haltung der Komparsen: Ich erinnere mich mit einem gewissen Schrecken daran, wie beeindruckend ein solcher Empfang ist. Die Reporter, die aus dem Flugzeug kommen, sind plötzlich nicht mehr nur Journalisten, denn sie steigen aus der Papst-Maschine, und ein wenig färbt der Glanz des Papstes auf die Begleiter ab. Während der Oberbefehlshaber der Streitkräfte den Papst begrüßt, begrüßt irgendein Befehlshaber einer Sondereinheit der Polizei die Journalistentruppe, die er bis zu ihrem Abflug möglichst unbeschadet durch das Land lotsen muss. Natürlich hätte der Polizist auch lieber den Papst beschützt, aber da das schon sein oberster Chef macht, ist er nicht unzufrieden damit, wenigstens die weniger wichtigen Mitglieder der Delegation zu behüten. Ich gebe zu, dass es sehr schwer ist, sich diesem Eindruck zu entziehen und sich nicht wichtig zu fühlen, wenn Protokollbeamte und Sicherheitsfachleute der Polizei die Reporterschar höflich willkommen heißen und ihnen zusichern, dass sie alles tun wollen, um die Truppe zu schützen, die bis dahin gar nicht wusste, dass sie in irgendeiner Gefahr schweben könnte. Ich glaube niemandem, der sagt, das imponiere ihm nicht. Es ist beeindruckend, wie es auch beeindruckend ist, im eskortierten, gepanzerten Autobus kilometerlang an Hunderttausenden, manchmal Millionen jubelnder Menschen vorbeizufahren. Man bekommt sozusagen den Jubel als Zweiter mit. Vorn fährt der Wagen des Papstes, der gefeiert wird. Die Menschen an den Straßen jubeln aber auch noch, wenn die Busse der Begleiter vorbeirollen, obwohl es nicht den geringsten Grund dafür gibt, Reportern zuzujubeln. Es ist schwer, den Wunsch zu unterdrücken, zurückzuwinken. Ich gebe zu, dass ich jedes Mal mit dem Gefühl kämpfen muss, dass ich kein unabhängiger Berichterstatter mehr bin, sondern Begleiter eines Stars, der ungeheure Menschenmassen mitreißen kann.

In Begleitung des Papstes

Es fällt mir schwer, die Menschenmassen, die den Papst feiern, auf das zu reduzieren, was sie sind: Menschen, die stundenlang mit einem Fähnchen in der Hand an einer Straße gewartet haben und verständlicherweise in Enthusiasmus ausbrechen, wenn endlich etwas passiert, endlich der erwartete Mann an ihnen vorbeirollt. Das lässt keinerlei Rückschlüsse darauf zu, ob diese Menschen so leben, wie es Papst Johannes Paul II. gutheißen würde. Sie jubeln nicht einem Vertreter von Prinzipien zu, sondern einem Mann, den sie bisher nur im Fernsehen gesehen haben, und der jetzt höchstpersönlich an ihnen vorbeifährt, den sie für einen Sekundenbruchteil sehen können, was ihrem Leben ein ganz klein bisschen mehr Sinn gibt, weil sie etwas erlebt haben, was sie noch ihren Enkeln erzählen können.

Die Busse bringen die Reporter in Pressezentren oder komfortable Hotels. Manche Hotelmanager übertreiben in ihrer Fürsorge: Als Johannes Paul II. am 22. September 2001 Astana in Kasachstan besuchte, fanden alle Begleiter des Papstes auf ihren Zimmern Großpackungen mit Kondomen. Am 23. Juni des Jahres 2001 traf Johannes Paul II. zu einem apostolischen Besuch in Kiew ein. Ich erinnere mich an das nette Hotel mitten in der Stadt. Mir schien nur befremdlich, dass die Reiseorganisatoren übersehen hatten, dass sich in der Herberge auch eine Disco befand. Halbnackte Frauen tanzten, von der Eingangshalle aus sichtbar, an seltsamen Gestängen. Der Eintritt in das Etablissement kostete 120 Dollar, und man muss wohl ein katholischer Geistlicher sein, um nicht darauf zu kommen, dass bei diesem Eintrittspreis weitere Dienstleistungen der Tänzerinnen inbegriffen waren.

Von Kiew aus flog der Papst nach Lemberg in der West-Ukraine, und hier erlebte die Vatikan-Delegation eine weitere Überraschung. Hunderttausend ukrainische Katholiken, polnischstämmige Ukrainer und Religions-Touristen aus Polen wurden in Lemberg erwartet. Für den Reportertross war das ein gutes Zeichen. Gemeinhin gilt die Faustregel: Je katholischer das Land, desto besser die Unterkunft für die Begleiter. In Mexiko oder Spanien liegt den Gastgebern das Wohl der päpstlichen Delegation am Herzen, in einem mehrheitlich buddhistischen Land werden die päpstlichen Begleiter in der Regel mit großer Gleichgültigkeit empfangen. Ich weiß noch, wie der Bus durch die traumhaft schöne Innenstadt von Lemberg (Lviv) rollte, und ich mich auf ein kuscheliges Altbau-Hotel freute. Dann fuhr unser Bus an den Stadtrand, wo sehr traurige und sehr heruntergekommene Betonklötze standen. Dazwischen lagen die obligatorischen, mit Stahlgittern gesicherten Einkaufsbuden, in denen vor allem Schnaps und Zigaretten verkauft werden. Von allen unansehnlichen Betonburgen war das uns vorbehaltene *Sputnik-Hotel* die unansehnlichste. Ich stand noch in der nichts Gutes verheißenden Halle, als ich einen Kollegen, der schon auf seinem Zimmer gewesen war, herunterkommen sah. Er setzte sich in die Bar, in der zwei traurig aussehende alte Frauen mit Wischlappen versuchten, uralten Tischchen ein wenig Glanz zu verleihen, und bestellte Wodka. Ich habe den Mann noch nie mitten am Tag hochprozentigen Alkohol trinken sehen. »Was ist los?«, fragte ich ihn.

»Warst du schon auf deinem Zimmer?«, fragte er.

»Nein«, sagte ich.

»Ich rate dir, nicht nüchtern hineinzugehen.«

Ich ging hinauf.

Auf dem Flur vor meinem Zimmer stand ein Sofa, auf dem eine ältere Frau schlief. Ich verstand nicht, was sie dort tat. Vielleicht weckte sie meine Ankunft. In jedem Fall legte sie sorgfältig die Wolldecke zusammen, unter der sie geschlafen hatte, und ging ihrem Job nach. Sie klapperte die Zimmer ab und bot aus einer großen Glaskaraffe Wodka an, den sie mit einem kleinen Metallbecher abmaß. Das Zimmer war kein Zimmer, sondern ein Alptraum. In Lemberg funktionierten die Handys nicht. Man hatte uns versichert, dass es auf den Zimmern Telefone gäbe. Das stimmte auch, aber ihre Kabel hingen abgerissen aus den Apparaten heraus. Es gab keine Telefonanlage im *Sputnik-Hotel*. Die einstigen Betonböden der Zimmer hatten sich im Lauf der Zeit aufgelöst: Sie bestanden nunmehr aus einer Art Schutt, feinkörnigem Zementrest. Darauf stand ein nicht gemachtes Bett, das aus einigen Brettern und einem Strohsack bestand, auf dem dreckige Laken lagen. Der Clou des Raums aber war ein anderer: Irgendjemand musste irgendwann einmal dem Betreiber des Hotels gesagt haben, dass in jedes Hotelzimmer ein Kühlschrank gehöre. Die Beschreibung der im Westen üblichen Mini-Bar muss vollkommen falsch aufgefasst worden sein. In dem Zimmer stand ein gewaltiger, uralter Kühlschrank. Er war nicht angeschlossen, und ich machte den Fehler, ihn zu öffnen. Darin vermehrten sich unter einem faustdicken Ballen aus grünem und grauem Schimmel so ziemlich alle denkbaren Arten von Mikroben der Welt. Ich schloss das Ding geschockt und fragte mich, wie ich einen Abend in diesem Zimmer überstehen sollte. Im Bad fand ich neben der Toilettenschüssel ein Loch im Fußboden. Ich konnte bequem den Fuß hindurchstecken, der im Nichts verschwand. Im Dunkeln konnte man sich hier die Knochen brechen. Aber weit mehr als das Loch im Boden beeindruckten mich die beiden Handtücher. Irgendwer musste damit vor ein paar Jahren den Ölfilter seines Ladas gereinigt und sie dann an diesen Haken gehängt haben. Sie waren so schmutzig und hart geworden, dass man sie hätte zerbrechen können. Im Waschbecken vermehrten sich ungehindert die kleinen Tierchen, die irgendwie den Weg aus dem Kühlschrank hierher geschafft hatten, ebenso im Duschbecken. »Na dann, Prost«, dachte ich, ging zurück nach unten und dachte, dass die Idee mit dem Wodka vielleicht gar nicht so schlecht war, als ich einen Kollegen an der Rezeption sah, der auf eine Russin einschrie. Sie fragte immer, ob er ein billigeres Zimmer haben wolle, und er schrie zurück: »Ich will kein billigeres, ich will ein besseres, teureres. Ich will das beste Zimmer, das sie haben!« Das Hotel hatte ein besseres Zimmer, das nach dem Eindruck der verschlissenen Möbel schon während der Sowjetzeit auf besondere Art und Weise gewerblich genutzt worden war. Es war nicht sauberer als die anderen, es besaß auch ein Monster von Kühlschrank voller Schimmel, aber dafür hingen über dem Bett Dutzende von zum Teil zerbrochenen Spiegeln.

Selbst im *Sputnik-Hotel* ging der Arbeitsrhythmus der Reporter weiter, allerdings nicht unbeeinflusst. Johannes Paul II. musste ausbaden, was die Organisatoren verbockt hatten: ein unzumutbares Hotel zu buchen. Alle päpstlichen Begleiter waren sauer, sehr sauer, ohne Ausnahme. Besonders wütend aber war ein US-Kollege, der die Idee gehabt hatte, seine Frau nach Lemberg kommen zu lassen, um den Hochzeitstag mit ihr feiern zu können. Als die Dame mit ihrem nagelneuen eleganten Kostüm das Zimmer des *Sputnik-Hotels* betrat, geriet die seit 25 Jahren stabile Ehe ernsthaft in Gefahr.

Die Messe am Morgen in Lemberg verfolgte also ein schlecht gelaunter Journalistenpool: Genüsslich verbreiteten die Kollegen, dass die Vatikan-Reporter in Kiew gezwungen worden waren, in einem Hotel zu schlafen, das einem Bordell ähnelte, und dass der Papst besser daran getan hätte, sich nicht mit dem ukrainischen Präsidenten Leonid Kutschma zu treffen, der immerhin im Verdacht stand, einen Journalisten ermordet zu haben. Außerdem unterstrichen die Reporter auf übertriebene Weise, dass der Papst für seine Reise harte Kritik aus Moskau durch den russischen Regierungschef Wiktor S. Tschernomyrdin hatte einstecken müssen. Der Besuch wurde ohne jeden Grund als Fehlschlag gewertet. Die Pools der Reporter trafen sich trotzdem in der Halle, fuhren zu heiligen Messen, Andachten, Ansprachen.

Diese Reporterpools haben einen grauenhaften Nebeneffekt: Überall auf der Welt gibt es um Regierungsgebäude herum gepflegte Grünanlagen, traumhafte, kleine Inseln, die mit großer Hingabe von Profi-Gärtnern gehegt werden. Ich weiß nicht, wer diese Gärtner sind, ich habe nie einen gesehen, aber ich weiß, das sie allen Grund haben, mich aus tiefster Seele zu hassen. Diese Rasenflächen um Präsidentenpaläste oder Botschaften, in päpstlichen Nuntiaturen und Amtssitzen von Patriarchen werden immer durch Blumenbeete verschönert, die Pflanzen werden gedüngt, beschnitten und gewässert. Doch wehe, der Papst kommt in die Stadt. Ich erinnere mich an ein besonders eindrucksvolles Beispiel am 4. Mai 2003 in Madrid. Ich habe Johannes Paul II. selten so herzlich lachen sehen. Um dem schwachen Papst weite Wege zu ersparen, kam König Juan Carlos in die Nuntiatur, die genau neben dem Hauptquartier der Polizei von Madrid liegt. Auf allen Auslandsreisen schlief der Papst in den Nuntiaturen, bis auf eine Ausnahme: In Baku

(Aserbeidschan) gab es keine Nuntiatur, der Vatikan mietete ein Drei-Sterne-Hotel und beantragte den Status Exterritorialität. Das heißt: Für die Dauer des Staatsbesuchs des Papstes in Baku war das Drei-Sterne-Hotel vatikanisches Staatsgebiet. Dem Papst lag daran, zu Hause, also auf eigenem Gebiet, zu sein und nicht der Gast eines Landes.

Auch in Madrid hatten irgendwelche fleißigen Gärtner rund um das weiße Gebäude Blumenbeete in den Farben der Flagge des Vatikans angelegt: Weiße und gelbe Stiefmütterchen blühten auf einem englischen Rasen, der aussah, als sei jeder einzelne Halm per Hand geschnitten worden. Die Fernseh-Crew, die Fotografen und zwei Tageszeitungsreporter lauerten vor dem Eingang auf den König. Er stieg mit Königin Sophie pünktlich aus dem blauen Dienst-Audi, den statt eines Kennzeichens nur eine Krone schmückte. Der König verschwand mit der Familie in der Nuntiatur, um den Papst zu treffen. Die Organisatoren erklärten dem Medientrupp, dass auf der anderen Seite des Gebäudes eine Terrasse lag. Die Türen zur Terrasse würden aufspringen, und dann würde der Reporterpool zusehen können, wie der Papst und der König sich gegenseitig ihrer Wertschätzung versichern. Ein schmaler Kiesweg führte an den lieblichen Beeten vorbei zu der Terrasse auf der anderen Seite des Gebäudes. Doch die Journalisten waren nicht hier, um zu lustwandeln. Sie mussten um den besten Platz auf der Terrasse kämpfen. Also stürmten die Reporter mit schwerem Gepäck quer über den Rasen und mitten durch die Beete. Stiefel von Kameramännern, die 40 Kilogramm Gepäck schleppten, machten die Stiefmütterchen-Arrangements im Nu zunichte. Es sah so aus, als wäre eine Elefantenherde durch den zierlichen Garten gestampft. Auf der anderen Seite waren die Türen noch verschlossen. Statt auf dem Rasen zu warten, drängelten sich die Reporter so nah wie möglich an die Terrasse heran, die von einem weiteren Blütenmeer umrahmt war. Um die eroberten Positionen an der Terrasse zu festigen, rammten Kameramänner ihre tragbaren Aluminiumleitern in liebliche Tulpenbeete. Die Leitern sanken in dem weichen, gut gedüngten Boden tief ein. Motorrad-Kuriere, die eilige Videokassetten in Sendeanstalten fahren mussten, stürmten durch Margeritenbüsche, ohne das Ausmaß der Zerstörung auch nur wahrzunehmen. Reporter platzierten ihre bis zu 20 Kilogramm schweren Computer-Taschen auf dem Boden, wo sie Nelken und kleine Zierrosen platt drückten. Als die Türen endlich aufsprangen, drängelte sich der Reportertrupp mit total verdreckten Schuhen, an denen Blumenerde und Pflanzenreste klebten, in den mit hellen Seidenteppichen ausgelegten Salon der Nuntiatur. Der Papst sah amüsiert zu, wie ein großer Teil des Saales mit braunen Brocken aus Blumenerde überzogen wurde. Zerquetschte Narzissen fielen von meinen Schuhen. Der Papst konnte sich für einen kurzen Augenblick das Lachen nicht verkneifen. Dann versicherte der König dem Papst die Loyalität Spaniens, Geschenke wurden getauscht, der Termin war vorbei, der Reportertrupp musste jetzt rasch die Story durchtelefonieren und zum Bus rennen, um den Abflug der päpstlichen Maschine nicht zu verpassen. Ich rannte in dem Tross mit, trat seltene Veilchen platt und zerstörte eine mit einem Lineal gezogene Rasenkante. Mir tat der Gärtner unendlich leid. Ich stellte mir vor, wie er am nächsten Morgen in den Garten kommen würde, um sich zu fragen, welches Rudel wilder Tiere sich quer durch sein Reich zur Terrasse und quer durch den Garten wieder zurück gewühlt hatte und wo diese seltsamen Viecher dann mitten im Stadtzentrum von Madrid verschwunden sein mochten.

Die den Papst begleitenden Journalisten haben wenig Respekt vor der Vatikan-Delegation: Es gehört zu ihrem Selbstverständnis, nicht auf die Knie zu fallen, wenn sie den Papst sehen. Sie wissen, dass sie nur die Augen und Ohren ihrer Leser oder Zuschauer sind, die ein Recht darauf haben, objektiv informiert zu werden. Doch in keinem Moment ist die Journalistenhorde so undiszipliniert wie in den Stunden vor einem

Rückflug, wenn der Papst ein heißes Land besucht hat. Es ist jedes Mal das Gleiche: Auf dem Flugplatz wartet ein Staatspräsident, ein Ministerpräsident oder irgendeine andere staatstragende Persönlichkeit darauf, den Papst zu verabschieden. Reden werden gehalten, warme Worte des Dankes für den Besuch gefunden. Deswegen darf die Maschine keinen einzigen Motor laufen lassen: Der Lärm könnte die Zeremonie stören. Das Flugzeug steht also auf einem kochend heißen Flugfeld ohne einen Hauch von Lüftung. Lange bevor der Papst kommt, um sich verabschieden zu lassen, müssen seine Begleiter schon eingestiegen sein und im Flugzeug warten. Die Maschine ist dann ein Backofen.

Johannes Paul II. fällt am Ende seiner Reisen im letzten Augenblick aber zum Schrecken der Organisatoren und Autoren des Programmheftes immer noch irgendetwas Außerplanmäßiges ein. Er muss noch ein Krankenhaus besuchen, um die Freilassung eines Gefangenen bitten oder dringend eine Kirche segnen. Er kommt zum Abflug nie pünktlich. Die ersten Minuten in dem kochend heißen Flugzeug vergehen würdevoll: Aber dann werden Jacketts ausgezogen, Schuhe und Socken, irgendwann alles, was man anständigerweise ausziehen kann. Stewardessen sind noch nicht an Bord: Es gibt nichts zu trinken. Man bespritzt sich gegenseitig mit Wasser aus dem Bad. Irgendwann drängeln sich alle in der Nähe der hinteren Tür, dem einzigen Ort, an dem man etwas Luft bekommt. Ich kann mich an Flughäfen erinnern in Mexiko und Nigeria, in Indien und auf dem Sinai, auf denen Kollegen vor Hitze und Wassermangel ohnmächtig zu werden drohten.

Gleichzeitig ist die Situation für den letzten Journalistenpool nie so kritisch wie in diesem Moment. Ich weiß noch genau, wie mir Vatikan-Mitarbeiter eine einfache Regel erklärten: Der Papst wartet nie. Wenn der Heilige Vater einen Besuch beendet hat, steigt er in sein Flugzeug und fliegt nach Hause. Wer in dem Flugzeug sitzt, fliegt mit zurück, wer nicht drin ist, hat Pech gehabt und bleibt zurück. Johannes Paul II. ist nicht gewillt, den Gastgebern nach dem Einsteigen mitzuteilen: »Einer meiner Reporter ist abhanden gekommen, wir warten noch ein bisschen.«

Fast immer wird der Papst aber von dem letzten Termin des Besuchs mit dem Hubschrauber zum Flughafen geflogen. Die Journalisten, die über den letzten Termin berichten mussten, fahren mit Autos hinterher. Für sie beginnt ein Rennen gegen die Zeit. Wenn das Auto liegen bleibt, ist es aus. Nervöse Fernseh-Produzenten fragen sich dann, ob ihr Team es dieses Mal schaffen wird, rechtzeitig einzutreffen. Da viele Produzenten Frauen sind, die sich vorzugsweise in ihre Kameramänner verlieben, führt das zu dramatischen Szenen. Die Damen im Papstflugzeug, bis zu diesem Moment eiskalte TV-Profis, kauen schweißüberströmt auf ihren Fingernägeln und hoffen, dass ihre Liebsten nicht im Tschad oder in Uruguay zurückgelassen werden. Irgendwann kommt der Papst endlich zum Flugplatz, und niemanden auf der Welt habe ich je so leidenschaftlich gehasst wie die Minister oder Staatssekretäre oder Bischöfe, die sich dann vordrängeln, um dem Papst einmal im Leben die Hand schütteln zu können. Zu diesem Zeitpunkt hat man keinen Zipfel trockenen Tuches mehr am Leib. Es ist meist später Nachmittag oder Abend, und alle sind todmüde. Ich erinnere mich daran, dass ich mehrfach so durchgeschwitzt war, als hätte ich geduscht. In der stickigen Atmosphäre bekam ich kaum noch Luft, während draußen auf dem Rollfeld eine noch immer endlose Schlange von Menschen dem Papst die Hand schütteln wollte. Dann endlich steigt Johannes Paul II. ein: Die Motoren springen an, der Pilot drückt frische, kühle Luft in die Kabine, die Stewardessen schenken Wasser, Bier und Champagner aus, und dann johlt eine glückliche, erschöpfte Journalistenhorde »Johnny-Paul, du bist der Größte!«, weil sie und ihr Papst eine weitere Reise überstanden haben. Dann wird der Heilige Vater auch gern mal auf die Schippe genommen: Ich erinnere mich an einen Rückflug, auf dem die englischsprachigen Kollegen ein Lied mit dem Refrain »Take off the cross, boss« (Nimm das Kreuz ab, Chef) anstimmten. Es ist eben Feierabend. Der Papst hat das damals gehört. Er nimmt so etwas nicht übel. Im Gegenteil. Er hat gelacht.

Vom Glanz und Elend eines Medienstars

Ich kann mich ganz genau an den Augenblick erinnern, als ich wirklich begriff, dass ich jetzt dazugehörte, dass die apostolischen Reisen des Papstes ein Teil meines Lebens geworden waren. Auf dem Schreibtisch stand eine Holzfigur eines Indios, die mich an Mexiko erinnerte, als ein tieftrauriger Papst der Menschen gedachte, die in der Nacht zuvor vor dem bereits aufgebauten Altar erfroren waren. Unter der Decke hing ein handgeschnitzter Leuchter aus Brasilien, darunter lag ein Teppich aus Indien, neben den Vasen aus Nigeria stand eine Uhr aus St. Louis/USA, an der Wand hing eine Ikone aus Georgien. Ich hatte Souvenirs mit in die päpstliche Maschine geschleppt wie alle anderen auch. Alle Kollegen, die wie ich den Papst begleiten, wohnen in Apartments, in die Mitbringsel aus der ganzen Welt gestopft werden.

Ich hatte den Papst nun schon in vielen Ländern erlebt, aber diese Tatsache hatte mein Verhältnis zu ihm nicht deutlich verändert. Ich hatte ihn vor großen Menschenmengen predigen sehen, ich hatte den Medienpapst hautnah erlebt, einen Mann, der in der Lage ist, mehr Menschen zu mobilisieren als irgendjemand in der Geschichte vor ihm. Für keinen Popstar, nicht einmal für die Rolling Stones, haben sich jemals so viele Menschen versammelt wie für Johannes Paul II. Veranstaltungen mit 100 000 Teilnehmern gelten als relativ klein, in Polen waren selbst Versammlungen mit 500 000 Teilnehmern nicht wirklich bedeutend. Der Papst zog in seinem Leben mehrfach mehr als eine Million Menschen an, die an einer heiligen Messe mit ihm teilnehmen wollten. Ich hatte die Inbrunst erlebt, mit der diese Menschen beten, singen, glauben – und nicht zuletzt deshalb versuchte ich, meine Erfahrungen als Reporter jetzt anders zu vermitteln. Als ich als junger Italienkorrespondent nach Rom gekommen war, hatte ich mit dem Thema Papst nicht viel anfangen können. Ende der 80er-Jahre schien Johannes Paul II. in Deutschland einfach unpopulär und schwer vermittelbar zu sein: Ich bekam Waschkörbe voller Schmähbriefe von Lesern für jeden Artikel über den Papst. Die häufigste Beschimpfung war »polnische Flugente«. Aber ich machte auch eine unerwartete Entdeckung: Kein anderes Thema, über das ich aus Italien berichtete, nahm die Menschen so mit. Wann immer ich darüber schrieb, dass der Papst erneut Abtreibung und Empfängnisverhütung scharf verurteilt hatte, hagelte es erboste Leserbriefe. Ich kann mich in den ersten Jahren nur an eine einzige absolut positive Geschichte erinnern: Während einer Generalaudienz betonte Johannes Paul II., dass auch Tiere Geschöpfe Gottes seien. Die Sätze des Papstes ließen den Schluss zu, dass auch Tiere eine Seele haben und auf einen Platz im Paradies hoffen dürfen. Die Schlagzeile der »Bild-Zeitung«: »Auch Hunde kommen in den Himmel«, spülte eine wahre Flut von Briefen in meine Redaktion, in denen Tierliebhaber, deren Vierbeiner gerade gestorben waren, mir mitteilten, wie dankbar sie dem Papst dafür seien, dass er endlich den Mut gefunden hätte, dieses Tabuthema anzupacken.

Während der ersten Jahre machte ich eine weitere erstaunliche Erfahrung: Ich hatte erwartet, dass unter den Vatikan-Korrespondenten Kollegialität unter dem Vorzeichen christlicher Nächstenliebe besonders groß geschrieben werden würde. Immerhin brachten die Kollegen ihr Leben damit zu, über eine Institution zu schreiben, die versucht, dem Sohn Gottes nachzufolgen. Das müsste auf Reporter abfärben, dachte ich. Ich hatte geglaubt, dass im Pressesaal des Heiligen Stuhls Hilfsbereitschaft, Fairness und die Verpflichtung auf absolute Wahrhaftigkeit gegenüber dem Gegenstand der Berichterstattung Vorrang hätten. Mein Gott, war ich dumm.

Auch im Gefolge des Papstes wird, wie überall auf der Welt unter konkurrierenden Medien, mit harten Bandagen gekämpft, mit sehr harten Bandagen. Denn in einem Großteil der Welt ist der Papst »news«. Das heißt, jede seiner Bewegungen ist interessant. Es ist eine Nachricht, wenn er zu spät in einer Kirche eintrifft. Es ist eine Top-Story, wenn er hinfällt. Es gehört zum Schicksal dieses Medienpapstes, dass Menschen, die von seiner Botschaft überhaupt nichts wissen wollen, seltsamerweise trotzdem erfahren möchten, ob er gerade erkältet ist oder an einer Virus-Infektion leidet. Der Gesundheitszustand des Papstes ist eine »*story*« und seit Jahren die am meisten verbreitete über ihn. Die Schlagzeile »Sorgen um den Papst« geht immer, damit kann man Zeitungen verkaufen, auch an Menschen, die überhaupt nichts von der katholischen Kirche halten. Es reicht, dass er überraschend eine Audienz absagt, um über seinen Gesundheitszustand spekulieren zu können. Ich kann mich an peinliche Fragen in der päpstlichen Maschine erinnern. Kollegen wandten sich an den Papst und fragten: »Heiligkeit, wie geht es Ihnen gesundheitlich?« – was nichts anderes bedeutete als »Mann, sehen Sie schon wieder schlecht aus: Erzählen Sie doch mal!«

Der Papst durchschaut natürlich das Spiel und antwortet auf die Frage nach seinem Gesundheitszustand seit Jahren: »Lesen Sie doch die Zeitungen! Da steht immer ganz genau drin, wie es mir geht.«

Die Konzentration auf seine Person, die Johannes Paul II. durchaus selbst verstärkte, schafft eine regelrechte Nachrichtenhysterie. Ich habe das oft erlebt, aber nie so spektakulär wie im Sommer 2002 in Mexiko City: Ich erinnere mich, dass ich von einer Messe des Papstes zurück ins Hotel kam, todmüde auf mein Zimmer schlich und mich aufs Bett warf. Wegen der Zeitverschiebung zwischen Rom und Mexiko-Stadt hatte ich viel zu wenig geschlafen. Mir fielen die Augen zu, als das Telefon klingelte. In Deutschland war es jetzt 20 Uhr. Für viele Zeitungen begann der Endspurt, kurz vor Redaktionsschluss werden die Kollegen nervös. Ich erwartete ein unangenehmes Gespräch.

»Bist du es, Andreas?«, schrie mir ein Redakteur aus Deutschland ins Ohr. »Verdammt noch mal: Hast du geschlafen? Es hat ein Attentat auf den Papst gegeben. Wir wissen nicht mal, ob der überhaupt noch lebt. Was machst du da eigentlich die ganze Zeit? Was meinst du, warum wir einen Haufen Geld dafür ausgeben, um dich nach Mexiko zu schicken? Los, hau rein, wir brauchen Fleisch!«

Ich war schlagartig wach: »Ich hab den Papst gerade gesehen: Er hat eine Messe gelesen, und er sah quicklebendig aus.«

»Du hast geschlafen, gib es zu, oder an der Bar gesessen! Die italienischen Agenturen sagen ganz klar: Es gab ein Attentat auf den Papst.«

Ich raste hinunter in die Hotelhalle und erwischte noch einen der Sicherheitsbeamten, die mich ins Hotel zurückgebracht hatten. Ich fragte ihn: »Um Gottes willen, was ist passiert?« Der Beamte wusste von nichts, meldete sich aber bei seiner Zentrale per Funk und fragte nach. Geschehen war Folgendes: Fast 20 Kilometer von der Kirche entfernt, in der der Papst in Mexiko City betete, hatte ein Kind mit einer Spielzeugpistole auf einem Balkon gespielt. Ohne nachzudenken, richtete der Junge die Pistole auf einen Polizisten, der auf der Straße stand. Aus Sicherheitsgründen hatten die Mexikaner Tausende von Polizisten für den Papstbesuch in Mexiko City zusammengezogen. An jeder Straßenecke stand ein Beamter. Dieser war jedoch besonders nervös. Er eilte die Treppe hoch, drang in die Wohnung ein, in der das Kind mit der Pistole spielte, stellte sicher, dass es eine harmlose Spielzeugpistole war, und ging wieder. Das war alles.

Daraus konstruierte eine italienische Nachrichtenagentur: »Anschlag auf das Gefolge des Papstes.« Die ansonsten seriöse römische Tageszeitung »Il Messaggero« erschien am nächsten

Tag mit der Schlagzeile: »Papst unverletzt: Er entkam einem Attentat.« Auch alle anderen italienischen Tageszeitungen und viele andere europäische Zeitungen brachten diese Geschichte in großer Aufmachung. Das war ein eindeutiger Betrug an den Lesern, die ihr Geld für eine Zeitung ausgegeben hatten, um sich zu informieren. Aber die Geschichte hatte unglücklicherweise alle Zutaten einer reißerischen Story rund um den Papst: Es gab eine Waffe, die von einem Polizisten beschlagnahmt worden war, und der Papst hatte sich zumindest in der Nähe der Waffe aufgehalten.

Der Papst, der die Medien benutzt, um seine Botschaft in die Welt hinauszutragen, ist auch der Gefangene der Medien. Seine Popularität nutzen die Medien aus, um über ihn zu spekulieren. Der Mann, der häufig sagte, das wichtigste Wort in der Bibel sei für ihn »Wahrheit«, muss damit leben, dass über ihn selbst immer wieder Lügen in die Welt gesetzt werden, weil die Mechanismen der wichtigsten Medien der Welt pervers sind.

So auch in Mexiko City: Natürlich hatten sämtliche Redaktionen verstanden, dass es keinen Attentatsversuch auf den Papst gegeben hatte. Es war den Chefredakteuren klar, dass nur ein Kind entwaffnet worden war, das mit einer Plastikpistole gespielt hatte. Dennoch zwangen die italienischen Chefredakteure ihre Korrespondenten, eine Story über ein vereiteltes Attentat zu schreiben, weil sie einen Aufmacher brauchten. Als am nächsten Tag die Zeitungen erschienen, versuchten verzweifelte Angehörige der Vatikan-Sicherheitsleute, ihre Ehemänner und Väter zu erreichen, um zu erfahren, ob sie verletzt oder gar getötet worden wären. Die mexikanische Regierung ließ den italienischen Botschafter kommen und protestierte empört: Die italienische Presse habe »eine Ente« veröffentlicht, Mexiko sei ungerechtfertigt in den Ruf geraten, den Papst nur unzureichend zu schützen. Die Zeitungen mussten sich entschuldigen, und das erledigten sie auch: in wenigen Zeilen, die in der nächsten Ausgabe gut versteckt wurden.

Johannes Paul II. entzog sich nie den Medien. Er hoffte auf den guten Willen der Journalisten, er wollte die Verbreitung seiner Botschaft in den Massenmedien, er sorgte auf gewisse Art und Weise selbst für den maßlosen Kult um seine Person. Bis zum Amtsantritt von Johannes Paul II. vollzogen die Päpste ihre wichtigsten Amtshandlungen nahezu unter Ausschluss der Öffentlichkeit. Irgendwo im apostolischen Palast wurden Edikte und Exkommunizierungen verfasst, die auf die Welt Einfluss nehmen sollten. Johannes Paul II. hingegen ist der erste Papst in der Geschichte, der die Medien professionell einsetzt. Er ist der erste Papst, der die Erfindung des Fernsehens für seine Botschaft nutzt. Welchen Stil sein Vorgänger Johannes Paul I. entwickelt hätte, weiß niemand, weil er nur 33 Tage Zeit zum Regieren hatte. Von Papst Paul VI., Johannes XXIII. und erst recht Papst Pius XII. ist jedoch bekannt, dass sie publikumsscheu waren. Sie haben öffentliche Auftritte in Grenzen gehalten, sie empfanden es als unangenehm, gefilmt, fotografiert und von Tausenden Augen und Ohren beobachtet und belauscht zu werden. Paul VI. war es peinlich, im Scheinwerferlicht zu stehen.

Johannes Paul II. ließ sich durch Fernsehkameras nie beirren. Im Gegenteil: Er sieht sie als Herausforderung an, seinen Gesten mehr Nachdruck zu verleihen. Er ist der erste Papst, der ein persönliches Verhältnis zu Journalisten aufbaute, der ohne jede Scheu mit ihnen umgeht. Der Papst kennt die meisten Journalisten, die über ihn schreiben, persönlich. Er ärgert sich, wenn sie seiner Ansicht nach etwas Unwahres berichten, und droht dann dem einen oder anderen scherzhaft mit dem Stock.

Karol Wojtyla schuf den Medienpapst. Der ehemals begeisterte Laienschauspieler trat schon als 18-Jähriger in dem Stück »Der Ritter des Mondes« auf und 1939 in »Heiratsversprechen« in Krakau. Im November 1942, als er bereits im Priesterseminar war, riskierte er sein Leben, um im Untergrund für die Truppe des Rhapsodischen Theaters im Stück »Pan Tadeusz«

von Adam Mickiewicz auf der Bühne zu stehen. Hätte die SS von der verbotenen Aufführung erfahren, wäre Johannes Paul II. wahrscheinlich in einem deutschen Konzentrationslager ums Leben gekommen. Karol Wojtyla wollte Schauspieler werden, bevor er sich seiner Berufung zum Priester klar wurde. Er hat ein angeborenes Talent, sich und sein Amt in angemessener Form zur Schau zu stellen. Der Papst beherrscht die Regeln des Medienspiels perfekt. In der Weihnachtsnacht des Jahres 1999, als er den Beginn des Heiligen Jahres 2000 zelebrierte und die Heilige Pforte öffnete, ließ er das Ereignis mediengerecht aufbereiten. Er ließ einen Umhang aus dem am stärksten schillernden Stoff schneidern, der in Italien zu finden war, und das Bild des Papstes in diesem prächtigen Gewand lief erfolgreich in 120 Ländern über die Fernsehschirme; auch deshalb, weil es so schön anzusehen war.

Um die Macht der Medien noch besser nutzen zu können, ließ Johannes Paul II. einen eigenen Vatikan-Fernsehsender schaffen. CTV heißt das Unternehmen mit eigenen Kameramännern, eigenen Übertragungswagen und eigenen Regisseuren. Es ging dem Papst dabei nicht nur um den offenkundigen Nutzen des Fernsehens für die katholische Kirche, nicht nur darum, dass kranke und hinfällige Menschen dank des Fernsehens an heiligen Messen teilnehmen konnten. Es ging ihm darum, dass die Kirche das Fernsehen entdecken und nutzen sollte, weil das Fernsehen wie für die Kirche erfunden zu sein scheint. Für die Katholiken ist der Papst der Vikar Jesu Christi. Was immer er auch unternimmt oder lässt: Er handelt im Namen von einer Milliarde Katholiken der Welt. Der Kniefall eines Papstes vor den Juden ist der Kniefall aller Katholiken vor dem Volk Israel. Dank der Erfindung des Fernsehens können diese wichtigen Gesten eines Papstes weltweit sichtbar gemacht werden. Dank der Fernsehbilder empfangen Katholiken und Nichtkatholiken jeder Sprache oder Hautfarbe und jeden Bildungsgrades die Botschaft der Kirche. Der symbolische Kniefall eines Papstes an der Klagemauer vor den Juden ist umso wirkungsvoller, je mehr Menschen ihn sehen.

Bis zum Amtsantritt von Johannes Paul II. hatte es im Vatikan vor allem Verbote für Filmkameras gegeben. Es gab eine lange Liste von Räumen und Gegenständen, die nicht gefilmt werden durften. Katholische Christen waren über lange Zeit die ärgsten Widersacher des Fernsehens gewesen und führten als Begründung an, das Fernsehen verrohe und verdumme die Menschen. Nur der katholische Priester und Medien-Analytiker Gianni Baget Bozzo war anderer Ansicht.

Bozzo erinnert nicht im Geringsten an einen Gemeindepfarrer. Der Geistliche lebt so, wie ich mir einen Privatdozenten vorstelle. Er residiert in einer Wohnung hoch über Genua, und von seiner Terrasse aus hat man einen herrlichen Blick auf das Meer. Es ist die klassische Wohnung eines Junggesellen. Die Fenster könnten mal wieder geputzt und die Schränke mal wieder aufgeräumt werden. Es gibt nichts, was die Wohnung wohnlich erscheinen ließe. Noch nie standen Blumen in den Vasen, die zur Einrichtung gehören. Bozzo ist das egal: Er interessiert sich nur für das Reich der Ideen. Der Priester hatte 1985 für die damals aus katholischer Sicht gotteslästerliche Partei der Sozialisten PSI kandidiert und war vom Amt suspendiert worden. Er wurde Medienfachmann und war einer der Architekten des Programms von Silvio Berlusconi. Ich erinnere mich genau an die prophetischen Vorträge, die er mir auf seiner Terrasse mit Meeresblick hielt. Er dozierte nahezu ohne Atem zu holen: »Die Katholiken betrachten das Fernsehen als einen Feind. Sie sehen nicht, dass es nur ein Instrument ist, dass man es einsetzen kann, um Gutes oder Böses zu tun. Die Katholiken haben diese seltsame kulturelle Vorstellung, dass Fernsehen das Familienleben und Ehen zerstört, dass man zwar lesen darf und Schallplatten hören, aber auf gar keinen Fall fernsehen sollte. Das geht aus diesen Köpfen nicht heraus. Nur einer hat begriffen, dass das Unsinn ist: Johannes Paul II. Katholische Gemeinden in Italien organisieren Fernseh-Proteste, um Kinder vor dem schädlichen TV-Einfluss zu schützen. Der Papst hat hingegen längst verstanden, dass sich die Verbreitung des Mediums nicht stoppen lässt und es deshalb sinnvoll ist, es möglichst geschickt zu nutzen.«

Karol Wojtyla entwickelte sich zum Fernsehpapst, der Kameras bei Ereignissen zuließ, die alle seine Vorgänger nur hinter verschlossen Türen zelebriert hatten. Der Papst ließ sich in Turnschuhen, beim Wandern und Skifahren, in seinem Arbeitszimmer und beim Gebet in seiner Privatkapelle filmen. Es gibt auf der Welt keinen anderen Menschen, der über so lange Zeit in den Medien so stark präsent war wie Papst Johannes Paul II. Karol Wojtyla lernte im Laufe der Jahre, telegene Posen einzunehmen, und er entwickelte ein freundliches Verhältnis zu den Kameramännern, die ihn begleiteten. Johannes Paul II. hat es immer als Teil seiner Aufgabe angesehen, sich möglichst vielen Gläubigen zu zeigen, sonst wäre er nicht 1,3 Millionen Kilometer um die Welt gereist. Die Kameras helfen ihm dabei. Als er immer schwächer und hinfälliger wurde, hielten viele Kurienkardinäle das Bild des leidenden Papstes für nicht mehr zumutbar und wollten die Zahl der TV-Auftritte des Papstes reduzieren. Aber Karol Wojtyla wehrte sich. Das Leiden war längst ein Teil seiner Botschaft geworden. Die Menschen sollten den leidenden Papst ruhig sehen. Christus hatte vor allen Menschen gelitten, und Petrus hatte vor allen Menschen gelitten, und auch er, Karol Wojtyla, würde sein Leiden nicht verstecken. Wer ihn daran mahnte, dass er einfach zu schwach wäre, um noch einen Papst darzustellen, zu dem auch Majestät gehöre, wurde von ihm belehrt: »Sah Christus am Kreuz, gefoltert, bespuckt und blutüberströmt, etwa majestätisch aus?«

Wie viele Kirchen braucht die Kirche?

Ich möchte nicht den Eindruck erwecken, dass ich selbst immer nur nach bestem Wissen und Gewissen über Papst Johannes Paul II. berichtet hätte. Das wäre nicht nur unredlich, sondern auch unwahr. Ich habe sehr lange Zeit sehr wenig von Johannes Paul II. gehalten. Ich hatte das Gefühl, dass der Kämpfer Wojtyla mit dem Einsturz der Berliner Mauer seinen Gegner verloren hatte. Ich konnte mich nicht des Eindrucks erwehren, dass er mit einer Welt, die nicht mehr in zwei Blöcke geteilt war, wenig anzufangen wusste. Ich lernte Wissenschaftler der Weltgesundheitsorganisation WHO kennen, die über den Papst empört waren. Die Entscheidung des Papstes, gläubigen Katholiken trotz der Aids-Seuche die Benutzung von Kondomen zu verbieten, halten viele Kenner Afrikas für blanken Wahnsinn. Wahrscheinlich erboste mich nichts so sehr wie die meiner Ansicht nach widersprüchliche Haltung des Papstes: Wie konnte er zulassen, dass für den Bau der Altäre während seiner Reisen, an denen er einmal die Messe las, Millionen Dollar ausgegeben wurden, wenn er doch wusste, dass 800 Millionen Menschen unterernährt sind?

Ich erinnere mich, dass ich im Jahr 1996 erheblichen Ärger mit dem Vatikan bekam, weil ich den Aufwand für den päpstlichen Besuch in Paderborn kritisiert hatte. Die Diözese Paderborn wollte sich angesichts des päpstlichen Besuchs mit einer hohen Geldsumme an dem Bauprojekt für 50 neue Kirchen in Rom beteiligen. Ich schrieb eine Reihe polemisierender Artikel, in denen ich vorrechnete, dass es in Rom damals 921 Kirchen gab, die Sonntag für Sonntag gähnend leer blieben, weil nicht einmal mehr jeder fünfte Einwohner der italienischen Hauptstadt regelmäßig die Messe besucht. Brauchte diese Stadt wirklich weitere 50 Kirchen? Die Artikel lösten eine Debatte im Parlament des Landes Nordrhein-Westfalen aus, weil ein Abgeordneter der Grünen wissen wollte, ob Paderborn tatsächlich Millionen Mark für Kirchenneubauten nach Rom überweisen wollte, während in Nordrhein-Westfalen aus Geldmangel Kindergartenplätze kirchlicher Träger gestrichen wurden. Ich wusste, dass meine Berichterstattung nicht ausgewogen war: Ich kannte die Bedingungen, unter denen Pfarrer in den Armenvierteln des sozialen Wohnungsbaus am römischen Stadtrand versuchen, gleichgültige Römer zum christlichen Glauben zu bekehren. Ich wusste, dass sie die Jugendlichen, die sie von der Straße holen wollen, in Bauten unterrichteten, die Garagen ähnelten, und attraktivere Unterkünfte für ihre Gemeindearbeit nötig hatten. Trotzdem fand ich es berechtigt, die Frage zu stellen, ob diese Pfarrer gleich eine enorme Kathedrale brauchten, wie sie dann dank des Geldes aus Paderborn tatsächlich gebaut wurde. Hätten die 20 Millionen Kinder pro Jahr, die nach Schätzungen der Weltgesundheitsorganisation wegen des banalen Mangels an Vitamin A erblinden, das Geld nicht dringender gebraucht? Durfte die katholische Kirche Kathedralen mit Kino und Sportplatz an den Stadtrand von Rom bauen, obwohl der Papst weiß, dass Millionen Kinder ihr Augenlicht verlieren, weil ihre Eltern nicht genug Geld haben, um ihnen alle paar Tage eine Karotte zu kaufen?

Aber ich wusste auch und schrieb es nicht, dass Karol Wojtyla als Bischof von Krakau um den Neubau einer Kirche in der Industriestadt Nova Huta wie ein Löwe gekämpft hatte. Ich wusste, dass die polnischen Kommunisten sich an dem hartnäckigen Lolek die Zähne ausgebissen hatten. In den Stahlwerken von Nova Huta sollte das Ideal der sozialistischen Arbeitersiedlung entstehen: eine glückliche Gemeinschaft freier Menschen, die ihren Wohlstand gerecht teilen würden, den Kapitalismus überwunden hätten und wüssten, dass Religion nur Opium für das Volk ist. In Wirklichkeit suchte der neue Mensch in Nova Huta weiterhin die Nähe zu seinem Gott: Er wollte seine Kinder taufen und seinen Toten eine heilige Messe lesen lassen. Karol Wojtyla wusste das, und deswegen setzte er sich in Nova Huta durch. Seine Kirche wurde gebaut. Aber Rom ist nicht Nova

Huta: Kein Regime hindert die Christen Roms daran, in die Kirche zu gehen. In Rom sind die Kathedralen kein Schutzraum für Verfolgte, sondern Museen für Touristen: Dorthin gehen die Römer nicht mehr zur Beichte, dort werden Fotos geknipst. Was die modernen Römer brauchen, waren meiner Meinung nach nicht etwa neue Kathedralen, sondern glaubwürdige Beispiele. Ich konnte mich des Eindrucks nicht erwehren, dass der Papst einfach seine Zeit überschritten hatte, dass er bis zum Fall der Mauer wirklich gebraucht worden war, aber nunmehr dem Christentum eher Schaden zufügte. Es ist der Mehrzahl der jungen Menschen in Europa nicht mehr klar zu machen, warum sie bis zur Eheschließung keusch leben sollten. Es ist nicht einmal allen Priestern zu vermitteln, dass gläubige Katholiken von den Sakramenten ausgeschlossen werden müssen, nur weil sie sich scheiden ließen und wieder heirateten. Verlor man deswegen das Recht, am Tisch des Herrn zu speisen? Hätte Jesu von Nazareth sie wirklich vom Abendmahltisch weggeschickt? Mit welchem Recht verlangte Papst Johannes Paul II. Keuschheit von Unverheirateten und Homosexuellen, wenn er gleichzeitig zuließ, dass ein Kardinal wie Hans Hermann Groer, der nachweislich junge Schutzbefohlene missbraucht hatte, ungeschoren davonkam? Ich war davon überzeugt, dass Karol Wojtyla seine Aufgabe mit dem Untergang des Kommunismus erfüllt hatte und zu Neuem nicht mehr fähig war.

Wo, bitte, liegt die Diaspora?

Im Sommer 1988 verbreitete sich ein seltsames Gerücht im Vatikan. Es wurde herumerzählt, dass rund um die Peterskuppel in verschwiegenen Kirchen »verbotene Zeremonien« stattfänden. Ein Bekannter gab mir eines Abends den entscheidenden Tipp. Er nannte eine Kapelle und einen Namen, den ich sagen sollte. Ich erinnerte mich daran, dass ich meine verrostete Vespa noch besaß. Ich zog mir einen schwarzen Anzug an und knatterte in Richtung Vatikan. Ich parkte in der Nähe des Petersplatzes und sah hoch zum apostolischen Palast, wo das Licht im Arbeitszimmer des Papstes noch brannte. Ich suchte nach einer kleinen Kapelle, die in der Nähe des Fluchtgangs der Päpste liegen musste, der vom Vatikan zur Engelsburg führt. Die Angaben, die ich hatte, waren nicht sonderlich genau, schließlich fand ich aber die Kapelle doch noch. Ich klopfte, und nach einer Weile öffnete mir ein Mann. Er musterte mich voller Argwohn, ich sagte wie abgesprochen, wer mich angeblich schickte, dann ließ der Mann mich ein.

Es war eine Messfeier, aber eine Messfeier, wie ich sie noch nie in meinem Leben gesehen hatte. Der Priester zeigte der Gemeinde den Rücken und las lateinische Formeln vor. Alle Frauen trugen schwarze Schleier. Hier feierten Anhänger Bischof Marcel Lefebvres, der an diesem Tag, dem 1. Juli 1988, durch den Papst exkommuniziert worden war. Bischof Lefebvre hatte eine Kirchenteilung provoziert. Ohne Erlaubnis des Papstes hatte er am Tag zuvor, dem 30. Juni, vier neue Bischöfe geweiht. Er hätte das nicht ohne die Zustimmung des Papstes tun dürfen, aber die Weihe war trotzdem gültig: Denn wenn ein Bischof die Bischofsweihe spendet, ist dieses Sakrament unwiderrufbar. Der Vatikan befand sich in einer schwierigen Lage. Durch die Weihe von vier neuen Bischöfen ohne Genehmigung des Kirchenstaates war eine neue, vom Vatikan abgetrennte Minikirche entstanden. Es handelte sich um eine Kirchenteilung: ein Schisma. Entstanden war der Streit dadurch, dass Marcel Lefebvre das Zweite Vatikanische Konzil für einen »kolossalen Akt von Untreue« hielt und die darin verfügte Reform der heiligen Messe als sichtbares Zeichen der Erneuerung ablehnte. Lefebvres Revolte war ein Aufbegehren extrem konservativer Kreise, eine Revolution von rechts. Ich kniete damals in einer Messe, die nach dem bis zum Jahr 1962 gültigen römischen Messbuch gelesen wurde. Es war eine würdevolle, aber zutiefst undemokratische Zeremonie. Der Priester versuchte in keiner Weise, mit den Anwesenden eine Messe zu feiern. Er zelebrierte wie ein unerreichbarer Hohepriester vor der stummen Menge.

Als die Messfeier dem Ende entgegenging, stellte ich mich an den Ausgang und wartete dort. Ich ließ alle Messbesucher an mir vorbeigehen, um sie mir genau ansehen zu können. Einige erkannte ich zweifelsfrei, es waren Mitglieder päpstlicher Kongregationen, die offensichtlich Sympathien für Marcel Lefebvre hegten und seinen Versuch einer Revolution von rechts begrüßten. Diese Priester schienen der Vergangenheit nachzutrauern, der Zeit vor dem Zweiten Vatikanischen Konzil, als noch überall die alte Form der katholischen Messfeier üblich war. Der Abend machte mir klar, dass es innerhalb des Vatikans eine Menge Priester gab, denen Karol Wojtyla viel zu fortschrittlich war. Bis dahin hatte ich immer geglaubt, dass Wojtyla der denkbar konservativste Papst sei. Dass er von den Traditionalisten als zu modern eingeschätzt wurde, überraschte mich sehr. Ich wusste damals noch nicht, dass der Fall Lefebvre nur die Spitze des Eisbergs darstellte. Innerhalb der katholischen Kirche versuchten Gruppen so etwas wie eine konservative Revolution vorzubereiten, einen deutlichen Schritt zurück in die Zeit vor der Öffnung der katholischen Kirche durch das Zweite Vatikanische Konzil.

Die Tatsache, dass Lefebvre augenscheinlich eine ganze Reihe von Anhängern im Vatikan besaß, ließ mich Übles ahnen: Ich konnte mir nicht vorstellen, dass ein Papst, der einen Streit am rechten Rand austrug, in absehbarer Zeit auf evangelische und orthodoxe Christen zugehen würde. Nicht als oberster Hüter des einzig wahren Glaubens, sondern als Pilger mit der Bitte um Aussöhnung. Papst Johannes Paul II. traute ich eine solche Geste damals noch nicht zu.

Ich wusste seit langem, was eine Kirchenteilung bedeutet: Irgendwann in meiner Kindheit erfuhr ich auf dem Schulhof einer Kleinstadt bei Paderborn, aus der ich stamme, dass ein Mitschüler evangelisch war. Aus meinem Blickwinkel lebte der Junge somit in einer anderen Welt. Er war also ausgeschlossen von den wichtigsten Einrichtungen meines Lebens. Er durfte keiner Messdienergruppe angehören, die in einer katholischen Kirche am Altar diente. Diese Gruppe bedeutete für mich und meine Freunde damals, Anfang der 70er-Jahre, sehr viel: Die drei Jungs, die mit mir für den Altardienst eingeteilt waren, waren mir näher als alle anderen Klassenkameraden. Der Star der Gruppe durfte Wasser und Wein an den Altar bringen und mit einem weiteren Jungen auch die Händewaschung des Priesters vornehmen. Ein dritter musste aufpassen, dass er an den drei richtigen Stellen der Messfeier klingelte, ein vierter hatte den undankbaren Job, der damals »faule Seite« hieß und darin bestand, gar nichts zu tun. Der Junge wurde im Grunde nur für die Symmetrie gebraucht. Es sah einfach nicht gut aus, wenn links vom Altar zwei Jungs standen und rechts nur einer. Mädchen am Altar waren damals noch undenkbar. Natürlich sprang der Junge, der den Job der faulen Seite hatte, als Erster ab, fehlte regelmäßig bei Messen und musste irgendwann durch einen jüngeren ersetzt werden.

Aber nicht nur der Dienst in der Kirche, auch die wöchentliche Messdienerstunde, die Ausflüge, die Fußballmatches: Von unserem ganzen außerschulischen Leben war der evangelische Junge praktisch ausgeschlossen. Eventuell gab es so etwas wie eine Parallelorganisation für evangelische Jungs: Von der hatte ich aber noch nie gehört, und ich stellte sie mir wie eine Geheimloge vor. Die ganze evangelische Welt war für mich als Kind geheimnisvoll und auf rätselhafte Weise Feindesland. So bekam ich jedes Jahr in der Fastenzeit einen Karton geschenkt, aus dem man einen kleinen Kasten basteln konnte. Der Kasten war so etwas wie ein Mini-Opferstock für Kinder. Pfennige, Groschen und Markstücke verschwanden darin. Während der Fastenzeit entwickelte sich der Opferstock zu einer Schatztruhe, doch irgendwann vor Ostern war Schluss, und der Schatz musste mit in den Schulgottesdienst genommen werden. Dort sammelte der Küster das Gesparte ein. Auf den Kästen waren immer Fotos verzweifelt dreinblickender Kinder zu sehen gewesen, die irgendwo weit weg in der *Diaspora* lebten und denen es ganz schrecklich schlecht gehen musste, so schrecklich, dass ich mir das kaum vorstellen konnte. Lange Zeit habe ich in meiner Kindheit die *Diaspora* für einen Landstrich in Afrika gehalten. *Diaspora* klang schon so rätselhaft, und die Tatsache, dass man dafür sammeln musste, ließ Schlimmes ahnen. Irgendwann erklärte mir jemand, dass die Diaspora da ist, wo es viel mehr evangelische Christen als Katholiken gibt, und das wäre für die Katholiken eine schlimme Sache. Sie müssten weite Wege zurücklegen, um in die Kirche zu kommen. Ich sah vor meinen Kinderaugen ausgezehrte Menschen, die sich zu Fuß durch Schneestürme in weit entfernte Kirchen schleppten, während evangelische Christen grinsend zusahen.

Gruselig fand ich evangelische Christen aber vor allem wegen meiner Großmutter. Sie lebte in einem düsteren Zimmer, liebte mich abgöttisch und versuchte ständig, mir etwas zu essen einzuverleiben, weil sie mich für zu dünn hielt. Ich erinnere mich, dass ich durch das Fenster in ihrem Zimmer in den Garten springen konnte, und direkt neben dem Fenster hing ein Bild, und manchmal brannte eine Kerze davor. Ich hatte keine Ahnung, was das Bild darstellte, bis mir meine Oma irgendwann erklärte, auf dem Bild sei der Papst zu sehen, der lebe ganz unvorstellbar weit weg in Rom, er sei der wichtigste Mensch der Welt, und ihr größter Wunsch sei es, einmal zu diesem heiligen Mann pilgern zu dürfen: Denn er wirke sogar Wunder. Ich weiß nicht mehr, wer mir später erklärte, dass evangelische Christen den Papst nicht anerkennen würden. Aber ich weiß noch, welchen Schrecken mir diese Information bereitete: Sie erschien mir eine Ungeheuerlichkeit kaum vorstellbaren Ausmaßes. Wie konnten die evangelischen Christen den Papst nicht anerkennen, wo doch meine Oma in ihrem Zimmer Kerzen vor seinem Bild brennen ließ und er der wichtigste Mann der Welt war?

Als ich größer wurde und den Konflikt zwischen katholischen und evangelischen Christen hätte begreifen können, interessierte mich das Thema nicht mehr. Das Gespenst meiner Kindheit hatte sich längst entzaubert. Als Jugendlicher und junger Erwachsener empfand ich die Auseinandersetzungen zwischen der katholischen und der evangelisch-lutherischen Kirche als unerheblich. Meine Erfahrung sagte mir, dass Deutschland sich längst in zwei ganz andere Lager geteilt hatte: Es gab Menschen, denen Gott noch irgendetwas sagte, und die anderen, die an gar nichts glaubten. Den meisten Katholiken war der Unterschied zu den evangelischen Christen im Mutterland der Reformation nicht einmal wirklich klar. Ich kenne viele evangelische Christen, ich bin mit einer Lutheranerin verheiratet, und ich weiß, dass den meisten Menschen vollkommen schnuppe ist, was die Kirchen objektiv teilt. Kaum ein evangelischer Christ weiß überhaupt, dass seine Glaubensgemeinschaft im Gegensatz zur katholischen Kirche die späten Bücher des Alten Testaments nicht anerkennt. Es ist ihnen genauso egal wie vielen katholischen Christen das Dogma der Unbefleckten Empfängnis Marias oder der Unfehlbarkeit des Papstes. Ich hatte nichts dagegen, dass evangelische Christen den Papst und die Haltung zur Empfängnisverhütung kritisierten. Mir war die Haltung der katholischen Kirche selbst nicht geheuer.

Ich habe damals erlebt, was Kardinal Joseph Ratzinger und andere wichtige Kurienkardinäle für das Hauptproblem des Katholizismus halten: religiöse Beliebigkeit. Es gibt eine Unzahl Menschen, die ein religiöses Gefühl haben. Das mag Solidarität sein oder Liebe zu einem Menschen oder was auch immer. Sie zimmern sich eine private Religion zusammen, beten zu Buddha oder werden Hindus, glauben an göttliche Außerirdische oder Naturgötter. Ich hielt die Unterschiede zwischen den christlichen Kirchen für unerheblich und ahnte nicht, wie falsch ich damit lag.

Sieben Jahre, nachdem ich an der Messfeier von Anhängern Lefebvres teilgenommen hatte, legte Johannes Paul II. 1995 den Grundstein für einen Friedensschluss zwischen den christlichen Kirchen, obwohl das damals kaum jemand wahrhaben wollte. Er veröffentlichte am 2. Mai 1995 die Enzyklika »Ut unum sint« und wollte damit die Tore für eine Aussöhnung mit allen Christen öffnen. Enzykliken erhalten ihren Titel durch die Anfangsworte und werden auf Latein verfasst: Eine weltberühmte Ausnahme ist die Enzyklika »Mit brennender Sorge«, die Papst Pius XI. im Jahr 1937 auf Deutsch veröffentlichen ließ, weil sie Hitlers Maßnahmen gegen die katholische Kirche verurteilte. Mit den Worten »Ut unum sint« (Sie mögen eins sein) formulierte der Papst den Wunsch, dass alle christlichen Kirchen wieder zusammenfinden müssten.

3
SCHULD UND TEILUNG
DER KIRCHE

Am 31. Oktober 1517 hatte der Augustinermönch Martin Luther seine 95 Thesen an die Tür der Kirche zu Wittenberg geheftet. Luther kritisierte vor allem das korrupte System am Hof der Päpste. Der Kern seiner Überlegungen ist die Rechtfertigungslehre: Gott wendet sich dem Menschen aus reiner Gnade zu. Die Rechtfertigung ist ein Geschenk Gottes an Stelle der an sich verdienten Strafe. Sie ist nicht die Folge einer Leistung des sündigen Menschen. Prinzipiell ging es um eine Machtfrage: Brauchte der Mensch die Kirche und den Papst, um in den Himmel zu kommen? Konnte die Kirche einen Menschen per Ablass in den Himmel befördern? Luther verbrannte am 10. Dezember 1520 öffentlich die Bulle »Exsurge Domine«, mit der ihn der Papst aufgefordert hatte, seine Ansichten zurückzunehmen. Am 3. Januar 1521 folgte die unvermeidliche Bulle »Decet Romanum Pontificem«, mit der Luther exkommuniziert wurde. Der Streit breitete sich rasch aus und führte zur Entstehung der lutherischen und evangelischen Kirchen.

Als ich im Jahr 1995 die Enzyklika »Ut unum sint« las, hätte ich noch nicht für möglich gehalten, dass nur vier Jahre später ein sensationeller Durchbruch gelingen sollte. Am 31. Oktober 1999 unterschrieb Kardinal Edward Idris Cassidy zusammen mit zehn Vertretern des Lutherischen Weltbundes (LWB) die »Gemeinsame Erklärung zur Rechtfertigungslehre«. Mehr als 30 Jahre lagen zwischen dem ersten Kontakt des Vatikans mit dem Lutherischen Weltbund und der Erklärung. Damit war der Hauptgrund für die Kirchenteilung zwischen der katholischen und den lutherischen Kirchen ausgeräumt. Natürlich trennt die Kirchen noch vieles. Aber ein Anfang ist gemacht. Ich hätte das den Kirchen und Papst Johannes Paul II. nicht zugetraut.

Ich hatte Anfang der 90er-Jahre einfach ein falsches Bild von Johannes Paul II. gehabt. Ich war auf Vorurteile und Falschinformationen hereingefallen. Informanten hatten mir zu verstehen gegeben, dass der Papst niemals auf die lutherischen Kirchen zugehen werde. Später brachte ich in Erfahrung, dass diese Lesart die Tatsachen auf den Kopf stellte: Das Gegenteil war richtig. Der Lutherische Weltbund hielt trotz einer Unzahl von Hindernissen an dem Projekt der »Gemeinsamen Erklärung« fest, weil er wusste, dass der Papst persönlich ein gleichberechtigtes Aufeinanderzugehen wollte. Johannes Paul II. wollte diese Aussöhnung, und er war bereit, sein ganzes Gewicht und seine ganze Macht einzubringen, um sein Ziel gegen den Widerstand in den eigenen Reihen zu erreichen. Der Papst garantierte den lutherischen Kirchen, dass der Vatikan sich wie ein gleichberechtigter Partner verhalten würde. Trotzdem war dieses Dokument von Augsburg kein echter »Friedensschluss«. Nur Theologen begriffen, worum es in dem Dokument überhaupt ging: Ich weiß das, weil ich Briefe von enttäuschten Lesern bekam, die sich darüber beschwerten, dass sie nicht verstanden hatten, was diese »Gemeinsame Erklärung« eigentlich bedeutete und warum es so lange gedauert hatte, sie hinzubekommen. Aber ganz abgesehen von der Debatte war die Unterzeichnung des Dokuments ein Zeichen: ein Symbol für den gemeinsamen Wunsch nach Aussöhnung.

Dass das Dokument keine Lappalie war, konnte man daran erkennen, dass über seine Unterzeichnung heftig gestritten wurde. Einige lutherische Theologen empfanden die Erklärung als überzogenes Zugeständnis an die katholische Kirche. In Deutschland gab es noch ganz besonderen Zündstoff. Die EKD, die Evangelische Kirche Deutschlands, ist nicht Mitglied im Lutherischen Weltbund. Allerdings sind einige Landeskirchen, die zur EKD gehören, im Lutherischen Weltbund. Viele Theologen, die evangelische Geistliche ausbilden und damit der EKD eng verbunden sind, protestierten gegen die Pläne der Unterzeichung der »Gemeinsamen Erklärung zur Rechtfertigungslehre«. 293 Professoren und evangelische Theologen veröffentlichten einen Protestbrief und rieten von der Unterzeichnung ab. Auslöser der heftigsten Auseinandersetzung war eine Anfrage aus dem Vatikan: Ist der Lutherische Weltbund überhaupt kompetent, also ein ebenbürtiger Partner zur katholischen Kirche, obwohl die EKD und viele Landeskirchen gar nicht zum Lutherischen Weltbund gehören? Die Frage wurde von den Lutherischen Kirchen als eine Unverschämtheit angesehen, weil sie suggerierte, dass es eine echte Kirche gibt, die katholische, und eine Menge zersplitterter »Glaubensgemeinschaften«, die eigentlich gar keine Kirchen sind. Viele Bischöfe des Lutherischen Weltbundes wollten es jetzt genau wissen: War die geplante »Gemeinsame Erklärung zur Rechtfertigung« eigentlich ein Abkommen unter Gleichen? Dann konnte man verhandeln. Wenn aber die katholische Kirche sich für etwas Besseres hielte, dann würden die lutherischen Kirchen des Weltbundes die Erklärung platzen lassen.

In der Sache war man sich einig. Der Lutherische Weltbund und die katholische Kirche wollten »zurück zu der Bruchstelle«, wie es Landesbischof Christian Krause, der Präsident des Lutherischen Weltbundes, formulierte. 500 Jahre theologischer Streit mussten aufgearbeitet werden. Vor den Theologen lag eine Mammutarbeit. Grob vereinfacht, ging es auf theologischer Ebene um den Streit, den Martin Luther entfacht hatte: Wie viel müssen Christen leisten, um sich das Himmelreich zu verdienen? Bei Jakobus (Kapitel 2, Vers 17) heißt es: »So ist auch der Glaube für sich allein tot, wenn er nicht Werke vorzuweisen hat.« Diese Bibelstelle löste den Disput darüber aus, ob Menschen schon durch die Gnade Gottes an sich erlöst sind oder ob sie sich die Erlösung erst verdienen müssen. Martin Luther hatte in Rom selbst erlebt, dass die katholische Kirche mit Ablassbriefen handelte, einen Freikauf von Sünden gegen Geld betrieb. Luther setzte am Kern dieser Perversion an und erklärte, dass die Menschen allein durch die Gnade des barmherzigen Gottes erlöst würden, dass es keinen religiösen Leistungsdruck gäbe. Entscheidend sei der Glaube der Menschen.

Papst Benedikt XIV. hatte bereits am 5. Mai 1749 in seiner Jubiläumsbulle erklärt, dass die katholische Kirche sich mit den evangelischen Christen aussöhnen wolle. Damals versuchte Kardinal Reginald Pole, die unterschiedlichen Positionen zur Rechtfertigungslehre der katholischen und lutherischen Kirchen einander anzunähern. Doch es mussten noch 258 Jahre vergehen, bis es zum Durchbruch kam.

Einer der maßgeblichen Architekten des Dokuments war der Stuttgarter Bischof und spätere Kardinal Walter Kasper, neben Kardinal Joseph Ratzinger der wichtigste deutsche Theologe im Vatikan. Kasper kannte die Materie bis ins kleinste Detail. Ich selbst begriff die Tragweite der »Gemeinsamen Erklärung zur Rechtfertigungslehre« erst am 21. Februar 2001, als Kasper Kardinal wurde. Päpste »ernennen« keine Kardinäle: Sie »schaffen« sie. Der Titel Kardinal wird zwischen den Vor- und Nachnamen eingefügt. Korrekt heißt es Walter Kardinal Kasper und nicht Kardinal Walter Kasper. Das Recht, den nächsten Papst zu wählen, haben die Kardinäle nur auf Zeit: Wer das Alter von 80 Jahren erreicht, verliert das aktive Wahlrecht. Jedes Mal, wenn die Zahl der wahlberechtigten Kardinäle deutlich unter die vorgesehene Zahl von 120 (die mit zehn multiplizierte Zahl der Apostel) sinkt, setzen Päpste ein sogenanntes Konsistorium an, um neue Kardinäle zu schaffen.

Die ersten Konsistorien waren für mich zauberhafte Erlebnisse. Einer der Reize des Vatikans besteht gerade darin, dass ein Großteil des vatikanischen Palastes unerreichbar ist. Der Vatikan erscheint auch deshalb so geheimnisvoll, weil bestimmte Teile des Palastes selbst für seine Angestellten unzugänglich sind. Ich träumte damals davon, dass es mir gelänge, mich über Nacht im Vatikan einschließen zu lassen und endlich einmal durch alle Säle geistern zu können, die sonst nie jemand zu sehen bekommt. Mit einer Ausnahme: bei den Konsistorien. Wer eingeladen ist, den neuen Kardinälen zu gratulieren, darf an diesem Tag nahezu ungehindert durch den kompletten vatikanischen Palast streifen. Nur die Apartments des Papstes bleiben wie immer unerreichbar. Jeder neu ernannte Kardinal bekommt einen Saal zugewiesen, in dem er seine Gäste empfangen darf. Stundenlang bin ich während der Konsistorien durch den Vatikan gepilgert, betrat die ansonsten nicht zugängliche »*Capella Paolina*«, in der die Bilder »Bekehrung Pauli« und »Kreuzigung Petri« von Michelangelo Buonarroti zu sehen sind, die »*Sala Reggia*« mit ihren Fresken, die die größte Seeschlacht der Geschichte des Mittelmeers bei Lepanto zeigen, die Loggien von Bramante mit den Fresken Raffaels, die sagenhafte »*Sala Ducale*« und Hunderte anderer Schätze, von denen ich wusste, dass sie im Vatikan verborgen werden. Ich ging durch den Großen Saal über dem Haupteingang des Petersdoms, in dem der Dekan der Kardinäle nach der Wahl eines Papstes ein Fenster aufstößt, um der Menge zuzurufen: »*Habemus papam!*«

Eine lange Schlange von Gratulanten wartete während des Konsistoriums am 21. Februar 2001 auf Kardinal Walter Kasper. Als ich mich in die Reihe stellte, dachte ich, ich sähe nicht richtig. Als einer der Ersten gratulierte Präses Manfred Kock, der Ratsvorsitzende der Evangelischen Kirche Deutschlands (EKD), dem neuen Kardinal. Manfred Kock war von Kardinal Lehmann nach Rom eingeladen worden. Er trug die schlichte Kleidung eines evangelischen Pastors. Fast 500 Jahre nach der Reformation war zum ersten Mal ein Bischof der evangelischen Kirche aus Deutschland in den Vatikan gereist, um einem neu ernannten Kardinal zu seiner Wahl zu gratulieren. In dem Moment, als der Chef der EKD und der neue Kardinal sich wie Brüder in den Armen lagen, schien es, als bliebe die Geschichte einen Augenblick stehen, um Atem zu schöpfen. Obwohl die

EKD nicht Teil des Lutherischen Weltbundes ist, lobte Präses Kock die »Gemeinsame Erklärung« ausdrücklich. Ich dachte daran, wie viele Menschenleben die Kriege gekostet haben mögen, die Katholiken gegen evangelische Christen führten, angefangen mit dem Dreißigjährigen Krieg. Ein evangelischer Kirchenführer wie Manfred Kock hätte im Rom zur Zeit der Gegenreformation Gefängnis und vielleicht das Todesurteil riskiert. Ich dachte an den Pfarrer in der Kirche des heiligen Ignatius in Rom, der berichtet, dass man sich im 17. Jahrhundert über seine Kirche erzählt hatte, dass das Weihwasser in den Becken brodle, wenn ein Protestant an der Kirche vorbeigehe. Auf diese Weise, so erzählten sich die Gläubigen, seien viele »protestantische Spione« entdeckt worden. Die Kirche ist dem heiligen Ignatius von Loyola gewidmet, dem Gründer des Jesuiten-Ordens. Präses Kock ging erhobenen Hauptes, aber nicht unbeeindruckt vom gewaltigen Ausmaß der Zentrale der katholischen Kirche, durch den Palast. Er erzählte mir, wie sehr er den neuen Kardinal schätzte.

Viele meiner Informanten hatten mir erklärt, dass Kasper niemals eine Chance haben würde, vom Papst in das wichtige Amt des Einheitsrates für die Christen gehoben zu werden. Er sei viel zu fortschrittlich, viel zu weit auf die lutherischen Kirchen zugegangen. Darüber hinaus gab es weitere Probleme. Kasper schätzt die Arbeit des Schweizer Theologen Hans Küng, dem 1979 durch den Vatikan die Lehrerlaubnis entzogen worden war. Kasper hat nie verhehlt, dass er die Ansichten Hans Küngs, der in Tübingen gelehrt hatte, keineswegs komplett ablehne. Im Gegenteil: Er hatte die Qualität eines Teils von Küngs Arbeit betont. Das sah man angeblich im Vatikan nicht gern. Ein weiteres objektives Argument sprach gegen Kasper: Der Chef des Einheitsrates für die Christen ist, aus welchen Gründen auch immer, ebenfalls zuständig für das Verhältnis der katholischen Kirche zum Judentum. War die Zeit schon reif dafür, dass der Vatikan ausgerechnet einem Deutschen die Aufgabe übertrug, mit den Juden nach einem Neubeginn des so sehr belasteten Verhältnisses zu suchen? Ich glaubte all diesen Argumenten und hielt den Papst für zu konservativ, um sich für einen so fortschrittlichen Mann wie Walter Kasper zu entscheiden.

Ich habe lange den aufrichtigen Wunsch des Papstes unterschätzt, alles dafür zu tun, dass die christlichen Kirchen wieder zusammenfinden. Der 5. September des Jahres 2000 sollte zeigen, dass es innerhalb des Vatikans sehr wohl Widerstand gegen eine Öffnung gegenüber den anderen christlichen Kirchen gab.

Ich weiß nicht, wie oft ich in den Pressesaal des Heiligen Stuhls gegangen bin. Doch nie, nicht ein einziges Mal, war ich so enttäuscht wie am 5. September des Jahres 2000. An diesem Tag sollte ein hoher Gast aus einem unendlich langweiligen Anlass kommen: Der Chef der Glaubenskongregation Kardinal Joseph Ratzinger wollte eine Grundsatzschrift vorstellen mit dem Titel »Dominus Iesus«, an der sich theologische Fachleute orientieren sollen. Vor allem in Asien traten immer häufiger Theologen auf, die eine nicht korrekte Lehre der katholischen Kirche verbreiteten. Dem wollte Ratzinger entgegentreten. Vorab hatte er schon wissen lassen, dass in der Schrift keinerlei Neuigkeiten stehen würden. Ich hätte an dem Tag gewettet, dass ich während der Pressekonferenz mit aller Macht gegen die Langeweile und den Schlaf ankämpfen würde. In Wirklichkeit habe ich selten eine dramatischere Konferenz erlebt. Ratzinger kam lächelnd, höflich wie immer, und ließ mit schneidendem Humor die Bombe platzen. »Dominus Iesus« war keine Schrift der Glaubenskongregation. Sie war ein Torpedo, um das mühsam zusammengezimmerte Schiff der Aussöhnung der Christen zu versenken. Ratzinger sprach in der Schrift allen anderen Glaubensgemeinschaften das Recht ab, sich Kirche zu nennen: Nur die katholische und die orthodoxe Kirche seien wirkliche Kirchen, die übrigen Konfessionen dürften sich höchstens als Glaubensgemeinschaften bezeichnen.

Hätte die katholische Kirche vor der Unterschrift von Augsburg das gesagt, was jetzt aus dem Mund des höchsten Glaubenshüters, des Chefs der Glaubenskongregation Kardinal Ratzinger, zu hören war, dann hätte der Lutherische Weltbund die »Gemeinsame Erklärung zur Rechtfertigungslehre« nicht unterzeichnet. »Wir hätten nicht unterschrieben«, versicherte Christian Krause am 11. April 2003 in Rom, als der Papst ihn aus Anlass seines Abschiedes aus dem Amt empfing.

Ratzingers »Dominus Iesus« war eine klare Kampfansage an die Ökumene. Aber nicht nur das: Ratzinger unterstrich gleichzeitig, dass außerhalb der katholischen Kirche keine andere Einrichtung bestehe, welche die Seele der Menschen retten könne. In allen anderen Religionen sei bestenfalls »ein Körnchen Wahrheit« zu finden. Besonders dramatisch war die »Dominus Iesus«-Erklärung vor allem deshalb, weil sich alle Nichtkatholiken durch die Schrift in Personen verwandelten, die durch die katholische Kirche bekehrt werden müssten.

Ich konnte nicht glauben, was ich da las. Ratzinger ist ohne jeden Zweifel einer der fähigsten Theologen der Welt. Fachlich gab es an der Schrift nichts zu rütteln. Ratzinger wusste ganz genau, was er mit »Dominus Iesus« auslösen würde. Die Schrift beschädigte mit einem Schlag das Vertrauen vieler anderer Konfessionen und Religionen in die katholische Kirche. Der prophetische Papst, der bereit zu sein schien, nach Jahrtausenden des Streits eine Annäherung der Religionen herbeizuführen, wurde durch den Chef der Glaubenskongregation schlagartig in ein neues Licht gerückt. Es sah auf einmal so aus, als wollte Rom gar keinen Frieden, als wollte Rom den anderen Religionen immer noch beweisen, dass die katholische Kirche als einzige eine direkte und gerechte Beziehung zu Gott hatte.

Die Reaktionen waren fürchterlich: Der Chef des Lutherischen Weltbundes, Landesbischof Christian Krause, traf eine dramatische Entscheidung. Zusammen mit dem Papst und gemeinsam mit dem Oberhaupt der anglikanischen Kirche, dem Erzbischof von Canterbury George Carey, hatte er am 18. Januar 2000 zum Beginn des Heiligen Jahres die dritte Heilige Pforte, die Pforte der Sankt-Pauls-Basilika, geöffnet. Es war eine große Geste der Aussöhnung zwischen den Kirchen gewesen. Die Einladung zum Abschlussgottesdienst des Heiligen Jahres lehnte er nach der Veröffentlichung von »Dominus Iesus« ab.

Aber nicht nur die evangelischen Kirchen fühlten sich vor den Kopf gestoßen. Auch die Mitglieder im »Päpstlichen Rat zur Förderung für die Einheit der Christen« tobten hinter den Kulissen. Der Chef des Rats, Kardinal Edward Idris Cassidy, protestierte, weil er über den Entwurf von »Dominus Iesus« nicht informiert worden war. Kasper übte nie öffentlich Kritik an Ratzingers Schrift. Schmutzige Wäsche wäscht man nicht öffentlich. Kasper brachte seine Haltung auf die diplomatische Formel, dass es doch »ganz natürlich sei«, dass die Glaubenskongregation und der »Päpstliche Rat zur Förderung der Einheit von Christen« verschiedene Ausrichtungen und Ziele hätten.

Viele glaubten, in Ratzingers Werk den wahren Willen des Papstes zu erkennen, die katholische Kirche doch wieder abzuschotten. Aber das ist nicht wahr. Das ließ sich eindeutig daran erkennen, dass im März 2001 nach dem Rücktritt Cassidys entgegen allen Einschätzungen Kardinal Kasper auf den Chefsessel des »Päpstlichen Rats zur Förderung der Einheit der Christen« folgte, dem höchsten Gremium der katholischen Kirche im Dialog mit allen anderen christlichen Glaubensgemeinschaften. Ich war baff.

Kardinal Kasper ist bereit, Fehler einzuräumen, die die katholische Kirche gegenüber den lutherischen Kirchen begangen hat. »An Martin Luther hat man doch kein gutes Haar gelassen, daran erinnere ich mich ganz genau. Als Kinder haben wir ein völlig falsches Bild von Luthers Reformation geschildert bekommen«, sagte mir Kasper. Wir haben zusammen über unsere Kindheitserinnerungen gelacht, und auf eine gewisse Weise war ich froh, dass ich nicht der Einzige bin, der mit einem völlig verkorksten Bild von der Diaspora aufgewachsen ist.

Ohrfeigen im Osten

Jahre zuvor hatte ich eine andere Kirchenteilung kennen gelernt: auf einer Reise nach Israel. Im Winter 1987 trat ich aus Zufall zum ersten Mal ganz privat eine Reise zu einem der Orte des religiösen Massentourismus an, die später mein Schicksal wurden. Ich hatte in Rom einen jungen katholischen Priester kennen gelernt, der mich bat, ihn mit seiner Pilgergruppe auf einer Fahrt ins Heilige Land zu begleiten. Der Priester hatte schon jahrelange Erfahrungen mit religiösem Tourismus, die Veranstalter schickten ihn gern mit Pilgern los, weil er nicht nur ein guter Priester, sondern auch ein geschickter Reiseführer war. Er gehörte zu jenen seltsamen Touristen, die nie in einem Badeort auf Mallorca und nie zum Skifahren in die Alpen kamen, aber am Heiligtum der Mutter Gottes von Guadalupe in Mexiko, am Katharinenkloster auf dem Sinai in Ägypten, in Fatima in Portugal und selbstverständlich in der Altstadt von Jerusalem jeden Winkel kannten.

Junge Gemeindepfarrer hatten Ende der 80er-Jahre in italienischen Großstädten allerlei Gründe zum Verzagen: In die Messe kamen nur noch Witwen, gleichzeitig nahmen Diebstähle in Kirchen drastisch zu. Dinge, die Menschen über Generationen für heilig gehalten hatten, wurden plötzlich hemmungslos geklaut. Pilgerreisen waren da ein bisschen wie Ferien von der kirchlichen Realität. Damals habe ich eine Seite von Johannes Paul II. kennen gelernt, die mir ohne diesen Ausflug ins Heilige Land verschlossen geblieben wäre.

Gleich am zweiten Tag besuchten wir Bethlehem. Nach der Führung kehrte ich noch einmal in die Geburtskirche zurück: Die Franziskaner wollten mir ihre Kirche in Ruhe zeigen. Wir stiegen noch einmal hinunter in die Grotte, in der einst ein heidnischer Tempel gestanden hatte und an dessen Stelle die Christen die Geburtskirche gebaut hatten. Wo die Krippe gestanden haben soll, in der das Jesuskind lag, deutete der Pater auf den Boden. »Hier hat der Papst, als er noch Bischof von Krakau war, die ganze Nacht gebetet: Das war im Dezember 1963. Es war sehr kalt damals. Es muss eine ungemütliche spirituelle Nacht gewesen sein.« Dann fügte er nachdenklich hinzu: »Damals war Karol Wojtyla noch realistischer, was die Orthodoxen angeht. Er scheint sich da ja sehr gewandelt zu haben.«

Das interessierte mich: ein Papst, der seine Meinung ändert. »Wie meinen Sie das?«, fragte ich den Pater.

»Er scheint heute zu glauben, dass eine Aussöhnung mit den orthodoxen Kirchen möglich wäre.«

»So groß ist der Unterschied zwischen der katholischen und den orthodoxen Kirchen doch gar nicht«, sagte ich.

Er schaute mich an mit einem Blick, der besagte: »Du armer Irrer, du hast doch von Tuten und Blasen keine Ahnung.«

Wir setzten uns in den von der Sonne beschienenen Hof des Klosters der Geburtskirche. Er sah hochzufrieden zu, wie mich die Mönche über das Innenleben der Kirche aufklärten. Ich sehe ihn da noch in der Sonne sitzen und zuhören. Ich wusste nicht, dass es das letzte Mal sein würde, dass wir wie zwei Freunde zusammensaßen. Wir flogen am gleichen Tag zurück nach Rom, und in der Nacht verschwand er spurlos. Er schrieb mir nur eine Karte, dass er sich jetzt endlich neu verliebt habe.

»Kennen Sie die Grabeskirche in Jerusalem?«, fragte mich einer der Mönche.

»Ja«, sagte ich, »ein düsterer Bau.«

»Wissen Sie, dass in dem Kloster in der Grabeskirche orthodoxe Mönche und Franziskaner leben?«

»Ja, sicher«, sagte ich.

»Wussten Sie, dass die sich gelegentlich prügeln?«

»Wie bitte?«

»Ja: Ohrfeigen, Fausthiebe, regelrechte Schlägereien. Die Orthodoxen wollen nichts mit uns zu tun haben: Sie hassen die katholische Kirche aus ganzer Seele, glauben Sie mir das! Es hat überhaupt keinen Sinn, mit denen zu reden.«

»Und der Papst?«

»Ich weiß ganz genau, dass er damals, als er 1963 hier war, von den Orthodoxen als Häretikern sprach. Abtrünnigen. In den ersten Jahren als Papst hat er sicher noch genauso gedacht. Heute würde er sich niemals mehr trauen, das zu sagen, was er denkt.«

»Sind Sie sicher, dass er die orthodoxen Christen Ketzer genannt hat?«

»Lesen Sie den Brief über die Reise ins Heilige Land, den er damals an das Bistum Krakau geschrieben hat. Sie werden sehen, dass er in den Orthodoxen nicht Brüder, sondern schlicht Ketzer sieht. Er wagt als Papst nur nicht mehr, seine Meinung offen auszusprechen.«

»Vielleicht hat er seine Meinung geändert?«

»Der Heilige Vater ändert seine Meinung nicht«, sagte der Pater. Doch da irrte er.

Die Kirchenteilung des Jahres 1054 führte zur Entstehung der orthodoxen Kirchen. Damals hatte der päpstliche Gesandte, Kardinal Humbert de Moyenmoutier, eine Messfeier unterbrochen, indem er auf den Hochaltar der Sophia-Kathedrale in Konstantinopel eine Bulle des Papstes Leo IX. legte. Das Dokument enthielt die Exkommunizierung des Patriarchen von Konstantinopel, Michele Cerulario: Die Kirche des Ostens und die Kirche des Westens waren dadurch getrennt. Die Beziehungen zwischen Rom und Konstantinopel waren schon seit langem gestört gewesen. Es ging um heute längst beigelegte Streitigkeiten, etwa um die Frage, ob nur Gott Vater oder auch der Sohn den Heiligen Geist aussenden könnten, den sogenannten Filioque-Disput. Entscheidender für die endgültige Kirchenteilung als die Exkommunizierung des Patriarchen war aber die Plünderung Konstantinopels während des vierten Kreuzzugs 1202 bis 1204. Seitdem prägte Hass das Verhältnis des Ostens zum Westen. Wie hatten christliche Soldaten, die im Auftrag des Papstes Jerusalem befreien sollten, das christliche

Konstantinopel überfallen können? Auch für die Geschichte der Kunst war diese Plünderung eine Tragödie: Anders als Rom war Konstantinopel bis zu diesem Zeitpunkt nie geplündert worden. Die Stadt bewahrte die Schätze der späten Antike und des Mittelalters unversehrt auf. Die Gier christlicher Soldaten und das Feuer, das sie in Konstantinopel legten, zerstörten einen Großteil dieses Erbes der Stadt für alle Zeit.

Immer wieder hatten Päpste in der Geschichte versucht, diese Wunde zu schließen und den Kirchenstreit beizulegen, aber ohne großen Erfolg. Im Jahr 1274 kam es zum Konzil von Lyon, das aber kein Ergebnis brachte, und auch durch das Konzil von Florenz im Jahr 1439 konnten die beiden Kirchen keine Einigung erzielen.

In der Enzyklika »Ut unum sint« hatte der Papst nicht nur den lutherischen, sondern auch den orthodoxen Christen ein revolutionäres Angebot gemacht: dem Amt des Papstes einen Teil seiner absoluten Macht zu nehmen. Für die orthodoxen Kirchen gibt es auf theologischer Ebene nur sehr wenige Abweichungen von der katholischen Kirche. Das einzige echte Problem ist das Amt des Papstes. Die orthodoxen Patriarchen lehnen den Anspruch der römischen Päpste ab, Vikar Jesu Christi und Oberhaupt aller Patriarchen und Bischöfe zu sein. In der Enzyklika rief der Papst dazu auf, darüber nachzudenken, wie das Amt des Papstes in Zukunft ausgeübt werden könnte. Denkbar war, dass nach einer Verschmelzung der katholischen mit den orthodoxen Kirchen in Zukunft der Papst als Erster unter gleichen, Primus inter Pares, von den orthodoxen Kirchenoberhäuptern anerkannt werden könnte. Papst Johannes Paul II. glaubte seit seiner Wahl den Auftrag zu haben, die Aussöhnung mit den orthodoxen Kirchen voranzutreiben. Wenn nicht er, der erste slawische Papst der Geschichte, wer sollte dann auf die orthodoxen Kirchen in Osteuropa zugehen? Im Gegensatz zu allen seinen Vorgängern beherrschte er viele der Sprachen der Länder, in denen orthodoxe Kirchen dominieren. Er spricht gut Russisch, versteht Rumänisch und Bulgarisch. Papst Johannes Paul II. kennt aus eigener Erfahrung die Ukraine, das Herz des ehemaligen Sowjetimperiums. Dort musste er im damals polnischen Lemberg als 19-Jähriger im Sommer 1939 an einem Militärlager teilnehmen. Dort entstand auch das berühmte Foto, das ihn dabei zeigt, wie er ein Gewehr präsentiert.

Karol Wojtyla hatte als erster Nachfolger des heiligen Petrus viele orthodoxe Kirchen im Osten Europas gesehen. Er kennt orthodoxe Christen, Mönche und Popen persönlich. Der erste slawische Papst musste einfach eine Annäherung an die Orthodoxie versuchen, auch weil Karol Wojtyla im Verhältnis zur Orthodoxie eine Wandlung durchmachte.

Im Laufe der Jahre sah der Papst ein, dass nicht nur die orthodoxe, sondern auch die katholische Kirche Fehler gemacht hatte, dass die Kirchenteilung, das Schisma aus dem Jahr 1054, nicht allein durch die Ostkirche verursacht worden war. Johannes Paul II. beschäftigte sich schließlich ausführlich mit den orthodoxen Kirchen und erkannte, welchen Reichtum ihre uralte Tradition, ihre Liturgie, ihre Riten und Bräuche für die gesamte christliche Kirche bedeuten.

Ich kenne eine ganze Menge Theologen in Rom, bei denen die Enzyklika »Ut unum sint« nur Erheiterung ausgelöst hatte: Viele orthodoxe Kirchen hatten bisher jede Annäherung kategorisch abgelehnt. Dass der Papst jetzt erneut versuchte, auf sie zuzugehen, schien aussichtslos, ja geradezu sinnlos. Immer wieder betonten orthodoxe Patriarchen, dass die katholische Kirche irregeleitet wäre, und verglichen den Papst gar mit dem Teufel. Die Orthodoxie hatte sich seit mehr als 1000 Jahren kaum reformiert. Während sich die katholische Kirche durch das Zweite Vatikanische Konzil (1962 bis 1965) stark modernisiert hatte, hielten die orthodoxen Kirchen an uralten Riten fest. So erkennt die orthodoxe Kirche nur die ersten sieben Konzilien an, die katholische Kirche hingegen 21, vom Konzil in Nicäa im Jahr 325 bis zum Zweiten Vatikanischen Konzil. Während die Kirche Roms Grenzen überschreitet, sind orthodoxe Kirchen nach wie vor Nationalkirchen, Volkskirchen, tief im nationalen Denken des Landes verwurzelt.

Papstsprecher Joaquin Navarro-Valls räumte nach der Veröffentlichung der Enzyklika »Ut unum sint« ein, dass ein Zusammentreffen des Papstes mit wichtigen orthodoxen Patriarchen »derzeit unmöglich« sei. Ich als Laie und Journalist beging damals den gleichen Fehler wie viele Theologen in Rom, die es besser hätten wissen müssen: Ich hielt »Ut unum sint« für ein Stück Papier, das theologische Fundament eines wohlmeinenden Papstes, aber eben für ein Stück Papier, das in den Ländern mit orthodoxer Mehrheit nichts bedeuten würde. Ich kenne Kiew und Bukarest, Sofia und Sarajevo. Ich konnte mir beim besten Willen nicht vorstellen, dass die Enzyklika eines römischen Papstes auf den Stadtrand von Kiew irgendeine Auswirkung haben würde. Ich dachte an die Kioske mit den vergitterten Fenstern, die es überall in Osteuropa gibt und die alle wie Banken gesichert werden, weil man dort Schnaps und Zigaretten kaufen kann, um sich das Leben in den grauen Betonburgen irgendwie erträglicher zu machen. Ich war mir absolut sicher, dass an den zugigen Kiosken Osteuropas, an denen Menschen im Nieselregen stehend Wodka tranken und von einem besseren Leben träumten, der Versuch eines Friedensschlusses zwischen der katholischen Kirche und der Orthodoxie nicht einmal bekannt werden würde. Aber ich lag eindeutig daneben.

Es geschah eine kleine Sensation: Der römisch-orthodoxe Patriarch von Bukarest, Teoktist, lud Papst Johannes Paul II. zu einem pastoralen Besuch in Rumänien ein. Eine Einladung des Staatspräsidenten Emil Constantinescu lag schon lange vor, aber der Papst kann nicht in ein orthodoxes Land reisen, wenn ihn nicht der Patriarch darum bittet. Eine solche Einladung aus Rumänien hatte immer als außerordentlich unwahrscheinlich gegolten.

Vorfreude auf ein historisches Ereignis

Um 6.30 Uhr am 7. Mai 1999 stand ich am »Check-in-Schalter« für den päpstlichen Flug VP86 von Rom nach Bukarest. Ich glaubte nicht an den Sinn der Reise, ich fürchtete erneut in eiskalten dunklen Kirchen stundenlang auf den Papst warten zu müssen, um dann irgendwann zu sehen, wie sich zwei alte Männer, der Papst und der Patriarch, umarmten. Was sollte das den Menschen in Rumänien bringen, einem bitterarmen Land, das unter anderem unter einer besonders hohen Rate an Aids-Infizierungen leidet?

Ich kam schlecht gelaunt und unausgeschlafen zum Flughafen und verdrehte wie alle anderen Kollegen die Augen, als ich Antonio D. sah. Er dürfte einer der seltsamsten Begleiter eines Papstes in der 2000-jährigen Geschichte der katholischen Kirche sein. D. kann eigentlich nichts dafür, dass ihn keiner ausstehen kann. Er ist ein herzensguter und großzügiger alter Herr, der nur einen Fehler hat: Ihm macht es einfach Spaß, den Papst zu begleiten. Wo alle anderen angespannt und unter Zeitdruck arbeiten, macht Antonio D. Urlaub, als würde ihn die Belastung der anderen entspannen. Er ist eine Art Tourist im Papstflugzeug. Antonio D. ist ein wohlhabender Römer, der vor vielen Jahren eine ausgezeichnete Idee umsetzte, nämlich das Pariser Anzeigenheft »La Pulce« zu kopieren und in Rom herauszubringen. Aus journalistischer Sicht ist die Zeitung wenig befriedigend: Neben Immobilienanzeigen und Meldungen über vermisste Haustiere konnte D. zwar gelegentlich einen nachdenklichen Kommentar über das Leben an sich unterbringen, aber diese Publikationen genügten dem Verleger nicht. Er beschloss, weder Kosten noch Mühen zu scheuen, um in den exklusiven Journalisten-Club der Papstbegleiter aufgenommen zu werden. Obwohl das römische Kleinanzeigenblatt eigentlich nicht den Mindestanforderungen an die Reichweite entspricht, lässt Papst-Sprecher Navarro-Valls den inzwischen über 80-jährigen Verleger seit Jahrzehnten manchmal als Faktotum mitreisen.

D. macht sich bei den Kollegen an Bord unbeliebt, weil er immer allerbester Laune ist. Entspannt begrüßt er jeden fröhlich und filmt seine gestressten Kollegen stundenlang mit einer Videokamera: Er hat ja auch keine *Deadline*. Kein Chefredakteur fordert von ihm Artikel ein. Antonio D. hat Spaß an diesen Reisen, die für seine Reporter-Kollegen harte Arbeit bedeuten. Natürlich genießt D. vor allem den Glanz, den eine weltberühmte Persönlichkeit wie Johannes Paul II. auf seine Begleiter abstrahlt: Für viele Journalisten wird das zu einer Droge. Wenn sie am römischen Flughafen aus dem Taxi steigen, sind sie noch Durchschnittsreisende, ein paar Augenblicke später genießen sie exklusive VIP-Behandlung, nur weil sie im Flugzeug des Papstes eingecheckt haben. Ich kann mich an Kollegen erinnern, die am Flughafen von frommen Katholiken um Autogramme gebeten wurden, weil sie den Papst persönlich kennen. Vor allem die Erkennungsmarken, die jedes Mitglied der Papst-Delegation um den Hals tragen muss, sind ein wirkungsvolles »Sesam öffne dich«. Der Pass öffnet hermetisch verschlossene Türen und ermöglicht spontane Interviews mit hochrangigen Gesprächspartnern, vor allem in erzkatholischen Ländern.

In Rio de Janeiro habe ich einmal den eindrucksvollsten Beweis dafür erlebt, welche Wirkung diese Erkennungskarte selbst auf Diebe hat. Auf der Papstreise zum Welt-Familientag in Brasilien hatte ich als Pool-Repräsentant an einer päpstlichen Zeremonie teilgenommen. Dann sollte mich das Delegationsauto zurück zum Pressezentrum bringen. Das Auto fuhr quer durch die Stadt und blieb genau an der Copacabana liegen. Ich konnte aussteigen und war froh. Der Fahrer versuchte, den defekten Motor wieder in Gang zu bringen, und ich konnte mein Glück kaum fassen: Statt in einem düsteren Pressezentrum zu sitzen, durfte ich an einem der schönsten Strände der Welt mein Gesicht in die Sonne halten. Mein Glück war perfekt, als der Chauffeur mir mitteilte, dass er den Motor leider nicht wieder in Gang bringen konnte. Ich sollte warten, etwa in einer halben Stunde käme ein Ersatzwagen. Phantastisch. Ich zögerte keinen Augenblick. Ich nahm die Erkennungskarte für das Papstflugzeug ab, zog mir die schwarze Anzugsjacke aus, die Schuhe, Hemd, Krawatte und die Hose und ließ mir, nur mit Boxershorts bekleidet, das warme Wasser des Ozeans um die Beine spülen. Die Strömung war sehr stark, und ich begriff plötzlich die Enttäuschung von Millionen Urlaubern, die zum ersten Mal an die Copacabana kommen und merken, dass man an diesem berühmten Strand gar nicht richtig baden kann, weil die Brandung für einen normalen Schwimmer viel zu heftig ist. Für mich war es trotzdem ein herrliches Gefühl, den weißen Sand unter den Füssen zu spüren, die tagelang in steifen, schwarzen Lederschuhen gelitten hatten. Als ich aus dem Wasser kam, war mein Anzug natürlich weg. In der Innentasche der Jacke hatte ich Geld, Kreditkarten, Hotelschlüssel und alles andere, was man nicht verlieren sollte, aufbewahrt. Das Schlimmste war, dass mir auch die Erkennungsmarke für die Papstmaschine abhanden gekommen war. Ich wusste, dass ich jetzt nicht mehr mit dem Flugzeug des Papstes zurückfliegen konnte. Ich hatte mich wie ein Idiot aufgeführt. Ich hatte die Favelas ja gesehen: Ich hätte mir denken müssen, dass in einer Stadt, in der Millionen Menschen am Rande der Armutsgrenze leben, kaum jemand der Versuchung widerstehen würde, einen eleganten schwarzen Anzug mitzunehmen, der einfach im Sand lag. Gerade fragte ich mich, wie ich dem Fahrer, der mich bald abholen sollte, überhaupt beweisen könnte, dass ich sein Passagier bin, und sah mich schon in tropfnassen Unterhosen tagelang durch Rio irren, um mein Hotel zu finden, als plötzlich ein junger Mann in einem zerrissenen T-Shirt und alten Jeans vor mir stand. Er hatte meinen zerknüllten Anzug in der Hand und hielt mir meine Erkennungsmarke entgegen. Er stotterte: »Sie gehören zur Delegation des Papstes?«, und ich nickte. Er warf sich in den Sand und bat mich um Vergebung. Ich stammelte vor lauter Erleichterung, das mache doch alles nichts, ich wäre ja froh, dass ich meine Sachen zurückhätte. Da war er schon verschwunden. Es fehlte nicht ein einziger brasilianischer Real im Geldbeutel.

Auch an diesem Morgen, dem 7. Mai 1999, wiederholte sich die seltsame Verwandlung simpler Reporter in Mini-Stars, und ich wartete nur darauf, das irgendjemand den ersten Scherz auf Kosten Antonio D.s machen würde, aber komischerweise blieb das aus, bis mich endlich ein Kollege einweihte. Antonio feierte auf dieser Reise seinen 80. Geburtstag. Statt das im Kreise der Familie zu tun, wollte er lieber in der päpstlichen Maschine sitzen. Als die Maschine mit Johannes Paul II. an Bord um 8.30 Uhr pünktlich in Richtung Bukarest abhob, zeigte sich der Papst bester Laune. Er wusste ganz genau, dass allein schon die Tatsache, dass der Besuch überhaupt stattfand, ein Riesenerfolg war. Damit war der erste Stein aus der scheinbar geschlossenen Mauer der orthodoxen Kirchen herausgebrochen. Der erste Patriarch hatte den Papst eingeladen. Weitere konnten jetzt folgen. Klar war dem Vatikan allerdings auch, dass die Reise einen hohen Preis forderte: Dass der Papst einen orthodoxen Patriarchen besuchte, war für die übrigen Patriarchen der Orthodoxie schon schlimm genug. Besonders schlimm war aber, dass er nicht die Rangfolge der Patriarchen beachtete und nicht den wichtigsten Patriarchen als ersten besuchte. Denn wenn der Papst schon einen historischen Frieden mit den orthodoxen Kirchen schließen und über »Ut unum sint« und die Konsequenzen der Enzyklika sprechen wollte, dann musste er natürlich einen der wichtigsten Patriarchen besuchen und nicht Teoktist in Bukarest.

Der Patriarch von Konstantinopel ist der wichtigste Patriarch der orthodoxen Welt. Die panorthodoxe Konferenz, die im Jahr 1961 auf der Insel Rhodos stattfand, erkannte das Patriarchat von Konstantinopel als Repräsentanten der orthodoxen Spiritualität an. Dem Patriarchen steht der Ehrentitel »Seine Allheiligkeit« zu, was ausdrückt, dass er den Vorrang vor allen anderen Patriarchen hat. Nach der Tradition geht der Bischofssitz in Konstantinopel auf den heiligen Andreas zurück, der in Konstantinopel so verehrt wird wie Petrus in Rom. Nach der Verlegung des Sitzes des Kaisers nach Konstantinopel im Jahr 330 wurde der Bischof der Stadt immer wichtiger. Im Jahr 381 sicherte das ökumenische Konzil der Stadt den Titel »Neues Rom« zu. Der Bischof von Konstantinopel war damit nach dem Bischof von Rom der zweitwichtigste im Römischen Reich. Nach der Kirchenteilung des Jahres 1054 zerfiel die gesamte christliche Welt in zwei Teile, das Patriarchat des Westens und dessen Oberhaupt, den Papst, und das Patriarchat des Ostens mit dem Sitz in Konstantinopel. Die alten Patriarchate, die noch auf das erste Konzil von Nicäa (325) zurückgehen, also Jerusalem, Antiochia mit Sitz in Damaskus und Alexandria (mit Sitz in Kairo) fühlen sich zu Konstantinopel zugehörig. Anschließend entstanden die übrigen Patriarchate in Bulgarien (1017), Serbien (1346), Russland (1589), Rumänien (1925), Georgien und schließlich der Ukraine. Hinzu kommen zahlreiche unabhängige, so genannte autokephale orthodoxe Kirchen auf Zypern und Griechenland, auf dem Sinai, in Polen und in den USA.

Nach der Eroberung von Konstantinopel am 29. Mai 1453 durch die Truppen Mehmets II. verlor der Patriarch von Konstantinopel praktisch alle Macht. Heute gibt es rund um Istanbul nur noch knapp 20 000 orthodoxe Christen, die dem Patriarchen unterstehen. Er trägt den Titel »Allheiligkeit«, obwohl er ein Fürst ohne Volk ist. Deswegen hält sich der Patriarch von Moskau für den wichtigsten Patriarchen der orthodoxen Welt. Ohne Zweifel ist Alexi II. in Moskau der Patriarch, zu dem die meisten orthodoxen Christen gehören. Auch ihm gebührt der Titel »Heiligkeit«, ebenso wie dem Patriarchen Serbiens und Bulgariens. Alle anderen tragen den Titel »Seligkeit«. Dann gibt es noch den Patriarchen von Athen, die griechische Orthodoxie hält sich für eine ganz besonders vornehme Hüterin der christlichen Tradition des Ostens. Schließlich wurde das Neue Testament auf Griechisch geschrieben. Griechenland und Athen hatten für die Apostel eine ganz besondere Bedeutung. Die hellenistische Welt spielt im Neuen Testament eine große Rolle. Mit der Reise nach Bukarest hatte der Papst also mindestens diese drei Patriarchen verstimmt. Dennoch war die Stimmung im Flugzeug sehr gut: Papstsprecher Joaquin Navarro-Valls ließ durchblicken, dass es ein historisches Ereignis, eine gemeinsame Erklärung des Patriarchen und des Papstes geben könnte. Seit dem Schisma des Jahres 1054 hatte kein Papst mehr mit einem Patriarchen eine gemeinsame Erklärung abgegeben. Papst Paul VI. hatte im Jahr 1964 den Patriarchen von Konstantinopel, Athenagoras, in Jerusalem getroffen. Jetzt schien sich erstmals so etwas wie eine Zusammenarbeit abzuzeichnen. Johannes Paul II. war also dabei, Geschichte zu schreiben.

Die Frage, auf die es bisher keine Antwort gab, lautete: Warum hatte sich Teoktist zu diesem Schritt entschlossen? Klar war, dass er nach dem Papstbesuch erheblichen Ärger mit den übrigen Patriarchaten bekommen würde. Den Papst einzuladen, empfanden die übrigen Patriarchen eindeutig als Verrat. Aber auch unter seinen eigenen Leuten brodelte es: Demonstrationen gegen den Papstbesuch waren angekündigt worden, radikale orthodoxe Christen verbrannten Bilder des Papstes auf den Straßen von Bukarest. Menschen, denen ihr Leben lang erzählt worden war, aus Rom komme nur das Böse, konnten nicht innerhalb weniger Tage die Tragweite eines solchen Besuchs verstehen. Aber auch dem konservativen Teoktist hätte niemand eine solche Geste zugetraut.

Die Reise des Papstes nach Bukarest besaß auch einen kuriosen Aspekt: Der Heilige Vater würde mit Priestern an einem Tisch sitzen, die zu Hause eine Ehefrau hatten, die auf sie wartete. Orthodoxe Priester dürfen heiraten, sie dürfen sich sogar scheiden lassen. Nur orthodoxe Bischöfe und Mönche leben wie katholische Priester ehelos. Der Papst würde also Priester empfangen, die vorhatten, ihre Kinder mitzubringen, um sie vom Papst segnen zu lassen. Der Heilige Vater war dabei, echte Väter zu treffen, die Kinder ins Bett gebracht und ihnen Geschichten vorgelesen hatten; Priester, die nicht nur eine abstrakte Vorstellung von Sexualität besaßen, sondern eine Frau liebten. Die katholische Kirche musste sich in Bukarest die Frage stellen lassen, ob die orthodoxe Kirche, die so viel rückständiger schien als die katholische, die sich durch das Zweite Vatikanische Konzil (1962 bis 1965) drastisch erneuert hatte, in diesem Punkt der Ehelosigkeit nicht rückständiger war als ihre Bruderkirche im Osten Europas.

Eisiger Empfang

Als die päpstliche Maschine pünktlich um 11 Uhr Ortszeit in Bukarest landete, herrschte am Flughafen Festtagsstimmung: staatlich angeordnete Festtagsstimmung. Kinder in Kostümen der Landesfarbe zeigten ihren einstudierten Jubel. Ein besonders hübsches Mädchen durfte dem Papst die Schale mit der Erde des Landes reichen, damit er sie küssen könne, ohne sich bücken zu müssen. Der Staatspräsident Emil Constantinescu begrüßte den Papst überschwänglich, Teoktist etwas kühler. Er nahm aber befriedigt zur Kenntnis, dass der Vatikan ihn mit dem gleichen Titel ansprechen ließ, der auch dem Papst zusteht: »Seine Heiligkeit«. Dem Vatikan lag daran, durch die Abfolge der Reise ganz klarzustellen, wem der Besuch galt: der rumänisch-orthodoxen Kirche vor allem, dann erst dem rumänischen Staat. Die rumänischen Gastgeber entsprachen dem Wunsch: Der Papst fuhr vom Flughafen nicht zunächst zum Amtssitz des Staatspräsidenten, der schließlich sein Gastgeber war und auch die Kosten des Papstbesuchs tragen musste, sondern sofort zum Sitz des rumänischen Patriarchen, in das 1656 von Voivoda Costantin Serban Basarab gegründete Kloster an der Kathedrale, die Kaiser Konstantin und seiner Mutter Helena geweiht ist.

Als der Tross um 11.45 Uhr vom Flughafen in Richtung der Residenz des Patriarchen abfuhr, war noch alles in Ordnung: Tausende neugieriger Rumänen säumten die Straßen, um ihren Patriarchen und den Papst zu sehen. Zunächst fiel mir überhaupt nichts auf. Der Konvoi rollte durch die deprimierenden grauen Alleen, vorbei an den gewaltigen Bauten des Ceaușescu-Sozialismus zu dem Kloster, das gemessen an den Ausmaßen der Paläste der Kommunistischen Partei bescheiden und gedrungen aussah. Als der Wagen des Papstes auf den Hof vor dem Kloster rollte, spürte ich, dass irgendetwas nicht stimmte, aber ich verstand nicht, was es war. Beamte der rumänischen Polizei ließen die Journalisten aus den Bussen aussteigen und zum Kloster gehen. Wir durften dabei sein, als der Papst zusammen mit dem Patriarchen genau um 12.30 Uhr die Kirche betrat, zu einem kurzen, gemeinsamen Gebet. Erst als die Prozession der schwarz gekleideten orthodoxen Würdenträger sich in Bewegung setzte und sehr viele Popen zu sehen waren, aber kein einziger der mitgereisten Kardinäle, begriff ich, was passiert war. Den Bus der Kardinäle und Bischöfe, die den Papst begleiteten, hatte die Polizei nicht durchgelassen. Die Kirchenfürsten hatten also den weiten Weg aus Rom bis hierher hinter sich gebracht, um dabei zu sein, wenn der Papst den Patriarchen in der Kathedrale brüderlich umarmen würde. Aber statt ihnen Ehrenplätze in der Kirche der heiligen Helena und Konstantins zuzuweisen, ließ man sie in einem klapprigen Bus vor dem Kloster auf einem abgesperrten Parkplatz warten. Was sollte das?

Es war nur eine kleine unfreundliche Geste, eine Geste, die zeigen sollte, dass die orthodoxe rumänische Kirche die Brüder der römisch-katholischen Kirche gar nicht gastfreundlich empfangen wollte. Die Ablehnung sollte demonstrieren, dass katholische Priester, mit Ausnahme des Papstes, im Kloster nicht erwünscht waren.

Schon zu diesem Zeitpunkt war klar, was sich im Laufe der kommenden zwei Tage bestätigen sollte: Teoktist war gezwungen worden, den Papst einzuladen. Irgendwann im vergangenen Jahr musste ein sehr wichtiger Mann im Namen des Staatspräsidenten Emil Constantinescu in einer Regierungslimousine vor der Residenz des Patriarchen vorgefahren sein. Er musste den grauen Steinbau zu einem Treffen betreten haben, das nur einen Sinn hatte: dem Patriarchen die Pistole auf die Brust zu setzen. Die Regierung hatte den Ehrgeiz, dass Rumänien das erste Land aus dem Einflussbereich des ehemaligen Sowjetimperiums sein sollte, in dem eine orthodoxe Mehrheit lebte und das vom Papst besucht wird. Es war ein politischer Schachzug gewesen: eine Geste der Öffnung Rumäniens zum Westen und zur Europäischen Union.

Die Hoffnung Karol Wojtylas, seine Enzyklika hätte die erste orthodoxe Kirche von einer Kursänderung Roms überzeugt, war ein Trugschluss gewesen. Die Stimmung in der Delegation war nach dem Auftakt gedrückt: Eine ehrliche Geste der Aussöhnung zwischen der katholischen und der orthodoxen Kirche Rumäniens war nicht mehr zu erwarten. Für mich war ab diesem Zeitpunkt der Besuch gescheitert: Die orthodoxe Kirche gab nur staatlichem Druck nach. Das Ganze drohte ein Schauspiel zu werden, das lediglich dem Ansehen der aktuellen rumänischen Regierung im Ausland diente. Mit einer historischen Aussöhnung hatte das alles nichts zu tun.

An diesem ersten Abend ließen ein paar Mitarbeiter des vatikanischen Staatssekretariats in der Kaffeebar im Pressezentrum im Hotel Intercontinental durchblicken, dass es bessere Orte für ein ordentliches Abendessen in Bukarest gab als das Hotelrestaurant. So landeten wir schließlich mit einer großen Gruppe katholischer Priester im Wohnzimmer einer rumänischen Familie, die ein privates Restaurant betrieb, das wirklich ausgezeichnet war. Von der angespannten Versorgungslage war nichts zu spüren: Es gab Gänseleber und Entenbrust, verschiedene Sorten Gemüse, Würste und Torten zum Nachtisch. Wir tranken Bier und Wodka, die Konversation plätscherte vor sich hin, bis ein junger, asketisch wirkender Priester plötzlich sagte: »Dieser Besuch des Papstes in Bukarest ist ein Witz. Ein Verrat an den leidenden Rumänen.«

Es war schlagartig still bei Tisch. Es gab natürlich immer wieder junge Priester, die den Papst kritisierten, aber sie wagten das nur hinter vorgehaltener Hand zu tun, niemals in großer Runde wie in diesem Abend. Natürlich interessierte mich der junge Mann, und ich fragte ihn:

»Wie meinen Sie das?«

»Der Heilige Vater wird von hier wegfahren, ohne auch nur im Entferntesten zu ahnen, was hier passiert, wie die Menschen hier wirklich leben. Er wird nur die Paläste sehen, den Regierungssitz, den Sitz des Staatspräsidenten, die Residenz des Patriarchen Teoktist. Aber die wirklichen Menschen, das leidende Rumänien, sind von den Straßen verscheucht worden, damit der Papst sie nicht zu sehen bekommt.«

»Und wie sieht das aus, das leidende Rumänien?«, fragte ich ihn.

»Kommen Sie mit, ich zeige es Ihnen.«

»Heute Abend noch?«, fragte ich.

»Ja«, sagte er, »heute Abend ist sogar eine besonders gute Gelegenheit.«

Wir aßen alle plaudernd zu Ende in diesem dunklen großen Wohnzimmer mit abblätternden Tapeten und mächtigen Möbeln, die irgendwie das vergangene Jahrhundert überstanden hatten. Die Hausfrau verlangte für das Abendessen einen lächerlichen Betrag in US-Dollar, und wir gaben ihr ein fürstliches Trinkgeld. Der junge Priester bugsierte mich nach dem Essen in einen uralten Lada und fuhr mit mir in Richtung Innenstadt. Er fuhr ziemlich schnell und hielt plötzlich an einem der breiten Pracht-Boulevards ganz in der Nähe des Hotels Intercontinental und sagte beim Aussteigen: »Kommen Sie einfach hinter mir her, aber sagen Sie nichts.«

Die Straße war relativ leer. Nur ein paar vereinzelte Spaziergänger schlichen noch durch das Zentrum der schlecht beleuchteten Stadt. Irgendwo in der Nähe musste eine Kneipe sein, man hörte laut grölende Männer. Wir gingen an einem mit einem schweren Stahlgitter gesicherten Laden vorbei, in dem man tagsüber Geld wechseln konnte. Nur wenige Autos fuhren noch über den breiten Boulevard. Dann blieb der Priester plötzlich stehen, zog eine breite Holztür eines großen Wohnhauses auf, und wir gingen hinein. Es war so dunkel, dass ich mich an der Wand entlangtasten musste. Nur seine leisen Schritte waren zu hören. Er fasste mich an der Hand und führte mich ein paar Schritte zu einer breiten Holztür, die offenbar in den Keller führte. Er schloss sie auf und wir gingen durch die Dunkelheit hinunter. Mir schlug der Geruch von Moder entgegen. Unten angekommen, schaltete der Priester das Licht an. Hinter schweren Holzverschlägen türmten sich Kohlen und Briketts. Wir gingen ein paar Schritte den Gang entlang. Dann blieb er vor einer großen Metallplatte im Boden stehen und flüsterte leise: »Helfen Sie mir!« Mit einem Haken konnten wir die Eisenplatte anheben, darunter gähnte ein schwarzes Loch. Man konnte eine Eisenleiter erkennen. »Machen Sie schon!«, sagte er, »klettern Sie hinunter!«. Ich stieg ein paar Stufen hinunter und wartete. Ich hörte, wie er die Eisenplatte wieder über uns schloss. Wir stiegen die Leiter hinunter und kamen in eine Art hohen Tunnel. Es stank nach Kot. Zum ersten Mal kam mir der Gedanke, dass das, was ich hier gerade in einer völlig fremden Stadt unternahm, eventuell gefährlich sein könnte.

Nach etwa hundert Metern blieb der Priester vor einer Metalltür stehen und klopfte an. Er rief etwas auf Rumänisch. Nach einiger Zeit ging die Tür langsam auf, und wir schlüpften in einen großen Raum. Ich weiß noch genau, dass ich mich furchtbar ekelte und erschrak, weil ich glaubte, der dunkle Keller sei voller Tiere. Seltsame Schatten huschten durch den von zwei Kerzen kaum beleuchteten, widerlich stinkenden Raum. Es roch nach Erbrochenem und nach Benzin. Es raschelte in den Ecken, zwischen seltsamen Türmen aus zerlöcherter alter Sackleinwand. Ich hatte das Gefühl, dass hundert Augenpaare mich aus der Dunkelheit anstarrten.

»Sagen Sie nichts, sie können manchmal sehr aggressiv werden«, sagte der Priester leise. Wir setzten uns auf einen Stapel schmutziger Lumpen. Dann erst begriff ich: Die Umrisse, die durch den Keller huschten, waren die Schatten von Kindern und Jugendlichen. Ein Mädchen, das vielleicht 13 Jahre alt sein mochte, war hochschwanger. Als sie näher kam, konnte man erkennen, dass sie ein kalkbleiches Gesicht mit vielen Narben hatte, aber grell geschminkt war. Sie schien uns zu mustern, hielt die Hand auf, als wollte sie betteln. Unwillkürlich dachte ich an ein paar Dollarnoten, die ich noch in der Tasche hatte. Leise flüsterte der Priester mir zu: »Suchen Sie jetzt auf keinen Fall nach Geld! Sie würden uns zerreißen, wenn sie wüssten, dass wir Geld dabeihaben.«

Ein wimmerndes Mädchen, das vielleicht 12 oder 13 Jahre alt war und eine Kopfwunde hatte, löste sich aus der Dunkelheit. Sie trug eine vor Dreck starrende Jogging-Hose und einen Bundeswehr-Parka, der mit Kot besudelt war. Sie schien den Priester zu erkennen, setzte sich auf einen Haufen Müll und sah ihn an.

»Sie leben in der Scheiße der Stadt, in den Hohlräumen zwischen den Abwasserrohren« flüsterte mir der Priester zu. Die Mädchen sind fast alle schwanger. Sie werden von den Jungs vergewaltigt oder prostituieren sich für Lebensmittel oder einfach für den Schutz für eine Nacht, um nicht verprügelt zu werden, wenn sie schlafen. Sie kommen aus dem ganzen Land. Viele werden einfach von ihren Eltern ausgesetzt.«

»Was passiert mit den schwangeren Mädchen?«, fragte ich leise.

»Wir versuchen, sie irgendwie von der Straße wegzukriegen und Familien zu finden, die sie aufnehmen, aber das ist selten. Machen wir uns nichts vor: Meistens endet es damit, dass irgendein Junge sie so lange in den Bauch tritt, bis sie eine Fehlgeburt haben.«

Immer mehr Schatten lösten sich jetzt aus dem Dunkel. Ein Mädchen mit verschmiertem Gesicht zog einen kleinen Jungen hinter sich her. Ich schätze, dass etwa zwanzig oder dreißig Kinder in dem Kellerraum waren. Sie tauchten nach und nach auf. Zwei Jungs schleppten einen dritten Jungen, der sechs oder sieben Jahre alt sein mochte und bewusstlos war. Sie versuchten, ihn mit Schlägen ins Gesicht zu Bewusstsein zu bringen. Ich begriff jetzt auch, warum es in dem Keller so stark nach Benzin stank: Die Kinder schnüffelten an Plastiktüten, die mit Klebstoff oder einem bisschen Benzin gefüllt waren, bis sie lethargisch in einer Ecke lagen oder wie betrunken durch den Raum torkelten.

»Sie leben zum Teil jahrelang in den Abwasserkanälen, bis sie irgendwann verenden wie Tiere. Sie benutzen die Kanaldeckel, um nach draußen zu gelangen und irgendetwas zu stehlen oder sich zu prostituieren, und dann fliehen sie hierher zurück.«

»Hilft ihnen denn keiner?«

Der junge Priester lachte leise: »In diesem Land gibt es mehr Not als genug.«

»Und die Kirchen?«

»Die orthodoxe Kirche, die hier alles beherrscht, hat sich nie sonderlich um die Armen und die Ausgestoßenen gekümmert. Die Kirche war eine Kirche der Mächtigen, des Staates, der Reichen. Die orthodoxe Kirche hat keine große Tradition des Mitleids wie Katholiken, Protestanten oder Moslems. Die orthodoxen Kirchen sehen ihre Aufgabe vor allem darin, die Seelen zu retten, nicht das Leben auf dieser Erde für die Ärmsten zu verbessern«, sagte der junge Priester.

Es klopfte leise an der Tür, durch die wir gekommen waren. Ein Junge, der ein abgebrochenes Messer in der Hand hielt, öffnete vorsichtig die Tür: Fünf Erwachsene kamen herein, und jetzt krabbelten und wuselten und schleppten sich die Kinder blitzschnell zu den Männern, die aus drei Säcken Schwarzbrotlaibe verteilten. Gierig stürzten sich die Kinder auf die Nahrung: Manche hatten so vollkommen schwarze Zähne, dass es ihnen schwer fiel zu kauen. Sie hatten struppige, verfilzte Haare, kreidebleiche Gesichter, ihre Augen schienen wie leer, als hätten sie nie gelebt, und dennoch waren es Kinder: Ein Mädchen, das vielleicht 14 oder 15 Jahre alt sein mochte, hatte einen vielleicht achtjährigen Jungen auf dem Schoß und sang ihm ein Wiegenlied vor. Es klang wie »Heile, heile Gänschen«, und ich hoffte, dass der Junge wenigstens einen Moment lang geglaubt hat, dass eines Tages alles gut werden wird. Die Männer hatten die Lebensmittel verteilt und versuchten jetzt, mit einigen der Kinder zu reden. Viele flohen sofort wieder in das Dunkel der Gänge, aus dem unheimliche Geräusche zu hören waren.

»Wir gehen jetzt«, flüsterte der Priester. »Diese Männer gehören zu einer Hilfsorganisation. Sie versuchen, die Kinder hier herauszuholen. Es ist wichtig, dass sie freiwillig mitkommen. Als wir sie entdeckten, haben wir manche kleinere Kinder auch gegen ihren Willen mitgenommen, aber das hatte keinen Sinn: Sie sind einfach wieder weggelaufen.«

Ich sah, wie einer der Männer neben einem Jungen hockte, der ihm zuhörte. Er hatte eine Verletzung am Ohr, die vereitert war. Der Junge fragte mehrfach etwas nach. Der Priester hielt mich am Arm. »Schade, dass sie das nicht verstehen konnten«, sagte er. »Der Mann hat dem Jungen versprochen, dass er Spielzeug bekommen wird, wenn er mitkommt. Der Junge verstand ihn nicht.«

»Warum nicht?«, fragte ich.

»Er weiß nicht, was Spielzeug ist. Er hat nie welches gehabt.«

Wir gingen schweigend zu der Stahltür und verschwanden in dem Gang. Ich wusste nicht, was ich sagen sollte. Ich hatte nichts mehr zu sagen. Es gab auch nichts zu sagen. Hier musste gehandelt werden, und ich schämte mich, denn ich wusste nicht, was ich hätte tun sollen. Wir stiegen die Eisenleiter hinauf und gingen, immer noch schweigend, zum Wagen. Der Priester setzte mich am Intercontinental ab. Ich habe ihn nie wiedergesehen.

Die Kollegen feierten an diesem Abend den 80. Geburtstag des ausgezeichnet gelaunten Antonio D. Mir war nicht zum Feiern zumute, aber ich setzte mich einen Augenblick dazu und brauchte eine Weile, bis ich begriff, dass die Polizei das Elend nicht einmal vom vornehmsten Hotel der Stadt hatte fern halten können.

Auf den ersten Blick schien das Intercontinental genauso abgeschirmt zu sein wie jedes andere Hotel der Welt, in der die Delegation des Vatikans absteigt. Wie überall auf der Welt hatte sich das Hotel herausgeputzt, um einen besonders sauberen und eleganten Eindruck zu machen. Drei Tage lang war dieser Bau schließlich so etwas wie das Schaufenster Rumäniens. Die Regierung hatte alles für die Sicherheit der Gäste getan. Rund um das Hotel wimmelte es von Polizisten in Zivil: Den Monsignori und Journalisten sollte erspart bleiben, in der Umgebung des Hotels von Taschendieben bestohlen oder von Hehlern angesprochen zu werden. Doch eines hatte die Regierung eines Landes zum ersten Mal während einer Papstreise vergessen: In der Hotelbar schienen sich an diesem Abend alle jungen, hübschen Geschäftsfrauen Rumäniens versammelt zu haben. Vor allem die Priester, die zur Delegation des Papstes gehören und für die Vatikan-Tageszeitung »L'Osservatore Romano« (Römischer Beobachter) oder für das Kirchenfernsehen »Tele Pace« arbeiten, wären auch nie auf die Idee gekommen, dass es sich bei diesen jungen Damen um etwas anderes als Geschäftsfrauen handeln könnte. Deswegen zeigten sie keinerlei Berührungsängste, als die Frauen begannen, mit dem einen oder anderen Herren in Schwarz in ausgezeichnetem Französisch zu parlieren. Es war absurd, mit anzusehen, wie verzweifelte junge Frauen das aussichtslose Unterfangen versuchten, Mitgliedern einer Vatikandelegation ihren Körper zu verkaufen, um 100

Euro zu verdienen. Sie hatten offenbar den falschen Tipp bekommen. Es war zwar richtig, dass im Intercontinental Bukarest elegante Herren in schwarzen Anzügen abgestiegen waren, die ohne weibliche Begleitung reisten, aber man hatte den Damen nicht gesagt, dass es sich bei den Delegationsmitgliedern in der Mehrzahl um katholische Geistliche handelte. Die Damen haben an diesem Abend nichts verdient.

Als der zweite Tag des päpstlichen Besuchs anbrach, hatte ich nicht den geringsten Zweifel daran, dass das Schauspiel des rumänischen Staates mit dem Papst jetzt enttarnt werden würde. Das lag allein an der Logik der Presse. Am ersten Tag eines päpstlichen Besuchs hatten alle Agentur-Reporter eine Nachricht: »Der Papst ist im Gastland angekommen«. Am zweiten Tag gewann der das Rennen der Nachrichtenagenturen, der als Erster eine Prognose wagte: »Papstbesuch fehlgeschlagen« oder »Papstbesuch ein Triumph«. Eigentlich war es am zweiten Tag viel zu früh für eine Bilanz, aber im Nachrichtengeschäft gewinnt nur der Schnellste. Eine weitere Geste des Patriarchen Teoktist, die als unfreundlich ausgelegt werden konnte, würde als Vorwand ausreichen, um die wahre Geschichte zu veröffentlichen: dass Rumänien den Besuch des Papstes benutzte, um sich vom Osten ab- und dem Westen zuzuwenden. Von einer Aussöhnung der Kirchen konnte keine Rede sein, also war der Papstbesuch fehlgeschlagen. Ich konnte mir nicht vorstellen, dass Johannes Paul II. aus dieser Situation noch einmal herauskommen würde. Er saß in der Falle.

Friedhofsstimmung

Ich musste an diesem Morgen um vier Uhr aufstehen, und das war unangenehm, aber weit unangenehmer war, dass ich mit einer einzigen Kollegin den Papst begleiten sollte. Wir waren in den Pool gewählt worden. Die Vorstellung, mit B. von der New York Times den ganzen Tag auf engstem Raum zu verbringen, war mir peinlich, und diese Tatsache war mir auch peinlich, weil sie zeigte, dass ich ein unreifer Idiot war. Ich hatte ihr auf der Papstreise zuvor zu verstehen gegeben, dass ich ihr nicht traute, und sie hatte das Gleiche getan. Das Einfachste wäre gewesen, sich in die Augen zu sehen und zu sagen »Schwamm drüber«, und damit wäre die Geschichte ausgestanden gewesen, aber keiner von uns beiden tat den ersten Schritt. Wir sahen uns nur verlegen an. Ich hatte während der letzten Reise mit dieser Kollegin von der New York Times in irgendeiner Bar gesessen und gequatscht und irgendwann viel zu spät auf die Uhr gesehen und den üblichen Schreck bekommen. Es war nach Mitternacht gewesen, und das hatte bedeutet, dass ich nur noch knapp vier Stunden Schlaf vor mir gehabt hatte, weil ich zwischen 4.15 und 4.30 Uhr die Predigt des Papstes holen musste. Die Journalisten, die den Papst begleiten, bekommen seine Predigten schon einige Stunden, bevor er sie hält: meistens sehr früh morgens. So hat man Zeit, den Text gründlich zu lesen und Artikel vorzubereiten, dafür bekommt man sehr wenig Schlaf, auch weil man morgens Zeit braucht, um sich in einen akzeptablen Zustand zu versetzen, schließlich kann man kaum im Schlafanzug und auch nicht ungewaschen und ungekämmt im Zimmer des Assistenten des vatikanischen Presseamtes auftauchen, um die Predigten des Heiligen Vaters abzuholen.

»Okay«, hatte meine Kollegin an diesem Abend gesagt: »Ich mach das: Ich hole für uns beide die Reden ab, dann kannst du länger schlafen. Dafür holst du sie morgen. Wir sehen uns im Frühstückssaal, bevor der Papst aufbricht.« Das hieß: Ich durfte bis 6.30 Uhr statt bis 4.00 Uhr schlafen.

Die Predigten sind auf verschiedenfarbigem Papier gedruckt und in der Regel in mindestens vier Übersetzungen erhältlich: auf Italienisch, der Lingua Franca im Vatikan, in der Sprache des Gastlandes und in der englischen und französischen Übersetzung. Es wird geduldet, die Reden des Papstes vom entsprechenden Tag in mehreren Sprachen mitzunehmen. Aus den Übersetzungen ergeben sich interessante Nuancen. Manchmal helfen sie den Reportern, zwischen den Zeilen das herauszulesen, was der Papst wirklich meint, aber nicht sagen will. Die Übersetzungen mitzunehmen hat aber auch einen ganz konkreten Aspekt. Dadurch kann man Kollegen das frühe Aufstehen ersparen. Nachdem man die Reden geholt hat, schiebt man einfach befreundeten Kollegen, die noch selig schlafen, das Blatt Papier in einer ihnen angenehmen Sprache unter der Tür durch. Das klappt allein schon wegen der geringen Konzentration in so früher Morgenstunde nicht immer: Regelmäßig verwechseln Kollegen bei dieser Aktion die Zimmernummer, und so bekommen völlig unbeteiligte Touristen päpstliche Reden zugespielt.

Ich wachte mitten in der Nacht unruhig auf: Ich hätte mich jetzt einfach wieder umdrehen und darauf vertrauen können, dass meine Bekannte von der New York Times rechtzeitig aufstehen, die Predigt holen und sie mir unter der Tür durchschieben würde. Was aber, wenn sie verschlief? Dann würde gegen acht Uhr das Telefon klingeln, meine Heimatredaktion wäre am Apparat, und irgendein Redakteur würde fragen: »Na, was wird der Papst denn heute sagen?« Ich würde dann antworten: »Moment mal«, aus dem Bett springen und zur Tür gehen und dort, wo eine päpstliche Predigt liegen müsste, läge dann gar nichts, und ich müsste versuchen, das meiner Redaktion daheim irgendwie zu erklären. Mein entrüsteter Chef würde fragen: »Du hast doch nicht etwa verpennt? Was meinst du eigentlich, weshalb wir ein Vermögen ausgeben, um dich auf diese Reisen zu schicken?«

Es gab also nur zwei Möglichkeiten: Entweder ich vertraute dieser Amerikanerin, oder ich stand auf, ging unter die Dusche, zog irgendwie meinen Anzug über und holte die Rede selbst. Ich sah auf den Wecker und konnte erkennen, dass es 3.45 Uhr war. Der Text wurde zwischen 4.15 und 4.30 Uhr verteilt. Ich tat das Falsche: Ich duschte, zog mich an und rannte in Richtung des Zimmers, in dem der Assistent des vatikanischen Pressesaals die Predigten verteilt. Dabei gilt es, eine wichtige Regel zu beachten: Es ist verboten, Lärm auf dem Flur zu machen. Hotelgäste haben es in der Regel nicht gern, wenn vor ihren Türen gegen 4.30 Uhr morgens eine Truppe quatschender und schwatzender Journalisten aufzieht, deren Handys bereits klingeln. Es passiert aber immer wieder, dass die Journalistentruppe schlicht nicht leise genug ist und einen Gast aufweckt, der wutentbrannt seine Tür aufreißt und sein Recht auf Nachtruhe schreiend verteidigt. Der aufgebrachte Hotelgast ist dann ein wirkliches Problem. Der Kirchenstaat möchte auf keinen Fall Anlass für Beschwerden sein, und der protestierende Hotelgast bekommt schnell heraus, dass die Reporter nicht aus eigenem Willen, sondern wegen einer Absprache mit dem Vatikan auf dem Hotelflur warten. Ich erinnere mich an einen Urlauber, der entrüstet über den Flur brüllte: »Wenn ihr wissen wollt, was diese polnische Flugente zu sagen hat, dann weckt doch den Papst und nicht erholungsbedürftige Hotelgäste!« So etwas ist den Vatikan-Delegationsmitgliedern schrecklich peinlich. Es gibt noch eine Regel, die auf jedem Hotelflur während der Papstreisen gilt: Auf keinen Fall klopfen. Wenn die Abmachung lautet, dass die Reden zwischen 4.30 und 4.45 Uhr abzuholen sind, darf man nicht das Recht daraus ableiten, um 4.29 Uhr an der im Programmheft genannten Tür zu klopfen. Dahinter ist der Vatikan-Cheforganisator der Papstreisen nämlich gerade damit beschäftigt, sein Schlafzimmer in ein Büro für die Weltpresse zu verwandeln. Die Reden des Tages werden auf einen Tisch geschichtet, der zwischen Diplomatengepäck des Vatikans steht. Um für eine freundliche Atmosphäre am frühen Morgen zu sorgen, gibt es in der Regel außer den Texten der Predigten auch ein Stück Kuchen.

Ich lief schlecht gekämmt und mit schief sitzender Krawatte den Flur entlang und prallte auf B. Sie sah ziemlich müde, ausgesprochen mitgenommen und stinksauer aus, als sie mich sah. Sie schmiss mir die Zettel entgegen und zischte: »Danke für dein Vertrauen! Dabei bin ich der zuverlässigste Mensch der Welt.« So ruiniert man Freundschaften.

Tagsüber sah ich sie nicht mehr, und am nächsten Morgen wiederholte sich die Szene. Obwohl wir abgemacht hatten, dass ich ihr den Text besorgen würde, kam sie über den Flur geschwebt, verschlafen und schlecht gelaunt, während ich auf dem Weg zu ihrem Zimmer war, um ihr die Predigt zu bringen.

»Immerhin ist das Misstrauen gegenseitig«, brachte ich nur über die Lippen.

An diesem Morgen des zweiten Tages des Papstbesuchs saß ich also ausgerechnet mit dieser Kollegin im Frühstücksraum »Brasserie Corso« des Hotel Intercontinental in Bukarest. Wir versuchten, in der Rede des Papstes irgendeinen Versuch zu erkennen, die verfahrene diplomatische Situation zu retten. Aber da ließ sich nichts entdecken, oder es war so gut versteckt, dass wir es um 5.00 Uhr morgens bei dünnem Kaffee einfach nicht fanden. Nach dem Frühstück gegen 6.00 Uhr machten wir uns startklar: Ein Minibus fuhr uns durch das ausgestorbene Bukarest zum katholischen Friedhof Belu. Der Papst hatte auf diesem Morgentermin bestanden. Das heißt, der alte Mann war im Morgengrauen aufgestanden, um zu beten, die Messe zu lesen und frühstücken zu können, um rechtzeitig um 8.00 Uhr auf dem Friedhof zu sein. Warum? Warum tat er sich das an? Er hätte den Friedhofstermin auch streichen können, dachte ich, oder ihn wenigstens ein wenig nach hinten verschieben können. Gegen 6.30 Uhr stand ich mit B. auf dem Friedhof und hatte eine Menge Gründe, schlecht gelaunt zu sein: Es war kalt und zugig, und wir würden eineinhalb Stunden auf diesem verwilderten Gelände herumstehen und auf den Papst warten müssen. Aber das war nicht das Schlimmste. Das Schlimmste war, dass die Menge orthodoxer Würdenträger, die auch schon zum Friedhof gekommen war, kein einziges Wort mit uns wechselte. Ich versuchte es freundlich bei einem beleibten Popen, von dem ich wusste, dass er aus New York stammte. Er tat so, als verstehe er kein Englisch. Er zeigte nur herablassend auf die Erkennungskarte, die um meinen Hals hing. »Vatican?«, fragte er. Dann winkte er ab und sagte: »Go away!« B., die als Ex-Moskau-Korrespondentin fließend Russisch spricht, erlebte das Gleiche. Nach einer halben Stunde gaben wir es beide auf. Keiner der orthodoxen Würdenträger aus Rumänien oder sonst woher hatte mit uns gesprochen. Es war, als wären wir gebrandmarkt, nur weil wir Erkennungskarten des Vatikans um den Hals trugen. Uns war beiden klar, dass dieser Morgen auf die denkbar schlechteste Weise begonnen hatte, zumal wir es später mit enttäuschten und genervten Kollegen zu tun haben würden. Schließlich waren wir nur deshalb hier, um später die Kollegen informieren zu können, die fragen würden: »Wer ist auf dem Friedhof gewesen? Welche orthodoxen Würdenträger? Was sagen sie über den Papstbesuch? Gibt es eine Annäherung zwischen den Kirchen?« B. und ich, die die Chance bekommen hatten, hautnah dabei zu sein, würden dann mit den Schultern zucken und sagen: »Wir haben gar nichts. Keine Reaktionen, keine Zitate, nichts.« Unsere Kollegen würden vermuten, dass wir uns eine warme Ecke gesucht hatten, um die Zeit zu verplaudern, statt unseren Job im Interesse aller zu tun und orthodoxe Popen zum Sprechen zu bringen. Aber die Mauer des Schweigens war undurchdringlich. Wir versuchten es noch einmal, doch egal, welchen Herrn mit langem, schwarzem Bart ich auch ansprach: Ich bekam keine Antwort. Stattdessen nestelten die Würdenträger entweder verlegen an ihren goldenen Ketten mit Amulett herum, hoben abwehrend die Hände oder sahen einfach durch mich hindurch. Ich erinnere mich an einen orthodoxen Würdenträger, den ich zu meiner großen Freude ausgezeichnet deutsch mit einem anderen Popen reden hörte. Ich versuchte mich so zurückhaltend wie möglich auf Deutsch vorzustellen. Er antwortete irgendetwas Schroffes auf Rumänisch. Da war nichts zu machen. B. schüttelte den Kopf, versteckte sich hinter einem Busch und steckte sich eine Zigarette an: »Vergiss es! Die wollten einfach nicht mit uns sprechen.« Wir sahen uns an, und wir wussten beide, dass wir jetzt eine Story hatten. Überschriften wie: »Eiskalte Atmosphäre beim Papstbesuch in Bukarest: Annäherung der Religionen gescheitert«, geisterten durch ihren und durch meinen Kopf.

Als das weiße Papamobil auf den Friedhof rollte, tat mir Karol Wojtyla richtig leid. Er konnte sich jede weitere Geste der Aussöhnung sparen, die orthodoxe Kirche Rumäniens wollte keine Annäherung an den Papst, sie erduldete nur den Besuch des Mannes aus Rom, weil ihr Staatschef sie dazu zwang. Als der Papst aus dem Wagen stieg, konnte man diesen seltsamen feierlichen Zug auf seinem Gesicht sehen. Ich war mir sicher, dass er etwas vorhatte, aber mir war absolut schleierhaft, was das sein konnte. Er ging langsam und unbeirrt an ein ganz bestimmtes Grab auf dem Friedhof, an die letzte Ruhestätte des katholischen Bischofs Vasile Aftenie (1899 bis 1950). Der Papst kniete an dessen Grab nieder, sah dem orthodoxen Gesandten des Patriarchen Teoktist in die Augen und machte nur eine knappe Geste, indem er auf das Grab deutete, und der orthodoxe Pope verstand: Bischof Vasile Aftenie war 1950 von den Kommunisten gefoltert und ermordet worden, genauso gefoltert und ermordet wie Hunderte orthodoxer Bischöfe, Mönche und Priester. An diesem Morgen baute der Papst die gemeinsame Basis für die Aussöhnung der beiden Kirchen auf und stellte sie auf ein überaus solides Fundament: Beide Kirchen hatten unter dem Terror des Totalitarismus gelitten, beide hatten ermordete Märtyrer zu Grabe getragen, beide hatten sie die Schrecken des Totalitarismus überstanden. Papst Johannes Paul II., der ehemalige Bischof von Krakau, der selber auch von den Schergen des Sowjetimperiums schikaniert worden war, der erste slawische Papst, wollte seine slawischen Brüder in den orthodoxen Kirchen jetzt daran erinnern, dass diese beiden

Kirchen gegenüber Toten wie Bischof Vasile Aftenie, an dessen Grab der Papst gerade kniete, eine Verpflichtung hatten: Frieden zu schließen, nachdem sie beide entsetzliche Zeiten des Terrors erlitten und schließlich überlebt hatten. Das war die Botschaft des Papstes an diesem Morgen, und sie kam an. Nach dem Gebet an den Gräbern sprach der Papst auf diesem Friedhof mit mehreren orthodoxen Bischöfen. Sie verstanden den Appell und den Ansatz des Patriarchen des Westens: Hier auf dem Friedhof vollzog sich eine unglaubliche Wende. Ein alter Pope, der mich noch eine halbe Stunde vorher ignoriert hatte, stand plötzlich vor mir und sagte in ausgezeichnetem Deutsch: »Sie wollten doch vorhin wissen, was ich von dem Papstbesuch halte. Sie müssen verstehen, wir haben da gewisse Vorbehalte gegenüber Leuten aus dem Vatikan. Aber eines will ich doch sagen: Der Papst ist ein großer Mann. Er hat uns zu verstehen gegeben, dass er auch vor unseren Toten kniet, vor gefolterten und ermordeten orthodoxen Priestern.«

Ein Damm war gebrochen. Plötzlich wollten zahlreiche Bartträger mit mir reden. Sie waren wirklich erschüttert: Die Mahnung des Papstes an die Zeit des Sowjetimperiums hatte bei vielen von ihnen die Erinnerung einsetzen lassen. Manchen standen die Tränen in den Augen, während sie von ihrer Angst erzählten, von der Verfolgung durch die Kommunisten, wie sie sich versteckt hatten, wie Popen geprügelt und gefoltert worden waren und wie sie heimlich Bibeln und in Brot versteckte Kreuze zu Sterbenden gebracht hatten. Sie berichteten jetzt auch von katholischen Priestern, die orthodoxen Gemeinden geholfen hatten, sie erzählten von ihrer Furcht, ob sie auch im Moment der Folter stark genug sein würden, Christus nicht zu verleugnen. Ich erinnere mich an einen alten orthodoxen Priester, der kurz mit dem Papst gesprochen hatte und mir erzählte: »Er hat mir gesagt, wie die SS in Krakau junge Seminaristen verfolgte und nach Auschwitz verschickt hat. Er hat mir geschildert, wie er sich versteckt hat, im Palast des Erzbischofs von Krakau.« Dem Mann standen Tränen in den Augen. Dann sagte er zu mir: »Wissen Sie, ich wusste einfach nicht, dass er und seine Priester das Gleiche durchgemacht haben wie wir.«

Plötzlich zupfte mich B. an der Jacke. Sie brauchte nichts zu sagen. Ich wusste, was sie meinte: »Jetzt, Andreas, jetzt haben wir noch eine Chance. Diesmal musst du dich auf mich verlassen können.«

Ich nickte.

Wir befanden uns in diesem Augenblick in einer miesen Lage. Vor uns standen Dutzende überaus interessanter Gesprächspartner, die endlich mit uns reden wollten. Es war unsere Pflicht, möglichst viele von ihnen zu interviewen, damit wir nachher den Kollegen möglichst viel Stoff liefern konnten. Auf diesem Friedhof war schließlich etwas sehr Wichtiges passiert: Der Papst hatte eine Mauer durchbrochen. Was wir zu hören bekamen, waren die ersten Worte der Dialogbereitschaft nach fast eintausendjährigem Schweigen. Zum ersten Mal hatten wir die Gelegenheit herauszubekommen, was die orthodoxen Popen wirklich dachten. Aber dummerweise hatten wir absolut keine Zeit. Nach dem Besuch auf dem Friedhof wollte der Papst sofort in die Josefs-Kathedrale weiterfahren, um in der katholischen Kirche mit orthodoxen Delegierten des Patriarchen Teoktist eine Messe nach griechisch-katholischem Ritus zu feiern. Natürlich mussten wir auch über das zweite Ereignis berichten, und um das zu schaffen, gab es nur eine Chance: Unser Minibus musste unbedingt vor dem Wagen des Papstes den Friedhof verlassen und mit hohem Tempo mitten durch Bukarest zu der Kirche rasen. Der Minibus durfte auf keinen Fall nach dem Papamobil losfahren: Denn alle Polizisten dieser Welt werden an allen Kreuzungen, die für den Papst freigesperrt werden, auf das Heftigste beschimpft. Überall auf der Welt müssen nämlich Menschen zur Arbeit, Mütter ihre Kinder abholen, Jugendliche zu einem alles entscheidenden Fußballmatch, Liebhaber zu einer Geliebten, kurz: Alle wollen auf die andere Seite der Straße.

Wenn sie vor einer abgesperrten Kreuzung stehen, lassen sie ihren Ärger an gestressten Polizisten aus, die auch nichts dafür können, dass diese Straße für das Oberhaupt der Katholiken abgesperrt werden muss und niemand, ausnahmslos niemand, hinüberdarf, weil jeden Augenblick mit hohem Tempo die Eskorte des Papstes kommen kann. Doch sobald der Papst vorbeigefahren ist, geben die Polizeibeamten die Kreuzungen wieder frei. Unser Bus würde im Verkehr steckenbleiben, und wir würden Ärger bekommen, weil eine Zeremonie, die ohne Journalisten zelebriert wird, genauso gut hätte ausfallen können. B. und ich hatten nur eine Chance: Wir mussten stur weiterarbeiten und gleichzeitig den Papst im Auge behalten. Sobald einer von uns beiden sah, dass Johannes Paul II. wirklich aufbrach, mussten wir sofort den anderen informieren, über den Friedhof zum Bus galoppieren und hineinspringen. B. war aufmerksamer als ich: Sie schrie plötzlich »Andreas! Come on!« über den Friedhof.

Ich ließ einen orthodoxen Bischof mitten im Satz stehen und sprintete zum Ausgang des Friedhofs, wo der Assistent des Vatikans längst wie auf glühenden Kohlen saß und uns anbrüllte: »Veloce!« (Schnell). Wir sprangen in den Bus, als das Papamobil den Friedhof verließ.

Der Bus raste durch die Stadt zur Josefs-Kathedrale. Es blieb gerade genug Zeit, um aus dem Minibus zu springen und in die Kirche zu huschen, da war die Eskorte des Papstes auch schon da. Nicht eine Minute war verschwendet worden.

Während des Gottesdienstes in der ehrwürdig düsteren Kirche des heiligen Josef demonstrierte der Papst, wie er sich das Zusammenleben der verschiedenen Kirchen vorstellte: Für die Katholiken sollte es nic wieder ein Problem sein, dass andere christliche Kirchen andere Traditionen pflegen, um Gott zu ehren. Die katholische Messfeier bedeutete nicht die eine und einzig richtige Art und Weise, um Gott zu ehren. Im Gegenteil: Die katholische Kirche zeigte sich dankbar dafür, dass die orthodoxen Kirchen ihre eigenen Traditionen bis in die heutige Zeit bewahrt hatten. Die christlichen Kirchen sollten in Zukunft nicht uniform und gleichgeschaltet sein, sondern vielfältig in ihrer Ausdrucksweise, sie sollten nicht untereinander um die Gunst Gottes konkurrieren. Der Papst wusste, dass in vielen Ländern katholische Christen unter der Vorherrschaft der orthodoxen Kirchen gelitten hatten. Er war auch nach Bukarest gekommen, um dieses traurige Kapitel zu beenden, zu vergeben, wenn etwas zu vergeben war, und einen neuen Anfang zu versuchen. »Ut unum sint« heißt: Sie mögen eins sein.

Als der Papst nach der Feier die Kirche verließ, kam es zu einer dieser kleinen Begegnungen, die nie ein Fernsehteam aufnimmt und die manchmal viel mehr über diesen großen Papst sagen als lange Predigten. Nur wenige Schritte von der Kathedrale des heiligen Josef entfernt lag ein trauriges graues Haus mit einem schmalen betonierten Vorplatz, vielleicht zehn Quadratmeter groß und von einem Stacheldrahtzaun umgeben. Auf diesem Betonplatz saß ein kleiner gefleckter Jagdhund. Diese Hunde sind dafür geschaffen, kilometerweit durch Wälder zu wetzen, sie lieben Wasser, schwimmen wie Fische und vergöttern ihre Herrchen. Aber wenn man sie einsperrt oder ankettet, werden sie verrückt: Sie jagen stundenlang ihren Schwanz, sie beißen sich selbst blutig und gehen ein. Der kleine Hund schaute konzentriert auf den Zaun, als wüsste er ganz genau, dass es irgendwo dahinter eine Wiese geben musste oder einen Wald, in dem es unendlich viel zu erschnüffeln gab. Plötzlich sprang er los, flog durch die Luft, und es schien, als könnte der Hund mühelos den Zaun überwinden, dann, als er fast schon in Freiheit war, riss ihn ein schmales Stahlseil zurück, und er fiel auf den Betonplatz. Der Hals war blutig gescheuert, dort, wo er auf den Boden schlug, hatten sich Fellreste gesammelt. Aber der Hund rappelte sich auf, trottete zu dem Startplatz zurück, setzte sich in Position und versuchte es noch einmal, wieder und immer wieder. Als der Papst die Kirche des heiligen Josef verließ und ins Papstmobil stieg, stoppte die Eskorte genau vor dem Haus und dem Eingang mit dem Hund. Die Polizei dachte, der Papst hätte halten lassen, um die Menschen an den Straßen segnen zu können. Er schaute nicht auf die Menschen, sondern auf den Hund. Er konnte sich von dem Anblick des Tieres nicht losreißen, das immer wieder versuchte, über den Zaun zu springen. Die Szene dauerte nur einen Augenblick, aber es war unübersehbar, dass dem Papst irgendetwas eingefallen war, dass er irgendeinen Grund gehabt hatte, diesem Hund in seiner Qual für einen Augenblick zuzusehen, und tatsächlich verriet er später in Rom einem Bischof, was er gedacht hatte, als er das Tier auf dem Betonplatz in Bukarest gesehen hatte. Der Hund hatte ihn an all die Menschen hinter dem Eisernen Vorhang und an die Bewohner dieses immer noch so armen und so ausgebeuteten und so traurigen Rumäniens erinnert, die auch so lange eingesperrt waren und von denen auch zu viele die Gefangenschaft hinter Zäunen und Mauern des Sowjetreichs nicht überstanden hatten.

Am Sonntag, 9. Mai, kamen Abertausende in Sonderzügen am Bahnhof von Bukarest an. Es schien, als habe sich ganz Rumänien auf die Socken gemacht. Tausende und Abertausende Menschen, die sich mit ihren bescheidenen Mitteln fein gemacht hatten, strömten in die Stadt. Sie waren unterwegs zu zwei verschiedenen Veranstaltungen: der orthodoxen Feier am Vormittag und dem katholischen Gottesdienst am Nachmittag. Aber orthodoxe Christen und Katholiken, die sich im Laufe der Geschichte so viel Unheil zugefügt hatten, zogen zusammen singend und in Festtagsstimmung durch die Straßen. Papst Johannes Paul II. und Patriarch Teoktist zelebrierten um 10 Uhr auf dem »Unirii-Platz« das historische Ereignis: Zum ersten Mal seit der Kirchenteilung des Jahres 1054 nahm ein Papst aktiv an einem orthodoxen Gottesdienst teil. Die beiden Kirchenmänner umarmten sich vor mehr als 200 000 Menschen und beugten sich gemeinsam vor einem Bild Christi. Ein neuer

Anfang war gemacht, der erste Schritt zu einer Verschmelzung der beiden Kirchen getan. Beiden war klar, wie weit der Weg noch sein würde, aber die Menschen von Bukarest spürten damals sehr genau, dass in ihrer Stadt ein historischer Friedensschluss gefeiert wurde. Der Rest war ein Heimspiel.

Als der Papst am Nachmittag im Podul-Izvor-Park vor mehr als 200 000 Menschen an den Altar trat, um nach knapp 1000 Jahren als erster Papst einen katholischen Gottesdienst in einem orthodoxen Land zu feiern, und er den Patriarchen Teoktist als seinen Gast begrüßte, donnerte der Applaus der Massen so unglaublich laut über die Ebene, dass es klang, als hätte ein Flugzeug die Schallmauer durchbrochen. Lange hatten die Katholiken darauf gewartet, dass ein Papst in ihr Land kommen konnte. Ein nachdenklicher Johannes Paul II. wohnte an diesem Sonntagnachmittag kurz vor dem Rückflug nach Rom der Messfeier bei: All diese Menschen, orthodoxe Christen und Katholiken, hatten nur darauf gewartet, dass ihre Kirchenführer endlich Frieden schließen. Die Menschen untereinander waren schon längst dazu bereit gewesen. Später erklärte der Papst, was ihm während dieses Gottesdienstes immer wieder durch den Kopf gegangen war: Warum hatte der Herr zugelassen, dass seine Kirchen sich teilten, in Feindschaft verfielen, sich gegenseitig bekriegten und verfolgten? Der Papst, der seinen Gott so oft sucht, der so oft auf eine Antwort hofft, der Papst, der seinen Gott oft nicht fand, erhielt an diesem Tag in Bukarest eine Antwort, die er am Aschermittwoch des Jahres 2000 umsetzen sollte. Die Antwort lag schon in der Frage: Der Kirche war die Teilung nicht erspart geblieben, weil sie Schuld auf sich geladen hatte. Deshalb beschloss der Papst tief in seinem Inneren, um Vergebung für die Sünden der katholischen Kirche zu bitten. Von diesem Tag an, der Messfeier in Bukarest, sprach er zum Erstaunen vieler Mitarbeiter, auch zum Entsetzen des Chefs der Glaubenskongregation, Kardinal Joseph Ratzinger, immer wieder davon, dass auch die katholische Kirche schuldig geworden sei und dass es an der Zeit sei, um Vergebung zu bitten.

Die Umarmung mit dem Patriarchen Teoktist in Bukarest hatte den befürchteten Effekt: Der Patriarch in Moskau Alexi II. tobte. Teoktist wurde als Verräter gebrandmarkt. Die erhoffte Öffnung des Patriarchen in Moskau blieb aus. Das Moskauer Patriarchat schlug mit aller Wucht die Verhandlungstür zu. Der Traum des Papstes von einer heiligen Messe auf dem Roten Platz in Moskau schien endgültig ausgeträumt zu sein. In Russland wurde das Leben für katholische Priester sogar härter. Sie wurden in ihrem Dienst behindert oder ausgewiesen. Auch die griechisch-orthodoxe Kirche protestierte. Die Mönche der orthodoxen Klöster in Griechenland erklärten ausdrücklich, dass der Papst auf griechischem Boden nicht willkommen sei. Er solle sich nicht erdreisten, die Einladung der griechischen Regierung anzunehmen. Statt sich auf den Empfang in Polen zu freuen, ordnete Johannes Paul II. an, möglichst unauffällig weiter mit den orthodoxen Patriarchen zu verhandeln. Die katholische Kirche wollte nichts als Frieden, sie wollte keine Vorherrschaft, sie wollte das Ende der Feindschaften. Das musste im Interesse aller orthodoxen Kirchen liegen.

4
STILLE TRÄNEN VOR MILLIONEN

Papst Johannes Paul II. war nur mein Job gewesen, Gegenstand meiner Berichterstattung, das Thema einer Unzahl von Artikeln, mein Broterwerb. Bis zum Juni 1999 musste sich der Journalist für Johannes Paul II. interessieren, während der Mensch unbeteiligt zusah.

Ich weiß noch genau, wo sich das änderte: in Radzymin, einem winzigen Ort bei Warschau, in dem ein Soldatenfriedhof liegt. Es war die 87. Auslandsreise, die siebte Reise nach Polen.

Ich hatte an diesem 13. Juni stundenlang auf einem beschaulichen Friedhof gewartet. Der Papst wollte an dem Ort für die gefallenen Soldaten einer Einheit beten, die im Jahr 1920 auf wundersame Weise die vielfach überlegene Armee der Sowjets gestoppt hatte. Es war ein warmer, angenehmer Nachmittag, und es war alles wie immer. Drei gewaltige Transporthubschrauber landeten neben dem Friedhof, die Straßen rund um den Ort wurden hermetisch abgesperrt, überall heulten Polizeisirenen, sobald der Papst eingetroffen war. Die riesigen Rotorblätter der Helikopter wehten altes Laub auf, das über den Friedhof regnete. Kameramänner versuchten mit Fußtritten die besten Positionen in der Nähe der Bank zu ergattern, an der der Papst für die Opfer der Schlacht beten wollte. Er kam langsam auf den Friedhof, und er sah niedergeschlagen aus. Er ließ sich zu der Gebetsbank führen und kniete nieder. Wie im Programm vorgesehen, versuchte er, still zu beten. Ich stand direkt neben ihm. Mein Job war nicht sonderlich spannend. Ich musste nur aufpassen, ob alles ablief wie vorgesehen. Ich stand nur für den Fall da, dass etwas passierte, dass er hinfiel oder seine

Rede nicht lesen konnte oder sonst irgendetwas Überraschendes geschah. Er versuchte sich zu sammeln und ein Gebet zu sprechen. Plötzlich blickte er auf. Er sah mir direkt in die Augen, flehentlich, und sagte mir mit dem Blick und einer knappen Geste: »Tu mir einen Gefallen und lass mich allein. Siehst du nicht, dass ich dazu verurteilt bin, einen friedlichen Ort in einen Medienjahrmarkt zu verwandeln, mit all den Helikoptern, den Polizeibeamten, den Blitzlichtern der Fotografen, die ich mitbringe? Siehst du das nicht? Tu mir einen Gefallen und geh wenigstens du.«

Ich ging weg, obwohl ich damit meinen Job vernachlässigte. Als die Fotografen sahen, dass der einzige Pool-Journalist sich entfernte, gingen auch sie, leise und respektvoll. Ich sah nur von weitem zu, was geschah: Der Papst weinte. Er weinte leise vor sich hin. Ein Kameramann des italienischen Staatsfernsehens sah das plötzlich und stürmte zu der Gebetsbank. Er hielt den Scheinwerfer und die Kamera auf den weinenden Mann, und in diesem Moment sah ich, wie Johannes Paul II. innerlich zusammenbrach. Er weinte nicht mehr still. Er heulte regelrecht, er schluchzte, dass es ihn schüttelte, er sah unter Tränen den Kameramann an, der nicht daran dachte, ihn in Ruhe zu lassen, und so weinte er auch über sein Schicksal und darüber, dass er nicht einmal allein weinen konnte, dass ein rücksichtsloser Medien-Mann ihm nicht einmal diesen einen Augenblick gönnte, weil er die Bilder eines weinenden Papstes teuer verkaufen konnte.

Ich weiß nicht mehr, wie lange das dauerte, vielleicht ein paar Minuten. Dann hatte Johannes Paul II. sich wieder gefasst. Er stand auf, segnete die Gräber und hielt eine kurze Ansprache. Auf dem Rückweg zum Helikopter kam er dicht an mir vorbei und nickte mir kurz zu.

Ich war in diesem Augenblick plötzlich sauer auf den Papst. Als er da vor mir stand, einen Augenblick lang nur, herrschte ich ihn innerlich an: »Was willst du denn noch, Karol Wojtyla? Warum gibst du nicht endlich Ruhe? Warum schleppst du dich weiter um die Welt, warum hetzt du dich, verdammt noch mal, selbst zu Tode? Du hast doch gewonnen! Du hast dazu beigetragen, dass sich dein Land von den Sowjets befreien konnte. Was willst du jetzt noch hier? Diese Reise ist Wahnsinn, so wie die anderen Reisen in andere Länder auch: 21 polnische Städte in 12 Tagen: Das ist Wahnsinn. Du musst um fünf Uhr aufstehen, und du kommst nicht vor Mitternacht ins Bett, seit elf Jahren hattest du nicht einen Ruhetag. Du kannst doch nicht mehr: Ich sehe das ja.«

Ich sah ihm nach, wie er unendlich langsam zu dem Hubschrauber schritt, und ich fragte mich: Was ist, wenn dieser Mann eben doch ein Werkzeug Gottes ist? Hat alles das, was ich erlebt habe, eine ganz andere Bedeutung, als ich bislang glaubte?

Ich hatte bis zu diesem Augenblick gemeint, Zeuge der Rückkehr eines Triumphators in seine Heimat zu sein. Das polnische Parlament hatte ihn eingeladen, um das Haupt vor dem Sieger einer brutalen Auseinandersetzung zu beugen. Dort, wo ein undemokratisches System darüber beraten hatte, wie aufmüpfige Katholiken in Schach gehalten werden können, wo das Kriegsrecht verwaltet worden war, in den Zentren der Macht in Warschau, da sollte Papst Johannes Paul II. zum ersten Mal in der Geschichte die Huldigung des Parlamentes annehmen. Es war Zeit, sich zurückzulehnen, sich zu erinnern an die dunklen Jahre des Totalitarismus, und es war Zeit zu feiern, denn der Papst hatte dazu beigetragen, die Idee des Sowjetimperiums wegzufegen. Karol Wojtyla hatte beinahe alles richtig gemacht. Er hatte sich nicht ins Bockshorn jagen lassen. Er hatte einen echten Sieg erfochten. So hatte ich das gesehen. Aber war es auch so?

Ich hatte mir zusammengereimt, dass der Papst kreuz und quer durch Polen reisen wollte, um sich feiern zu lassen. Aber der Mann, den ich vor mir auf dem Friedhof hatte weinen sehen, war nicht einer, der sich feiern lassen wollte. Es war ein

Mann, der meinte, nur ein Werkzeug Gottes zu sein. »Und wenn es wahr ist?«, dachte ich. »Wenn er das alles nur deshalb durchsteht, weil ihm Gott die Kraft gibt?«

Ich blieb an diesem Abend allein im Hotelzimmer in Warschau. Wie bei jeder anderen Polenreise herrschte Prohibition, das totale Alkoholverbot in allen Städten, in denen der Papst sich aufhielt. Ich hatte beim Abflug eine Woche zuvor eine Flasche Rotwein gekauft und in meinen Koffer geschmuggelt. Ich weiß noch, wie enttäuscht ich war, als ich sie öffnete: Der Wein schmeckte nach Kork. Ich trank ihn trotzdem. Ich hatte noch genau ein Glas übrig für diesen Abend. Draußen vor meinem Fenster lag der Siegesplatz. Die katholische Kirche Polens hatte das Symbol des Sieges von Karol Wojtyla an der exakt gleichen Stelle aufrichten lassen, an dem es auch beim ersten, so schwierigen Papstbesuch vom 2. bis 10. Juni 1979 gestanden hatte: mitten auf dem Siegesplatz. Es war ein imposantes schwarzes Holzkreuz, und es hatte den damaligen Machthabern in Polen Angst gemacht, wie ihnen auch dieser junge Papst damals Angst gemacht hatte. An der Stelle, an der 1979 auf dem Siegesplatz in Warschau das »psychologische Erdbeben« begonnen hatte, dort, wo ein Papst das Sowjetimperium herausgefordert hatte, hatte er noch einmal stehen können: als Sieger.

Vor drei Tagen, am 11. Juni 1999, hatte er das polnische Parlament betreten. Es war ein großer Tag für den kleinen Lolek aus Wadowice gewesen. Er war einen weiten und gefährlichen Weg gegangen. In Städten und Dörfern, in Kirchen und Altenheimen, auf jeder Straße, an der man ihn hatte sprechen lassen, hatte Karol Wojtyla in seinem Land gepredigt, dass der Glaube an Jesus Christus nicht aus den Herzen der Polen ausgelöscht werden könne. Er hatte Massen mobilisiert, er hatte die Kirchen gefüllt. Er hatte auf der Straße gekämpft, eine außerparlamentarische katholische Opposition unterstützt, die schließlich Solidarność gründete. Er war wirklich einen weiten Weg gegangen, seit dem ersten Besuch im Juni des Jahres 1979, aber jetzt war der schwere Marsch vorbei: Er war endlich angekommen. Natürlich klatschten die Mitglieder der polnischen kommunistischen Partei nicht, als erstmals ein Papst den Tagungssaal des polnischen Parlaments betrat. Sie hießen ihn nicht willkommen, aber sie konnten nichts mehr gegen ihn unternehmen. Er hatte gewonnen. Aber hatte er wirklich gewonnen? Aus eigener Kraft?

Hatten diese Mütterchen, die vor 20 Jahren auf Wunsch des Papstes den Rosenkranz für das Schicksal Polens gebetet hatten, auch nur den Hauch einer Chance gehabt, sich gegen die Panzer des Sowjetimperiums durchzusetzen? Was hatten die Machthaber in Warschau über sie gelacht, und wie gründlich war ihnen das Lachen vergangen, als diese Mütterchen zusammen mit ihren frommen Töchtern und Söhnen begannen, das Sowjetimperium auseinander zu nehmen, und zwar von Polen aus. All diese frommen Menschen hatten mit ihren Kerzen und Heiligenbildchen Terror und Angst besiegt. Warum hatten die Folterkammern und Gefängnisse sie nicht beugen können? War es verrückt, wie der Papst zu glauben, dass die »Hand Gottes die Berliner Mauer« eingerissen hatte? War es verrückt zu denken, dass Johannes Paul II. ein Instrument dieses Gottes gewesen war?

Heimat-Reise

Ich glaube, dass der Papst in diesem Sommer 1999 erstmals vor der Übermacht seines eigenen Denkmals stand. Der riesige Schatten der historischen Figur Johannes Paul II. war für Karol Wojtyla zu übermächtig geworden. Er war der Figur, die er selber geschaffen hatte, nicht mehr gewachsen. Noch immer ließ er seinen brillanten, theologisch geschulten Geist aufblitzen. Das war nicht das Problem. Aber das Alltagsleben, alles das, was er tun musste, wenn ihn die Menge und die Fernsehzuschauer nicht sahen, war zu einer Last geworden. Das Leid wurde zum Teil seiner Botschaft. Es war konkretes Leiden, nicht nachempfundenes. Es vollzog sich ein erstaunlicher Wandel: Ich glaube, dass für Papst Johannes Paul II. bis zu diesem Sommer 1999 die Erfahrung Gottes während einer heiligen Messe entscheidend war. Danach erfuhr er alle dramatischen, schmerzlichen Begegnungen mit Gott nicht mehr innerhalb einer Kirche, sondern außerhalb. Wirklich kämpfen musste er von nun an selten am Altar, wo alles Menschenmögliche getan wurde, um ihm ein Minimum an Bequemlichkeit zu garantieren. Ringen musste er mit dem Schicksal, das ihm sein Herr aufgebürdet hatte, weit weg von Altären, in Helikoptern, die Schlechtwetterfronten durchflogen und ihn so sehr durchschüttelten, dass er vor Schmerzen schrie, auf Treppenstufen, die der alte Mann sich hinaufquälte, obwohl sie einfach zu hoch für ihn waren. Ich habe so oft erlebt, wie er sich weitertrieb. Er litt, aber er hatte auch einen gewaltigen Dickschädel, und immer, wenn sein Sekretär Don Stanislaw Dziwisz ihm unter die Arme griff, um ihm weiterzuhelfen, zischte er ihn an: »Ich kann das allein!« Aber er brauchte Hilfe. In diesem Sommer 1999 war er physisch sichtlich überfordert. Das Programm war zu lang, die Wege waren zu weit, damals zeigte sich, dass ohne seinen Sekretär Don Stanislaw Dziwisz gar nichts mehr ging.

Don Stanislaw wurde so etwas wie ein zweites Paar Augen für den Papst, ein zweites Paar Ohren, die er vor allem während der Massenveranstaltungen dringend brauchte. Wenn Johannes Paul II. während irgendeiner Messe mit hunderttausend Menschen an einer Delegation von Nonnen vorbeizugehen drohte, die seit Tagen auf den Papst in der Menge gewartet hatten, zupfte ihn Don Stanislaw am Ärmel und machte ihn auf die frommen Frauen aufmerksam. Inmitten des größten Chaos verbindet den Papst und seinen Sekretär eine Sprache aus wenigen Signalen. Wenn der Papst vergessen hatte, einen besonders wichtigen Würdenträger nach einer Messfeier am Altar zu grüßen, weil er mit den Gedanken schon bei der nächsten Veranstaltung war, schob ihn Don Stanislaw sanft, aber bestimmt zu dem Gespächspartner. Don Stanislaw ist ein sehr freundlicher, fröhlicher Mann, der erstaunlicherweise eher auf die unwichtigen Besucher des Papstes achtet als auf die ganz wichtigen. Wenn der amerikanische Präsident zu Besuch kommt, dann passt Don Stanislaw darauf auf, dass die Sekretärin des Weißen Hauses nicht im Vorzimmer warten muss, sondern sich auf das Erinnerungsfoto stellen darf. Dziwisz diente dem damaligen Kardinal Karol Wojtyla bereits in Polen als Sekretär und Vertrauter und blieb es bis heute. Nach knapp 30 Jahren an der Seite seines Chefs ist Stanislaw Dziwisz, den der Papst aus Dank für seine Dienste im März 1998 zum Bischof weihte, so etwas wie sein Sohn. Ich habe beobachten dürfen, wie sich dieses Vater-Sohn-Verhältnis über viele Jahre hinweg entwickelte. Es war nicht immer einfach für Don Stanislaw: Der Papst hat einen eisernen Willen. Immer härter kämpfte er mit aller Kraft gegen die Schwäche seines verfallenden Körpers an, und gleichzeitig wurde ihm klar, dass es ohne Don Stanislaw an seiner Seite nicht mehr ging: So oft habe ich gesehen, wie er versuchte, sich aus eigener Kraft aus dem Sessel zu erheben oder ohne Hilfe eine Flugzeugtreppe hinabzusteigen, und wie er Don Stanislaw anmeckerte, nur weil er ihm helfen wollte.

Don Stanislaw Dziwisz' Aufgaben sind überaus vielfältig. Er ist nicht nur die rechte Hand des Papstes. Er hat zum Beispiel auch den seltsamen Job, die ungezählten Mütter zu kontrollieren, die in den Jahren seit 1978 versucht haben, ihre Kinder zum Papst zu reichen, damit er sie segne. Der Papst liebt Kinder und segnet sie, wann immer ihm ein Kind gebracht wird. Das spricht sich natürlich herum. Mit einer erstaunlichen Rücksichtslosigkeit drängen sich Mütter mit Neugeborenen durch die Menge bis nach vorn, möglichst nah an den Papst, und halten dann das brüllende Baby, so weit es geht, in die Richtung von Johannes Paul II.

Don Stanislaw hat ein Auge darauf. Und sobald er Babys sieht, die in verzweifelter Lage über die Köpfe der dicht gedrängten Menschen gereicht werden, lässt er sie wie reifes Obst von den Wachmannschaften des Vatikans einsammeln und zum Papst bringen, der geduldig ein Kind nach dem anderen segnet, so dass eine glückliche Mutter für den Rest ihrer Tage das beruhigende Gefühl haben kann, dass ihr Kind durch den Segen des Vikars Jesu Christi vor dem Unheil der Welt geschützt sein wird.

Dziwisz ist aber auch der Mann, der die vorbereitete Rede des Papstes dabeihat. Ich habe später viele tausend Mal gesehen, wie Don Dziwisz in einer Kirche, vor einem Parlament oder bei den Vereinten Nationen seine schwarze Ledertasche aufmachte und den Text der Predigt oder die Rede des Papstes herausfischte. Jedes Mal hatte ich vorher gedacht: »Heute hat er ihn vielleicht vergessen. Heute ist die Tasche leer. Gleich wird er bestürzt und entsetzt zum Papst schauen und ihm sagen: »Heiligkeit, um Gottes willen, ich habe den Text im Vatikan vergessen.« Was dann? Doch es ist kein einziges Mal passiert. In der Ledertasche war immer der Text.

Außer Don Dziwisz gibt es noch einen Menschen, eine Ordensfrau, die für den Papst unverzichtbar wurde. Sie ist so etwas wie seine Haushälterin und Privatsekretärin. Sie achtet darauf, dass der Papst rechtzeitig auf Briefe alter Freunde antwortet, und sie ist während der Reisen für das komplizierte, knitterfreie Outfit des Papstes verantwortlich. Sie heißt Schwester Tobiana. Sie ist Polin wie ihr Chef und wie Dziwisz und ebenso lange im Dienst wie er. Jedes Mal, wenn ich sie sehe, stelle ich mir vor, dass sie von einem rätselhaften Schutzschild, einer unsichtbaren Glasglocke umgeben sein muss. Schwester Tobiana sieht auch im größten Chaos, wenn es während einer Papstmesse in Nigeria zu einer Massenschlägerei kommt, wenn Soldaten in die Luft schießen, wenn die Menge den Papst und die Begleiter zu überrennen droht, vollkommen regungslos zu. Sie zupft höchstens an ihrer schwarzen Haube und gleitet ansonsten wie ein unantastbares Wesen durch die Welt. Ich kann mich an Momente erinnern, in denen die Sicherheitskräfte irgendwo auf der Welt versagten und Menschenmassen sich wild um den Papst drängten und ihn fast umrissen, so auch bei dem historischen Besuch am 6. Mai 2001 in der Omajjadenmoschee von Damaskus. Damals ging ein Vatikan-Mitarbeiter zu Boden, erlitt Verletzungen und blutete stark am Kopf. Da zerknitterten die teuersten Anzüge. Da wurden Kardinalsroben eingerissen. Nur Schwester Tobiana ging aus der Rangelei knitterfrei hervor, als wäre sie gar nicht berührt worden. Vielleicht stelle ich mir auch nur deshalb vor, sie stünde unter einem rätselhaften Schutz, weil Schwester Tobianas Haut von einem geheimnisvollen Weiß ist. Obwohl sie während der Papstreisen nach Mexiko oder Brasilien, nach Indien und an die Elfenbeinküste dabei war, habe ich noch nie auch nur den geringsten Anflug von Bräune in ihrem Gesicht erkennen können. Schwester Tobiana geht in der Delegation des Papstes mit der gleichen Haltung und Selbstverständlichkeit durch einen Slum in Südamerika, an dessen Rand sich gerade Drogenbanden ein Feuergefecht liefern, wie durch den Rosengarten ihres Klosters in Polen.

In Rom erteilt Schwester Tobiana auch die Einladungen zu den Frühmessen des Papstes in der Privatkapelle. Sie empfängt gegen 5.30 Uhr die auserwählten Besucher und begleitet sie in die Kapelle, in der der Papst bis vor wenigen Jahren noch jeden Morgen auf dem Boden ausgestreckt, vor dem Altar liegend, zu seinem Gott betete. Währendessen knurrten den Besuchern, die aus Respekt vor der Tradition nüchtern gekommen waren, laut und deutlich die leeren Mägen.

Als ich selber einmal dort war, wunderte ich mich vor allem darüber, wie sehr es im Apartment des Papstes nach kaltem Rauch stinkt. Viele seiner Mitarbeiter rauchen Kette. Sein langjähriger Reisemarschall, Kardinal Roberto Tucci, der Radio-Vatikan-Chef, der alle Auslandsreisen organisierte, und auch der persönliche Fotograf Arturo Mari rauchen ohne Unterlass. Ich kann mir gut das tadelnde Gesicht Schwester Tobianas vorstellen, die ein weiteres Mal die Fenster öffnen muss, um die päpstlichen Gemächer zu lüften. Sie ist der unsichtbare Schatten des Papstes, aber auch sie geriet in diesem Sommer an ihre Grenzen. Sie übersah, dass das Badezimmer für den betagten Papst nicht sicher genug war. Er stürzte am Abend des 11. Juni und erlitt eine Verletzung am Kopf. Er hatte ein Mammut-Programm durchgesetzt und musste einen hohen Preis dafür bezahlen. Ich selbst war damals nicht einmal halb so alt wie der Papst, aber ich musste mir auf der Reise eine Fertigkeit zulegen: Ich lernte, in jeder denkbaren Position und zu jeder denkbaren Uhrzeit des Tages ein Nickerchen zu halten. Das Programm der Tage war so voll gepackt, dass ich selten mehr als vier Stunden Schlaf pro Nacht bekam. Ich erinnere mich daran, wieder und wieder schlaftrunken aufgestanden zu sein, mich mit einer gewissen Mühe in einen ansehnlichen Begleiter seiner Heiligkeit verwandelt zu haben, um dann mit dem Fahrstuhl in die Halle eines Hotels hinunterzufahren, um dort immer wieder eine entsetzliche Entdeckung zu machen: Die Frühstücksräume waren noch geschlossen, wenn der Tross der päpstlichen Begleiter aufbrach. Es gibt wenige Reisende, die um 4.30 Uhr frühstücken wollen. Ich bin unzählige Male mit dem einzigen Wunsch nach einem anständigen, starken Kaffee in den Bus des Papst-Pools gestiegen und hatte nur den Geschmack von Zahnpasta im Mund.

Die Tage glichen sich: morgens sehr früh abfahren zum Flughafen, mit dem Hubschrauber an den Ort der ersten großen Messfeier fliegen. Bericht erstatten über eine Menschenmenge, die völlig außer Rand und Band geriet, von denen jeder Einzelne eine Lebensgeschichte hatte, die ihn irgendwie mit dem Papst verband. All diese Menschen erinnerten sich genau daran, was sie an dem bestimmten Abend getan hatten, dem 16. Oktober 1978, als die Nachricht im Radio verlesen wurde, dass ein Pole zum Papst gewählt worden war, zum ersten nichtitalienischen Papst seit dem Tod des Flamen Hadrian VI. im Jahr 1523.

Alle diese Menschen erinnerten sich auch, was sie in den Nächten des Winters 1981 getan hatten, während des Putsches General Wojchiech Jaruzelskis, als viele den Einmarsch der Sowjetarmee befürchteten und ein Blutbad wie damals im August 1968 in Prag.

Wir Journalisten wurden wie der Papst mit Hubschraubern von Veranstaltungsort zu Veranstaltungsort gebracht, und es war ein seltsames Erlebnis, die Menschenmassen aus der Luft zu sehen: Schon von weitem erkannte man diesen ungewöhnlichen bunten Teppich aus stecknadelgroßen Menschenleibern, die sich wie ein Strom zwischen Häusern und Wiesen ergossen. Viele der Menschen warteten schon seit Stunden auf den Papst: Wenn sie dann endlich das Dröhnen eines Hubschraubers hörten, glaubten viele natürlich, dass er jetzt darin säße. So winkten Hunderttausende Menschen zu Unrecht einem Häuflein Journalisten zu. Kaum war der Hubschrauber gelandet, schwenkten die Menschen immer weiter ihre Fähnchen, auch nachdem sie begriffen hatten, dass der Hubschrauber gar nicht den Papst gebracht hatte. Sie konnten endlich diese ganze Energie loswerden, ihrem Wunsch nachkommen, ihre Willkommensgrüsse loszuschreien. Junge Frauen und Männer lotsten mich dann so schnell wie möglich vom Landeplatz weg, durch den Korridor, über den in einer Stunde der Papst rollen würde, zu meinem Arbeitsplatz in die Nähe des Altars.

Alle Organisatoren von Massenmessen des Papstes haben mit diesem Korridor das gleiche Problem: Wenn Hunderttausende zusammengeströmt sind, muss eine Strecke freigehalten werden, durch die der Papst in seinem Papamobil den Altar erreichen kann. Es darf auf keinen Fall passieren, dass überschwänglich begeisterte Gläubige über die Absperrungen klettern und den Korridor blockieren. Sollte das Papamobil in den Menschenmassen stecken bleiben und nicht mehr vor- oder zurückfahren können, wäre der Papst ein leichtes Ziel für Attentäter, die versuchen könnten, das Auto zu stürmen. Als oberstes Gebot gilt: Das Papamobil muss immer weiterfahren. Egal, was passiert. Nicht zu schnell, damit der Papst die Menschen segnen kann. Aber es darf auf keinen Fall stehen bleiben, bevor der Papst in Sicherheit am Altar ist. Es ist überall auf der Welt schwierig, diesen Korridor freizuhalten, weil es überall auf der Welt Menschen gibt, die alles tun, um den Papst besser sehen zu können. Sie überklettern Absperrungen und verstopfen den Weg. Dabei haben sie kein schlechtes Gewissen und kein Gespür dafür, dass sie den Papst damit in akute Gefahr bringen. In vielen Ländern, vor allem in der Dritten Welt, nehmen Gläubige tagelange Fußmärsche auf sich, riskieren ihr Leben auf wackligen Fähren und in uralten Bussen, campieren tagelang draußen, um einmal in ihrem Leben den Papst sehen zu dürfen. Wenn er dann tatsächlich kommt, versuchen sie, wenigstens das Auto zu berühren, um daheim erzählen zu können, dass sie, wenn auch nur für einen Augenblick, mit dem Papst in direkter Verbindung standen.

Besonders Ordensleute und Priester in Afrika oder Asien, die wissen, dass sie nur einmal in ihrem Leben den Papst aus solcher Nähe sehen werden, sind bereit, erhebliche Risiken einzugehen, um dem Heiligen Vater so nahe wie möglich zu sein. Sie lassen sich weder von der Polizei noch vom vatikanischen Sicherheitsdienst aufhalten, sondern versuchen mit bestem Gewissen, das Papamobil zu erreichen. Manchmal sehen auch Mütter ihre Kinder, die sie im Gedränge verloren haben, auf der anderen Seite des Korridors. Sie lassen sich durch nichts davon abbringen, über die Absperrungen zu ihren Kindern zu klettern. In fast allen Ländern praktiziert die Polizei daher das gleiche, ziemlich gefährliche Verfahren: Zunächst versuchen die Polizisten an den zum Teil kilometerlangen Strecken, die durch die Massen bis zum Altar führen, dafür zu sorgen, dass wirklich alle Menschen hinter den Absperrungen bleiben. Dann fahren relativ langsame Polizeiautos durch den Korridor und versuchen, ihn tatsächlich frei zu bekommen. Wer es gewagt hat, die Absperrungen zu überklettern, wird mehr oder weniger höflich gebeten, sich wieder hinter die Zäune zu stellen. Vor allem bei Welt-Jugendtagen machen sich viele einen Spaß daraus, die Polizei auf diese Art und Weise zu provozieren.

Wenn der Korridor dann relativ frei ist, erscheinen Motorräder mit ziemlich hoher Geschwindigkeit, die mit lauten Sirenen versuchen, jeden zu warnen, der es versuchen sollte, jetzt noch den Korridor zu betreten. Ihnen folgt ein schnell fahrendes Auto. Wer es jetzt wagt, den Korridor zu betreten, riskiert bereits, überfahren zu werden. Dann kommt ein weiterer, etwas schnellerer Wagen, und schließlich rast ein Auto durch den Korridor und fegt ihn regelrecht frei: Erst jetzt folgt der Wagen des Papstes.

Es ist schwer, sich einer sehr großen Menge jubelnder Menschen zu entziehen. Wenn es mehr als 200 000 sind, wird das fast unmöglich. Während des Friedensgebets in Assisi, zu dem der Papst viele Religionen geladen hatte, konnte ich einmal gut beobachten, was enthusiastische Menschen auslösen können: Viele zehntausend schrien damals vor Freude, als der Papst sich langsam auf den Vorplatz der Basilika zubewegte. Vor ihm zogen ein paar Arbeiter noch einen Zaun: Ihnen galt der gewaltige Applaus überhaupt nicht, dennoch brachen diese Männer vor Rührung in Tränen aus.

Ich misstraue jedem, der behauptet, dass Massen, die frenetisch jubeln, ihn ungerührt lassen. Es ist unmöglich, auf einer langen Reise mit jemandem, der überall enthusiastisch gefeiert wird, neutral zu bleiben. Irgendwann summt man all diese Jubellieder mit, klopft man zusammen mit Hunderttausenden den Takt zu dem Spruch: »Sto lat. Sto lat. Sto lat! Hundert Jahre sollst du leben!« Das ist nicht richtig, aber unvermeidlich. Man muss sich darüber klar werden, dass niemand eine Distanz zu solchen Volksfesten aufrecht halten kann. Wenn 500 000 Menschen plötzlich den Mann sehen, auf den sie seit Stunden gewartet haben, dann entlädt sich eine so gewaltige Energie, dass sie die Luft erzittern lässt. Es ist in einer solchen Atmosphäre für einen Journalisten sehr schwer, objektiv zu bleiben. Massen reißen auch Reporter in ihrer Begeisterung mit. Ein Bad in der Menge wie in Polen schafft unwillkürlich Sympathien für den Mann, der sich alt und krank voranschleppt, um bis zum Schluss seinem Herrn zu dienen. Ich fragte mich, ob mich einfach dieser maßlose Jubel infiziert hatte. War er der Auslöser dafür gewesen, dass ich den Papst plötzlich als einen Mann ansah, der im Kontakt mit Gott stand, der ihn entsandt hatte wie einst Abraham?

Nach der ersten Messe gab es eine Mittagspause. Es war heiß, und ich wünschte mir etwas Leichtes, Frisches für meinen noch nüchternen Magen: Salat, vielleicht ein wenig gegrillten Fisch mit einem Hauch Olivenöl, wie ich ihn in Italien überall bekommen hätte. Stattdessen gab es in Polen tagtäglich Berge von Kartoffelsalat, der in Majonäse schwamm, und Schweinekoteletts mit triefendem Fettrand. Ich erinnere mich, dass ich mich nach einem solchen Mahl an einen Baum lehnte, einschlief, abrutschte und unter dem Baum weiterschlief, bis mich ein Polizist weckte, weil wir weiterfliegen mussten. Ich war während dieser Marathonreise so kaputt, dass ich meine Angst vor dem Hubschrauber vergaß. Ein blendend gelaunter polnischer Pilot, der zwischendurch gern einmal ein Bier trank, flog uns mit einem alten Armeehubschrauber kreuz und quer durch Polen. Er hatte einen seltsamen Sinn für Humor. Er setzte einen Priester an den Steuerknüppel, als der Helikopter über dessen Heimatort schwebte und wollte selber aus der Kabine des Helikopters gehen. Der Priester schrie vor Angst, ich auch. Aber nichts machte mich so nervös wie die Tatsache, dass der Co-Pilot im fliegenden Helikopter hoch in der Luft ständig mit einem Werkzeugkasten herumhantierte, irgendwelche Apparate reparierte und sich darüber beklagte, dass die Russen seit langem keine Ersatzteile mehr geliefert hatten. Nach ein paar Tagen war ich einfach zu müde, um noch Angst zu haben. An einen

Abend erinnere ich mich ganz genau: Ich weiß noch, dass es ein Rückflug nach Warschau war und dass die Piloten vor dem Abflug darüber diskutiert hatten, ob die Schlechtwetterfront nicht schon zu nahe wäre. Der Papst musste jedoch abends wieder in Warschau sein. Also hoben die Hubschrauber trotzdem ab. Wir flogen mitten in eine Gewitterfront hinein. Blitze zuckten durch die schwarzen Wolken, der Helikopter schlingerte, als löse sich die Kabine von den Rotorblättern, und ich sah in meiner Phantasie die Rotoren weiterfliegen, während die Kabine nach unten stürzte. Vor uns taumelte der weiße Helikopter des Papstes durch die Luft. Unsere Ausrüstung, Kameras, Computer, Satellitentelefone – alles flog durcheinander. Aber nichts ängstigte mich so sehr wie das entsetzte Gesicht des sonst doch immer so gut gelaunten Piloten, der uns zurief, er müsse sich auf eine Notlandung vorbereiten. Irgendwie brachte er den Helikopter durch das Unwetter aber doch nach Warschau. Wenn ich in Rom den amerikanischen Kollegen wiedertreffe, der damals mit mir in diesem Helikopter geflogen ist, dann lädt er mich immer zu einem Drink ein und sagt: »Auf dass wir nie wieder mit polnischen Hubschraubern fliegen müssen!«

Die Zeitpläne gerieten nicht nur wegen des Wetters aus den Fugen. Dem Papst fiel immer noch etwas Außerplanmäßiges ein. Er weihte noch schnell ein Krankenhaus ein oder besuchte spontan eine Gedenkstätte. Dann folgte der Nachmittags-Gottesdienst in der nächsten Stadt: Wieder 500 000 jubelnde Menschen, die alle eine Geschichte zu erzählen hatten. Irgendwann um 22 Uhr war man zurück auf einem Hotelzimmer, musste die Texte für den nächsten Tag schreiben, hatte Zeit, sich zu duschen, ein paar salzige Nüsse aus der alkoholfreien Mini-Bar zu essen und ins Bett zu fallen, um dann für ein paar Augenblicke darüber nachzudenken, wer dieser Mann eigentlich war und was das für ein Gott sein konnte, in dessen Namen er kreuz und quer durch Polen hetzte.

Am nächsten Morgen hatte ich ein irdischeres Problem: Der

Wäscheservice kam nicht, und ich besaß kein einziges sauberes Hemd mehr. Ich zog das am wenigsten zerknitterte an. Einen Koffer für eine so lange Papstreise zu packen bedarf der vollen Konzentration, und ich hatte mich nicht richtig konzentriert. Wenn man zwei Wochen lang täglich neben einem Papst, einem Ministerpräsidenten, einem Staatspräsidenten oder irgendwelchen anderen Repräsentanten stehen muss, braucht man Unmengen frischer Wäsche. Ich brauchte mindestens zwei gebügelte und gestärkte Hemden pro Tag und eine Reihe möglichst unauffälliger dunkelgrauer Anzüge. Der Vatikan erwartet keineswegs, dass die Begleiter des Papstes modisch aussehen. Die Kleidung soll dem Ereignis angemessen sein: Am besten kommen Anzüge an, die so durchschnittlich und langweilig sind, dass sie bei keiner Zeremonie auffallen. In einem solchen Anzug verschwindet man gewissermaßen: Das dunkelgraue Tuch macht unsichtbar. Man geht unter in der Menge anderer dunkelgrauer Anzüge, die in der Nähe des päpstlichen Altars stehen. Für Frauen ist das Ganze etwas komplizierter, obwohl sich seit geraumer Zeit ein außerordentlich konservativer Hosenanzug durchgesetzt hat, der die Trägerin ebenfalls verschwinden lässt. Wer sich nicht an die Vorschriften zur Bekleidung hält, kann erheblichen Ärger bekommen. Kollegen, die in zu hellen Anzügen an päpstlichen Zeremonien teilnehmen wollten, wurden häufig fortgeschickt, um sich umzuziehen. Verstöße gegen den Dress-Code können sich nur echte Stars leisten. Es gibt ein paar Zeitungen, Nachrichtenagenturen und Fernsehstationen auf der Welt, die der Vatikan im Gefolge des Papstes einfach mitnehmen muss: Die Kollegen zeigen ihre Sonderstellung gern dadurch, dass sie als Einzige wagen, geblümte Hemden oder Cordhosen zu tragen, was alle anderen schwer erbost.

Ich hatte ein schmuddeliges Hemd an, als der Papst am 10. Juni das polnische Parlament besuchte. Es war der erwartete Tag des Triumphs, die US-Fernsehgesellschaften übertrugen das Ereignis live, ein sehr seltenes Ereignis in den USA. Der Papst sollte im

Parlament aber nicht nur die Politiker seines Landes treffen, sondern auch die Oberhäupter der anderen Religionsgemeinschaften, die in Polen vertreten sind. Johannes Paul II. war noch ganz in Gedanken versunken, noch ganz unter dem Eindruck des Treffens mit den Parlamentariern, als Rabbiner Menachem Pinchas Joskowicz, der Oberrabbiner Polens, der noch 48 Stunden Amtszeit vor sich hatte, plötzlich auf ihn zuschoss. Er schnauzte den Papst an: »Karol, du bist unverantwortlich! Sorg dafür, dass dein Kreuz aus Auschwitz verschwindet! Ich kann die Schreie der Kinder nicht vergessen, ich kann die letzten Gebete der armen Menschen nicht vergessen, bevor sie ermordet wurden. Denn ich habe das alles mit eigenen Augen gesehen. Es ist das Volk Israel gewesen, das dort abgeschlachtet wurde, also schaff dein Kreuz da weg!«

Niemand hatte in der langen Amtszeit des Papstes je gewagt, das Oberhaupt der Katholiken derartig anzufahren und einfach zu duzen. Der Papst war sichtlich erschüttert: Vor ihm stand schließlich nicht ein unbesonnener junger Mann, sondern ein betagter Würdenträger, ein Rabbiner, der die letzten beiden Tage seiner Amtszeit ausübte. Ein Mann, der Auschwitz überlebt hatte. Das christliche Polen hatte die Vernichtungslager in nationale Gedenkstätten umgewandelt und in den Hintergrund treten lassen, dass in den KZs in erster Linie Juden ermordet wurden. Noch in den 80er-Jahren hatten die zahlreichen fliegenden Händler rund um Auschwitz keinen einzigen Davidstern im Angebot. Als Souvenir gab es nur christliche Symbole in jeder erdenklichen Form.

Ein Protokollbeamter schaffte den protestierenden Rabbiner schließlich weg, aber es war unübersehbar, dass das Treffen den Papst sehr nachdenklich gestimmt hatte, auch wenn der Präsident der Union der jüdischen Gemeinden Polens, Jerzy Kichler, ihn wissen ließ, dass der Wutausbruch des Oberrabbiners keineswegs die Meinung der polnischen Juden wiedergäbe. Im Gegenteil: Die polnischen Juden »schämten sich für diesen Angriff auf den Papst«, dem sie »mit größtem Respekt« begegneten, schrieb Kichler in einer Presseerklärung. Die Attacke des Oberrabbiners war von höchster Stelle verurteilt worden. Trotzdem sah ich, dass der Papst niedergeschlagen war. Ich hatte erwartet, einen Heiligen Vater zu erleben, der nach Polen gekommen war, um einen Sieg zu feiern. Stattdessen sah ich einen suchenden, leidenden, fragenden Papst: Hatte Gott ihn nach Polen gesandt, um ihm eine neue Aufgabe zu übertragen?

Journalisten dürfen sich solche Fragen nicht stellen, dachte ich. Du drehst auf dieser langen Reise noch durch. Dennoch grübelte ich immer wieder über eine Szene nach, die sich am »Umschlagplatz« abgespielt hatte. Ich wusste, bevor ich an die Gedenkstätte kam, dass vom Umschlagplatz, diesem Vorhof der Hölle, nichts mehr übrig ist. Die Mauern stehen nicht mehr, durch die Zehntausende vom Mangel im Ghetto ausgezehrte, frierende, hungernde, kranke, verängstigte Kinder, Mütter, Väter und Greise in die Viehwaggons nach Auschwitz getrieben worden waren. Was sich auf diesem Platz wirklich abgespielt hat, wird niemand jemals schildern können. Auch die wenigen überlebenden Augenzeugen sagen, dass es unmöglich ist, das ganze Ausmaß des Grauens zu beschreiben, das sich auf diesem Platz an der Stawkistraße am Rand des Warschauer Ghettos abspielte, auf dem Soldaten aus Deutschland, der Ukraine und Polen Mitmenschen wie Tiere jagten, folterten, zusammenpferchten, sie niederschossen oder in den sicheren Tod schickten.

Die neue Aufgabe

Bis zu diesem Tag im Juni 1999 hielt ich all das für Geschichte. Doch ich weiß noch ganz genau, wie ich an der Gedenkstätte des Umschlagsplatzes stand, auf den Papst wartete und neben mir plötzlich einen Mann erkannte: Marek Edelmann, den einzigen überlebenden Kommandanten des Aufstands im Warschauer Ghetto. Ich hatte sein Foto schon als Kind gesehen, in einem Buch über den Aufstand, und ich hatte es beim Surfen im Internet vor der Abreise nach Polen wiederentdeckt. Ich wagte nicht, ihn anzusprechen, obwohl das aus professioneller Sicht ein grober Fehler war. Ich gehöre zu der Nachkriegsgeneration, die sich von dem Gräuel der Nazis direkt betroffen fühlt, vielleicht, weil ich noch direkten Kontakt zu Tätern hatte. Ich kannte Männer, die sich mit ihren Taten für das Schreckensregime Adolf Hitlers brüsteten, ich wuchs in einer »Vertriebenensiedlung« auf und hatte Nachbarn, die stundenlang über den »ungerechten Ausgang« des Zweiten Weltkriegs diskutierten und über eine »Auschwitz-Lüge« sprachen. Den Tag, an dem Willy Brandt in Warschau niederkniete, erlebte ich als Ereignis im Fernsehen.

Als deutscher Journalist im internationalen Reporter-Pool in Warschau konnte ich einfach nicht umhin, mich für das, was Deutsche angerichtet haben, auf gewisse Art schuldig zu fühlen. Vor allem in der Sekunde, als ich Marek Edelmann erkannte, der während des Aufstands im Warschauer Ghetto mit kaum mehr als bloßen Händen gegen die Panzer der Nazis gekämpft hatte. Ich blieb also stumm neben Edelmann stehen. Er brach das Schweigen. Er wusste sofort, dass ich ein Deutscher war. Er sprach fließend deutsch und beschrieb schnörkellos, fast distanziert, was sich auf dem Umschlagplatz abgespielt hatte. Er schilderte die Hetzjagd auf die Schwächsten und die Schreie der Menschen, die in die Züge geprügelt wurden. Er erzählte vom Gestank, der über dem Platz hing, und von seiner Überzeugung, dass er nicht kniend, sondern aufrecht stehend sterben wollte, dass er beschlossen hatte, gegen die Deutschen zu kämpfen.

Er sagte zu mir nie »die SS«, »die Wehrmacht« oder »die Nazis«. Er sagte: »Die Deutschen.« Er erzählte, dass die Deutschen polnische Juden mit der Aussicht auf drei Kilogramm Brot auf diesen Platz gelockt hatten und dass daraufhin mehr Menschen gekommen waren, als der Hof vor den Güterwaggons fassen konnte, die in die Vernichtungslager abfuhren. Er schilderte, wie die Deutschen das Ghetto in Schutt und Asche gelegt, wie Hunderte verzweifelter, ausgemergelter Juden in Bunkern unter Schuttbergen ausgeharrt hatten, wie sie im besten Fall mit einem Molotow-Cocktail oder einer Pistole bewaffnet gewesen waren und wie SS-Männer dann irgendwann Luftlöcher und schmale Eingänge fanden, um ihre Opfer mit einem Flammenwerfer oder Gas umzubringen. Er berichtete, dass am Umschlagplatz ein kleines Krankenhaus gelegen hatte, in dem Kinder und Alte sich selbst überlassen worden waren, und dass barmherzige Ärzte fiebrigen Kindern Wasser mit Zyankali eingeflößt hatten, um sie vor einem schlimmeren Tod zu bewahren. Edelmann, der selbst Arzt ist, erklärte mir, wie er sich durch die Abwasserkanäle gerettet und die Schreckenszeit der Deutschen überstanden hat, die seine Heimatstadt Warschau vollkommen zerstörten.

Während ich neben Edelmann auf die Ankunft des Papstes wartete, diskutierten die Vertreter der jüdischen Gemeinde auch den Vorfall, der sich kurz zuvor im Parlamentsgebäude ereignet hatte. Die Mehrheit hieß das Vorgehen des Oberrabbiners nicht gut. Er sei dem Papst respektlos begegnet, aber auch in einer Auseinandersetzung solle man den Respekt bewahren, war die mehrheitliche Meinung der Juden. Plötzlich näherte sich das Geräusch von Polizeisirenen. Die Eskorte, die den Papst zur Gedenkstätte am ehemaligen Umschlagplatz brachte, traf ein. Johannes Paul II. stieg langsam vor den weißen Mauern der Gedenkstätte des Umschlagplatzes aus dem gepanzerten Auto. Er begrüßte stumm die Vertreter der jüdischen Gemeinde, blieb vor dem Denkmal stehen und schwieg. Er verzichtete auf eine große Ansprache. Er schwieg, als sei das Schweigen die einzige Möglichkeit, auf die stumme Anklage der Mauern zu antworten, in die Namen von deportierten Kindern eingeritzt sind. Erst als die jüdische Gemeinde dem Papst Marek Edelmann vorstellte, begann Johannes Paul II. leise zu sprechen.

Edelmann und Wojtyla sahen einander lange in die Augen. Beide hatten eine Franziskanerstraße zu einem Symbol werden lassen. Der erste polnische Papst der Geschichte hatte vom Fenster des Bischofspalastes in der Franziskanerstraße in Krakau aus das Sowjetimperium herausgefordert. Marek Edelmann hatte in der Franziskanerstraße in Warschau mitten im Ghetto die SS zurückgeschlagen. Wojtyla wusste das, und er wusste auch, was Edelmann dachte. Wo sind denn die polnischen Katholiken damals gewesen? Es waren keine Christen, sondern polnische Kommunisten und Sozialisten, die den Juden im Ghetto die wenigen Waffen für ihren Aufstand beschafft hatten. Vom Ghetto ist nichts geblieben, nicht ein Haus, nicht eine Mauer, nicht einmal mehr die Ruine der Synagoge blieb stehen. Nur die Kirche des heiligen Augustin ganz in der Nähe ragte nach Kriegsende unversehrt aus dem Trümmerfeld. Das wahrscheinlich größte Verbrechen der Geschichte, der Völkermord an den Juden, hat sich vor den Augen der polnischen Katholiken vollzogen. Auch Karol Wojtyla ist ein solcher Augenzeuge.

Er betete tief in sich versunken am Umschlagplatz, bedankte sich lange für diese Gelegenheit des Zusammentreffens bei den jüdischen Gastgebern, grüßte Marek Edelmann und fuhr nach einer halben Stunde wieder ab.

Aber das Thema der Schuld der Christen gegenüber den Juden ließ ihn von diesem Augenblick an nicht mehr los. Fünf Tage später flog er mit dem Hubschrauber nach Hause, nach Wadowice. Es war eine wehmütige Heimkehr, denn zum ersten Mal konnte er nicht mehr durch die Straßen seines Geburtsortes spazieren, weil er zu schwach war. Er saß an einen Stuhl gefesselt vor einer ausgelassenen Menschenmenge, die ihn hochleben ließ. Johannes Paul II. blickte über die Menge, die augenblicklich schwieg, wenn er etwas sagen wollte, und weil sein Körper ihm nicht mehr gehorchte, ließ er seinem Geist freien Lauf. Er streifte in Gedanken durch die Stadt. Er erinnerte sich an jedes Gebäude, jede Straße. »Wisst ihr noch, wo die Bäckerei lag, in der es diese guten *Kremufki* gab?«, fragte er die Menge, und die Menschen jubelten. Ohne es zu wollen, machte der Papst in diesem Augenblick *Kremufki*, ein Creme-Gebäck, zu einem Kultkuchen in Polen. Während seines Besuchs im Jahr 2002 verbot die Polizei sogar die Produktion von *Kremufki* aus Angst, dass das »Papstgebäck« von Terroristen vergiftet werden könnte.

Karol Wojtyla erinnerte sich an jede einzelne Straße, an den Weg, den er zur Schule gegangen war, und auch an die Gasse, die zur Synagoge führte. Er erinnerte sich daran, wie er die Juden Wadowices, die vor langer Zeit aus Deutschland gekommen waren und erst langsam begonnen hatten, polnisch zu sprechen, am Sabbat mit Hüten und Gebetsriemen auf dem Weg zur Synagoge gesehen hatte. Er wusste noch, wie er als Schuljunge durch Wadowice bis zum Sportplatz gelaufen war, wo seine Mannschaft stürmte, in der viele jüdische Kinder spielten, während Torwart Karol Wojtyla versuchte, den Kasten sauber zu halten. Er erinnerte sich an seinen Freund, den Juden Jerzy Kluger, mit dem ihn eine lebenslange Freundschaft verband. Johannes Paul II. erinnerte sich an jedes einzelne Geschäft, an den Schneider, den Metzger und den Kaufladen. Als die Zeremonie dem Ende entgegenging, führte man ihn noch einmal in das bescheidene Haus, in dem er geboren wurde und das gleich neben der Kirche liegt. Damals hieß die Adresse Rynek 2. Heute heißt sie Koscielna 7. Er ging noch einmal durch die beiden Räume, wie er es jedes Mal getan hatte, wenn er zurück nach Wadowice gekommen war, aber dieses Mal war etwas anders. Während man ihm gerade erklärte, dass sein Geburtshaus in ein Museum umgebaut werden würde, fragte der Papst plötzlich: »Was ist wohl aus dem Vermieter geworden? Hat er die Shoa überlebt?«

Plötzlich, nach all den Jahren, quälte ihn diese Frage. Was mochte aus diesem Juden Chaim Blaumuth wohl geworden sein, der Karol Wojtyla und seiner Frau Emilia die Wohnung in Wadowice vermietet hatte? Was war aus all diesen Blaumuths, den Blums, den Seligmanns und Hochbergs geworden? Wie sollte man sie jetzt noch um Verzeihung bitten für das, was geschehen war? Warum hatte die katholische Kirche die Juden eigentlich nie um Vergebung gebeten, hatten am Umschlagplatz Rabbiner den Papst gefragt.

Da war keine Spur zu sehen von einem Sieger, der in seine Heimat zurückkehrt. Da war ein Mann, der sich eine Frage stellte. Ich bin nicht so vermessen zu behaupten, dass erst in diesen Tagen in Polen die Entscheidung für die größte Geste dieses Papstes fiel: seinen »Kniefall« an der Klagemauer im März 2000, seine Bitte um Vergebung an das Volk Israel im Namen der katholischen Kirche. Ich weiß, dass vielmehr ein langer Prozess abgeschlossen wurde, den Papst Johannes XXIII. (1958 bis 1963) eingeleitet hatte. Ich glaube nicht, dass der Wutausbruch eines alten Oberrabbiners, das Zusammentreffen mit Marek Edelmann und die plötzliche Frage, ob jener Vermieter Chaim Blaumuth wohl die Shoa überlebt habe, den Ausschlag für die historische Geste gaben. Ich bin aber sicher, dass diese Episoden während der Polenreise dazu beigetragen haben, dass Johannes Paul II. sich mit Nachdruck um die Aussöhnung zwischen Katholiken und Juden bemüht.

Er hatte bei dem Zusammentreffen mit dem erbosten Oberrabbiner und während des Treffens auf dem Umschlagplatz erfahren, dass die Kirche sich noch viel kleiner machen musste, so klein wie damals, als sie auf Kreuze und Kerzen setzte, um gegen die Panzer des Sowjetreichs anzutreten. Angesichts der schweren Schuld der Christen gegenüber den Juden mussten die Christen jegliche Arroganz ablegen. Der Papst wusste in diesem Sommer 1999 ohne Zweifel, dass er diese Herausforderung annehmen musste, den seit 2000 Jahren erbittert ausgetragenen Konflikt beizulegen. Die erste Phase seines Pontifikates, der Kampf gegen den Totalitarismus, war mit der siebten Reise nach Polen endgültig vorbei. Der Prozess der Aussöhnung mit den Kirchen des Ostens war im vollen Gange, und der Samen für die Aussöhnung mit den Juden gesät. Johannes Paul II. hatte nach Polen kommen müssen, an den Ort der alten Triumphe, um zu erkennen, was seine neue Aufgabe war: der Frieden der Religionen.

Damals erkannte der Papst, was am 11. September 2001 für alle sichtbar wurde. Die Religionen hatten eine neue, zentrale Aufgabe: Frieden zu stiften. Die Zeit der gegenseitigen Schuldzuweisungen musste vorbei sein. Das war die Botschaft, die Johannes Paul II. in Polen beschäftigte. Er hatte eine neue Aufgabe gefunden. War das ein Ergebnis seiner Überlegungen? Oder hatte Gott ihm diesen Weg gezeigt?

5
DAS PAPAMOBIL IM STAU

Ich habe mich manchmal dafür geschämt, ein Katholik zu sein. Ich habe mich geschämt, als mir beim päpstlichen Besuch in Polen das ganze Ausmaß des Leids bewusst wurde, das Christen Juden angetan haben. Ich habe mich geschämt, als ich während der Besuche des Papstes in Südamerika begriff, wie Missionare gewütet haben, die Indios wie Tiere behandelten. Aber ich habe in dieser Zeit auch Momente erlebt, in denen ich stolz darauf war, zur katholischen Kirche zu gehören. Es hat Augenblicke gegeben, in denen ich hart mit mir ins Gericht gehen musste, weil ich nicht begriffen hatte, was vor meinen Augen geschah. Im Jahr 1999 passierte mir das öfter.

Mir war klar, dass Johannes Paul II. eine neue Aufgabe gefunden hatte, nämlich Frieden zu schaffen unter den Religionen. Der Besuch in Rumänien hatte eine erste Tür aufgestoßen, rasch danach lud der zweite orthodoxe Patriarch den Papst ein, das Oberhaupt der Kirche Georgiens. Am 5. Oktober 1999 brach Johannes Paul II. zu seiner 89. Auslandsreise auf, um die Aussöhnung mit den orthodoxen Kirchen voranzutreiben. Ein zweiter Patriarch würde an seiner Seite stehen. Langsam schien sich die Feindschaft, die fast ein Jahrtausend bestanden hatte, aufzulösen. Vor dem Treffen in Tiflis musste der Papst einen Pflichttermin in Indien wahrnehmen, und ich hatte den Eindruck, dass die eine Reise mit der anderen in keinem Zusammenhang stünde. Nach Indien musste der Papst aus einem ganz einfachen, bürokratischen Grund: Die von ihm eingeführte asiatische Kontinentalsynode ging zu Ende. Der Papst sollte das Abschlussdokument in Neu-Delhi entgegennehmen. Der Besuch in Indien schien mir unwichtig zu sein. Die Christen sind eine winzige Minderheit auf dem Subkontinent: Nur drei Prozent aller Inder glauben an Jesus. Ich hatte den Eindruck, dass die Reise mit dem großen neuen Projekt des Papstes, die getrennten christlichen Kirchen einander anzunähern, nichts zu tun hätte. Ich lag völlig falsch.

Unmittelbar nach der Landung in Neu-Delhi wurde dem Papst klar, wie wenig sich die indische Öffentlichkeit für den Nachfolger des heiligen Petrus interessiert: Am Flughafen wurde Johannes Paul II. nicht standesgemäß von einem Staatspräsidenten oder wenigstens von einem Minister empfangen. Es kam nur Ajit Panja, Staatssekretär im indischen Außenministerium. Als der päpstliche Tross den Flughafen verließ und auf die Straße rollte, um die Nuntiatur zu erreichen, traf mich der Schlag. Normalerweise werden alle Straßen, durch die der Papst in einem Gastland fährt, aus Sicherheitsgründen für den normalen Verkehr abgesperrt. Doch für die Inder war der Papst nur das Oberhaupt einer kaum bekannten Sekte: Die Polizei hatte darauf verzichtet, dem Papst den Weg freizuräumen. Das Papamobil rollte mitten durch den Feierabendverkehr der Stadt. Bauern, die ein Dromedar vor ihren Holzwagen gespannt hatten, sahen verwundert einen Mann in Weiß in einem seltsamen gläsernen Jeep über die Straße rollen. Nackte Sadhus, heilige Männer des Hinduismus, versuchten ihre Elefanten durch das Verkehrschaos zu bugsieren und schauten amüsiert auf den Wagen, aus dem ein Mann aus dem fernen Rom winkte. Der Verkehr wurde in der Nähe des Stadtzentrums am Connaught Square immer dichter, so dass der Wagen des Papstes stop-and-go fuhr. Bettler und Fakire interessierten sich für den Mann in Weiß in dem Glaswagen, klopften an die Scheibe und baten um Almosen. Ein Bus, der übermütige Schüler nach Hause brachte, stand genau vor dem Wagen des Papstes im Stau: Kinder schnitten Grimassen. Offensichtlich hatten sie keine Ahnung, wem. Ähnlich habe ich das nur einmal in St. Louis (USA) erlebt, im Januar 1999. Die Polizei hatte fein säuberlich die Innenstadt abgesperrt. Doch hinter den Absperrungen stand fast niemand. Büro-Angestellte, die zum Rauchen einer Zigarette hinunter auf die Straße gegangen waren, sahen irritiert zu, wie ein Mann in Weiß in einem gepanzerten Auto an den leeren Bürgersteigen vorbei über die Straßen von St. Louis rollte.

Auch in Indien war Johannes Paul II. in einer anderen Welt angekommen, und ich mit ihm. Wir fuhren sofort zum Pressezentrum, und ich erinnere mich an einen Mann, der im Garten mit einem Luftgewehr in der Hand Wache hielt. Ich dachte zunächst, das sei ein dummer Scherz. Vor dem Abflug des Papstes hatten extremistische Hindus und Moslems mit Attentaten gedroht, sobald der Papst indischen Boden betreten würde. Einen entschlossenen Terroristen mit einem Luftgewehr zu vertreiben, hielt ich für eine seltsame Idee. Erst als die Dämmerung eintrat und der Mann begann, mit dem Luftgewehr zu schießen, begriff ich: In dem Garten waren Tische für die Journalisten gedeckt worden. Kaum standen Nahrungsmittel darauf, kletterten Affen aus den Bäumen und klauten die Brotkörbe. Der Luftgewehr-Schütze vertrieb die Diebe.

Am ersten Tag seines Indien-Besuchs fuhr Johannes Paul II. zum Präsidentenpalast, um dem Staatspräsidenten seine Aufwartung zu machen. Eine solche Zeremonie hatte ich schon Dutzende Male erlebt, und normalerweise hat man mich in einen Polizeiwagen gesetzt, der mit heulenden Sirenen durch abgesperrte Straßen zum Palast des Präsidenten gefahren war. Am Morgen des 6. November holte mich der Fahrer eines alten Mini-Busses am Pressezentrum ab und gurkte kreuz und quer durch Neu-Delhi. Erst nachdem die Zeit langsam knapp wurde, begriff ich, was sein Problem war: Er wusste nicht genau, wo der Palast lag. »Ich bin da noch nie gewesen«, entschuldigte er sich. Er hielt ständig an und fragte alle möglichen Händler an der Straße nach dem Weg. Wir kamen zu spät an der ehemaligen Residenz des britischen Vizekönigs an. Nach dem Besuch beim Staatspräsidenten wollte der Papst als Geste der Wertschätzung für die Einladung nach Indien zu dem Platz gehen, an dem die Leiche Mohandas Karamchand Gandhis verbrannt worden war, den im Jahr 1947 ein hinduistischer Fanatiker getötet hatte. Gandhi war unter dem ehrenvollen Namen Mahatma bekannt geworden, was »große Seele« heißt.

Ich war eingeteilt für den Pool an diesem Tag und erinnere mich an die absurden Einzelheiten vor dem Treffen: Der Papst musste, um an den Ort der Verbrennung zu gelangen, seine Schuhe ausziehen und Sandalen überstreifen. Für einen so schwachen, damals 79-jährigen Mann war das kein einfaches Unterfangen. Die Kameras der meisten Medien bereiteten sich auf diesen Moment vor, und es war völlig klar, dass die Zeitungen und Nachrichtensendungen der Welt diese Bilder bekommen und veröffentlichen würden, auf denen zu sehen war, wie der Papst vor einem mit bunten Blumen geschmückten Ort im fernen Indien die Schuhe auszog. Das Verlangen der Medien, interessante Bilder zu bekommen, schien den Besuch an dieser Gedenkstätte auf diesen einen Augenblick zu reduzieren, in dem der Papst barfuß ging. Das Bild wollte keiner verpassen. Niemand hielt das Ereignis inhaltlich für wichtig. Der Papst würde nach der Sitte Indiens an der Gedenkstätte Blütenblätter verstreuen und wieder gehen. Das war es. Ich gebe zu, dass ich auch nichts Interessantes erwartete, als ich im grauen Anzug unter der sengenden Sonne an dem Begräbnisplatz stand und wartete und wartete und wartete. Sicher hätte ich weit mehr Interesse für die Zeremonie aufgebracht, wenn ich nicht, wie meistens während päpstlicher Reisen, stocksauer gewesen wäre. Ich befand mich in einer der interessantesten Städte Asiens, in die man wirklich nicht jeden Tag kam. Aber ich würde von Indien außer dem bunkerähnlichen Pressezentrum, einem Stadion, in dem der Papst eine Messe lesen würde, und der Kathedrale des heiligen Herzens von Neu-Delhi nichts zu sehen bekommen. Der Zeitplan im Reise-Programmheft war wie immer zu eng. Ich erinnere mich, dass ich mehr oder weniger gelangweilt an einer weißen Mauer der Gedenkstätte lehnte und mir ausmalte, wie viele Blumen daran hatten glauben müssen, damit all diese Blüten auf den Stein gestreut werden konnten, auf dem man die Leiche Mahatma Gandhis verbrannt hatte, als mich eine alte Inderin in einem Sari auf Englisch ansprach: »Es muss ein großer Moment für euch Christen sein, dass der Papst hierher kommt. Richtig?«

Es gereicht mir nicht gerade zur Ehre, was ich damals dachte. Ich dachte: »Sie arme Frau, Sie verstehen nichts. Diesen ganzen Medien-Leuten hier ist es zutiefst egal, was der Papst macht. Er könnte den Kameramännern nur einen echten Gefallen tun: stolpern. Das Bild würde sofort um die ganze Welt gehen.«

»Ja, es ist schön, dass der Papst hier ist«, sagte ich lahm.

»Ihr bewundert ihn, wie wir Gandhi bewundert haben, nicht wahr?«

»Vielleicht«, sagte ich unverbindlich.

Sie blickte mich nachdenklich an und sagte dann: »Ich kannte Gandhi noch, wissen Sie? Ich habe ihn an seiner Spindel gesehen, wie er einen Faden drehte, um seine Kleider zu weben.«

»Ach, wirklich?«, antwortete ich.

»Ja, die indische Regierung hat mich gebeten, heute hierher zu kommen. Als Zeugin, verstehen Sie?«

»Interessant«, sagte ich.

Sie machte ein lange Pause, dann sagte sie: »Wissen Sie, Gandhi hatte nichts. Er hatte nur zwei leere Hände und seinen hinduistischen Glauben. Aber das große britische Empire, mit seinen Kanonenbooten und Armeen, hat gegen seine leeren Hände nichts vermocht. Sie haben gegen einen kleinen gläubigen Hindu nichts ausrichten können. Für mich war es wie ein Stromschlag, als ich von diesem Papst erfuhr: Als ich zum ersten Mal hörte, dass er auch nichts hatte außer seiner Bibel. Er hatte auch keine Armeen. Er hatte nur zwei leere Hände wie Gandhi, und die Russen haben nichts gegen ihn vermocht. Ist die Größe des Göttlichen nicht unglaublich?«

Ich war wie vom Donner gerührt. »Aber Gandhi war ein Hindu«, sagte ich.

Sie lachte. »Ich bin auch Hindu«, sagte sie »und wissen Sie, seit wann ich weiß, dass wir alle Schwestern und Brüder sind, Hindus und Christen und Moslems und Juden, dass wir alle erstaunt sind vor der Größe der Schöpfung und gerührt durch die Würde des Menschen?« Sie machte eine Pause. »Ich weiß das, seitdem ich die Bergpredigt des Jesus von Nazareth gelesen habe. Das kennen sie doch sicher: ›Selig sind die, die Frieden stiften‹ und so weiter.«

»Ja, ich kenne das. Aber warum haben Sie denn die Bergpredigt gelesen«?

»Wussten Sie das nicht?«, fragte sie erstaunt. »Wissen Sie nicht, dass Mahatma Gandhi gesagt hat: Die Bergpredigt des Jesus von Nazareth ist die Grundlage einer jeden Ethik? Jedes Urteil über Gut und Böse geht von diesen Worten aus, die ein Zimmermannssohn am See Genezareth gesagt hat, wo immer das auch in Israel sein mag.«

»Nein, ich wusste das nicht«, sagte ich. Die Frau lächelte mich an, und ich schämte mich. Sie hatte genau das gesagt, was ich seit Monaten dachte und nicht in Worte zu fassen wusste. Das war die neue Aufgabe des Papstes, deswegen war er wieder so stark nach dem Sieg über das Sowjetreich. Die Achtung vor dem unbestreitbar Guten, die Achtung vor der Schöpfung, vor der Würde des Menschen lag in vielen Religionen. Es war jetzt Zeit, Frieden zu schließen.

Gerade in Indien zeigte sich dem Papst aber deutlich, dass die Aussöhnung der Religionen ein langer, schmerzhafter Prozess ist. In den Jahrtausenden, die seit der Stiftung der wichtigsten Religionen vergangen sind, prägte vor allem Verachtung die Beziehungen. Religionen trugen dazu bei, Konflikte zu verschärfen, statt sie zu entschärfen. Häufig lösten die Religionen selber Konflikte aus. Die Kreuzzüge sind ein trauriges Beispiel dafür. Johannes Paul II. hatte aber erkannt, dass die Religionen beginnen mussten, eine einzigartige Chance zu nutzen: Frieden zu schaffen, wo die Politik versagte. Religionen sollten versuchen, sich auf einen gemeinsamen Nenner zu einigen, vor allem auf den Verzicht von Gewalt. Johannes Paul II. begann damals davon zu träumen, dass sich die Anführer aller großen Weltreligionen zu dem Grundsatz bekennen würden, im Namen Gottes keine Gewalt auszuüben. Ausnahmslos.

Wie schwierig das ist, erfuhr der Papst an seinem zweiten Tag in Neu-Delhi. Mehr als 30 000 Menschen waren in das Nehru-Stadion geströmt, um Johannes Paul II. zu feiern. Für Neu-Delhi sind 30 000 Menschen keine Masse. Die Stadt nahm den Gottesdienst kaum wahr. Die Organisatoren der Stadtverwaltung machten sich nicht die Mühe, den Papstbesuch vorzubereiten. So fuhr Johannes Paul II. an enormen Postern vorbei, die für »Schwangerschaftsabbrüche für 50 Dollar« warben. In katholischen Ländern wie Polen wird selbst relativ züchtige Werbung für warme Unterwäsche an den Straßen verhängt, über die der Papst fährt. An den indischen Wegrändern protestierten einige aufgebrachte Hindus und Moslems gegen den Papstbesuch. Papier-Puppen, die den Papst darstellen sollten, gingen in Flammen auf. In den Medien hatten die drei wichtigsten Gurus des Hinduismus ebenso wie moslemische Geistliche erklärt, der Papst müsse vor allem klarstellen, dass Indien kein Land der Mission sei. Dem Vatikan wurde hauptsächlich vorgeworfen, Hindus und Moslems mit Geld zu bestechen, um sie zum christlichen Glauben zu bekehren. Der Vorwurf war ungerecht, enthielt aber einen wahren Kern: In Indien gehören die Christen, wie in vielen anderen Ländern der Dritten Welt auch, zur Oberschicht. In einigen Regionen Indiens, vor allem in Kerala, unterhalten zahlreiche katholische Gemeinden ausgezeichnete Schulen. Wohlhabende Moslems bitten häufig darum, ihre Kinder auf diese Schulen schicken zu dürfen, was auch gestattet wird. Häufig nehmen diese Kinder dann einen christlichen Glauben an. Viele Eltern nehmen in Kauf, dass ihre

Kinder die Religion wechseln: Sie wollen vor allem eine möglichst gute Ausbildung für ihre Sprösslinge. Moslemische Geistliche sehen solche »Bekehrungen« aber sehr ungern. So entsteht der Vorwurf der Seelenräuberei, des Proselytismus. Die katholische Kirche gerät so in einen schweren Konflikt: Ihr Gründer, Jesus Christus, hat seine Jünger dazu verpflichtet, in alle Welt hinauszugehen und sein Wort zu verkünden. »Wie du mich in die Welt gesandt hast, so habe auch ich sie in die Welt gesandt.« (Johannes, 17,18)

Andere Religionen sehen dieses Sendungsbewusstsein mit Skepsis. In Israel und vielen arabischen Staaten ist der Versuch religiöser Bekehrungen strafbar. Das Judentum hingegen ist das Gegenteil einer Bekehrungsreligion: Es ist sehr schwierig, Jude zu werden. Traditionell lehnen Rabbiner Menschen, die Juden werden wollen, zunächst dreimal ab. In Indien kommt noch eine Schwierigkeit hinzu, auf die der Papst während der Messfeier im Stadion auch ausführlich einging: Das Kastensystem. Für sogenannte Unberührbare, die unterste Stufe des hinduistischen Kastensystems, bedeutet der Übertritt zur christlichen Religion eine Chance, ihr Leben deutlich zu verbessern. Vor Christus sind alle Menschen gleich. Eine diskriminierende Ordnung, die der Geburt folgt, gibt es nicht. Alle Menschen sind gleich geboren. Während der Messe in Neu-Delhi betonte der Papst das erneut. Hinduistische Gurus warfen ihm daraufhin vor, er habe das Kastensystem kritisiert.

Die Atmosphäre beim interreligiösen Treffen nach dem Gottesdienst war entsprechend gespannt. Die Gurus erklärten dem Papst mit großer Geduld, es wäre für ihn sehr viel besser, den Glauben an Jesus Christus aufzugeben und zum Hinduismus überzutreten. Johannes Paul II. hörte sich die Debatte ruhig an. Vor der Tür kam es unterdessen zu einem Zwischenfall: Fünf Sekunden Panik erlitt der vatikanische Sicherheitsdienst, als plötzlich ein Mann mit einem gewaltigen, rasiermesserscharfen Säbel auf den Raum zustürmte, in dem die interreligiöse

Konferenz stattfand. Zwei Beamte des vatikanischen Sicherheitsdienstes warfen sich auf den Mann, den sie für einen Attentäter hielten. Er stellte sich als ein Oberhaupt der Religion der Sikhs vor und war zu dem interreligiösen Treffen eingeladen worden. Die indischen Sicherheitsbeamten bestätigen die Identität des Mannes. Um an dem Treffen teilzunehmen, sollte er jedoch seinen Säbel ablegen, was er ablehnte, denn der Säbel sei ein Zeichen seiner religiösen Würde. Der Mann wurde auf Wunsch des Papstes mit seiner Waffe eingelassen.

Schon beim Gottesdienst in Neu-Delhi ließen sich die ersten Anzeichen des nahenden Unheils erkennen, aber ich übersah sie wie fast alle anderen auch: Es war sehr heiß gewesen, die ganzen Tage lang. Johannes Paul II. leidet unter Hitze besonders. Der Zeitunterschied und das voll gepackte Programm hatten den 79-Jährigen angegriffen. Aber im Vatikan hatte man sich daran gewöhnt, dass der alte Mann auch unter schwierigsten Bedingungen ein hartes Programm durchstehen kann. Niemand hatte daran gedacht, dass alle Faktoren, die dem Papst zu schaffen machen, in Indien zusammenkamen. Der große Zeitunterschied, die Hitze, der starke Flüssigkeitsverlust seines Körpers und vor allem sein nächstes Ziel: Georgien. Der Temperaturunterschied zwischen der tropischen Hitze in Indien und der Kälte im Kaukasus hätte einem viel jüngeren Mann arg zu schaffen gemacht. Nach dem Abflug in Neu-Delhi schien der Papst auf seltsame Weise verändert zu sein, wie abwesend.

Zehn Jahre nach dem Fall der Mauer besuchte Papst Johannes Paul II. Georgien. Die Maschine des Papstes landete nach dem Abflug in Neu-Delhi am 8. November 1999 pünktlich um 14.15 Uhr auf dem Flughafen in Tiflis. Ausgerechnet ein Außenminister des einstmals so mächtigen Sowjetreichs hieß den Papst willkommen: Eduard Amwrossijewitsch Schewardnadse. Die Geschichte hatte die Rollen vertauscht: Der Papst brauchte Schewardnadse nicht mehr. Er musste nicht mehr auf ein Minimum von Toleranz und Zusammenarbeit mit dem ehemaligen Außenminister hoffen. Er musste keine Kompromisse mehr hinnehmen, die der mürrische Kardinalstaatssekretär Agostino Casaroli damals in endlosen geduldigen Verhandlungen erreicht hatte. Der georgische Staatspräsident brauchte jetzt den Papst, um seine Öffnung zum Westen zu zeigen, und musste dankbar dafür sein, dass Johannes Paul II. in sein Land gekommen war. Schewardnadse hatte es zum ersten Sekretär der kommunistischen Jugendorganisation Komsomol gebracht und die klassische Karriere der KPdSU durchlaufen. Er gehörte der Kultur an, die über die katholische Kirche gelacht hatte. Er erlebte als Kandidat für das Zentralkomitee des Politbüros 1978 die Wahl des polnischen Papstes und bewertete das als eine Laune der Geschichte, nicht als Katastrophe wie der Parteichef der KPdSU Yuri Andropow. Er erlebte als Außenminister der Sowjetunion 1989 den Fall der Mauer. Johannes Paul II. hatte ihn bereits einmal, am 16. Mai 1997, im Vatikan empfangen und die persönliche Einladung nach Georgien erhalten.

Für den Papst war der Besuch in Georgien ein Triumph: Er kam als Sieger in ein Kerngebiet des ehemaligen Sowjetimperiums. Er wollte gleich nach seiner Ankunft an den Herbst vor zehn Jahren in Berlin erinnern. Für den Papst war es »die Hand Gottes« gewesen, die die Berliner Mauer einriss. Bei seinem Besuch in Kiew, im Juni 2001, sollte er diese Einschätzung noch einmal wiederholen.

Ich ahnte auf dem Flug von Delhi nach Georgien ebenso wenig wie alle anderen, welches Drama sich abzeichnete. Dabei hatte ich ein eindeutiges Indiz in die Hand bekommen. Ich verstand es nur nicht zu deuten. Ich hatte darum gebeten, während des Fluges mit dem Papst sprechen zu dürfen. Ich wusste natürlich ganz genau, dass er etwas Wichtigeres zu tun hatte, als mit Journalisten zu diskutieren. Er hatte einen schwierigen Besuch vor sich. Trotzdem hatte ich das Gefühl, dass er mir antworten würde, und wie sich herausstellte, zu Recht: Ich gehöre einem deutschen Verlag an, der seinen Stammsitz in Berlin hat und für dessen Gründer mit der Wiedervereinigung ein Lebensziel in Erfüllung gegangen war. Der Papst wusste das und ließ mich wissen, dass er auf meine Fragen antworten wollte. Ich hatte nur eine: Woran denken Sie zuerst, wenn Sie sich an den 9. November 1989 erinnern?

So weit war alles normal, ungewöhnlich war die Form der Antwort. Normalerweise hat der Papst überhaupt keine Berührungsängste gegenüber Journalisten, er hatte auch auf meine Fragen mehrfach länger geantwortet. Warum ging es diesmal nicht? Was war da passiert?

Ich dachte aber nicht weiter darüber nach, sondern freute mich, als man mir mündlich die Antwort des Papstes auf meine Frage überbrachte. Er sagte: »Ich erinnere mich vor allem an diese vielen Kerzen, an diese vielen, vielen Kerzen vor den Kirchen. Das hat mich mehr beeindruckt als irgendetwas sonst. Das wird für mich das Symbol dieses erstaunlichen Tages bleiben: die Kerzen vor den Kirchen.«

Als die Maschine landete, schien zunächst alles normal zu sein: Der mehrheitlich orthodoxe Staat Georgien bereitete dem römischen Papst einen feierlichen Empfang. Anders als beim ersten Besuch des Papstes in einem mehrheitlich orthodoxen Land, in Rumänien, gab es in Georgien von Anfang an nicht den geringsten Zweifel daran, dass Schewardnadse den Papstbesuch weit mehr gewünscht hatte als der Patriarch von Georgien, Seine Heiligkeit Katholikos Elias II. Die Kirche Georgiens fühlt sich eng verbunden mit Moskau. Elias II., der mit bürgerlichem Namen Heraclius Georgiewisch Schiolaschwili heißt, hatte sich 1957 zum Mönch weihen lassen und die Bischofsweihe vom Moskauer Patriarchen Alexi II., dem entschiedenen Gegner des Papstes, persönlich empfangen. Aber trotz aller Freundschaft mit Moskau bedeutete der Papstbesuch auch ein wenig Genugtuung für die lange Zeit der Unterwerfung.

Die orthodoxe Kirche Georgiens ist unabhängig von Moskau, eine sogenannte autokephale Kirche, ihre Unabhängigkeit erhielt sie wahrscheinlich schon zu Zeiten des Kaisers Zenon (471 bis 491). Seit damals darf der Patriarch Georgiens den Ehrentitel Katholikos tragen. Nachdem das Land mehrfach von Moslems besetzt worden war, gliederte die russische orthodoxe Kirche im Jahr 1817 die georgische unabhängige Kirche einfach ein. Nach der Oktoberrevolution versuchte die Kirche ihre Unabhängigkeit wieder zu erhalten, es kam zu einer heftigen Gegenreaktion, zwischen 1922 und 1923 wurden mehr als 1500 Kirchen zerstört. Einen Papst empfangen zu können, obwohl der Moskauer Patriarch Alexi II. das ausdrücklich verboten hatte, besaß für Katholikos Elia II. ohne Zweifel einen gewissen Reiz. Aber ohne den Druck Schewardnadses hätte der Patriarch die Einladung an den Papst sicher nie ausgesprochen. Trotz aller Streitereien mit Moskau überwiegt die gemeinsame Ablehnung des römischen Katholizismus schon deshalb, weil die orthodoxen Kirchen sich weit mehr einer Tradition verpflichtet fühlen, die an das Mittelalter anknüpft, während die katholische Kirche sich durch Konzile modernisierte.

Für Eduard Schewardnadse hingegen bedeutete der Besuch eine ausgezeichnete Gelegenheit, sein Land ein wenig aus der Umklammerung Moskaus zu lösen. Schewardnadse wusste ganz genau, dass sein Land aus geostrategischer Sicht gar keine andere Chance hatte, als mit Russland gute Beziehungen zu pflegen. Aber Georgien wollte auch zeigen, dass das Land unabhängig war, dass die Zeiten des Sowjetreichs vorbei waren. Tiflis nahm keine Befehle mehr aus Moskau entgegen. Die russische orthodoxe Kirche, die jahrhundertelang Georgiens Kirche unterdrückt hatte, wurde durch den Papstbesuch auf ihren Platz verwiesen: Von nun an durften in Georgien verschiedene Religionen nebeneinander existieren. Es beeindruckte Schewardnadse nicht mehr, dass der Moskauer Patriarch den Papstbesuch in Georgien einen »gewaltigen Frevel« genannt hatte. Georgien wollte sich nicht einseitig an Moskau binden, sondern versuchen, bessere Beziehungen zu der Europäischen Union und den USA aufzubauen.

Als der Papst in Tiflis aus dem Flugzeug stieg, sah ich etwas, was mich erschaudern ließ. Bischof Piero Marini war besorgt. Bischof Marini, der Zeremonienchef des Papstes, hat viele Jahre seines Lebens damit zugebracht, dem Papst zu assistieren. Er hat ihn in jeder denkbaren Situation erlebt. Selbst wenn Johannes Paul II. unter Schmerzen litt, kaum eine Messfeier durchzustehen schien, blieb Piero Marini ruhig. Der Zeremonienchef weiß genau, was der Papst sich zumuten kann und was nicht. Mein italienischer Kollege Bruno Bartoloni, der Johannes Paul II. seit seiner Wahl zum Papst beobachtet, sagte an diesem Tag zu mir: »So panisch wie heute habe ich einen Zeremonienchef bisher nur ein einziges Mal erlebt: 1981, nach dem Attentat auf dem Petersplatz.« Ich fand in der Tat, dass der Papst angegriffen aussah. Aber er hatte in jüngster Zeit oft so ausgesehen. In Tiflis war jedoch irgendetwas anders. Irgendetwas, was ein normaler Sterblicher wie ich nicht mitbekam, aber Piero Marini sehr wohl, und ich sah zum ersten Mal in meinem Leben, wie ihm die Angst ins Gesicht geschrieben stand.

Vom Flughafen fuhr der Papst mit dem Auto sofort zu einem Treffen mit dem Patriarchen in dessen Palast nach Tiflis und anschließend in die Kathedrale des Patriarchen nach Mtskheta, 26 Kilometer nordwestlich von Tiflis, in die alte Hauptstadt Georgiens. In der Kirche, die in den Jahren 1010 bis 1029 auf den Überresten einer Kirche aus dem vierten Jahrhundert erbaut wurde, wird nach der Tradition die Tunika Jesu Christi aufbewahrt. Ich erinnere mich ganz genau an diesen Nachmittag. Es war kalt, es war sogar sehr kalt, und für jemanden, der gerade aus Indien kam, war es nahezu unerträglich kalt. Die Zeitumstellung und das ungewohnte Essen machten es nicht leichter. Ich stand in der Kathedrale und schlotterte.

Als der Papst in die Kirche kam, dachte ich: »Er stirbt!« Ich habe ihn nie wieder in einem solchen Zustand gesehen. Er hatte seinen alten, geschundenen Körper nicht mehr im Griff. Der steinharte Wojtyla war am Ende. Er konnte nicht mehr. Er wollte nur noch aus dieser Kirche heraus, aus diesem Leben heraus, irgendwohin, wo man ihn in Ruhe leiden lassen würde, ohne Fernsehkameras, ohne Dutzende Augen, die ihn auf Schritt und Tritt beobachteten. Er zitterte in seinen roten Mantel gehüllt so heftig, dass er jeden Augenblick umzufallen drohte. Er litt in dieser eiskalten Kirche so sehr, wie ein Mensch nur leiden kann. Man sah seinen Augen an, wie entsetzt er selbst über seinen Körper war, den er nicht mehr kontrollieren konnte. Sein zusammengesunkenes Gesicht zeigte, wie sehr er sich schämte, der Situation nicht mehr gewachsen zu sein. Ich dachte: Warum nimmt nicht irgendeiner der vielen Kirchenmänner endlich Vernunft an und bringt diesen Mann so schnell wie möglich zu einem Arzt?

»Er sieht so aus, als würde er jetzt sterben«, sagte ein Kollege neben mir. Wir dachten alle das Gleiche. Er war nicht mehr in der Lage, ein einziges Wort seiner Ansprache verständlich über die Lippen zu bringen. Seine Gliedmaßen schienen sich selbständig gemacht zu haben, der Körper wurde erschüttert wie durch Stromschläge. Er schien nur sehr schlecht Luft zu bekommen, er rang um Atem. Ich habe ihn nie so verzweifelt gesehen wie an diesem Abend, als er sich selbst bis an die Grenze getrieben hatte. Er war am Ende seiner Kraft. Er hatte jede Beherrschung über seinen Körper verloren. Er war nur noch ein zitterndes Bündel aus Fleisch, das das Schicksal dazu verdammt hatte, mit 79 Jahren einen Anfall zu erleiden, der ihn das Leben kosten konnte in einer eiskalten Kirche im Kaukasus, während Dutzende Gaffer zusahen. Ich weiß noch ganz genau, dass ich einen Augenblick dachte: Du stehst jetzt auf, gehst zu dem alten Mann, nimmst ihn bei der Hand und sagst zu ihm: »Sie sind zwar nicht mein Großvater, Heiligkeit, aber Sie könnten es sein, und jetzt ist Schluss hier: Sie gehören so schnell es geht in ein Bett. Wenn Sie die katholische Kirche mit der Orthodoxie aussöhnen wollen, dann tun Sie das, wenn es Ihnen wieder besser geht.«

Natürlich habe ich nichts dergleichen unternommen, sondern nur wie alle anderen zugeschaut, wie dieser Mann gegen sein Elend ankämpfte: wie er versuchte, diese Stunde zu überstehen, schon lange nicht mehr fähig, der Zeremonie wirklich zu folgen, nur noch verzweifelt darüber, dass ihm die ganze Welt auch in dem Moment zusah, in dem er im Gefängnis seines Körpers von Fieberschauern geschüttelt wurde.

Und trotzdem, selten habe ich den Papst gleichzeitig so spirituell erlebt, selten war er seinem Gott so nahe: Er versuchte mit seiner zitternden Hand sein Kruzifix, das er um den Hals trägt, festzuhalten, als könnte er den Stamm des Kreuzes von Jesus Christus berühren und als würde ihm das neue Kraft geben. Der leidende Christus, der durch seine Qualen die Welt erlöst, war für den Papst in diesem Moment kein theologisches Konzept mehr. Er war dem Mann am Kreuz, in dessen Namen er sich um die Welt schleppte, vielleicht nie so nah wie in dieser kleinen Kirche im Kaukasus. Begafft von einer neugierigen Menge, die seiner Qual wie einem gespenstigen Schauspiel zusah, hilflos an einen Stuhl gefesselt und eingesperrt in einen Zeitplan, der vorsah, dass er bis zum bitteren Ende um 20.30 Uhr an diesem Tag durchhalten musste.

Was ich da sah, empfand ich als zutiefst ungerecht: Wieso hatten die Organisatoren es so weit kommen lassen? Es war doch klar, dass der Stress, der Klimawechsel, die Hitze den Papst ermüden mussten. Wieso hatte man ihm nach der Landung nicht die Gelegenheit gegeben, sich auszuruhen? Warum hatte er sofort zum Patriarchen in die Kirche außerhalb von Tiflis hetzen müssen?

Ausgerechnet während der komplizierten zweiten Reise zu einem orthodoxen Patriarchen, ausgerechnet als er alle Kräfte brauchte, schien er dem größten Leid ausgesetzt zu sein. Ich wusste, dass sich die Fernsehsender um die Aufnahmen von dem leidenden Papst reißen würden. Vor der Kirche telefonierten Kollegen mit ihren Heimatredaktionen. Ich wusste, was sie durchgaben. Die Warnung: »Bereitet euch auf das Schlimmste vor!« Als die Zeremonie endlich zu Ende war und der Papst von Fieberschauern geschüttelt in sein Auto bugsiert wurde, dachte auch ich, dass ich ihn vielleicht zum letzen Mal gesehen hatte.

Aus journalistischer Sicht war die Situation kritisch. An solchen Abenden konnte man seinen Job verlieren. Zwischen 20.30 Uhr, dem Ende der Zeremonie, und 9.00 Uhr morgens, dem nächsten Auftritt des Papstes in Tiflis, war ich von jeder Informationsquelle abgeschnitten. Nach allem, was ich gesehen hatte, war es durchaus denkbar, dass der Papst noch in der gleichen Nacht in eine Klinik eingeliefert werden musste.

Woher sollte ich das erfahren? Der Papstsprecher würde uns nicht wecken. Sollte sich die Situation nicht bessern, war es denkbar, dass der Vatikan beschloss, den Papst noch in der Nacht nach Rom zurückzufliegen. Das alles würde an mir vorbeigehen. Ich sah keine Chance, rechtzeitig in Erfahrung zu bringen, wie schlimm es um ihn stand. Erfahrungsgemäß waren Länder, die der Papst besuchte, nicht daran interessiert, schlechte Nachrichten über ihren illustren Gast rasch zu verbreiten. Wenn der Papst in eine Klinik gebracht werden würde, geschähe das wahrscheinlich geheim. Die alarmierenden Bilder des Papstes hatten alle Redaktionen in Panik versetzt. Mein Telefon stand nicht mehr still, alle wollten von mir wissen: Wo ist der Papst jetzt? Wie geht es ihm? Wird er diese Nacht überstehen? Ich hatte keine Ahnung, was ich antworten sollte. Aber ein Zufall half mir: In Tiflis gewährte der Staat Georgien Gastfreundschaft. Dass heißt: Ich musste nicht in irgendeinem Hotel übernachten. Im Plan des Vatikans stand beiläufig, dass wir in der Residenz Krtsanisi schlafen würden. Der Bus fuhr quer durch Tiflis, an verrotteten Hochhäusern vorbei, deren Fenster mit Pappe geflickt waren, an Männern, die in der Kälte mit einer Flasche Schnaps an einer Bushaltestelle saßen, ohne auf irgendetwas anderes zu warten als darauf, noch betrunkener zu werden und die Welt um sie herum zu vergessen. Unser Wagen kämpfte sich schließlich einen Hügel hinauf und stoppte vor einem gewaltigen Tor, das nach einer langen Diskussion mit einem Wachposten geöffnet wurde. Dahinter lag ein Traum aus Stein. Die Residenz Krtsanisi besteht in Wirklichkeit aus mehreren Palästen, die in einem riesigen Park liegen, der hermetisch von der Stadt abgeriegelt ist.

Die Herrscher des Sowjetreichs hatten sich hier, wenn sie nach Georgien kamen, vor den Menschen versteckt, denen sie die Wohltaten des Kommunismus versprochen hatten. Ohne gesehen zu werden, konnten hier Parteibonzen schlemmen und unbehelligt von der Armut auf den Straßen auf den Tischen tanzen. Endlose Zimmerfluchten reihten sich aneinander. Im obersten Stock lag ein prächtiges Restaurant, in dem sich die Tische unter den Delikatessen des Kaukasus bogen, in dem Kellner die Gäste noch immer wie hochwohlgeborene Würdenträger behandelten.

Als ich in die Residenz kam, baute sich ein gewaltiger Mann vor mir auf, der durch seinen enormen schwarzen Ledermantel noch weit größer wirkte. Der Ledermantel war geöffnet, seine breite Brust, die an die einer Bulldogge erinnerte, schien den Mantel förmlich aufgesprengt zu haben. Darunter trug er ein unmodisches dunkelblaues Jackett, das ihm zu eng war. Er sah so aus, als könnte er mich zwischen dem Daumen und dem Zeigefinger zerquetschen und als tue er es nur deshalb nicht, weil ihm noch nicht danach war. Er wirkte so, als bestünde sein Lebensinhalt darin, nachts subversive Personen in einem anonymen Hotelzimmer zu verhaften und in eine finstere Zelle zu bringen, und allein sein Auftreten garantierte, dass keiner auch nur an einen Fluchtversuch dachte.

Er sprach Deutsch mit einem stark sächsischen Akzent, stellte sich als Yuri vor und bellte mir entgegen, dass er mir jetzt mein Zimmer zuteilen werde. Dann befahl er: »Folgen Sie mir!« Ich sagte ihm, ich hätte jetzt keine Zeit, mir mein Zimmer zuteilen zu lassen, ich müsste sofort arbeiten, es ginge um Minuten, er möge mir doch bitte das Pressezentrum zeigen. Es gelang mir nicht, ihn dazu zu bewegen. So irrte ich durch die Eingangshalle, bis ich den Weg in einen Konferenzsaal für Journalisten fand, in dem mir eine beleibte Dame, die aus Sowjetzeiten übrig geblieben zu sein schien, zu erklären versuchte, wie man ein Telefon benutzt.

Als ich mit der Arbeit fertig war, ging ich zurück in die Halle und suchte Yuri. Ich fand ihn in einem großen weißen Saal neben einem offenen Kamin, in dem ein großes Feuer brannte. Ich dachte, er würde mich jetzt abblitzen lassen, und ich schloss nicht aus, auf einem Sofa in der Eingangshalle schlafen zu müssen. Aber er stand auf und sagte mir höflich, dass er mir jetzt mein Zimmer zeigen werde. Die Tatsache, dass ich mich über seinen Befehl hinweggesetzt hatte, musste ihn davon überzeugt haben, dass ich über eine rätselhafte Befugnis verfügte. Er lotste mich durch endlose, mit teuren Teppichen ausgelegte, breite Flure zu einem enormen, herrschaftlichen Apartment. Ich stellte meine Tasche ab und lud Yuri auf ein Glas Wodka an der Bar ein. Wir gingen hinunter. Er bot mir ägyptische Zigaretten an. Als wir uns setzten, sagte ich: »Ich habe ein Problem. Ich weiß nicht, wo der Papst jetzt ist, was er tut und wie es ihm geht. Ich fürchte, es könnte ihm heute Nacht etwas passieren. Ich fürchte, dass ich das nicht mitbekommen werde, und es ist wahrscheinlich, dass ich dann meinen Job los bin.«

»So?«, sagte Yuri lächelnd. »Na und?«

»Ich brauche Hilfe. Ich brauche Informationen.«

Er sah mich an, trank sein Glas in einem Zug aus und machte dann eine knappe herrische Geste mit dem Kopf, die besagte: »Komm mit!«

Wir gingen durch einen langen Flur bis zu einer Tür. Yuri klopfte. Es wurde geöffnet. In einem Saal saßen ein halbes Dutzend Frauen und Männer mit Kopfhörern vor großen seltsamen grünen Geräten, die wie Mischpulte aussahen. Yuri schrie irgendetwas in den Raum und erhielt eine Antwort. In seinem passablen Sächsisch sagte er: »Das Amt des Präsidenten hat alle Krankenhäuser für einen Notfall in Alarmbereitschaft versetzt und zur Vorsicht den Weg zum Flughafen freisperren lassen. Es ist wohl nicht ausgeschlossen, dass sie ihn heute Nacht noch nach Rom fliegen. Der Patriarch hat sich nach ihm erkundigt. Sie warten jetzt auf Befehle vom Vatikan.«

»Danke«, sagte ich.

»Vielleicht sollten wir hoch ins Restaurant gehen und etwas essen. Die Nacht wird lang.«

Ich sah ihn nur an und dachte: »Wie soll ich jetzt hochgehen und essen, während hier unten jeden Augenblick eine sensationelle Neuigkeit eingehen kann?« Er war ein schlauer Bursche und verstand sofort, was ich meinte. »Wir können hier unten nicht bleiben. Der Saal ist nicht für die Öffentlichkeit bestimmt«, sagte er.

»Das hatte ich schon verstanden.«

»In Ordnung«, schnaufte er. Er angelte mit dem Fuß einen Drehstuhl und setzte mich mit einem Handgriff wie einen Sack Kartoffeln hinein. Dann rief er irgendetwas und stellte einen Stuhl neben mich. Nach ein paar Minuten brachte uns ein Kellner ein enormes Tablett voller Kaviarhäppchen und eine eisgekühlte Flasche Wodka. Wasser gab es nicht. Yuri schenkte mir ein Wasserglas voll Wodka ein. Dann sagte er: »Verstehen kann ich es ehrlich gesagt nicht, dass sie diesen alten Mann hierher geschafft haben. Früher oder später musste er doch zusammenbrechen. Was soll denn das?«

»Er will Frieden machen mit der orthodoxen Kirche Georgiens.«

»Dass ich nicht lache. Die zeigen ihm doch die kalte Schulter. Ich kenne die Brüder. Die lassen sich doch nicht von einem klapprigen alten Mann einverleiben.

»Er will sie gar nicht einverleiben.«

»Mag ja sein, dass Sie das so denken, und kann ja sein, dass es auch so ist. Aber ich weiß, dass der Patriarch nicht so denkt. Der glaubt, dass die Übernahmeschlacht der katholischen Kirche in Georgien begonnen hat. Zumindest glaubten sie das bis heute. Jetzt haben sie einen klapprigen alten Mann gesehen. Ich glaube, dass sie nunmehr jeden Respekt vor dem Papst verloren haben.«

»Vielleicht imponiert er ihnen ja auch.«

»Der kranke Mann, der kaum mehr sprechen kann? Soll das ein Witz sein? Zunächst haben sie ihn gefürchtet. Was haben die sich aufgeregt, dass Schewardnadse ihn eingeladen hat und er auch noch ein Haus für die Ärmsten einweihen wird. Jetzt schläft er auch noch selber darin, in einem Haus für Landstreicher, statt in der Residenz. Das ist doch keine Majestät. Dem werden sie sich nie unterwerfen.«

»Er will sie gar nicht unterwerfen.«

»Jetzt kann er es vielleicht nicht mehr. Ja, wenn er noch der kräftige Pole von früher wäre, vor dem hatten die Kommunisten Angst. Der Papst, der noch Ski fuhr und auf Berge stieg, der hätte doch einen klapprigen Parteisekretär wie Juri Andropow glatt umgehauen. Ich hätte auf Andropow keinen Pfennig gewettet in einem fairen Kampf gegen den Papst.«

»Ich könnte mir vorstellen, dass er trotzdem sein Ziel erreicht und es zu einer Geste der Aussöhnung kommt.«

»Nie und nimmer. Er muss ja froh sein, wenn er sich auf den Füßen hält. Die orthodoxen Popen werden sich niemals mit dem aussöhnen. Nie und nimmer. Die werden nicht einmal mit ihm sprechen. Was für eine Enttäuschung: Als ich hörte, dass der Papst kommen würde, dass wir ihn schützen müssen, dachte ich an Glanz und Gloria. Ich hatte mir einen Mann mit einer Krone vorgestellt, Fanfarengeschmetter, aber nicht einen Greis, der in sich zusammensackt«, sagte Yuri.

»Das ist es ja gerade. Er will sich ganz klein machen, und er ist auch ganz klein«, sagte ich. Yuri schenkte nach.

Ein Mann brachte Yuri einen Stapel Unterlagen. Es waren Funksprüche. Yuri las sie mir vor. Die georgischen Ärzte hatten die Krankengeschichte von Papst Johannes Paul II. angefordert und aus dem römischen Gemelli-Krankenhaus bekommen. Die vatikaneigene Klinik ist das erste Krankenhaus der Geschichte, in dem ein Papst stationär behandelt wurde. Sämtliche Vorgänger von Johannes Paul II. hatten den vatikanischen Palast nicht verlassen, wenn sie krank waren, sondern Ärzte und Gerätschaften kommen lassen. Die Krankenakte des Papstes ist komplex: Die Ärzte in Tiflis wurden darüber informiert, dass Johannes Paul II. bereits 1944 von einem Lastwagen der Wehrmacht überfahren und schwer verletzt worden war. Die Schussverletzungen infolge des Attentats im Jahr 1981 und die nachfolgende Virusinfektion wegen fehlerhafter Transfusion von Blut wurden aufgeführt. Die Operation am Oberschenkelhals wurde beschrieben, die Verletzung an der Schulter infolge eines Sturzes, die Entfernung eines gutartigen Darmtumors und natürlich die Parkinson-Krankheit, die unaufhaltsam fortschreitet und unter anderem das Sprachzentrum zu lähmen droht. Der Vatikan fürchtet seit langem einen stummen Papst. Zwei Herzspezialisten waren zurück in den Dienst im Stadtkrankenhaus gerufen worden und standen zur Verfügung, falls nötig. Ein Spezialflugzeug, das einen Schwerkranken transportieren konnte, war am Flughafen bereitgestellt worden. Ich war mir jetzt sicher, dass sie ihn ausfliegen wollten, und lauschte begierig auf jede einzelne Nachricht.

»Das wird Sie interessieren«, sagte Yuri. »Vielleicht haben Sie doch Recht, und die Popen haben so etwas wie Mitleid mit dem Papst. Der Patriarch hat sich nach seinem Gesundheitszustand erkundigt und gute Besserung gewünscht. Er habe den Papst in seine Gebete eingeschlossen.« Yuri pfiff durch die Zähne. »Das hätte ich nicht erwartet. Hier ist noch ein Funkspruch des Patriarchen. Donnerwetter!«, sagte er, während er las. »Der Patriarch nimmt einen Popen auseinander, der öffentlich erklärt hat, er wolle dem Papst nicht einmal die Hand geben. Hören Sie zu, was er ihm schreibt: Das ist Wasser auf

Ihre Mühlen. Er schreibt: ›Ohne jeden Zweifel ist dieser Papst ein Mann, den uns Gott geschickt hat. Er machte ihn stark, als er gegen das Reich der Sowjets kämpfen musste, jetzt, wo er um Frieden unter den Religionen bittet, macht Gott ihn schwach und schickt ihn als Mann des Leidens zu uns wie Christus. Dass ein so starker Mann so gezeichnet wird, ist kein Zufall, sondern Gottes Werk.‹« Ich habe in dieser Nacht eine entscheidende Sache begriffen: dass dieser Papst niemals zurücktreten würde. Der Papst machte in Tiflis eine dramatische Erfahrung. Sein Leiden machte ihn stark, weil er dadurch auch in den Augen der Menschen, die ihm kritisch gegenüberstehen, glaubwürdig wurde. Sein Leid wurde spätestens ab diesem Tag in Tiflis Teil seiner Botschaft. Er war sich von da an sicher, dass der leidende, schwache Papst nicht eine Last, sondern eine Trumpfkarte für die katholische Kirche sein konnte. Der Papst war davon überzeugt, dass Gott wünschte, dass die Menschen das Bild eines leidenden, von Schmerzen geplagten und schwachen Vikars Jesu Christi sahen. Johannes Paul II. wollte seine Schwäche von nun an nicht mehr verbergen, seinen körperlichen Verfall nicht kaschieren und hinter den Mauern des Vatikans betrauern, sondern seinen schwachen Körper weiterschleppen, um der Welt den Willen und die Botschaft Gottes zu überbringen.

Viele Kardinäle hielten das seit langer Zeit für falsch. Sie wollten das päpstliche Amt vor dem verbissenen und hinfälligen Karol Wojtyla schützen. Immer wieder unterstrichen Kardinäle wie der Belgier Godfried Danneels, der Papst könne durchaus zurücktreten. Doch während im Kirchenstaat über die Schwäche des Papstes immer lauter getuschelt wurde, erlebte Wojtyla eine Bestätigung dafür, dass er Gott richtig verstanden hatte. Der schwache Papst wurde plötzlich zum glaubwürdigsten Vertreter, den die Kirche seit langem gehabt hatte. Der Preis, den er dafür in Tiflis bezahlte, war hoch. Aber seit diesem November 1999 antwortet er auf die Frage, ob er nicht an Rücktritt denke, immer auf die gleiche Weise: »Ist Jesus Christus vom Kreuz gestiegen, oder hat er sich töten lassen? Hat Petrus gekniffen, als der Herr ihm das Martyrium auferlegte? So wird auch Karol Wojtyla aus Wadowice seinen Weg bis zum Ende gehen.«

Seit Jahren halten sich in Rom Gerüchte, dass der Papst sein Amt niederlegen wolle. Das Kirchenrecht (Paragraph 332, Absatz zwei) legt fest, dass Päpste zurücktreten können und niemandem Rechenschaft ablegen müssen, wenn sie es tun. Rücktritte sind in der langen Geschichte der Päpste eine Seltenheit: Der letzte Rücktritt fand am 13. Dezember 1294 statt. Papst Celestinus V., der später heilig gesprochen wurde, empfand sich als nicht würdig genug für das Amt. Der Benediktinermönch zog sich in ein Kloster zurück. Für Karol Wojtyla lag der Fall anders: Er schien auf dem besten Weg dazu zu sein, den Erfolg einer raschen Annäherung an die orthodoxen Kirchen zu erreichen. Sein bedingungsloser Einsatz trotz des körperlichen Verfalls führt die katholische Kirche auf direkte Art und Weise zurück auf ihren Gründer, der ebenfalls hilflos leidend das Wort Gottes verkündete.

Es war spät in der Nacht, als die Entwarnung eintraf: Der Papst schlief. Sein Arzt, Renato Buzzonetti, hatte ihn versorgt. Ich weiß nicht, wie Papst Johannes Paul II. die nächsten Stunden in Tiflis durchstehen konnte. Die ganze Welt war besorgt. Während der Messfeier am kommenden Morgen musste der Papstsprecher Joaquin Navarro-Valls die Weltpresse beruhigen. Vor allem das italienische Fernsehen hatte ausführlich über den kritischen Gesundheitszustand des Papstes berichtet.

Ich habe selten eine Szene erlebt, die Navarro-Valls so gut charakterisiert wie sein Auftritt in Tiflis. Es war nur eine Kleinigkeit, aber sie offenbart Navarro-Valls Art, die eher an einen Botschafter erinnert als an einen Pressesprecher. Man kann ihn sich perfekt im Gespräch mit einem Staatsmann oder einem religiösen Würdenträger vorstellen, aber ich hätte, als ich ihn kennen lernte, darauf gewettet, dass er einfach zu gute Manieren hat, um eine nachrichtenhungrige Meute internationaler Journalisten zu bändigen.

Joaquin Navarro-Valls hat eine interessante Eigenschaft: Seine Gesichtszüge geraten immer dann rasch in Bewegung, wenn er Zeit gewinnen will. Der Spanier befindet sich häufig in der unangenehmen Lage, dass ihm Fragen gestellt werden, über die er eigentlich erst einmal nachdenken müsste. Stattdessen ist er gezwungen, sofort zu antworten. Das ist das Problem aller Pressesprecher. Aber es ist eine Sache, Pressesprecher eines Industrieunternehmens zu sein und im Namen des Aufsichtsrats falsche Umsatzzahlen zu verbreiten, und es ist etwas anderes, etwas Unwahres im Namen eines Papstes zu sagen. Deswegen ist der Papstsprecher ein bedächtiger Mann. Immer wenn Navarro-Valls Fragen gestellt werden, zieht er die Stirn kraus, schaut nach oben, macht dann ein nachdenkliches Gesicht, lässt langsam die flache Hand über den Mund gleiten und gewinnt so Sekunde um Sekunde Zeit, bevor er antwortet. Das sieht absolut natürlich und nicht künstlich aus. Damals, im November 1999 im Sportpalast in Tiflis, beschloss Navarro-Valls, die Gerüchte über neue gesundheitliche Probleme des Papstes zu zerstreuen. Während der päpstlichen Messe im Sportpalast improvisierte er eine Pressekonferenz. Die Leibwache des Gastgebers, des georgischen Staatspräsidenten Eduard Schewardnadse, erkannte ihn nicht. Als er aufstand, um sich den Journalisten zu stellen, versuchten vier Bodyguards, ihn zu stoppen. Es waren außerordentlich unangenehme Männer. Typen, die den Untergang des Sowjetimperiums überstanden hatten, weil sie immer noch gebraucht wurden. Sie trugen unmodische Lederjacken wie aus einem alten Film über den KGB und waren nicht die geeigneten Partner für eine Diskussion über das, was geht und was nicht geht.

Diese Leibwächter des Präsidenten bauten sich vor Joaquin Navarro-Valls auf. Ich persönlich hätte in diesem Moment ganz sicher genau das getan, was sie von mir wollten. Navarro-Valls tat das nicht. Die Pressekonferenz war nötig. Die vier Riesen imponierten ihm überhaupt nicht. Ich sah, wie einer der Leibwächter seine gewaltige Pranke auf die Schulter des Papstsprechers fallen ließ, um ihn festzuhalten. Ich hatte nie zuvor gesehen, dass es jemand gewagt hatte, Navarro-Valls wie einen Verbrecher festzuhalten. An dem Abzeichen an seinem Jackett war klar zu erkennen, dass er zur Vatikan-Delegation gehörte und wie ein Diplomat zu behandeln war. Im ersten Augenblick dachte ich, er würde den Leibwächter anschreien, sich verbitten, trotz seines Diplomaten-Status wie ein Gangster behandelt zu werden, aber er tat etwas ganz anderes. Als wäre diese gewaltige Hand nur eine lästige Fliege, wischte er sie wortlos von seinem Jackett und schritt dann weiter. Die Leibwächter ließen ihn passieren, als müsste jemand, der so selbstsicher auftritt, einfach ein »*Leader*« sein.

Ich habe selten einen Menschen so unterschätzt wie den Papstsprecher. Dabei wusste ich, dass er einen ausgezeichneten Ruf hat. Ich erinnere mich an ein Interview mit dem Top-Manager eines großen italienischen Industriekonzerns. Am Ende des Interviews fragte er mich, ob ich auch am Vatikan akkreditiert sei, und wollte wissen: »Meinen Sie, man könnte versuchen, Navarro-Valls abzuwerben?« Ich hatte keine Ahnung, was ich antworten sollte, und sagte aufs Geratewohl: »Ich glaube nicht.«

Ich dachte damals über ihn, dass er einer jener Menschen sei, die nie Fehler machen, weil sie sich nie in eine kritische Situation bringen. Ich lag damit vollkommen falsch. Der Spanier ist immer dann unschlagbar gut, wenn es richtig schwierig wird, aber nie war er so gut wie am 5. Mai 1998. In der Nacht zuvor, gegen 21 Uhr, hatte sich im Vatikan ein Mordfall ereignet. Ein unangenehmer Moment für den Pressesprecher. Natürlich passieren auf dem Globus ständig irgendwo irgendwelche Mordfälle, aber der Kontrast zwischen dem heiligen Ort Vatikan und der rätselhaften Bluttat machten aus dem Vorfall eine Sensation: Der Schweizergardist Cederic Tornay (23) hatte seinen

Vorgesetzten Alois Estermann (44) und dessen Frau Gladys Meza in deren Wohnung erschossen. Aus journalistischer Sicht war das eine dieser Geschichten, von denen Tageszeitungen monatelang leben können. Täglich kann eine neue Mordtheorie präsentiert und besprochen werden. Zeitungen fragen dann gern: Warum schweigt der Vatikan? Gab es einen Zeugen? Warum hasste Tornay seinen Chef so sehr? Was für phantastische Komplotttheorien lassen sich über den Vatikan erfinden! Man hätte arabische Terroristen vermuten, den Mordfall mit dem Anschlag von 1981 in Verbindung bringen, über Machtspiele innerhalb der Kurie spekulieren können. Der Phantasie wären keine Grenzen gesetzt gewesen, solange der Vatikan nur geschwiegen hätte.

Navarro-Valls entschied sich zu dem Schlimmsten, was er aus Sicht der Zeitungen tun konnte. Er deckte alles auf. Schon gegen Mitternacht gab er die ersten Erklärungen ab. Ein paar Stunden nach der Tat berief er eine Pressekonferenz ein. Die Weltpresse war baff. Der Spanier stellte sich tatsächlich einer Horde eifrig nachfragender Journalisten und erzählte die komplette Story. Dass der junge Schweizergardist seinen strengen Chef gehasst hatte, weil er ein paarmal zur Ordnung gerufen worden war, dass der unglückliche Junge einen Abschiedsbrief hinterlassen hatte, in dem er seine wahnsinnige Tat gestand. Die Wahrheit, ein tragisches Einzelschicksal, war nur für kurze Zeit »*News*«. Es ließ sich nichts mehr in die Geschichte »hineingeheimnissen«. Navarro-Valls hatte auf eindrucksvolle Weise klargestellt, dass er das Spiel der Presse durchschaute und damit umzugehen wusste.

Zwei Niederlagen musste Navarro-Valls in seinem Leben hinnehmen, und ich bin mir sicher, sie waren beide schmerzlich für ihn. Es gelang ihm nicht zu verhindern, dass die ganze Welt jahrelang das Gerücht glaubte, Papst Johannes Paul I. wäre ermordet worden. Und er konnte nie klar machen, dass die phantasievollen Deutungen des Bankenskandals der Vatikanbank eben nichts weiter waren als Hirngespinste. Mehrere britische Autoren verbreiteten schon kurz nach dem Tod Johannes Pauls I. am 28. September 1978 das Gerücht, der Papst wäre ermordet worden. Bücher, die angeblich den Hintergrund des Mordes an dem Papst erklärten, wurden auf den Markt geschwemmt. Jeder, der sich ein bisschen auskannte, wusste, dass die Mordtheorie der blanke Unsinn war. Papst Johannes Paul I. litt an einem Herzfehler. Er war ein kranker Mann, als er auf den Thron des Papstes gewählt wurde. Ich befragte einen Zeitzeugen, den ehemaligen Ministerpräsidenten Giulio Andreotti, zum Tod von Johannes Paul I. Er hatte den Papst kurz vor dessen Tod gesehen: »Er sah schrecklich aus. Man sah ihm an, wie sehr er an der Herzkrankheit litt«, sagte mir Andreotti. Alle Recherchen in der Familie von Johannes Paul I. und bei seinen Ärzten ergaben das gleiche Bild. Der »33-Tage-Papst« war ein todkranker Mann gewesen. Er hatte den Vatikan schon vor seiner Ernennung zum Patriarchen von Venedig über seinen prekären Gesundheitszustand informiert. Der Brief existiert noch. Die Autoren der Mordtheorie wollten den Anschein erwecken, als wäre der angebliche Grund für den Mord an Johannes Paul I. der Bankenskandal der Vatikanbank IOR (Istituto per le Opere di Religione) gewesen. Die Einzelheiten des Zusammenbruchs der »Banco Ambrosiano« gaben den perfekten Hintergrund für eine Verschwörungsgeschichte ab. Die Fakten schienen einem guten Kriminalroman entnommen zu sein.

Am 18. Juni 1982 war in London die Leiche des Chefs der Bank »Banco Ambrosiano«, Roberto Calvi, unter der Blackfriarsbridge entdeckt worden. Der Mann ist vermutlich getötet worden. Seine Mörder könnten ihn unter die Brücke gehängt haben, um einen Selbstmord vorzutäuschen. Der Fall wurde nie aufgeklärt.

Calvi hätte durchaus ein Selbstmordmotiv gehabt: Seine Bank war nämlich pleite. Mehr als eine halbe Milliarde Dollar hatte er verzockt. Als die Staatsanwälte begannen, wegen betrügerischen Bankrotts zu ermitteln, entdeckten sie, dass ausgerechnet die Vatikanbank IOR für die »Banco Ambrosiano« garantiert hatte.

Am 28. Juli 1982 informierte die Mailänder Staatsanwaltschaft den Vatikan darüber, dass gegen den Chef der Vatikanbank, Bischof Paul Marcinkus, ermittelt werde. Ganz offensichtlich hatte sich der Geistliche gewaltig verspekuliert. Am 13. September 1982 tauchte in einer Filiale der UBS (Union der Schweizer Banken) einer der am dringendsten gesuchten Gangster Europas auf: der Italiener Licio Gelli. Der Geschäftsmann aus Arezzo hatte in Italien eine Geheimloge namens »Propaganda 2«, kurz »P2«, gegründet. Ziel der Loge war es, in Italien einen Staatsstreich durchzuführen. Minister, hohe Militärs und auch der spätere Ministerpräsident Silvio Berlusconi waren Mitglieder der P2 gewesen. Als die Loge im Mai 1981 aufflog, stürzte die Regierung. Licio Gelli hatte sich an jenem 13. September 1982 in der Bankfiliale der UBS verkleidet. Er trug einen falschen Bart. Gelli wollte Geld abheben. Auf seinem Konto lagen 120 Millionen Dollar. Die Summe stammte wahrscheinlich von Konten der zusammengebrochenen »Banco Ambrosiano«. Gelli wurde erkannt und verhaftet. Am 10. August 1983 floh der Italiener aus dem Hochsicherheitsgefängnis und verschwand für vier Jahre spurlos.

Am 25. Februar 1987 erließ die Staatsanwaltschaft einen Haftbefehl gegen Paul Marcinkus. Eine Ungeheuerlichkeit. So etwas war dem Vatikan noch nie passiert. Tatsächlich geschah gar nichts: Der Vatikan hat nie ein Auslieferungsabkommen mit dem Staat Italien unterzeichnet. Bischof Marcinkus durfte als Inhaber eines Vatikan-Passes nicht verhaftet werden. Der Vatikan überwies freiwillig 120 Millionen Dollar Wiedergutmachung. Marcinkus hatte sich eben verspekuliert. Er wurde buchstäblich in die Wüste geschickt. Er lebt heute in Sun City in Arizona. Für den Vatikan war die Sache damit erledigt. Nicht aber für eine Heerschar phantasiebegabter Autoren. Sie erfanden einen Zusammenhang mit dem Zusammenbruch der Bank und dem vermeintlichen Mord an dem Papst. Bevor Licio Gelli im Jahr 1998 endgültig verschwand, konnte ich ihn in seiner Villa in Arezzo interviewen. Er hatte keinen Grund mehr, weitere Lügen zu erzählen, und sagte: »Bischof Marcinkus hat von Finanzgeschäften einfach keine Ahnung. Er lieferte kofferweise Bargeld an Calvi, weil er ihm vertraute. Ich erinnere mich, dass wir in einem Restaurant saßen und Calvi die Banderolen über den Geldbündeln der Vatikanbank IOR abriss, damit nicht gleich auffiel, dass das frische Geld für die Banco Ambrosiano aus dem Vatikan kam. Der Bischof ist übers Ohr gehauen worden. Es hat nie ein Komplott gegeben, schon gar nicht gegen den Papst. Ich persönlich hätte Paul Marcinkus keinen Pfennig anvertraut. Der hatte vielleicht von Theologie Ahnung, von Geld sicher nicht. Er war blauäugig.« Seitdem haben mehrere Prozesse gezeigt, dass es von Seiten der Vatikanbank nie eine Verwicklung in kriminelle Geschäfte gegeben hat.

Papstsprecher Joaquin Navarro-Valls weiß heute, dass es am besten ist, gegenüber den Medien mit offenen Karten zu spielen. Auch in Tiflis hielt er sich daran. »Ja, es ging dem Papst nicht gut, aber er hat sich erholt. Immerhin liest er heute die Messe«, berichtete der Papstsprecher am Morgen nach dem Zusammenbruch Johannes Paul II. Während der Messe bestätigte sich die Tendenz der nächtlichen Funksprüche, die mir Yuri vorgelesen hatte. Der Patriarch beschloss, erstmals in der Geschichte der orthodoxen Kirche Georgiens ein gemeinsames Dokument mit einem Papst zu unterzeichnen. Die beiden Kirchenfürsten richteten einen gemeinsamen Appell für den Frieden im nahen Tschetschenien an die Welt. Johannes Paul II. hatte es geschafft. Auf dem Rückflug sagte er im päpstlichen Flugzeug den Journalisten: »Dank der Hilfe Gottes konnte ich doch noch nach Rom zurückkehren.«

Der Papst und die Frauen

Nach der Rückkehr aus Indien und Georgien schrieb ich ausführlich über den Papst, der sein Leben riskiert hatte, um einen neuen Weg einzuschlagen und die Religionen miteinander auszusöhnen. Genau zwei Wochen, nachdem der Papst nach Rom zurückgekehrt war, am 23. November 1999, rief mich eine Leserin an. »Ich habe gerade Ihren Artikel über den Papst gelesen und wollte Ihnen nur mal sagen: Der Mann ist kein Friedensbotschafter, sondern ein skrupelloser Moralapostel aus dem Mittelalter!« Und dann erklärte mir die Leserin, warum sie sich als praktizierende deutsche Katholikin über Johannes Paul II. gräme. Die deutschen Bischöfe hatten ihren Kampf mit Rom um die Schwangerschaftskonfliktberatung endgültig verloren. Ich war schockiert: War es jetzt so weit? Passierte mir jetzt, wovor ich andere gewarnt hatte: dass Paläste Beobachter in Untertanen verwandeln?

Seit dem 29. September 1993 lag die Deutsche Bischofskonferenz im Dauerstreit über die Schwangerenkonfliktberatung. An diesem Tag hatte der Erzbischof von Fulda, Johannes Dyba, den Beratungsstellen in seiner Diözese die Ausstellung eines Beratungsscheins untersagt. Im Kern ging es um die Frage, wie die Kirchen sich mit der Gesetzgebung in Deutschland arrangieren konnten. Seit dem 18. Mai 1976 waren Abtreibungen in Deutschland zwar rechtswidrig, aber unter bestimmten Auflagen straffrei. Eine Mehrheit aus SPD und FDP hatte eine umfassende Indikationsregel verabschiedet, die unter anderem vorsah, dass Frauen, die abtreiben wollten, sich zuvor beraten lassen mussten. Die katholische Kirche richtete daraufhin Beratungsstellen ein. Ziel der katholischen Beratung war es, das ungeborene Leben zu retten. Es ließ sich aber in der Praxis nicht vermeiden, dass Frauen nach der Beratung den Nachweis in Form eines Scheines dazu benutzten, einen Schwangerschaftsabbruch vornehmen zu lassen. Am 10. Juni 1992 hatte der Vorsitzende der deutschen Bischofskonferenz Kardinal Karl Lehmann darauf hingewiesen, dass die Kirchen sich nicht in eine Praxis einbinden lassen dürften, die die »straffreie Tötung eines ungeborenen Menschen ermöglicht«. Das Problem war der Deutschen Bischofskonferenz klar, aber man wollte es gemeinsam lösen und Alleingänge vermeiden. Doch Bischof Dyba ließ sich nicht überzeugen, und seine Diözese stieg aus dem Beratungssystem im Alleingang aus.

Am 29. Juni 1995 verabschiedete der Deutsche Bundestag die Neufassung des Paragraphen 218. Die Deutschen Bischöfe kritisierten auf der Herbstvollversammlung in Fulda auch das neue Gesetz als »lückenhaft«, dennoch wollten die deutschen Bischöfe ihr Beratungsangebot an schwangere Frauen in Not nicht einfach zurückziehen. Am 27. Mai 1997 trugen die deutschen Bischöfe, mit Ausnahme von Johannes Dyba, dem Papst ihre Gründe dafür vor, warum sie an dem Beratungssystem festhalten wollten. Ich hielt die Sache für aussichtslos. Den Bischöfen blieb meiner Ansicht nach nichts anderes übrig, als keine Beratungsscheine mehr auszustellen. Ich glaubte das, weil Papst Johannes Paul II. in diesem Punkt immer knallhart geblieben war. Während der Reisen und auch während der Bibliotheks-Pools in Rom gab es immer wieder mal die Gelegenheit, mit dem Papst ein paar Worte zu wechseln. Johannes Paul II. ging auf kurze Fragen eigentlich immer ein. Meistens machte er einen Scherz und ließ nur erahnen, was seine Meinung zu einem ganz bestimmten Thema war. Doch im Fall der Schwangerenkonfliktberatung war nichts zu machen. Wenn man ihn darauf ansprach, verdunkelte sich stets sein Gesicht, und er sagte, er werde das Problem mit den deutschen Bischöfen lösen.

Während die Mitglieder der Deutschen Bischofskonferenz über das Thema stritten, erhielt ich ganz plötzlich die Gelegenheit, ausführlicher mit dem Pontifex über das Problem der Schwangerenkonfliktberatung in Deutschland zu sprechen. Es geschah am 2. Oktober 1997 auf dem Flug nach Rio de Janeiro.

Der Papst wollte in Rio den Welt-Familientag zelebrieren. Die Wahl war nicht zufällig auf Brasilien gefallen. In Rio de Janeiro und anderen Großstädten Süd- und Mittelamerikas war ein unglaubliches Verbrechen aufgedeckt worden. Polizisten hatten gezielt auf Kinder geschossen. Auf Kinder, die von ihren Eltern ausgesetzt worden waren und auf den Straßen der Mega-Städte Lateinamerikas lebten. Sie wurden wie Straßenhunde abgeschossen. Nach dem Stand der Ermittlungen hatten Bewohner reicher Stadtviertel Polizisten bezahlt, damit sie Kinder und Jugendliche erschossen, die in Hauseingängen übernachteten und sich nicht verscheuchen ließen.

Die Sorge um die Kinder war das große Thema des Papstes. Die Mitarbeiter des Papstes wussten, dass ich mit dem Heiligen Vater über die Schwangerenkonfliktberatung sprechen wollte, und jetzt schien ihnen der geeignete Moment gekommen zu sein. Als der Papst in dem Flugzeug auf dem Weg nach Rio de Janeiro langsam den Gang hinunterkam, gab man mir ein Zeichen, dass er mit mir reden würde. Die meisten anderen Journalisten hatten Fragen zu einem ganz anderen Thema. Kurz zuvor, am 27. September, hatte der US-Popstar Bob Dylan auf dem Eucharistischen Kongress in Bologna gesungen, und der Papst hatte sein berühmtes Lied »*How many roads*« interpretiert. Doch der Papst wollte nicht nur über Bob Dylans Songs reden.

Er blieb auf seinen Stock gestützt in der MD11-Maschine der Alitalia stehen und blickte mich an. Meine Frage war provokant formuliert: »Wollen Sie wirklich die deutschen Bischöfe dazu zwingen, schwangere Frauen in Not allein zu lassen?« Ich hatte auf Italienisch gefragt, aber er wechselte die Sprache und antwortete auf Deutsch. Natürlich nahm der Papst damals im Flugzeug nicht vorweg, was er erst zwei Jahre später durchsetzen sollte: dass die deutschen Bischöfe aus dem System der Beratungen aussteigen mussten. Er erklärte mir grundsätzlich seine Haltung zu dem Thema. Die Kirche sei »für eine Kultur des Lebens« und »nicht für eine Kultur des Todes«. Die katholische Kirche könne in keinem Fall, niemals, zustimmen, wenn es darum ginge, ein werdendes Menschenleben zu töten. »Kann sich Deutschland nicht leisten, seine Kinder großzuziehen?«, fragte er mich. Natürlich habe die Kirche nichts gegen Beratungen. Aber wie könne eine glaubwürdige Kirche Scheine ausstellen, die dazu dienen, werdende Menschen zu töten? Der Papst schilderte mir, dass es keinen Zweifel daran geben könne, dass die katholische Kirche alles, aber auch alles tun werde, um das ungeborene Leben zu schützen. Die Legalisierung der Abtreibungen sei ein Verbrechen. Wie solle die Kirche überhaupt glaubwürdig bleiben, wenn sie sich auch nur in einem einzigen Land aktiv am Abbruch von Schwangerschaften beteilige? Für den Papst ist es absolut unverständlich, dass in einem hochindustrialisierten Land, in dem niemand Hungers sterben müsse, Mütter verzweifeln, weil sie glauben, sich ein Kind nicht leisten zu können.

Am 4. Februar 1998 ließ Kardinal Joseph Ratzinger, der den Papst maßgebend in der Frage beriet, die Katze aus dem Sack. Er sagte auf einer Pressekonferenz, ihm sei nicht bekannt, dass Frauen nach einem Gespräch in einer Beratungsstelle von einer Abtreibung Abstand genommen hätten. Das war absoluter Unsinn. Und ich bin mir ziemlich sicher: Ratzinger wusste, dass er nicht die Wahrheit sagte. Die »Caritas« behauptet, allein im Jahr 1997 wären mehr als 5000 Menschenleben durch die Beratungsstellen gerettet worden. Auch wenn die Helfer hier ebenfalls übertreiben mögen: Es gab ohne jeden Zweifel Frauen, die von einer geplanten Abtreibung absahen, nachdem sie in einer katholischen Beratung über Hilfsmöglichkeiten informiert worden waren, von denen sie vorher nichts gewusst hatten. Es ist nicht nachvollziehbar, wie Kardinal Ratzinger auf die Idee kommen konnte, das Gegenteil zu behaupten. Seine Reaktion zeigte aber eindeutig die Marschrichtung des Kirchenstaates an: Der Vatikan wollte den Ausstieg aus dem Beratungssystem, ohne Wenn und Aber.

Alle Mitglieder der deutschen Bischofskonferenz hatten sich mit dieser Frage sehr ausführlich und nach bestem Wissen und Gewissen auseinander gesetzt. Das Heikle an diesem speziellen Thema der Theologie war: Es ging zu Herzen.

Wollte eine christliche Kirche Frauen in einer besonderen Notsituation wirklich allein lassen? War nicht die Tatsache, dass nachweislich Tausende Frauen nach einer Beratung ihr Kind austrugen, Grund genug, um jede Kritik an den Beratungsstellen zum Schweigen zu bringen? Kann ein Katholik es ernsthaft mit seinem Gewissen vereinbaren, den Frauen in Notlagen keine Hilfsangebote zu unterbreiten? Die 27 Diözesan-Bischöfe außer Johannes Dyba konnten das nicht. Zumal auch der Bundespräsident Roman Herzog mehrfach die Deutsche Bischofskonferenz gebeten hatte, die Beratungsstellen nicht zugunsten eines »kompromisslosen Rigorismus« aufzugeben. Im Juni 1999 teilte der Papst der Deutschen Bischofskonferenz mit, dass der Vatikan sich mit einem Zusatz zufrieden geben würde. Wenn auf dem Beratungsschein stünde, dass der Schein nicht zur Autorisierung einer Abtreibung genutzt werden dürfe, dann könnten die Beratungsstellen ihre Arbeit fortsetzen. Die Deutsche Bischofskonferenz nahm den Vorschlag des Papstes an. Doch für den deutschen Staat änderte der Satz gar nichts. Gesetzlich vorgeschrieben war die Beratung. Wenn der Schein attestierte, dass eine Beratung erfolgt war, konnte nach deutschem Recht eine Abtreibung straffrei vorgenommen werden, egal welcher Zusatz auf dem Schein stand. Jetzt saßen die Deutschen Bischöfe in der Falle. Ende Oktober 1999 war das Spiel aus: Der Papst ließ mitteilen, dass die Gewissensnot der Bischöfe nicht maßgeblich sein dürfe. Der Ausstieg aus dem Beratungssystem wurde erzwungen. Katholiken, die sich in der privaten Stiftung »Donum Vitae« zusammengeschlossen hatten, übernahmen etwa die Hälfte der Beratungsstellen, die zuvor die katholische Kirche direkt betrieben hatte.

In Deutschland hat der Streit um die Schwangerschafts-Konfliktberatung vor allem die nicht praktizierenden Christen davon überzeugt, dass in Rom ein streng konservativer, weltfremder Mann regiert – und zwar ohne jede Herzenswärme. Auch unter den praktizierenden Katholiken, das wusste ich sehr genau, war die Mehrheit entschieden gegen die Position des Papstes. Bei allen Besuchen in Deutschland merkte ich, dass es eigentlich gar nicht um die Sache ging, sondern darum, ob sich der Papst in so einer Frage überhaupt einmischen dürfe. Ist ein kinderloser, alter Kirchenfürst der richtige Mann, um einer Frau in Not Vorschriften zu machen? Die Mehrheit in Deutschland war der Meinung: »Er ist es nicht.« Bei den meisten Streitgesprächen ging es nicht um Frauenschicksale, sondern um die Stellungnahme für oder gegen den Papst. Viele engagierte Frauen glaubten, dass hier ein Grundsatzstreit auf dem Rücken notleidender Frauen ausgetragen wurde. Das Thema nahm die Menschen in Deutschland mit, weil es um ein grundsätzliches Problem ging: die katholische Kirche und die Frauen.

Es gibt auf der Welt keine vergleichbare Institution, deren Führungsspitze sich so kategorisch den Frauen verschließt wie der Vatikan. Frauen können Ministerpräsidenten und Außenminister werden. Selbstverständlich arbeiten Frauen als Richterinnen und als Parteichefs. Nur im Kirchenstaat bleiben den Frauen alle maßgeblichen Positionen verschlossen. Bereits Papst Paul VI. hatte im Oktober 1976 mit dem Dokument »Inter Insigniores« Frauen den Weg zum Priesteramt in der katholischen Kirche versperrt. Mitten in der Aufbruchstimmung des entstehenden Feminismus trafen die Frauen auf die erste scheinbar unverrückbare Barriere.

Am 22. Mai 1994 unterstrich Papst Johannes Paul II. mit seinem apostolischen Brief »Ordinatio Sacerdotalis« noch einmal, dass Frauen nicht Priester werden können. Dadurch würden sie innerhalb der Kirche aber nicht herabgesetzt, schrieb der Papst. Wörtlich heißt es in dem Brief: »Die Tatsache, dass Maria nicht zum Apostel berufen wurde und kein priesterliches Amt ausübte, zeigt ganz klar, dass Frauen nicht zum priesterlichen Dienst berufen wurden. Das setzt sie aber weder in ihrer Würde herab, noch bedeutet das eine Diskriminierung.«

Das ist leider ein frommer Wunsch des Papstes: Frauen werden innerhalb der katholischen Kirche ohne jeden Zweifel diskriminiert. Ich hatte das einmal eindrucksvoll miterlebt, mit Schwester Klara Sietmann. Zu Beginn der 90er-Jahre zeigte der Vatikan auf eindeutige Weise, wie wenig die Spitze der katholischen Kirche von Frauen hält. Wer in dieser Zeit dabei war, konnte miterleben, dass die ständigen Bekenntnisse der Wertschätzung für Frauen nichts weiter als Lippenbekenntnisse waren. Im Vatikan ging es damals um die Reform der kirchlichen Orden. Etwa drei Viertel aller Ordensleute auf der Welt sind Frauen, nur ein Viertel Männer. Frauenorden machen in der Regel die Knochenarbeit: Sie betreiben Pflegeheime und Krankenhäuser, Kindergärten und Schulen, reiben sich als Pflegerinnen, in der Küche und wie Mutter Theresa für Sterbende auf. Herren lassen sich in der katholischen Kirche bedienen. Päpste haben Haushälterinnen, Kardinäle und Bischöfe werden normalerweise von ihren Schwestern oder ihren Nichten versorgt. Kurz: Frauen müssen innerhalb der katholischen Kirche hart arbeiten. Dass sie dennoch nichts, aber auch gar nichts zu sagen haben, bekamen sie im Jahr 1994 ganz offiziell mitgeteilt. Bei der Diskussion um die Reform der Orden sollte nicht eine einzige Frau vertreten sein. 75 Prozent aller Ordensmitglieder sind wie gesagt Frauen. Sie sollten aber nicht eine einzige Vertreterin stellen können. Über die Zukunft der weiblichen und männlichen Orden wollten die Männer allein entscheiden. Gegenüber der Engelsburg in Rom, im Palazzo an der Piazza Ponte Sant' Angelo 28, in Sichtweite des Petersdoms, tagte die empörte Weltvereinigung der Ordensfrauen. Insgesamt gibt es etwa 600 Frauenorden. Ihre Chefin hieß damals Klara Sietmann.

Die deutsche Ordensfrau war in Peru zur Lehrerin ausgebildet worden und hatte sich ihr Leben lang für die Armen eingesetzt. Sie hatte den Bischöfen im Vatikan klar zu machen versucht, dass Frauen sich mehr im kirchlichen Leben einbringen wollen und wenigstens mitreden wollen, wenn es um Fragen ging, die Frauenorden betrafen. Ich wusste, dass Schwester Sietmann im Vatikan hart kämpfte und viele Kritiker hatte. Und ich wusste, dass sie über ihre Auseinandersetzungen nicht sprechen wollte. Sie hatte mir mehrfach mitgeteilt, dass innerkirchliche Probleme auch innerhalb der Kirche bleiben sollten, dass sie aus Gehorsam gegenüber dem Papst nichts über die Auseinandersetzung um das Mitspracherecht der Ordensfrauen zu sagen gedenke. Doch im Jahr 1995 wurde sie auf einmal versetzt. Sie verschwand ganz plötzlich von der Bildfläche, und ich suchte sie wochenlang.

Keiner meiner Informanten hatte eine Ahnung, was aus ihr geworden sein könnte. Dann bekam ich einen guten Tipp und fand sie schließlich in einem Missionskloster in einem winzigen Ort zwischen Rom und der Toskana, in Sutri. Ich rief sie an, und seltsamerweise sagte sie diesmal sofort zu. Sie würde zu einem Interview über alle Fragen gern bereit sein.

Aus touristischer Sicht ist Sutri eine Stadt, die man auf keinen Fall bei dem Besuch Roms und seiner Umgebung auslassen sollte. Es gibt das einzige erhaltene etruskische Amphitheater der Welt: einen melancholischen Bau. Das kleine Städtchen scheint erinnerungsschwer von seiner eigenen, langen Vergangenheit zu träumen, ein idealer Ort, um anzuhalten und über die Zeit nachzudenken, am besten beim Abendessen in dem bezaubernden Restaurant auf der Piazza von Sutri. Noch immer überwuchert der Wald die etruskischen Gräber rund um das Städtchen. So muss Goethe Italien erlebt haben. In anderen Ländern würden 2500 Jahre alte Grabbauten mit Sicherheit in Museen untergebracht, bei Sutri findet man sie beim Spaziergang im Gebüsch rund um die Stadt. In Bezug auf die Hierarchie der katholischen Kirche ist Sutri jedoch ein absolut unbedeutendes Nest. Das Städtchen ist weder ein Bischofssitz, noch gibt es dort irgendwelche Einrichtungen der katholischen Kirche von Belang. Dorthin, in die Einsamkeit, schickte der Kirchenstaat die rebellische Nonne.

Sie wartete auf mich in einem dieser geheimnisvollen Zimmer, die es nur in katholischen Klöstern gibt. Man spürt dort ganz genau, dass sich hinter dieser Stille, auf diesen langen, vor Bohnerwachs glänzenden Fluren, hinter den verschlossenen Türen menschliche Dramen abspielen und Dramen zwischen Menschen und Gott.

Klara Sietmann ist eine rätselhafte Frau. Man spürt das deutlich, wenn sie beim Sprechen eine Pause macht: Sie schaut aus dem Fenster, ihr Blick verliert sich in der Weite, man merkt dann, dass ein Teil dieser Frau immer in dem geliebten Peru geblieben ist, in der Armut der Anden, zwischen den Bretterbuden des chaotischen Lima. Sie ist eine zarte Frau, sie ist intelligent und vorsichtig.

Der erste Teil unseres Gesprächs war nichts weiter als ein sorgfältiges Abtasten. Sie wollte aus mir herausholen, ob ich gekommen war, um sie als Munition gegen die katholische Kirche und gegen den Papst zu benutzen. Sie wollte wissen, ob sie mir trauen konnte. Irgendwann beschloss sie, offen zu sprechen. Ich weiß nicht, ob ich ihr Vertrauen gewonnen hatte oder ob sie an einem Punkt angekommen war, an dem ihr die Konsequenzen gleichgültig sein konnten.

»Ich habe im Vatikan oft gehört, dass irgendein Bischof hinter meinem Rücken fragte: Wer ist eigentlich diese schreckliche Nonne? Sie haben mich einfach nicht verstehen wollen. Ich habe den Männern immer wieder erklärt: Es geht uns nicht um mehr Macht. Wir wollen einfach mit euch teilen, die Sorge um die Menschen und die Sorge um die Kirche«, sagte Schwester Sietmann.

Doch die Mächtigen im Kirchenstaat wollten nicht teilen und wollten auch nicht zuhören. »Die Hierarchie in der Kirche ist ein Problem. Ich habe das in Südamerika immer wieder gesehen: Die Kirche stand an der Seite der Reichen und Mächtigen. Uns hat man erzählt: Ihr müsst die Kinder der Reichen erziehen, im Sinne Christi, dann werden sie, wenn sie Erwachsene sind, eine neue Führungsschicht des Landes stellen und barmherzig sein und Mitleid haben gegenüber den Armen.« Sie sah aus dem Fenster, als stünde dort draußen irgendwo die Antwort auf alle ihre Fragen. Dann sah sie mich an und sagte entschlossen: »Das hat aber nicht funktioniert. Das hat überhaupt nicht funktioniert. Die Mädchen, die wir in christlichen Schulen ausgebildet haben, wurden genauso schlimme Padronas wie ihre Mütter, die ihre armen, katholischen Indio-Hausangestellten schikanierten.«

Sie sah mich eindringlich an. »Ich weiß, wovon ich rede, ich habe das mit eigenen Augen gesehen. Wir hatten eine Abendschule in Lima eingerichtet, für Hausangestellte, die aus den Anden heruntergekommen waren und nicht lesen und schreiben konnten. Sie haben uns die fürchterlichen Bedingungen geschildert, unter denen sie litten. Sie wurden geschlagen, ausgebeutet, vergewaltigt. Sie wurden von stadtbekannten reichen, gläubigen Katholiken ausgebeutet. Ich habe die Padronas herbeizitiert. Sie kamen auch. Ich habe ihnen vorgeworfen, was sie getan hatten. Daraufhin haben sie mich bei der Militärregierung als Kommunistin angezeigt.« Sie machte eine Pause. Dann fragte sie: »Sehen Sie mich an: Sehe ich, Oberin eines katholischen Frauenordens, aus wie eine Kommunistin?«

»Nein«, sagte ich, »wie eine Kommunistin sehen Sie nicht aus.«

»Wir haben damals nur begriffen, dass es ein Fehler war, den Armen immer nur Almosen zu geben. Wir haben damals begriffen, dass es darum gehen muss, den Armen die Möglichkeit zu geben, aus eigener Kraft aus der Misere herauszukommen. Es muss darum gehen, zu teilen, was da ist, nicht um Almosen.« Sie sah jetzt sehr entschlossen aus.

»Darum muss sich doch alles drehen: Wie kann man Christus leben? Christus ist bei den Armen. Da war auch unser Platz. Aber wir haben gelernt, dass die Machthaber in vielen Ländern Südamerikas gar nicht wollten, dass die Armen aus ihrem Dreck herauskommen. Irgendwann habe ich verstanden, dass es ein System der Unterdrückung gab.«

»Haben Sie gelitten, als der Papst an der Seite Pinochets am 1. April 1987 die Menge in Chile grüßte?«, fragte ich.

»Viele innerhalb der katholischen Kirche haben deswegen gelitten. Ich kenne Priester, die sagten: Pinochet geht doch in die Kirche. Er betet und geht zur Kommunion, er ist ein guter Katholik. Dass er ein System aufbaute, das Unterdrückung bis zum Mord praktizierte, wollten viele wohl nicht sehen. Die Hierarchie in der katholischen Kirche ist ein Problem. Die Schwachen werden an den Rand gedrückt«, sagte die Nonne.

»Auch die Frauen?«, fragte ich.

»Bald beginnt das Heilige Jahr. Das Vorbereitungskomitee besteht aus 50 Mitgliedern. Raten Sie, wie viele Frauen darunter sind!«

»Zehn?«

»Drei. Eine von ihnen stand auf und fragte, was sie in dem Komitee eigentlich tun solle. Sie bekam keine Antwort. Ich habe den Eindruck, dass man Frauen aufgenommen hat, um anschließend sagen zu können, dass auch Frauen dabei waren.«

Sie sah mich jetzt sehr selbstsicher an, und ich wagte, auch die schwierigste Frage zu stellen.

»In Afrika werden Nonnen von Priestern missbraucht. Der Vatikan gab das offiziell zu. Wissen Sie davon?«

Sie blickte zu Boden.

»Sie missbrauchen Nonnen, vor allem in Ländern, in denen es viele Aids-Tote gibt. Die Priester glauben, dass die keuschen Nonnen nicht mit Aids infiziert sind und dass sie sich nicht bei ihnen anstecken können. Aber es sind Ausnahmen. Die tagtäglichen Hindernisse für Frauen, die sich in die Kirche einbringen wollen, beunruhigen mich mehr.«

Ich habe den Blick der Nonne und das Gespräch nie vergessen. Es fiel mir schwer, danach noch zu glauben, dass Frauen in der Kirche wegen ihres Geschlechts nicht benachteiligt würden. Ich nahm dem Papst seine Beteuerungen, wie sehr er die Frauen schätze, nicht mehr ab. Während der Debatte um die Schwangerenkonfliktberatung ging es auch darum. Die Frage, wie die katholische Kirche Frauen sieht und behandelt, war Teil der Debatte. Auch innerhalb der katholischen Kirche und innerhalb der deutschen Bischofskonferenz kam es über diese Frage zu einer extremen Spannung. Die Mehrheit der deutschen Katholiken war der Meinung, dass man ungewollt schwangere Frauen nicht allein lassen dürfe. Ein Hilfsangebot in Notlagen, vor allem in einer so dramatischen Notlage, in der es um ein Menschenleben ging, müsse ein Kernstück der deutschen katholischen Kirche sein. Dort auszusteigen, hieße Frauen in Not allein zu lassen, das schien für die meisten Christen mit der Lehre des Jesus von Nazareth kaum vereinbar zu sein.

In Rom war man aber anderer Meinung: Durch die Bestätigung der Beratung beteilige sich die katholische Kirche an der Tötung ungeborenen Lebens. Das sei ein Skandal und müsse auf der Stelle beendet werden. Innerhalb des Streites ging es auch um die Grundbegriffe der Religion. Es ging um die Frage, was eine Seele ist, was Gottes Wille ist und wie der Mensch einen Konflikt mit Gott austrägt. Aber im Grunde ging es um die Reinheit der Kirche.

Stark vereinfacht, spitzte sich alles auf die Frage zu: Hätte sich Jesus Christus die Hände schmutzig gemacht, wenn er dadurch jemanden hätte retten können? Hätte er riskiert, dass man seinen guten Willen missbraucht, dass man ihn hintergeht, ja, ihn benutzt, um eine Sünde zu begehen? Ist das nicht von den Evangelisten geschildert worden? Hat man nicht versucht, ihn hereinzulegen mit der Frage nach der kaiserlichen Steuer (Markus, Kapitel 12, Vers 13 bis 17), und hatte er die Herausforderung nicht angenommen? Hatte man ihn nicht beschimpft, weil er eine kranke Frau am Ruhetag des Herrn heilte (Lukas, Kapitel 13, Vers 10 bis 17)? Was ging vor, der göttliche Sabbat oder eine kranke Frau?

Ich habe in all diesen Jahren mit angesehen, wie der Vorsitzende der Deutschen Bischofskonferenz Kardinal Karl Lehmann gekämpft hat. Er musste erleben, dass die Deutsche Bischofskonferenz offen einen heftigen Streit austrug, dass Bischöfe mit Ungehorsam gegenüber dem Papst drohten und das teilweise umsetzten. Lehmann hat den Kampf um den Erhalt der Beratungsstellen im Oktober 1999 verloren, aber ich bin sicher, dass er in diesen Jahren durch seinen Einsatz die Achtung sehr vieler Menschen gewonnen hat.

6
Aufbruch im Heiligen Jahr

Zwei Monate später hatte es der Papst geschafft: Am Weihnachtsabend 1999 kniete er vor der Heiligen Pforte im Petersdom nieder. Er hatte tatsächlich die unglaubliche Prophezeiung des polnischen Kardinals Stefan Wyszynski erfüllt, der ihm vorausgesagt hatte: »Du wirst die Kirche in das 21. Jahrhundert führen.«

Johannes Paul II. hatte zu diesem Zeitpunkt seine Mission im Grunde erfüllt. Der Papst, der unter beiden totalitären Systemen gelitten hatte, den Nazis und den Kommunisten, hatte die katholische Kirche in ein neues Jahrtausend geführt: Eine offene Straße lag jetzt vor der Kirche. Völlig andere Probleme als 50 Jahre zuvor plagten jetzt die Diözesen Europas: Katholiken wurden nicht mehr verfolgt, aber die Europäer schienen dafür in Massen das Interesse am christlichen Glauben zu verlieren. Europa und die USA drohten sich immer rascher zu säkularisieren, gleichzeitig dehnten sich Sekten und andere Religionen, vor allem der Islam, rasch aus. Zu Beginn des Heiligen Jahres hatten viele im Vatikan den Eindruck, dass der Beginn des neuen Jahrtausends einen drastischen Einschnitt bedeuten würde. Die katholische Kirche musste sich neu orientieren. Manche Kurienkardinäle hatten das Gefühl, dass der ideale Moment für Karol Wojtyla gekommen wäre, um zurückzutreten. Er hätte es mit dem guten Gefühl tun können, endlich angekommen zu sein: 22 schwere Jahre lagen hinter ihm. Er hatte einen Mordanschlag und viele Krankheiten überstanden und konnte sein Amt nur unter der Aufbietung seiner letzten Kräfte tragen. Einen Mann mit großer Erfahrung mit totalitären, kirchenfeindlichen Gesellschaftssystemen brauchte die Kirche nicht mehr. Sie hatte andere Probleme.

Aber dieser Abend war kein Ende, sondern für Karol Wojtyla ein neuer Anfang. Wojtyla wusste, dass es noch einige alte Rechnungen zu begleichen gab. Eine Rechnung war schon seit 2000 Jahren offen: die Auseinandersetzung mit dem Volk der Juden.

Der Weihnachtsabend war ein feierlicher Moment und ein beispielloser Medienerfolg. Als der greise Papst vor der Heiligen Pforte, der rechten Tür am Haupteingang des Petersdoms, niederkniete und flüsterte: »Siehe die Tür des Herrn«, gekleidet in einen prächtigen Umhang, sah die Welt wie hypnotisiert zu. Der Beginn des neuen Jahrtausends wurde von keiner anderen Institution so feierlich und so eindrucksvoll begangen. Mit der Öffnung der rechten Pforte neben dem Haupteingang zum Petersdom, die normalerweise zugemauert ist, stieß die katholische Kirche symbolisch das Tor zum dritten Jahrtausend auf. Das war mehr als nur ein schickes Feuerwerk zu Silvester. Die katholische Kirche erreichte mit solch spektakulären Gesten viele Millionen Menschen, die sich längst von der Kirche abgewandt hatten und denen der Glaube an Gott nichts mehr bedeutete. Im Vatikan waren diese spektakulären Auftritte des Papstes umstritten, obwohl ihr positiver Effekt unbestreitbar war. Menschen, die nichts mehr mit Gott im Sinn hatten, wurden im Fernsehen, in den Zeitungen, im Internet mit dem Bild des Papstes konfrontiert, der die Tür zum dritten Jahrtausend aufstieß. Das machte Millionen Menschen nachdenklich. Wäre ein Jahrtausend, in dem Gott und die Kirchen nur noch eine untergeordnete Rolle spielen, wirklich besser?

Das Heilige Jahr sollte nach dem Willen Wojtylas nicht ein ereignisreiches Jahr voller Feste sein. Es sollte der Kirche eine spirituelle Erneuerung bringen. Wojtyla wollte das Heilige Jahr dazu nutzen, um diesen ehrwürdigen, alten Kirchenapparat vom Schmutz der Jahrhunderte zu reinigen. Er wollte eine radikale Erneuerung. Die Kirche sollte rein und gestärkt in das dritte Jahrtausend gehen.

Sechs Jahre lang, seit dem apostolischen Brief »Tertio millennio adveniente« (Während das dritte Jahrtausend näher rückt), hatte sich die katholische Kirche auf diesen Augenblick vorbereitet. Im Vatikan war gebaut und restauriert worden, um dem Ansturm der erwarteten 30 Millionen Pilger standhalten zu können. Doch wie so oft zersplitterten die einzelnen Ämter der Institution »Vatikanstaat« eine brillante Idee. Das Heilige Jahr mit allem erdenklichen Aufwand zu feiern, sollte sich als ein Erfolg erweisen. Doch jeder einzelne päpstliche Rat, jede Kongregation und Organisation, wollte ihr Stück vom großen Jubiläumskuchen abhaben. So plante der Vatikan viel zu viele Ereignisse. Was den Wert des Besonderen haben sollte, wurde inflationär. Es häuften sich die Jubiläen aller erdenklichen Berufsgruppen, das Jubiläum der Politiker, das Jubiläum der Journalisten, das Jubiläum der Krankenpfleger wechselte sich mit dem Jubiläum der Künstler ab.

Das Problem zeigte sich schon am zweiten Tag des Heiligen Jahres. Ich erinnere mich ganz genau an die Weihnachtsnacht; es war ein magischer Moment, Tausende Journalisten, Kameramänner, Techniker zeichneten das Bild des Papstes auf und übertrugen es bis in den letzten Winkel der Welt. Ich sah Kollegen, die normalerweise keinen Hehl daraus machen, dass sie die Kirche regelrecht verabscheuen, ergriffen zusehen, wie der alte Mann auf die Knie ging, die Tür geöffnet wurde und sich die Atmosphäre des geheimnisvollen Rätsels eines neuen Jahrtausends ausbreitete.

Das war unübertroffen. Doch der Vatikan ließ es nicht dabei bewenden. Schon am nächsten Tag, dem ersten Weihnachtstag, sollte der Papst die Eröffnung des Heiligen Jahres wiederholen und in der Lateranbasilika die zweite Heilige Pforte öffnen. Aber aus der Sicht der Medien war das Thema erledigt. Der Papst konnte nicht jeden Tag eine neue Pforte öffnen. Ein Heiliges Jahr konnte nur einmal beginnen. Der Vatikan verstand das aber nicht. Am Abend des ersten Weihnachtstages bereitete Zeremonienchef Piero Marini alles vor, damit der Papst die zweite Heilige Pforte in der Vorhalle der Lateranbasilika öffnen konnte. Der Kirchenstaat hatte die ersten vier Reihen der Kirchenbänke für ausgewählte Reporter reservieren lassen. Während der Live-Übertragung der Messe sollte der Fernseh-Kommentator das ungeheure Interesse der Medien auf der ganzen Welt unterstreichen und auf die dichtgedrängten Bänke verweisen, auf denen Kollegen der New York Times und des russischen Fernsehens sitzen sollten. Ich saß dort ganz allein.

Als mich Bischof Piero Marini sah, irritierte das den coolen Zeremonienchef nicht wenig. Dem großen Jubeljahr drohte, kaum dass es begonnen hatte, der erste Flop: eine feierliche Eröffnung der zweiten Heiligen Pforte, die nachweislich die Welt nicht mehr interessierte. Marini griff zu einem alten Trick: Er schickte einen Angestellten des Vatikans nach draußen auf den Vorplatz. Dort froren Tausende von Menschen, die auf die Ankunft des Papstes warteten. Der Gesandte Marinis kämpfte sich durch die Massen bis in die letzte Reihe, wo die Gläubigen in der Kälte zitterten, die den Papst nur stecknadelgroß auf einer Leinwand zu Gesicht bekommen würden. Marinis Unterhändler wählte 60 fromm aussehende Frauen und Männer aus und eröffnete ihnen, dass sie ganz vorn, in der Kirche, direkt am Papstaltar, die heilige Messe miterleben durften. Den meisten erschien das wie ein unwahrscheinliches Geschenk des Himmels. Sie ließen sich, glühend beneidet, durch die Menge bis zur Kirche bringen und durch den Seitengang bis in die Kirchenbänke ganz vorn geleitet, wo die Weltpresse der Messe zuschauen sollte. Der Effekt war unbestreitbar positiv: Menschen, die erwartet hatten, knapp zwei Stunden lang in der Kälte auszuharren und trotzdem kaum etwas vom Papst zu sehen zu bekommen, saßen nun auf bequemen Bänken in einer warmen Kirche und konnten den Papst fast berühren, wenn er an ihnen vorbei zum Altar ging. Es wird niemanden wundern, dass sie während der ganzen Messfeier begeistert mit großen freudigen Augen in die Fernsehkameras schauten und einen perfekten Hintergrund für die päpstliche Messe abgaben.

Johannes Paul II. hatte für das Heilige Jahr Großes vor, er wollte eine Annäherung an den Islam und eine Aussöhnung mit den Juden. Wenige Wochen vorher in Tiflis war es dem Papst klarer als je zuvor vor Augen geführt worden: Es gab kein mehrheitlich orthodoxes Land mehr, das im Krieg mit einem mehrheitlich katholischen Land lag. Es gab aber viele Länder, in denen Moslems und Christen sich bekriegten. In Tiflis hatte der Papst zusammen mit dem Patriarchen für den Frieden im nahen Tschetschenien gebetet, und Johannes Paul II. wusste, dass der Appell eigentlich von den falschen religiösen Oberhäuptern an die Welt gerichtet wurde: Moslemische Muftis und orthodoxe Popen hätten in Tschetschenien zusammen den islamischen Kämpfern und russischen Soldaten klar sagen müssen, dass keiner von ihnen Gott auf seiner Seite hat, wenn sie Gewalt ausüben. Das war die wahre Herausforderung, an der sich die Religionen messen lassen mussten: Waren Katholiken in der Lage, auf den Islam zuzugehen und eine gemeinsame Basis zu finden, die zu einem konkreten Friedensprozess führen konnte? Konnte ein Papst helfen, Waffen, die Moslems auf Christen und Christen auf Moslems richteten, zum Schweigen zu bringen? Konnte ein Nachfolger des Juden Petrus dazu beitragen, das Gemetzel zwischen Juden und Moslems zu beenden? Im Frühjahr 2000 begriff ich, dass der Papst einen großartigen Plan hatte: Die Schritte der Aussöhnung mit der Orthodoxie waren nur das Training für die wahre Aufgabe gewesen, die Aussöhnung zwischen den drei monotheistischen Weltreligionen Christentum, Islam und Judentum. Der Papst hatte dabei ein klares Ziel vor Augen. Diese drei Religionen mussten kompromisslos klarstellen, dass im Namen Gottes niemals Gewalt ausgeübt werden darf.

Johannes Paul II. wusste genau, wo er ansetzen musste: bei einem gemeinsamen Nenner – bei Abraham. Alle drei Religionen berufen sich auf diesen gemeinsamen Stammvater. Am Vormittag des 23. Februar 2000 gedachte Papst Johannes Paul II. in einem einzigartigen Ritus des rätselhaften Mannes aus Ur, einer Stadt im heutigen Irak. In der Genesis heißt es (12,1): »Der Herr sprach zu Abraham: Zieh weg aus deinem Land, von deiner Verwandtschaft und aus deinem Vaterhaus in das Land, das ich dir zeigen werde.« So beginnt die Geschichte Israels, die Geschichte der Juden und des Islams. In seiner Bibelauslegung an jenem 23. Februar erinnerte der Papst die drei Religionen daran, dass Abraham »der Beginn der Heilsgeschichte ist«. »Zusammen mit uns schauen auch die Juden und Moslems auf die Figur Abrahams, als ein Modell der uneingeschränkten Unterwerfung unter den Willen Gottes«, sagte der Papst in der Predigt. Mit Abraham beginnt auch die Geschichte Israels und damit die Geschichte des Juden Jesus von Nazareth. An diesem Morgen erinnerte der Papst auch daran, dass »nach der Tradition Abraham seinen Sohn Isaak an der Stelle opfern sollte, an der später Gott das Opfer seines Sohns Jesus akzeptierte, am Golgatha bei Jerusalem«.

Am Tag darauf brach der Papst zu einer Reise nach Kairo auf. Sechs Jahre zuvor, im September 1994, war der Kirchenstaat in Kairo zum ersten Mal eine vorsichtige Allianz mit einigen islamischen Staaten eingegangen. Damals, während der Weltbevölkerungskonferenz, verständigte sich der Vatikan mit vielen arabischen Staaten auf grundsätzliche Forderungen gegenüber den Vereinten Nationen. Für den Vatikan und den Islam sind viele Grundsätze zum Schutz des menschlichen Lebens ähnlich. Die Strategie, durch Empfängnisverhütung und Schwangerschaftsabbrüche das rasche Wachsen der Weltbevölkerung in den Griff zu bekommen, akzeptieren viele moslemische Staaten ebenso wenig wie der Vatikan. Damals hatte der Papst nur Unterhändler zur Konferenz geschickt. Dieses Mal kam er persönlich und nicht nur, um über praktische Kompromisse zu beraten. Dieses Mal wollte er als erster Papst in der Geschichte in die Höhle des Löwen gehen: In die wichtigste Hochschule der moslemischen Welt, die ehrwürdige Al-Azhar-Universität in Kairo, das Zentrum des sunnitischen Zweigs des Islam. Dort wollte er eine Grundsatzerklärung zum Verzicht auf Gewalt aushandeln.

Während die Organisatoren die letzten Details der 90. Auslandsreise des Papstes nach Ägypten vorbereiteten, spielte sich hinter den Kulissen des Vatikans ein gewaltiger Streit ab. Karol Wojtyla hatte einen revolutionären Plan: Er wollte am Aschermittwoch ein großes Schuldbekenntnis der katholischen Kirche zelebrieren. Bereits in dem apostolischen Brief »Tertio millennio adveniente« aus dem November 1994 hatte er klargestellt, dass die Kirche ihre Sünden eingestehen müsse, unklar war, in welcher Form, wie drastisch das geschehen sollte, denn die große Mehrheit der Kirchenregierung sprach sich deutlich dagegen aus. Es gab eine Vielzahl von Vorbehalten, die die Kardinäle vorbrachten, allen voran Joseph Ratzinger. Die meisten Kurienkardinäle empfanden allein schon die Idee, öffentlich einzuräumen, dass die Heilige Mutter Kirche schwere Fehler gemacht hatte, als unerträglich. Abgesehen von diesem unguten Gefühl, das die Mehrheit beschlich, gab es auch rechtliche und philosophische Probleme. Konnte eine Institution wie die katholische Kirche überhaupt Schuld eingestehen? Konnte eine Institution schuldig werden? Bestand nicht gerade das Konzept der katholischen Kirche in der Schuld des Einzelnen vor Gott? Die Verursacher der schlimmsten Vergehen der katholischen Kirche waren seit langer Zeit tot. Die Päpste, die die Kreuzzüge befahlen und die Hexenverbrennungen der spanischen Inquisition hinnahmen, die Schuldigen der zahlreichen Religionskriege in Europa lebten seit langem nicht mehr. Außerdem war die Kirche dem Willen Gottes entsprungen. War ein Schuldeingeständnis der Kirche nicht eine Erklärung des Versagens Gottes und somit undenkbar?

Ich war mir sicher, dass der Papst das Projekt, ein Schuldeingeständnis der Kirche feierlich im Petersdom zu zelebrieren, nicht durchsetzen würde. Zu groß war sein Respekt vor den Kardinälen. Sofort nach seiner Wahl am 16. Oktober 1978 hatte er seinen Stil gegenüber dem Kardinalskollegium klargestellt. Das Protokoll sah damals vor, dass er auf dem Thron der Päpste sitzend die Ehrenbezeugungen der Kardinäle annehmen sollte. Doch er weigerte sich. Er stand auf und sagte: »Es ist mir egal, was das Protokoll vorsieht. Ich werde meine Brüder stehend empfangen.« Karol Wojtyla wollte auf keinen Fall, dass die Kardinäle, die zum größten Teil älter waren als er, vor seinem Thron knien mussten.

Johannes Paul II. hat sich nie über den geschlossenen Protest des Kardinalskollegiums hinweggesetzt. Aber Karol Wojtyla wollte dieses Schuldeingeständnis, egal ob sich die Frage klären ließ, ob eine Institution Schuld zugeben kann. Er wollte eine Läuterung der Kirche unabhängig von jeder Logik. Es war eine Sache zwischen ihm und Gott, aber ich konnte mir nicht vorstellen, dass er wagen würde, diese Idee umzusetzen.

Am Morgen des 24. Februar, einem sonnigen klaren Tag, drehte der Pilot der Alitalia-Maschine vom Typ MD 80 das Flugzeug leicht auf die Seite, damit der Papst die Pyramiden von Giseh (El-Giza) aus der Luft sehen konnte. Nie zuvor hatte ein Papst Ägypten, diese Wiege der Kultur, besucht. Im Gegenteil: Die Päpste hatten mehrfach in der Geschichte Truppen entsandt, um die Sultane Ägyptens anzugreifen. Seit dem ersten Kreuzzug 1096 bis 1099 hatten christliche Truppen auf Befehl von Päpsten immer wieder gegen Soldaten der Sultane Ägyptens gekämpft. Als die Kreuzritter am 15. Juli 1099 Jerusalem eroberten und ein Massaker anrichteten, starben auch Tausende Ägypter. Ägyptische Augenzeugen des Blutbads behaupteten später, dass das Blut der Opfer der Kreuzritter kniehoch in den Gassen von Jerusalem gestanden habe. Selbst der heilige Franz von Assisi soll nach der Legende im Jahr 1219 mit dem ägyptischen Sultan Malek al Kamil über Krieg und Frieden diskutiert haben. Der heilige Franz soll versucht haben, den Sultan mit seiner asketischen Lebensweise von der Überlegenheit und Ausdauer der Christen zu überzeugen.

Die Kirche sprach den bekanntesten Feldherren, der gegen Ägypten gezogen war, sogar heilig: König Ludwig IX. von Frankreich (1214 bis 1270). Papst Bonifatius VIII. (1235 bis 1303, Papst ab dem Jahr 1294) setzte die Heiligsprechung des Königs durch. Dieser Papst Benedetto Caetani, ein kriegerischer Mann, der hoch korrupt gewesen sein soll, wurde von Dante in seiner »Göttlichen Komödie« in der Hölle dargestellt.

Der brutale Überfall des König Ludwig IX. auf Ägypten während des sechsten Kreuzzugs kam wegen der ungewohnten Hitze allerdings rasch ins Stocken: Der König wurde in Al Mansur im Nildelta gefangen genommen und später gegen ein Lösegeld freigelassen. Tausende kamen während des Kreuzzugs ums Leben. Dennoch verehrt man bis heute überall in Frankreich den heilig gesprochenen König. Der kriegerische Heilige wartete vier Jahre lang auf Verstärkung und den Befehl des Papstes, den Kreuzzug wiederaufzunehmen, um Jerusalem zu befreien, das 1244 von den moslemischen Truppen zurückerobert worden war.

Als die Maschine des Papstes auf dem Flughafen Kairo landete und der ägyptische Staatspräsident Hosni Mubarak ihn begrüßte, ging es im Grunde um das gleiche Problem wie vor 900 Jahren: Wer kontrolliert Jerusalem? Der Papst verfügt nicht mehr über die Macht, Truppen ins Heilige Land zu schicken, und Hosni Mubarak ist weit entfernt von der Vorstellungswelt eines ägyptischen Sultans des Mittelalters. Aber was Menschen für heilig halten, wie die Stadt Jerusalem, scheint den Lauf der Zeit, den Wechsel der Jahrhunderte, mühelos zu überstehen. Für den Sultan war Jerusalem ebenso heilig wie für die modernen Moslems Ägyptens, und für die Päpste ist die Stadt, in der Jesus Christus starb, immer noch das Zentrum der Welt und der Geschichte.

Für Hosni Mubarak war der erste Besuch eines Papstes in seinem Land sehr wichtig. Er hoffte, den Friedensprozess im Nahen Osten beschleunigen zu können. Direkte Gespräche zwischen Mubarak und einem Papst waren vor allem deshalb spannend, weil Ägypten und der Vatikan sehr ähnliche Positionen in der Frage vertreten, wer Jerusalem kontrollieren soll. Der Vatikan vertritt seit den 50er-Jahren die Auffassung, dass die heiligen Stätten in Jerusalem einen internationalen Status bekommen sollen. Mehrfach hatten Päpste gegen die Besetzung Ostjerusalems durch die israelische Armee im Jahr 1967 protestiert: zum maßlosen Ärger Israels. Der Judenstaat sieht Jerusalem als seine natürliche Hauptstadt. Die Vereinten Nationen hatten schon in den 40er-Jahren das Modell diskutiert, Jerusalem unter internationale Kontrolle zu stellen. Der Vatikan hatte mehrfach vorgeschlagen, dass UNO-Truppen den Zugang zu den heiligen Stätten in Jerusalem bewachen sollen und nicht die israelische Polizei. Wegen dieser Position war es seit der Gründung des Staates Israel zwischen Israel und dem Vatikanstaat immer wieder zu Spannungen gekommen. Sehr spät, erst im Jahr 1997, erkannte der Vatikan Israel vollständig an und tauschte Botschafter aus. Bis zu diesem Zeitpunkt verhielt sich der Vatikan aus diplomatischer Sicht wie die arabischen Staaten, die so gut wie keinen Kontakt mit Israel halten. Ägypten hat die Position des Vatikans immer unterstützt: Die Sperrung der Zugänge zu den heiligen Stätten des Islams in Jerusalem, vor allem die Sperrung des Zugangs zum Felsendom, sei ein unerträgliches Druckmittel der Israelis, behaupteten die Ägypter. Einem gläubigen Moslem sei nicht zuzumuten, auf die Launen der Israelis angewiesen zu sein, wenn er die heiligen Stätten auf dem Tempelberg besuchen wolle, hatte Mubarak mehrfach erklärt. Der Staatschef hoffte auch, der Kirchenstaat habe als unparteiischer Vermittler eine Chance, im Nahen Osten wirksamer einen Friedensprozess anzukurbeln als die unter vielen Arabern verhassten

USA. Ägypten sah auch deshalb mit Wohlwollen auf die Haltung des Kirchenstaats, weil der Papst sich über die Lage der etwa 50 000 palästinensischen Christen im Heiligen Land sorgt, die wie moslemische Palästinenser unter dem Druck Israels zu leiden haben.

Johannes Paul II. erinnerte sofort nach der Landung an die Gemeinsamkeiten mit der Politik Ägyptens und bezeichnete den uralten Staat als Wiege der Kultur. Er grüßte den ägyptischen Präsidenten auf Arabisch: »Salamu alaikum«: Der Friede sei mit euch. Hosni Mubarak überschüttete den Papst nach der Ankunft mit Lob und sagte: »Das ägyptische Volk schaut auf Sie mit großem Respekt und Wertschätzung als einen Mann, der Mut zeigt, Weisheit und Toleranz.« Mubarak kam dem Papst so weit wie irgend möglich entgegen und unterstrich, dass Ägypten »ein gastfreundliches Paradies für alle Boten Gottes ist«. Diese Formel war ein kluger Schachzug des Präsidenten: Auf der einen Seite griff er die radikalen Moslems in seinem Land an, die von einem islamischen Staat Ägypten träumen, und unterstrich, dass Ägypten mehrere Religionen toleriert und Staat und Religion getrennt sind. Auf der anderen Seite stellte er gläubige Moslems zufrieden, indem er Jesus in die Reihe der Propheten eingliederte, so wie der Islam ihn sieht, und nicht als Mensch gewordenen Sohn Gottes, der er für die Christen ist. Mubarak wollte vor allem zeigen, dass Ägypten gegenüber Religionen tolerant ist, und genau darauf hatte der Papst gewartet. Dieser Punkt sollte der zweitwichtigste der Verhandlungen neben der Frage des Status von Jerusalem werden: Freiraum für Religionen. Johannes Paul II. wollte an den ägyptischen Präsidenten appellieren, um mehr Toleranz für Christen in der arabischen Welt zu erwirken. Der Vatikan zeigt soweit irgend möglich Toleranz gegenüber dem Islam. In Rom wurde kürzlich eine der größten Moscheen der Welt gebaut. In einigen islamischen Staaten dagegen steht schon der Besitz einer Bibel unter Strafe. Wer ein Kreuz aufbewahrt, muss mit Gefängnis rechnen. Ein christlicher Gottesdienst ist in Ländern wie Saudi-Arabien strikt verboten. Ägypten ist hingegen ein Beispiel für Toleranz in der arabischen Welt: Koptische Christen werden in Ägypten nicht nur geduldet, sondern erleben meist absolute Wertschätzung. Koptische Christen sind Mitglieder der Regierung, das koptische Weihnachten ist ein staatlicher Feiertag. Natürlich gibt es auch Probleme, wie für alle Minderheiten auf der Welt. Immer wieder versuchen Moslems durch Schuldenerlass oder Geldgeschenke koptische Christen zum Konvertieren zum Islam zu bewegen, Geschäfte koptischer Christen erleiden gelegentlich Anschläge. Gemessen an anderen arabischen Staaten zeigt sich Ägypten aber relativ tolerant.

In den Gesprächen zwischen dem Papst und Mubarak versuchte der Papst den ägyptischen Präsidenten davon zu überzeugen, innerhalb der arabischen Liga für mehr Religionsfreiheit zu kämpfen. Der Papst hoffte, dass dadurch langfristig ein Prozess in Gang gebracht werden könnte, der die Bedingungen für Christen in arabischen Ländern verbessern würde. Vor allem die christlichen Einwanderer aus den Philippinen werden in Saudi-Arabien regelrecht verfolgt, wenn sie ihre Religion ausüben. Im Gegenzug versuchte Hosni Mubarak, den Papst für die arabische Position im Konflikt mit Israel einzunehmen. Mubarak weiß seit dem Golfkrieg des Jahres 1990, wie wichtig der Vatikan ist. Ägypten hatte sich an dem Feldzug gegen den Irak beteiligt und erfahren, wie zentral der Standpunkt des Vatikans für die USA war. In den Vereinigten Staaten von Amerika leben etwa 52 Millionen Katholiken, von denen viele zur mächtigen weißen Oberschicht gehören. Bush senior wollte diese Gruppe nicht gegen sich haben, nicht im Krieg. Für den amerikanischen Präsidenten war unverzichtbar, dass die katholische Kirche Verständnis für die Haltung der USA aufbrachte. Einen Krieg, der Menschenleben kostet, kann sich auf Dauer kein US-Präsident leisten, wenn von den Kanzeln der katholischen Kirchen aus die Ungerechtigkeit der Aktion angeprangert wird. Vor allem im Krieg muss Amerika glauben, dass Gott an der Seite der USA stehe.

Hosni Mubarak wusste das und bemühte sich, den Papst so weit wie möglich für seine Position einzunehmen. Er zeigte das auch dadurch, dass er für den Besuch des Papstes alles mobilisiert hatte, was sich mobilisieren ließ. Mehr als 100 000 Soldaten und Polizisten sicherten den Besucher. Jeder Meter Straße, den der Papst in Kairo zurücklegte, wurde von Polizisten bewacht. Islamische Fundamentalisten sollten nicht die geringste Chance bekommen, ein Attentat auch nur zu wagen. Mehr als 20 000 Kinder winkten dem Papst an den Straßen zu. Das Hotel, in dem die Vatikan-Delegation abstieg, war wie ein Fort gesichert. Johannes Paul II. bereitete sich unterdessen in der Nuntiatur auf einen der unglaublichsten Besuche eines Papstes in der 2000-jährigen Geschichte der katholischen Kirche vor: den Besuch in der Al-Azhar-Universität.

Irgendwann wird die Geschichte über Papst Johannes Paul II. ein Urteil fällen, sein Leben bewerten, seine Erfolge und seine Fehler einschätzen. Es wird sich zeigen, ob sein Kurs der richtige war, ob er der Kirche eine Erneuerung brachte oder ob er sie von der Gesellschaft abrückte. Für mich persönlich hat der Papst an jenem magischen Abend in der Al-Azhar-Universität alles, was er falsch gemacht haben mag, wiedergutgemacht. Er hatte prophetisch lange vor dem 11. September 2001 erkannt, dass der Islam und das Christentum endlich Frieden schließen müssen.

Ich gehörte damals zu dem Pool, der Johannes Paul II. in die Hochschule begleitete, und wartete, wie immer, auf ihn: diesmal im Foyer der Universität. Es war eine Atmosphäre wie aus Tausendundeiner Nacht. An plätschernden Marmorbrunnen saßen alte Würdenträger der Hochschule auf Stöcke gestützt. Unter den enormen Lampen der Halle, die den herrlichen blau gekachelten Raum ausleuchteten, herrschte bei den schweigend wartenden Hochschullehrern der Universität ein nahezu ungläubiges Staunen darüber, dass tatsächlich der römisch-katholische Papst das Zentrum des sunnitischen Islams betreten sollte, das geistige Zentrum für 900 Millionen Moslems auf der Welt. Die Würde der Institution ist zumindest teilweise vergleichbar mit dem Vatikan. Alle bedeutenden Lehrentscheidungen für katholische Christen kommen aus dem Vatikan. Alle grundsätzlichen theologischen Entscheidungen für die Sunniten kommen aus der Al-Azhar-Hochschule. In den eintausend Jahren seit der Gründung der Moschee und Hochschule, die etwa 300 Jahre nach dem Tod Mohammeds am 8. Juni 632 entstand, hätte ein Papst fast nie eine Chance gehabt, aus der Hochschule lebend herauszukommen.

Wie viele Kriege hatten sich moslemische Truppen und Soldaten katholischer Könige auf Wunsch der Päpste geliefert? Wie oft stand ein Christ bewaffnet vor einem Moslem, um ihn zu töten, nur weil er ein Moslem war? Wie groß das ganze Ausmaß des Leids war, das durch die Kriege der Religionen entstand, wird nie bekannt werden. Sicherlich gehört die längste Auseinandersetzung zwischen moslemischen Soldaten und Christen auch zu den blutigsten: die Eroberung und Rückeroberung der Iberischen Halbinsel. Mit nahezu unglaublicher Geschwindigkeit hatte sich der Islam nach seiner Entstehung ausgebreitet. Nur fünf Jahrzehnte nach dem Tod Mohammeds gelang es moslemischen Soldaten, ganz Nordafrika unter Kontrolle zu bringen und Spanien und Portugal anzugreifen. Ab dem Jahr 714 war außer einem schmalen Streifen im Norden ganz Spanien unter arabischer Kontrolle. Fast 800 Jahre, bis zum Fall von Granada im Jahr 1492, sollten die Araber bleiben.

Aber Päpste hatten nicht nur weltlichen Herrschern den Angriff auf moslemische Heere befohlen, sondern waren auch direkt gegen Moslems in den Krieg gezogen. Es waren päpstliche und moslemische Truppen gewesen, die eine der dramatischsten und blutigsten Schlachten der Geschichte ausfochten: Auf dem Mittelmeer sind über Jahrtausende hinweg immer wieder Seeschlachten ausgetragen worden. Aber keine Seeschlacht, nicht einmal während des verheerenden Zweiten Weltkriegs, reicht an das Gemetzel vom Morgen des 7. Oktober 1571 heran: Vor den Curzolariniinseln, einem winzigen Archipel bei Kephallonia an der Mündung des Golfs von Lepanto in Griechenland, zogen an diesem Morgen, begleitet von den Gebeten und dem ausdrücklichen Segen des später sogar heilig gesprochenen Papstes Pius V. (Papst zwischen 1566 und 1572), exakt 208 Galeeren, 30 Segelschiffe und sechs Galeassen der christlichen Armada auf. Sie hatten 1815 Kanonen an Bord. Die Besatzung bestand aus etwa 80 000 Mann, von denen etwa 40 000 Galeerensklaven waren. Der Papst hatte mehr als 2000 Sklaven entsandt. Die meisten waren Kriminelle. Unter ihnen befanden sich aber auch politische Häftlinge, die auf den zwölf päpstlichen Galeeren angekettet waren. Der päpstliche Oberkommandeur der Armada war Marcantonio Colonna.

Noch heute meint man den Schlachtenlärm zu hören, wenn man in Rom durch die seit Urzeiten nur samstags geöffnete Bildergalerie im Palazzo Colonna wandelt, die die Familie den Rest der Woche als Wohnzimmer benutzt. Der Saal wurde ausgemalt, um dem päpstlichen Heerführer Marcantonio Colonna zu huldigen. Die Schränke sind mit gefesselten Moslems verziert. Das Deckenfresko zeigt, wie der päpstliche Kommandeur moslemische Schiffe zu den Fischen schickt. Es ist ein Ort der Verherrlichung einer schrecklichen Schlacht, in der brutaler denn je Christen und Moslems aufeinander trafen.

Die christliche Armada war hoch motiviert und wollte Rache für Famagusta auf Zypern. Wenige Wochen zuvor, am 5. August 1571, hatte der moslemische Heerführer Lala Mustafa die Festung Famagusta auf Zypern angegriffen und dort ein entsetzliches Massaker angerichtet. Mustafa hatte eine schriftliche Garantie mit dem Siegel des Sultans abgegeben, dass alle Bewohner der Festung geschont würden, wenn sie kapitulierten. Der Oberkommandierende der Festung, der Venezianer Marcantonio Bragadin, gab daraufhin auf. Lala Mustafa brach sein Wort: Alle Italiener wurden erschlagen, die Frauen der Zyprioten vergewaltigt, 17 000 Menschen versklavt. Dem Kommandeur Marcantonio Bragadin wurde die Haut bei lebendigem Leibe abgezogen.

Die christlichen Truppen waren aber nicht nur voller Hass auf die wortbrüchigen Moslems, sondern verfügten auch über eine brandneue Wunderwaffe: die sechs Galeassen aus Venedig. Die Schiffe waren regelrechte schwimmende Festungen. Ihre 22 Kanonen und über 300 Arkebusen entfesselten eine unglaubliche Feuerkraft, die die moslemische Armada noch nicht kannte und maßlos unterschätzte. Die christlichen Schiffe lagen im dichten Verband nebeneinander: Die Spitzen der Ruder berührten sich. Im Morgengrauen tauchte vor den Mündungen der christlichen Kanonen die moslemische Armada des Sultans auf: 230 Galeeren und 70 Segelschiffe, mit insgesamt etwa 750 Kanonen an Bord. Die Besatzung der moslemischen Armada bestand aus etwa 90 000 Mann, etwa 50 000 von ihnen waren christliche Sklaven. Die meisten waren Griechen. Der Befehlshaber der moslemischen Armada hieß Ali Pascha, und er verstieg sich zu einer fatalen Fehleinschätzung. Er glaubte, nicht 230 Galeeren, sondern nur etwa 130 vor sich zu haben. Als die moslemischen Schiffe im dichten Verband näher kamen, spuckten die sechs Galeassen Tod und Vernichtung. Masten splitterten, mit Pulver randvoll beladene moslemische Schiffe explodierten. Dann gaben auch die anderen Galeeren das Feuer frei. Die Schiffe der beiden Armaden donnerten ineinander: Ali Pascha wurde der Kopf abgeschlagen und auf der Spitze einer Lanze den christlichen Truppen gezeigt. Im Laufe der Schlacht wurden 62 osmanische Galeeren versenkt und 130 Galeeren erbeutet. Nur 38 Schiffe konnten fliehen. Sie hatten einen christlichen Gefangenen an Bord, der weltberühmt werden sollte und damals auf dem Weg war in die Sklaverei: Miguel de Cervantes, der Autor des weltberühmten Don Quijote.

Die Christen erbeuteten 117 schwere und 256 leichte Geschütze. 3486 Moslems wurden in die Gefangenschaft getrieben. Die Zahl der Toten auf der Seite der Türken schätzen Historiker auf etwa 30 000. Auf der Seite der Christen kamen etwa 7500 Menschen ums Leben. Aber 15 000 christliche Sklaven konnten befreit werden. Die Chronik berichtet, dass unter den 20 000 Verletzten der christlichen Armada 800 päpstliche Soldaten waren. Als das Ergebnis der Schlacht bekannt wurde, betete Papst Pius V. öffentlich zur Jungfrau vom Rosenkranz, die den Sieg möglich gemacht hätte, und sprach vom »Triumph der Christenheit«.

Wie unerbittlich hatten sich die Religionen gegenseitig bekämpft, verfolgt und verspottet! Und jetzt war ein Papst dabei, die lange Geschichte des Hasses mit einer Geste des Friedens für immer zu beenden. Als er kam, holte ihn der Großscheich am Haupteingang ab. Es war ein unvergesslicher Augenblick: Die Dämmerung legte sich schon über Kairo. Überall war der Ruf des Muezzins zum Gebet zu hören. Die Sonne vergoldete die Kuppeln der uralten Stadt. Man konnte die Nähe der Wüste spüren. Karol Wojtyla aus Polen war es vorbestimmt, an diesem Tag in das Hauptquartier des Islams zu schreiten, als Gast moslemischer Oberhäupter, die seine Vorgänger für ihre schlimmsten Feinde gehalten hatten. Er war mit dem Papamobil an den Cafés vorbeigefahren, in denen wie vor Jahrhunderten Männer bei süßem Tee und Wasserpfeifen saßen. Vermutlich sagte ihnen der Name der griechischen Meerenge bei Lepanto gar nichts mehr. Der Papst sagte leise »As Salamu alaikum« (Der Friede sei mit dir). Dann gaben sich die beiden Männer höflich die Hand. Großscheich Tantawi führte den Papst in die prächtigen Gemächer im ersten Stock zum Gipfelgespräch.

Ich hatte mich darauf eingestellt, dass ich von dem Gespräch mit dem Großscheich so gut wie nichts mitbekommen würde. So etwas geschah immer hinter verschlossenen Türen. Der Papst ließ auch bei Vier-Augen-Gesprächen im Vatikan mit wichtigen Staatschefs die Türen vor Journalisten verschließen. An der Al-Azhar-Hochschule geschah etwas Unvorhergesehenes: Die Gastgeber hatten vergessen, sich darüber zu informieren, welche Mitglieder der Vatikan-Delegation dem Papst zu einem Gipfelgespräch folgen mussten und wer andere Funktionen hatte. Da Großscheich Tantawi nicht unhöflich sein und nicht riskieren wollte, irgendeinen Kardinal auszusperren, ließ man einfach alle Begleiter des Papstes in den abgeriegelten Teil des ersten Stocks hinaufsteigen.

Ich ging direkt hinter dem Papst, den der Großscheich stützte, die Treppe hinauf durch die enormen Hallen der Hochschule bis zu einem prächtigen Saal des Rektors der Universität, wo Tantawi neben dem Papst Platz nahm. Ich war mir absolut sicher, dass mich spätestens jetzt irgendein Sicherheitschef hinauswerfen würde, aber das passierte nicht. Offensichtlich hatten die Organisatoren der Hochschule auf die Diskretion aller Beteiligten gesetzt, die sich nach und nach vornehm zurückziehen sollten. Das passierte auch, der Saal leerte sich rasch, man wollte die beiden allein lassen. Ich beschloss, überhaupt nicht diskret zu sein, und blieb einfach stehen. Großscheich Tantawi sah mich irritiert an, wusste aber offensichtlich nicht, wer ich war. Der Papst lächelte mich nur an. Ich weiß nicht, was er dachte, aber er machte kein Zeichen, aus dem ich hätte schließen können, dass er mich hier nicht sehen wollte. Ich erinnere mich noch an den überraschten Blick von Kardinal Walter Kasper, dem Chef des päpstlichen Rats zur Einheit der Christen, der sich zweifellos fragte, was ein Reporter bei einem historischen Vier-Augen-Gespräch zu suchen hatte. Ich dachte aber nicht daran, mich durch einen verwunderten Blick irritieren zu lassen. Ich wollte wissen: Wie schließen die beiden am meisten verbreiteten Religionen der Welt nach mehr als tausend Jahren Krieg Frieden? Was werden die ersten Worte sein? Was sagt man sich, nachdem man sich über Jahrhunderte gegenseitig abgemetzelt hat?

Tantawi sprach zuerst: »Heiliger Vater: Wir müssen uns zunächst auf Grundsätze einigen. Wenn wir uns im Grundsätzlichen einig sind, dann können Mitarbeiter die Einzelheiten im gemeinsamen vatikanisch-islamischen Rat klären.«

Der Papst nickte nur. Dann sagte Tantawi: »Der erste Grundsatz muss sein, dass alle Menschen von einem Mann und einer Frau abstammen.«

»Ja«, sagte der Papst, »ich bin einverstanden. Alle Menschen stammen von einem Mann und einer Frau ab, Adam und Eva.«

Dann sagte Großscheich Tantawi: »Gottes Willen muss immer und unter allen Umständen entsprochen werden.«

Der Papst nickte: »Ja, das ist so«, sagte er.

»Gott hat sich den Menschen offenbart.«

Der Papst nickte erneut.

Tantawi fügte hinzu: »Für den Islam steht die Jungfräulichkeit Marias außer Frage. Gott ist groß genug, so ein Wunder zu wirken.«

Der Papst nickte sichtlich erfreut, dann sagte er: »Ich möchte den einen einzigen Grundsatz vorschlagen: ›Böses zu tun, zur Gewalt aufzurufen und Streit und Zusammenstöße im Namen der Religion zu provozieren, ist eine schwere Beleidigung Gottes.‹ Können wir uns darauf einigen?« Tantawi zögerte nicht, sondern sagte sofort: »Ja. Wir werden gemeinsam eine Grundsatzschrift aufsetzen und dieses Prinzip aufnehmen. Ich bin einverstanden.«

»Gut«, sagte Johannes Paul II., sichtlich zufrieden.

Tantawi sagte: »Wir können nicht verschweigen, dass wir uns in einem Punkt niemals werden einigen können: Jesus von Nazareth war sicherlich ein großer Prophet, aber er kann nicht der Sohn Gottes gewesen sein.«

»Wir müssen uns nicht in allen Punkten einig sein«, antwortete der Papst.

Dann drängten Kameramänner in den Raum. Es war Zeit für das gemeinsame Foto. Der Papst und der Großscheich einigten sich darauf, dass die gemeinsame Kommission an einer Erklärung arbeiten solle. Damit war der historische Besuch auch schon zu Ende. Langsam schritt der Papst durch die Vorhalle zum Ausgang, wo der gepanzerte Wagen wartete. Johannes Paul II. verharrte noch einen Augenblick unter der Kuppel des Baus, als wolle er sich diesen Augenblick einprägen.

War dieser Besuch in der Al-Azhar-Hochschule ein Erfolg gewesen? Ohne jeden Zweifel, ja. Die Ereignisse in Damaskus im Jahr 2001 sollten das bestätigen. Dennoch kann man von einem solchen Besuch sicher kein praktisches Ergebnis erwarten. Es sind Gesten, die eine Trendwende auslösen. Für den Papst war es ein großer Erfolg, die gemeinsame Erklärung zum Gewaltverzicht im Namen Gottes mit den Sunniten zu erreichen. Von nun an sollte die Erklärung der Al-Azhar-Hochschule in vielen Zusammenhängen eine Rolle spielen. Moslemische Geistliche, die zur Gewalt aufriefen, konnten von nun an nicht mehr so tun, als sprächen sie im Namen des gesamten Islams. Denn die wichtigste islamische Autorität in theologischen Fragen hatte ein für alle Mal erklärt, dass Gewalt nicht im Namen Gottes angewendet werden darf. Die Diskussion um die Rechtmäßigkeit von Attentaten oder kriegerischen Aktionen im Namen Gottes war damit beendet.

Am Nachmittag nach dem Besuch in der Hochschule fuhr der Papst zur Residenz des Oberhaupts der koptischen Kirche: Es gehört zur Magie dieses Jahres, dass Johannes Paul II. in so rascher Reihenfolge so viele historische Ereignisse zelebrierte: An diesem Tag besuchte er 1450 Jahre nach dem Kirchenstreit, der zur Entstehung der koptischen Kirche führte, als erster Papst der Geschichte die Residenz des einzigen zweiten Papstes auf der Welt: Papst Shenouda III. Dem Oberhaupt der koptischen Kirche, und nur diesem Oberhaupt, gewährt die katholische Kirche den Ehrentitel Papst. So umarmten sich Papst Johannes Paul II. und Papst Shenouda III. im Vorraum der Residenz. Die beiden Kirchen hatten sich in den vergangenen Jahrzehnten bereits stark angenähert. Schon Papst Paul VI. hatte mit Papst Shenouda III. den Schulterschluss gesucht und eine gemeinsame Erklärung abgegeben. Zur Öffnung der dritten Heiligen Pforte in der Sankt-Pauls-Kathedrale am 18. Januar im Rom des Jahres 2000, also einen Monat, bevor der Papst in Ägypten eintraf, hatte die koptische Kirche einen Vertreter geschickt. Seine Exzellenz Amba Bishoi hatte zusammen mit dem Papst den Gottesdienst gefeiert. Gemeinsam hatten sie mit dem Evangelium die vier Himmelsrichtungen gesegnet. Wie Brüder schritten Papst Johannes Paul II. und Papst Shenouda III. in den Prachtraum der Residenz des koptischen Papstes. Die Absplitterung der koptischen Kirche von Rom liegt lang zurück: Auslöser war die ökumenische Synode von Chalcedon im Jahr 451 gewesen. Damals ging es um eine Kernfrage des Christentums: War Jesus Christus ein Mensch oder ein Gott oder beides? Nestorius, der Bischof von Konstantinopel, der wichtigste Bischof der christlichen Welt nach Papst Cölestin I. (Papst zwischen 422 und 432), hatte erklärt, dass Christus vor allem ein Mensch gewesen sei. Maria dürfe daher nicht als Gottesmutter verehrt werden. Der Papst Cölestin hatte ihn daraufhin abgesetzt und verbannt. Er starb später in Ägypten. Der Streit um Nestorius machte das Konzil von Chalcedon nötig, das klarstellen sollte, dass Christus ganz Mensch und ganz Gott war. Maria durfte also sehr wohl als »Gottesgebärerin« verehrt werden. Doch innerhalb der ägyptischen Kirche ging der Streit auch nach dem Konzil weiter: Die koptische Kirche, die auf der menschlichen Natur von Jesus beharrte, trennte sich von Rom und der sogenannten kaldäischen Kirche ab, die Rom treu blieb.

Johannes Paul II. spürte, wie nahe sich die Kirchen trotzdem sind, und forderte an diesem Tag »eine schnelle Einigung der verschiedenen christlichen Kirchen«. Im Gespräch mit Shenouda III. ließ Papst Johannes Paul II. keinen Zweifel daran, dass die römisch-katholische Kirche alles tun wolle, um eine Einigung der Kirchen zu erreichen. Johannes Paul II. dankte dem koptischen Papst für die wichtige Rolle, die Ägypten in der Geschichte der Kirche gespielt hatte. Der Papst erinnerte daran, dass »das Mönchtum in der Wüste Ägyptens entstand«. Der Papst dankte Shenouda III. symbolisch für die »Gastfreundschaft«, die Ägypten Jesus gewährt hatte.

In Kairo wird in einer Kirche der Ort geehrt, an dem sich Jesus während der Flucht seiner Eltern nach Ägypten versteckt haben soll. Doch gerade in dieser Geste wurde auch der enorme Unterschied zwischen der katholischen und der koptischen Kirche klar: Die Flucht nach Ägypten hat nach Meinung zahlreicher katholischer Bibelforscher nie stattgefunden. Bei Matthäus (Kapitel 2, Vers 13) heißt es: »Josef erschien im Traum ein Engel des Herrn und sagte: Steh auf, nimm das Kind und seine Mutter und flieh nach Ägypten; dort bleibe, bis ich dir etwas anderes auftrage, denn Herodes wird das Kind suchen, um es zu töten.« Führende katholische Wissenschaftler wie der Neutestamentler Professor Joachim Gnilka bezweifeln, dass die Flucht nach Ägypten stattgefunden hat. Gnilka lehrt an der Universität München und auch an der päpstlichen Universität Urbaniana. Wie viele moderne Wissenschaftler, die das Neue Testament erforschen, ist auch er der Meinung, dass Autoren wie Matthäus vor allem die heilsgeschichtliche Wirkung betonen wollten. Es ging ihnen nicht um historische Tatsachen. So bestehen erhebliche Zweifel daran, dass Jesus in Bethlehem geboren wurde. Es ist wahrscheinlicher, dass er in Nazareth auf die Welt kam. Doch da der Messias aus der Stadt Davids, Bethlehem, kommen musste, soll Matthäus die Geburt nach Bethlehem verlegt haben. Für Forscher wie Gnilka bestehen auch erhebliche Zweifel daran, ob der von Matthäus dramatisch inszenierte Kindermord von Bethlehem je stattfand, auf Grund dessen die Heilige Familie angeblich nach Ägypten fliehen musste. Das Motiv des Kindermordes wiederholt nach moderner Lesart nur die Verfolgung des Königskindes. Der Kindermord soll Jesus mit Moses verbinden, dem auch nachgestellt wurde und der auch durch göttliches Einwirken gerettet wurde wie Jesus von Nazareth durch die Flucht nach Ägypten.

Die orthodoxen Kirchen, auch die koptisch-orthodoxe, sind mit einer solchen modernen Lesart der Bibel nicht einverstanden. Die angeblich konservative katholische Kirche ist gemessen an ihren Schwesterkirchen modern. Es wird noch viel Zeit vergehen, bis sich der Entwicklungsstand der Kirchen angleichen kann. Die katholische Kirche durchlief eine Vielzahl von Prozessen der Modernisierung. Viele katholische Theologen sind der Meinung, dass die katholische Kirche auch der Entstehung der lutherischen Kirchen ihre Erneuerung zu verdanken hat.

Nach dem Besuch des Papstes bei Shenouda III. ging ein großer Tag für die katholische Kirche zu Ende. Ein Papst, der Frieden suchte, war in die größte Stadt Afrikas gekommen und mit offenen Armen empfangen worden. Als ich am Abend zurück in das schwer bewachte Hotel kam, meine Zimmertür aufschloss und hineinging, erstarrte ich vor Überraschung: Ein Mann saß im Dunkeln meines Zimmers am Fenster und rauchte. Ich hatte keine Ahnung, wie er hineingekommen sein konnte. Ich schaltete das Licht ein. Es war ein mit mir befreundeter Geistlicher. Er sprang auf. Ich sah ihm an, dass er sehr aufgeregt war. Noch heute frage ich mich manchmal, was ihn damals dazu bewogen haben mochte, zu mir zu kommen. Ich glaube, die Antwort ist ganz einfach: Er hatte ein Geheimnis erfahren, das ihn maßlos freute, und er schaffte es einfach nicht, es für sich zu behalten. Er wollte seine Freude zeigen und mit jemandem teilen. Er hielt mir ein Dokument hin und rief enthusiastisch: »Der Papst hat es geschafft. Er hat sich durchgesetzt, er hat sie alle reden lassen und seinen Kopf gegen den massiven Widerstand im Vatikan durchgesetzt. Er hat sich gegen fast alle Kardinäle durchgesetzt und vor allem gegen Ratzinger.«

Er hielt den Text der »Beichte der katholischen Kirche« in der Hand. Das große »mea culpa« würde es doch geben. Es sollte am 12. März im Petersdom feierlich zelebriert werden. Die Schrift war soeben fertig geworden. Der Titel hieß »Erinnerung und Aussöhnung: Die Kirche und die Schuld der Vergangenheit«. In sechs Kapiteln, die in 22 Abschnitte unterteilt waren, nahm der Papst zu allen heiklen Punkten Stellung. Er hatte auch den Hauptvorwurf entkräftet, dass die Kirche gar nicht um Verzeihung bitten könne, weil sie eine Institution sei. Der Papst schrieb, auch wenn den Einzelnen keine Schuld treffe, seien doch alle Katholiken im mystischen Körper der Kirche vereint und müssten für die Kirche um Vergebung bitten. Das »mea culpa« sah vor, dass die katholische Kirche in sechs Bereichen ihre Schuld einräumen wollte. Der erste Teil betraf die Sünden, die die Kirche im vermeintlichen »Dienst der Wahrheit« begangen hatte: die gewaltsame Verbreitung des Glaubens der katholischen Kirche, also die Verbrechen der Religionskriege und der Inquisition. Der zweite Teil benannte die Sünden, die gegen die Einheit der Christen begangen wurden, ungerechtfertigte Exkommunizierungen und Kirchenteilungen (Schismen). Im dritten Teil ging es um das Verhältnis zu den Juden, die Haltung der katholischen Kirche, die der Ausbreitung des Antisemitismus Vorschub geleistet hat. Ich fand, in diesem Punkt ging der Papst nicht weit genug. Während des feierlichen »mea culpa« im Petersdom sollte das Wort Shoa oder Holocaust nicht einmal fallen. Das würde zweifellos eine Enttäuschung für die Juden sein. Der vierte Abschnitt betraf Sünden gegen das Völkerrecht und gegen den Frieden und den Respekt gegenüber anderen Völkern und Religionen. Gemeint waren vor allem Sünden bei der »Evangelisierung« Lateinamerikas und Afrikas mit dem Schwert. Der fünfte Teil beschäftigte sich mit den Vergehen gegen die Frauen. Der Papst räumte ein, dass viele Mitglieder der Kirche Frauen herabgesetzt hätten. Der sechste Abschnitt sah die Bitte um Vergebung für die Sünden gegen die soziale Gerechtigkeit vor. Weder Kirchenmänner, die allzu lange in Saus und Braus gelebt hatten, noch christliche

Nationen hätten sich »wie der barmherzige Samariter benommen«, schrieb der Papst. Nach jedem Schuldeingeständnis wollte der Papst schwören, dass solche Vergehen »nie wieder geschehen« dürfen.

Johannes Paul II. wollte im Petersdom an mehreren Stellen beten, auch vor der Pietà-Statue Michelangelos die Schuld der Kirche eingestehen. Am Hochaltar wollte er die Kerzen an einem siebenarmigen Leuchter anzünden. Zu dem Ereignis zitierte er alle wichtigen Kurienkardinäle in den Petersdom, auch den entschlossensten Gegner des »mea culpa«, Kardinal Joseph Ratzinger.

Der Papst hatte bis zu diesem Zeitpunkt nur in einzelnen Fällen Fehler der katholischen Kirche eingeräumt und um Vergebung gebeten, aber nie in einem solchen Rahmen: Knapp drei Jahre nach seinem Amtsantritt, am 31. Juli 1981, hatte er eine Kommission unter Leitung des Kardinals Paul Poupard damit beauftragt, den Wissenschaftler Galileo Galilei zu rehabilitieren. Ihn hatte die Kirche 1632 als Häretiker vor Gericht gestellt, zum Abschwören gezwungen und in die Verbannung geschickt. Am 31. Oktober 1992, also elf Jahre nach der Auftragsvergabe, empfing Johannes Paul II. die Mitglieder der Kommission in der Aula Regia des Apostolischen Palastes und hörte mit Befriedigung die Worte, mit denen der französische Kardinal Paul Poupard seinen Vortrag über die Arbeit der Kommission abschloss: »Solche Fehler der Kirche müssen offen zugegeben werden, so wie Ihr, Heiliger Vater, es verlangt habt.« Am 13. August 1985 hatte Johannes Paul II. in Yaounde in Kamerun »unsere afrikanischen Brüder um Vergebung« gebeten, weil »Christen sich nicht immer als Christen aufgeführt haben und Afrikaner furchtbar unter Christen zu leiden hatten, vor allem unter dem Handel mit Sklaven.«

Zur Feier der 500. Jahrestages der Entdeckung Amerikas hatte der Papst am 13. Oktober 1992 in Santo Domingo/Dominikanische Republik die Indios um Vergebung gebeten, weil die »Männer der Kirche« in den Indios nicht immer »Brüder und Schwestern gesehen hatten«. Im Frühjahr 1994 hatte der Papst in einem Schreiben an die Kardinäle an die Schuld der Kirche durch die Inquisition erinnert: »Wie kann man schweigen vor den Formen der Gewalt, die im Namen des Glaubens begangen wurden? Die Gerichte der Inquisition und andere Formen, durch die Menschenrechte verletzt wurden.« Am 16. Mai 1995, zum Gedenken des 50. Jahrestages des Kriegsendes, hatte er die Mitschuld der Christen an der monströsen Sünde des Krieges eingeräumt. Der Papst sagte am 16. Mai 1995 während des 50. Jahrestages zur Erinnerung an das Ende des Zweiten Weltkriegs: »Die Christen Europas müssen um Vergebung bitten, denn vielfach war ihre Mitverantwortung für den Aufbau der Kriegsmaschine.« Ebenfalls 1995 schrieb er im Apostolischen Brief »Orientale Lumen«, »dass wir eine schwere Sünde begangen haben, in dem die katholische und orthodoxe Kirche sich teilte«. In der Enzyklika »Ut unum sint« vom 30. Mai 1995 gab er die »Sünden des Papsttums« zu. Er bat: »Für alles, wofür wir verantwortlich sind, bitte ich auch im Namen meines Vorgängers Papst Paul VI. um Verzeihung.« In der Tschechoslowakei, in Olomouc, bat er im Mai 1995 deutlich um Vergebung für die Gewalt von Katholiken an protestantischen Christen und um Vergebung für die Religionskriege. »Heute bitte ich, römischer Papst, um Vergebung für all die Gräuel, die wir den Nichtkatholiken im Laufe der Geschichte zugefügt haben.« Am 10. Juni 1995 erbat er Vergebung für die Herabsetzung der Frauen durch die katholische Kirche: »Wenn im Laufe der Zeit einige Söhne der Kirche nicht mit der richtigen Kohärenz das Prinzip der Gleichstellung von Mann und Frau umsetzten, dann ist das eine Quelle großen Bedauerns.« Am 22. Juni 1996 gab der Papst in Paderborn in Deutschland zu, dass »wir alle« im Falle Martin Luthers »Schuld auf uns geladen haben«. Zwar hob der Papst die Exkommunizierung Luthers nicht auf, unterstrich aber, dass er sie für nichtig halte, denn

»jede Exkommunizierung endet mit dem Tod«. Das alles waren Anzeichen des guten Willens gewesen. Aber ein echtes »mea culpa« der heiligen katholischen Kirche hatten die Kardinäle um jeden Preis verhindern wollen.

Jetzt hatte sich Johannes Paul II. tatsächlich durchgesetzt. Der Geistliche, der mir die Nachricht überbracht hatte, und ich stießen mit dem einzigen Getränk an, das wir in der Mini-Bar fanden: Mineralwasser. Dann musste er gehen. Ich setzte mich auf den Balkon, sah hinunter auf den Nil und wunderte mich: Karol Wojtyla, dem manche nur noch zugetraut hatten, in Würde zurückzutreten, machte sich stark wie nie zuvor. Der zuvor umstrittene Papst war dabei, einer der größten Päpste der Geschichte zu werden. Die katholische Kirche näherte sich anderen Religionen an. Sie versuchte einen neuen Weg zu gehen und sah die Schuld der Vergangenheit ein. Noch nie zuvor in meinem Leben hatte ich mich der Kirche so nahe gefühlt wie an diesem Abend in Kairo.

Am nächsten Tag schrieb ich, dass die katholische Kirche am 12. März das große »mea culpa« zelebrieren werde. Meine Chefs riefen mich an und gratulierten mir und wollten wissen, wieso ich in Ägypten diese Unterlage, in die Hand bekommen hatte, aber Hunderte in Rom lauernde Journalisten nicht. Ich verriet meine Quelle natürlich nicht. Ich hatte ohnehin kaum noch journalistisches Interesse an der Geschichte: Sie interessierte nicht den Journalisten. Sie interessierte den Christen. Für mich war dieses Schuldeingeständnis die bis dahin größte Leistung dieses Papstes.

Der Berg des Herrn

Trotz des gewaltigen Sicherheitsschildes, das die ägyptische Polizei rund um den Papst aufgebaut hatte, gelang es Johannes Paul II., Kontakt zu Ägyptern zu bekommen. Im Sportpalast während der heiligen Messe am Morgen des 25. Februar pries der Papst vor etwa 20 000 Katholiken, Moslems und Kopten die Bedeutung der koptischen Kirche. Der Papst sagte in der Predigt: »Die Botschaft des Neuen Bundes wurde von Generation zu Generation von der verehrenswürdigen koptischen Kirche in Ägypten weitergereicht, der Erbin der Tradition, die auf den heiligen Markus zurückgeht.« Johannes Paul II. versicherte, dass die katholische Kirche sich für »das Wohl aller Ägypter einsetzen« wolle und »dass die Katholiken in Ägypten freundschaftliche Beziehungen zu allen Moslems aufrechterhalten« würden. Am Nachmittag legte der Papst dann die Karten offen auf den Tisch: Während des ökumenischen Treffens in der neuen Kathedrale machte er sich und sein Amt ganz klein: Das Amt des Papstes dürfe nicht das Hindernis zur Einheit der Christen sein, erklärte der Papst. Er erinnerte an seine Enzyklika »Ut unum sint« und sagte: »Ich lade alle religiösen Führer der anderen christlichen Gemeinschaften dazu ein, mit mir jenseits fruchtloser Streitereien über das Primat des Papstes zu reden, in Ruhe und mit Geduld diesen Punkt zu besprechen.« Das hieß, der Papst erklärte sich dazu bereit, einen Teil der Macht seines Amtes aufzugeben. Er war nicht gekommen, um die koptische Kirche der katholischen Kirche einzuverleiben. Er wollte Partnerschaft, keine Unterwerfung. Johannes Paul II. schlug konkrete Zeichen der Zusammenarbeit vor: Koptische Mönche sollten von nun an auch in Klöstern wohnen können, die zur katholischen Kirche gehören. Papst Shenouda III. und die koptischen Patriarchen nahmen das mit Wohlwollen zur Kenntnis. Nach 1500 Jahren Streit wird es sicher nur ein paar Jahrzehnte dauern, bis die Aussöhnung der Kopten mit dem römischen Papst vollständig ist.

Den Rest des anstrengenden Tages wollte der Papst einmal für sich allein haben. Er wollte sich auf sein wichtigstes Treffen vorbereiten. Es war kein Treffen mit einem Bischof, auch nicht mit einer Menschenmenge, sondern mit seinem Herrn und Gott. Er meditierte an diesem Abend lange in der Kapelle der

Nuntiatur über den historischen Besuch, der ihm bevorstand: Als erster Papst der Geschichte sollte er an einem der heiligsten Orte der Erde beten, einem Ort, den weder Jesus Christus noch Petrus je gesehen hatten, den heiligen Berg des Moses, den Sinai, den Ort, wo Gott sich den Menschen zeigte.

Im Morgengrauen des 26. Februar brachte eine bis an die Zähne bewaffnete Eskorte den Tross des Vatikans zum Militärflughafen in Kairo. Es war wie immer sehr früh: Wir kamen gegen fünf Uhr am Flughafen an. Der Bus stoppte vor einem Gebäude, und Polizeibeamte begleiteten uns in den Flughafen. Ich erinnere mich ganz genau an den Moment. Müde und mit Satellitentelefon und Computertaschen bepackt, stieg ich aus dem Bus und trottete in das Flughafengebäude. Sofort, als ich in die Halle kam, fiel mir ein Offizier auf, der an seinem Schreibtisch in der Halle stand. Ich habe nie wieder etwas Ähnliches gesehen. Es schien, als wäre die Zeit für den Mann stehen geblieben. Als wären alle anderen Menschen weiter den Gesetzen der Zeit unterworfen, nur er nicht. Er war ein großer, sehr schlanker Mann, dem vollständig die Farbe aus dem Gesicht gewichen war. Er hatte die Augen weit aufgerissen, starrte ins Leere, und ganz langsam lief ein Speichelfaden aus seinem Mund, tropfte auf das Kinn und klatschte auf den Schreibtisch. Er wischte ihn nicht ab und rührte sich nicht. Er war außerstande, den Mund zu schließen oder sich zu bewegen.

Ich schaute den Mann fasziniert an, von dem sich herausstellen sollte, dass er der Chef des Flugverkehrs war, aber ich konnte mir nicht erklären, was da gerade geschah: Möglicherweise hatte er einen Schock. Aber warum? Vielleicht hatte er schlicht vergessen anzuordnen, ein Flugzeug bereitzustellen, um die Vatikan-Delegation auf den Sinai zu fliegen. Das war möglich, erklärte aber nicht, warum der Mann regungslos an seinem Schreibtisch stand. Er hätte stattdessen hektisch schreiend herumlaufen müssen, Befehle erteilen, um eine Maschine startklar zu machen. Stattdessen stand er nur da und starrte in den

Raum. Ich hoffte, dass endlich jemand kommen würde, um ihm zu helfen. Einen Augenblick lang dachte ich, er habe einen Hirnschlag erlitten und sei deshalb unbeweglich. Ich ging auf ihn zu mit der vagen Vorstellung, ihn aufzufangen, falls er umfallen sollte, aber als ich vor ihm stand, sackte er in seinen Stuhl. Ich fing seinen Blick auf, und endlich regte er sich und schloss den Mund. Er riss den Telefonhörer aus der Gabel vor sich, wollte wählen, legte ihn dann aber wieder auf. Er winkte mir plötzlich zu, untersuchte sehr genau den Passierschein, den ich von der ägyptischen Armee bekommen hatte und der mir zusicherte, dass ich auf den Sinai gebracht werden sollte.

»Ist irgend etwas nicht in Ordnung?«, fragte ich auf Englisch. Er sah mich nur an.

»Wir sind das Vatikan-Pressecorps. Wir hoffen, Sie fliegen uns auf den Sinai«, sagte ich, um irgendetwas zu sagen.

Er räusperte sich. »Wenn ihr zum Vatikan gehört, wer sitzt denn dann in dem Flugzeug, dass sich jetzt über dem Roten Meer befindet und in Richtung Sinai fliegt?«

»Wie bitte?«, fragte ich.

»Das Vatikan-Pressecorps war schon hier, checkte ein und befindet sich jetzt in dem Transall-Flugzeug, das seit einer halben Stunde in der Luft ist.«

»Das ist unmöglich: Wir sind das Vatikan-Pressecorps. Es gibt nur eine Gruppe.«

»Das habe ich auch verstanden, und ich frage mich, wer dann also in meinem Flugzeug sitzt und sich als Vatikan-Pressecorps ausgab, offenbar so gut ausgab, dass wir darauf hereingefallen sind.« Dann sprang er plötzlich auf, rief: »Ich habe jetzt keine Zeit«, und verschwand hinter einer weiß gestrichenen Tür. Die ägyptische Öffentlichkeit hat nie erfahren, was dann passierte. Sie sollte nicht wissen, wie leicht es ist, sich in ein ägyptisches Militärflugzeug zu schmuggeln. Die Maschine bekam Order umzudrehen, sie flog eine Schleife und landete nach 20 Minuten wieder in Kairo.

Bis zu diesem Tag hatte ich eine Luftwaffenbasis für einen außerordentlich gut gesicherten Ort gehalten. Was war geschehen? Panzerwagen hatten das Auto des Papstes bis zur Luftwaffenbasis begleitet. Hunderte Journalisten aus der ganzen Welt hatten vor der Basis gewartet, um wenigstens beobachten zu können, wie der Papst in das Flugzeug stieg und abflog. Irgendein gerissener Reporter musste herausbekommen haben, dass der Bus mit dem Journalisten-Pool des Vatikans noch nicht eingetroffen war. Das Flugzeug für die Reporter hatte aber schon auf der Piste gestanden. Die Kollegenschar war in das Flughafengebäude eingetreten. »Sind Sie vom Vatikan?«, hatte der Offizier gefragt, und die Reporter hatten steif und fest behauptet: »Ja, sicher!« So waren sie ohne Kontrollen zum Flugzeug geleitet worden und abgeflogen. Sie hatten ihr Ziel schon fast erreicht, als der Maschine befohlen wurde, wieder umzudrehen. Beim Aussteigen mussten sich die Kollegen ein paar unangenehme Fragen gefallen lassen.

Unterdessen steuerte die Maschine mit dem echten Pressecorps in Richtung des Klosters der heiligen Katharina. Die Sonne ließ die Wüste in goldenen Farben leuchten. Irgendwie hatte in dieser Hölle aus Hitze sogar der eine oder andere Strauch überlebt. Von fern sah man die Mauern des Katharinenklosters. Wie hatten Menschen in diesem Konvikt, an diesem verlorenen, unfruchtbaren Ort, mehr als 1500 Jahre überleben können? Wie viele Generationen von Mönchen haben in der Hitze des schmalen Tals ihr ganzes Leben verbracht? Wie viele Pilger haben sich an diesen Ort geschleppt? Wie viele mögen im Lauf der Jahrhunderte bei dem Versuch, das Kloster zu erreichen, verdurstet sein? Es ist sicher einer der magischsten Orte der Welt. Mohammed soll persönlich einen Schutzbrief für das Kloster ausgestellt haben. In der unvergleichlichen Bibliothek des Klosters wurde eines der wichtigsten Bücher der Welt entdeckt, der Codex Sinaiiticus, zusammen mit dem Codex Vaticanus, dem größten Schatz der Päpste, die älteste Bibel der Welt. Als Geschenk hatte der Papst an diesem Tag eine Reproduktion des Codex Vaticanus mitgebracht. Über dem schmalen Tal erhob sich majestätisch der Berg Mose. Die griechischen Mönche des Klosters hatten sich in ihren schwarzen Kleidern zum Empfang des Papstes aufgebaut. Zu diesem Zeitpunkt, im Februar 2000, war das Verhältnis zwischen der griechischen Orthodoxie und dem Vatikan noch eindeutig feindselig. Die Mönche Griechenlands wiederholten Jahr für Jahr, dass der Papst auf griechischem Territorium nicht willkommen sei. Es war schon ein Wunder, dass er das Kloster überhaupt betreten durfte. Aber ein einfacher Besuch würde es nicht sein. Die Mönche führten den Papst durch den Hof des Klosters in die Kirche an die Stelle, wo der Dornenbusch gestanden haben soll, aus dem die Stimme Gottes zu Moses sprach.

Ich sah, wie der Papst an diesem Ort litt, wie er an vielen heiligen Plätzen der Welt gelitten hatte, weil seine Gastgeber etwas Grundsätzliches häufig nicht begriffen oder einfach ignorierten: Johannes Paul II. kommt nie als Tourist, er kommt als Pilger. Die Mönche erklärten dem Papst bestimmt nach bestem Gewissen ihre Kirche, die Schätze des Klosters und die Tradition des Dornenbuschs. Sie redeten nahezu pausenlos auf ihn ein. Er war aber nicht gekommen, um sich die unbestreitbar interessanten Schätze des Klosters anzusehen. Er war gekommen, um zu beten. Nur einen kurzen Augenblick ließen ihn die Mönche in Ruhe, dann schoben sie ihn weiter durch das Kloster, um die reichverzierten Säle zu zeigen. Der Papst schien froh zu sein, als er das ehrwürdige Gebäude endlich verlassen konnte. Er ging langsam und gemessen zu dem Olivenhain, wo man ihn in angemessener Entfernung vom Kloster mit katholischen Christen einen Wortgottesdienst beten ließ. Der Vatikan hatte gar nicht erst gefragt, ob in der Kirche des Katherinenklosters eine Zeremonie stattfinden dürfe. Es gab keinerlei Zweifel daran, dass das abgelehnt worden wäre. So drehten die Mönche auch sofort um und gingen weg, als der Papst Anstalten machte, mit dem Wortgottesdienst zu beginnen. Sie wollten nicht mit ihm beten. Sein Appell, den er in die Predigt eingebaut hatte, dass »alle monotheistischen Weltreligionen zum Wohl der gesamten menschlichen Familie« zusammenarbeiten sollten, schien nicht einmal bei den christlichen Brüdern auf Gehör zu stoßen.

Trotz des Schattens, den die kargen Olivenbäume spendeten, war der Hain neben dem Kloster schon am Vormittag ein brütend heißer Ort. Das schmale Tal war vollkommen windstill, keine Wolke am Himmel zu sehen, die Luft stand wie in einem Backofen. Nur etwa 300 Gläubige hatten den Weg hierher gefunden. Die meisten waren italienische Touristen, die am Roten Meer gerade Urlaub machten und mit Jeeps zu dem Gottesdienst gebracht worden waren. Ich war gespannt auf das, was der Papst jetzt sagen würde: Der Sinai war vielleicht der richtige Ort, um Gott dafür zu danken, dass er sich den Menschen offenbart hat, dass er sich selbst nicht genug war, sondern sich zeigte. Aber ich irrte mich völlig. Johannes Paul II. war nicht mit einer Antwort gekommen, sondern mit einer Frage: »Wer bist du, rätselhafter Gott?« Der Papst, der so oft seinen Gott nicht gefunden hatte, war zum Sinai gekommen, weil er ihn hier an der Stelle, an der er sich in der Geschichte dreimal Menschen gezeigt hatte, selbst fragen wollte: »Wieso versteckst du dich?«

Ich saß an diesem Tag nur zwei Meter vom Papst entfernt auf einer Holzbank, die man für zwei Reporter reserviert hatte. Ich blickte ihm in die halb geöffneten, strahlend blauen Augen. Er las seine Predigt nicht einfach ab. Dieses Mal waren seine Worte doch nicht für die Menschen bestimmt, die in der Hitze ausharrten und zuhörten. Er sprach zu seinem Schöpfer: »Er ist der Gott, der kommt, um uns zu treffen, den man aber nicht besitzen kann. Er ist der Gott, der das Sein in sich trägt. Er ist der ›Ich bin, der ich bin‹.« Er hat einen Namen, der kein Name ist. Wie könnten wir zögern, vor einem solchen Geheimnis die

Sandalen auszuziehen, wie er es befiehlt, und ihn anzubeten an diesem heiligen Ort?« Und wieder fragte Johannes Paul II.: »Wer bist du, Gott Israels?« Und meditierte über die rätselhafte Natur Gottes: »Er ist gleichzeitig fern und nah, er ist in der Welt und doch nicht von ihr.«

Er sprach langsam und leise. Am Ende der Zeremonie faltete er die Hände und schwieg. Die Menschen warteten auf den abschließenden Segen, aber er saß nur still da. Er sah hinauf zum Berg des Moses und betrachtete den Himmel. Ich sah ihn an, aber ich verstand nicht, was vor sich ging. Endlich begriff ich es: Er wartete. Er wartete auf ein Zeichen. Er war sich absolut sicher, dass Gott ihm eine Antwort geben würde auf all die Fragen der Predigt, auf die Kernfrage: »Wer bist du?« Er war bis hierher gepilgert an diesen heiligen Ort, als erster Papst der Geschichte, und er war sich sicher, dass Gott es nicht versäumen würde, mit ihm in Kontakt zu treten. Ich sah seinen Augen an, wie unruhig er war, und ich verstand plötzlich, was er sich fragte: Wie? Wie würde Gott sich ihm an dieser Stelle zeigen, an der er sich Moses in einem brennenden Dornenbusch gezeigt hatte?

Die Menschen wurden unruhig. Es war absolut windstill, und die Sonne glühte vom wolkenlosen Himmel, und noch immer saß er ganz still da. Ich sah ihm zu. Minutenlang passierte nichts. Dann beobachtete ich, wie er die Hände faltete, die Augen schloss und leise lächelte. Ich sah ihm gebannt zu, wie er dort in sich gekehrt saß. Es war, als ob seine Seele berührt worden wäre, aber nicht leicht, sondern heftig, wie durch einen Blitzschlag. Er schlug schließlich die Augen wieder auf. Er sah überglücklich aus und klopfte rhythmisch mit der Hand auf die Lehne seines Sessels, eine Geste, die er immer wiederholt, wenn es etwas zu feiern gibt. Er blinzelte uns zu, und ich verstand die Botschaft: »Seht ihr? Er ist hier. Er ist wirklich hierher gekommen, er ist hier. Ich kann es ganz deutlich spüren, ich fühle seine Nähe ganz stark.« Der Papst machte ein Zeichen:

»Seht doch hoch!« Vor dem strahlend blauen Himmel waren plötzlich große weiße Wolken heraufgezogen. Gleichzeitig hatte ein leichter Wind eingesetzt, der die Blätter der Olivenbäume rascheln ließ. Freudig und mit einem Lächeln auf den Lippen spendete Johannes Paul II. den abschließenden Segen. Da fiel es mir endlich wieder ein: Gott hatte sich auf dem Sinai dreimal den Menschen gezeigt. Dem Moses als Dornenbusch, aber auch in Form einer Wolke (Exodus Kapitel 19, Vers 9) und dem Elijas als leise säuselnder Wind (1. Buch Könige, Kapitel 19, Vers 12). Ich war erschüttert. Stellte sich der Papst Gott so konkret vor? Für die meisten Menschen war dort auf dem Sinai überhaupt nichts passiert. Ein paar Wolken waren aufgezogen. Das mochte über der Wüste des Sinai ungewöhnlich sein, kam aber vor. Und dass plötzlich eine leichte Brise durch das Tal wehte, war nichts weiter als ein einfaches meteorologisches Phänomen. Der Papst erlebte aber Gott, innerlich natürlich, aber so konkret und heftig, dass es erschütternd war, das mitzuerleben. Seine Überraschung, sein Erschrecken, aber auch seine Freude waren so authentisch, als hätte jemand neben ihm gestanden, mit ihm gesprochen und hätte ihn berührt. So sah das aus. Diese konkrete Art, immer wieder seinen Gott zu suchen und ihn so durch und durch zu erleben, musste ihm die Kraft geben für den Marathon, den er sich auferlegt hatte. Ich hatte schon einmal etwas Ähnliches mit ihm erlebt. Das war Jahre her und ganz woanders gewesen, aber jetzt fiel es mir wieder ein: auf Kuba.

Kuba

Am 19. November 1996 rollten gepanzerte Fahrzeuge über die breite Paradestraße Via della Conciliazione auf den Petersplatz zu, um einen der ungewöhnlichsten Besucher in der Geschichte des Vatikans zu schützen: den kubanischen Diktator Fidel Castro. Castro war zum Gipfel der Welternährungsorganisation

FAO nach Rom gekommen. Ihm lag vor allem daran, auf die Tatsache hinzuweisen, dass 600 Millionen Menschen ernsthafte Probleme mit Übergewicht haben, während gleichzeitig 800 Millionen Menschen Hunger leiden. Castro interessierte sich zudem für neue Projekte der FAO, um die Ernten auf Kuba zu verbessern. Überraschten kubanischen Diplomaten eröffnete der atheistische Diktator vor dem Eintreffen in Rom, es wäre für ihn »ein Traum«, wenn er auch den Papst treffen könnte.

Seit Jahren versuchte der Vatikan eine Annäherung an Kuba. Der Papst hatte mehrfach Botschafter zu Castro geschickt. Der hatte zunächst Interesse bekundet, war dann aber immer wieder auf Distanz gegangen und hatte die kubanischen Bischöfe der Kollaboration mit Verrätern bezichtigt. Doch als Johannes Paul II. im Jahr 1996 vom Wunsch Castros erfuhr, akzeptierte er sofort. Und so rollte Fidel Castros Wagen über den Grenzübergang des Kirchenstaats in den Hof des heiligen Damasus, wo alle Staatsgäste empfangen werden.

Hinter den Kulissen trafen die Protokollchefs des Kirchenstaats alle Vorbereitungen, um Pannen zu vermeiden, denn im Vatikan herrschten ernsthafte Bedenken, ob ein Mann wie Castro mit dem Protokoll des Kirchenstaats vertraut war. Der Vatikan ist keine Demokratie, sondern gleicht einem Fürstentum der Renaissance. Die Gepflogenheiten an diesem Hof sind uralt und nicht unkompliziert. Staatsgäste, die einfach nicht wissen, was im Vatikan vorgeschrieben ist, können peinliche Fehler begehen.

Ich erinnere mich an den Staatspräsidenten der Mongolei, der sich von Fotografen und Kameramännern begleiten ließ, die nur T-Shirts trugen. Das geht auf keinen Fall, aber für solche Fälle gibt es die solidarische Hilfe des päpstlichen Hof-Fotografen Arturo Mari.

Maris Familie fotografiert in der dritten Generation jeden Auftritt des Papstes. Wer immer dem Papst die Hand schütteln durfte, kann sich das Foto der Begegnung mit dem Oberhaupt der Katholiken später in Arturo Maris Geschäft an der Porta Sant'Anna an der Grenze zum Kirchenstaat gegen eine Gebühr von etwa 30 Euro abholen. Wenn in der Begleitung eines Staatschefs ein unschicklich gekleideter Fotograf gesichtet wird, was immer wieder vorkommt, dann beschafft Mari aus einem besonderen Schrank ein schwarzes Jackett, und der wenig elegante Fotograf muss sich dann der höflichen Aufforderung unterwerfen und die Jacke anziehen. Schwarze Jacken für Notfälle gibt es in mehreren Größen. Schwieriger wird der Fall, wenn eine Frau sich nicht an die Auflagen des Protokolls hält. Viele Frauen informieren sich vorher zwar, was man bei einem Papstbesuch anzieht, und erfahren, dass schwarze Kostüme mit einem mindestens knielangen Rock im Vatikan gern gesehen werden und ein Schleier Pflicht ist. Manche Besucherinnen erfahren aber nicht, dass der Schleier schwarz sein muss und nur die Königin von Spanien das Privileg hat, mit einem weißen Schleier vor dem Papst zu knicksen. Für Damen, die mit dem falschen Schleier kommen, liegen Schleier in allen Größen und Formen bereit. Manche Staatschefs wollen unbedingt ihre Frau zum Staatsbesuch mitbringen. So wünschte sich auch Bill Clinton, dass seine Frau Hillary mit ihm am Schreibtisch des Papstes Platz nehmen sollte. Die Bitte wurde abgelehnt. Die offizielle Unterredung von Staatsoberhaupt zu Staatsoberhaupt ist immer ein Vier-Augen-Gespräch, das 15 bis 30 Minuten lang dauert. Erst danach dürfen die Ehepartner mit in die Bibliothek, um sich mit dem Papst fotografieren zu lassen.

Ein Problem hat der Vatikan diskret und effektiv gelöst: die Unterbringung von Kettenrauchern. Leibwächter von Staatschefs scheinen überall auf der Welt besonders nervöse Menschen zu sein. Die Bodyguards begleiten ihre Chefs bis an die Tür zur Bibliothek, wenn ihr Schützling dann zur Unterredung mit dem Papst am Schreibtisch sitzt, haben die Leibwächter zum ersten Mal an diesem Tag Zeit. Fast alle wollen rauchen: Kettenraucher Arturo Mari führt sie dann in die Raucherecke.

Es ist ein Balkon, dessen Fenster sich öffnen lässt, neben der päpstlichen Bibliothek. Es gibt keinen Platz auf der Welt, an dem mehr Leibwächter von Staatschefs Zigaretten anzündeten.

Beim Staatsbesuch Fidel Castros lief alles glatt: Die Damen hatten die richtigen schwarzen Schleier, die Herren trugen gedeckte Anzüge, auch Fidel Castro ließ seinen Kampfanzug zu Hause und nahm im dunkelblauen Einreiher an dem Tisch Platz, auf dem immer eine kleine, mit Holz verkleidete Glasampulle liegt: Sie enthält einen Knochensplitter des heiligen Petrus.

Dann geschah ein kleines Wunder: Fidel Castro und der Papst, der als der Bezwinger des Sowjetimperiums gilt, dem Michail Gorbatschow bescheinigte, dass ohne ihn die Berliner Mauer vermutlich erst viel später gefallen wäre, dieser Papst und Castro, einer der letzten kommunistischen Diktatoren, hatten sich etwas zu sagen und konnten auch miteinander verhandeln. Der Papst stimmte einer Einladung zu einem Besuch auf Kuba zu. Das Motiv Castros war dem Papst dabei vollkommen klar: Castro hoffte, dass der Papst den amerikanischen Katholiken ins Gewissen reden würde, um den Druck der USA auf Kuba zu erleichtern. Johannes Paul II. hegte auch eine Hoffnung. Er wollte die Botschaft Jesu Christi in das atheistische Kuba zurückbringen und trotzte Castro ein Symbol ab: das Weihnachtsfest. Im Dezember 1997, vor dem Papstbesuch im Januar 1998, sollte zum ersten Mal seit der Revolution auf Kuba das Weihnachtsfest wieder gefeiert werden dürfen. Nach 25 Minuten waren die beiden Männer, die so lange der Zeit und ihren Veränderungen getrotzt hatten, die wie zwei Monolithe aus der Geschichte des 20. Jahrhunderts herausragen, sich einig. Der Papst akzeptierte die Einladung nach Kuba, obwohl es keinen Zweifel daran geben konnte, dass Castro den Besuch für seine Zwecke nutzen würde.

Am 21. Januar 1998 stand auf dem römischen Flughafen Leonardo da Vinci die gecharterte Dienstmaschine des Papstes bereit: eine MD 11 der Alitalia. Aus Sicht des Vatikans flog der Papst an diesem Morgen zu einem apostolischen Besuch, wenn auch unter ungewöhnlichen Umständen, weil er eine der letzten kommunistischen Diktaturen der Welt besuchen wollte. Für die Medien sah das anders aus. Es ging nicht um religiöse Belange, sondern vor allem um eine politische Frage: Wollte der Papst auf Kuba das Ende des Handelsembargos der USA gegen die Insel verlangen? War er bereit, Druck auszuüben und den Kommunisten Fidel Castro zu unterstützen? Die katholischen Wähler in den USA können Präsidentschaftswahlen entscheiden. Ein Papst, der das Ende des Embargos gegen Kuba fordern würde, der darauf hinweisen würde, dass auf Kuba Menschen sterben, weil wegen des US-Embargos medizinische Geräte nicht ins Land kommen können, wäre für die USA ein nicht zu unterschätzender Störfaktor gewesen.

Mir war vollkommen klar, dass die Reise ein Medienereignis großen Ausmaßes werden würde. Die Besatzung der Maschine war an diesem Morgen noch viel besser gelaunt als die anderen Alitalia-Besatzungen, die den Papst geflogen haben, denn Fidel Castro hatte das Transport-Abkommen mit dem Vatikan nicht abgeschlossen. Normalerweise gilt: Der Papst reist mit einer gecharterten Maschine der Alitalia in das Gastland, das Gastland bietet dem Papst dann immer an, ihn zurückzufliegen, natürlich gegen eine Unkostenbeteiligung. Viele Gastgeber sind großzügig: So ließ der König von Jordanien im März des Jahres 2000 den Papst kostenlos von Amman nach Tel Aviv fliegen. Alle Passagiere an Bord waren seine Gäste. Doch Fidel Castro wollte zeigen, dass Kuba für einen Papst keine Ausnahme macht. Er wollte demonstrieren, dass die Karibikinsel zu arm ist, um auf ihre Kosten den Papst zurückzufliegen. Daher charterte der Vatikan die Alitalia-Maschine damals auch für den Rückflug. Für die Alitalia-Crew hatte die Entscheidung Fidel Castros einen wundervollen Nebeneffekt. Sie flogen den Papst am 21. Januar nach Kuba. Nach dem 9286-Kilometer-Flug stieg der Papst aus, die Besatzung flog weiter nach Miami, wo das Flugzeug gewartet werden würde. Die Besatzung konnte sich in Florida bis zum Rückflug am 26. Januar fünf Tage unter Palmen sonnen.

Zwei gepanzerte Polizeiwagen und ein Hubschrauber eskortierten die päpstliche Maschine zur Startposition. Dann begrüßte der Kapitän den Papst: »Die Alitalia und die Crew dieses Fluges fühlen sich zutiefst geehrt, Papst Johannes Paul II. als Passagier an Bord zu haben.« Auch die Fluglotsen im Tower verabschiedeten den Papst: »Starterlaubnis für VP81 erteilt. Alles Gute, Heiligkeit, auf dem Weg nach Havanna.«

Dann gab der Pilot Gas, und die Maschine hob ab. Damals durfte man in der Papstmaschine noch rauchen, und seltsamerweise verschenkte die Alitalia Zigaretten-Stangen. Nach kurzer Zeit war die Luft in der Maschine verpestet. Ich musste mich an diesem Morgen an dem Gerangel um die Steckdosen in den Toiletten beteiligen. Leider hatte ich den unverzeihlichen Fehler begangen, meinen tragbaren Computer in der Nacht vor dem Abflug nicht voll aufzuladen. Ich musste wie alle anderen auch im Flugzeug arbeiten, also versuchte ich eine der Steckdosen in den Toiletten zu ergattern. Man braucht auf solchen seltsamen Reisen wie mit dem Papst vor allem eines: starkes Klebeband. Es gab nur eine Möglichkeit, den Computer sicher aufzuladen: Den Stecker und den Computer an der Toilettenwand festzukleben. Es kann sonst passieren, dass ein Kollege den Stecker des Computers herausreißt, nur weil er sich rasieren will.

Kurz nach dem Start machte mein Freund Bruno Bartoloni, der für die französische Agentur AFP arbeitet, eine schreckliche Entdeckung. Die Telefone funktionierten nicht. Mit der Alitalia war abgesprochen worden, dass es an Bord Telefone geben muss: eine Routineangelegenheit. Der Papst würde während des Flugs zweifellos mit uns sprechen. Dafür waren wir ja an Bord. Und natürlich musste die Nachricht, was immer der Papst über den Wolken auch sagen würde, sofort rausgehen. Nur um exklusive Nachrichten aus dem Papstflugzeug zu bekommen, sind die Agentur-Journalisten überhaupt an Bord. Wenn den Journalisten klar gesagt worden wäre, dass sie aus dem Flugzeug sowieso keine Nachrichten senden können, wären viele gar nicht mitgeflogen, sondern hätten in Havanna die Ankunft des Papstes erwartet. Dem Kapitän der Maschine war der Vorfall peinlich. Er schickte den ersten Offizier aus der Kabine, der nachsehen sollte, ob wirklich alle sechs Telefone ausgefallen waren. Das war tatsächlich der Fall. Im Gang tagte daraufhin ein Krisenstab: Was tun? Nach einer hitzigen Debatte waren wir uns darüber einig, dass alle zusammen zunächst der Alitalia massiv drohen mussten. Dem Piloten sollte klar werden, dass er gerade dabei war, sich dem Zorn der geballten Weltpresse auszusetzen. Wenn alle wichtigen Agenturen nach der Ankunft der päpstlichen Maschine über den schlechten Zustand der Alitalia-Flugzeuge berichten würden, geriete die Alitalia-Aktie unter Druck. Das Spiel hatten die Journalisten schon mehrfach durchgespielt, obwohl es an Mafia-Methoden erinnert. Wir setzten einen kurzen, aber bissigen Brief auf, den wir zum Kapitän bringen ließen, und der signalisierte sofort Kompromissbereitschaft. Er bot an, über die Funkanlage der Maschine einen Tower zu kontaktieren und nach der Pressekonferenz mit dem Papst eine kurze Nachricht durchzugeben.

Das ging nun gar nicht, denn welche Agentur sollte diese eine Nachricht bekommen? Wenn der Kollege von Reuters die Nachricht aus dem Papstflugzeug übermittelte, bedeutete das erheblichen Ärger für seine Kollegen von der Konkurrenz, der Associated Press (AP), der Agence France Press (AFP) und der italienischen Nachrichtenagentur ANSA. Der Vorschlag des Piloten wurde abgelehnt. Wir verlangten, dass die insgesamt neun wichtigsten Agenturen jeweils einen Funkspruch absetzen durften. Das wiederum war dem Flugkapitän zu viel, weil die Frequenzen dadurch zu lange belastet würden: So viele private Funksprüche abzusetzen wäre nach dem Luftfahrtabkommen schlicht verboten, teilte er uns mit. Wir berieten über einen neuen Vorschlag, während die Stewardessen das Frühstück servierten: Hörnchen, Marmelade, Mozzarella aus echter Wasserbüffelmilch und Schinken. Der zweite Vorschlag war zwar heikel, schien aber der einzige gangbare Weg. Der Pilot bekam einen zweiten Zettel ins Cockpit gebracht mit der Forderung: »Wir wollen im Flugzeug unsere Satelliten-Telefone benutzen.«

Zunächst lehnte der Pilot ab. Schließlich ist der Betrieb von Funktelefonen und Handys an Bord aus Sicherheitsgründen strikt verboten. Zwei ängstliche Kollegen baten daher auch darum, doch bitte von dem Plan abzulassen, jetzt die Satelliten-Telefone auszupacken, konnten sich aber nicht durchsetzen. Ein weiterer Zettel wurde per Stewardess ins Cockpit geschickt mit der Drohung, entweder der Flugkapitän gebe eine Antwort, oder die Satelliten-Telefone würden ohne Absprache eingeschaltet. Der Pilot ließ zurückfragen, was wir zu tun gedächten, wenn er die Benutzung der Satelliten-Telefone nicht erlaube. Dann benutzen wir sie heimlich, war die Antwort. Der Pilot gab nach, bat aber darum, die Telefone auszuschalten, sollte das Flugzeug in eine Schlechtwetterfront fliegen. Sofort packten die Kollegen die damals noch klobigen Satelliten-Telefone aus, deren Metalldeckel mit Hilfe eines Kompasses in die Richtung des richtigen Satelliten, also des nordatlantischen *Inmar-Sat*, justiert werden musste. Das erforderte eine ruhige Hand. Nur zwei Journalisten in der Maschine bekamen ihre Satelliten-Telefone zum Laufen: ein italienischer Kollege und ich. Sehr zufrieden ließ ich mich in meinen Sitz fallen und von nervösen Kollegen lange bitten, bis ich großzügig versprach, das Telefon auszuleihen, wenn ich fertig sei. Dann verteilten die Stewardessen Reiselektüre: die Sonderbeilage des *Osservatore Romano*. Diese auf einfachem Zeitungspapier gedruckte Beilage der vatikanischen Zeitung »Römischer Beobachter« ist legendär. Vor jeder Reise stellt die Redaktion der Vatikan-Zeitung eine unglaublich ausführliche Beschreibung der Stationen der Reise zusammen. Jede Kirche, vor der der Papst anhalten wird, wird beschrieben, der Name eines jeden Kranken, den der Papst segnen wird, steht schon in dem Heft, und dazu liefert die Redaktion die historische und theologische Würdigung der Reise. Akribisch recherchiert und von Top-Theologen kommentiert, bedeutet das Heftchen ein absolut unverzichtbares Arbeitsinstrument. Entsprechend groß ist das Interesse, denn es gibt fast nie genug Exemplare für alle. Stewardessen werden daher mit liebreizendem Lächeln angefleht, eines der raren Hefte zu besorgen. Auch Diebstahl ist durchaus an der Tagesordnung: Wer das Heft einfach auf seiner Tasche liegen lässt, ist es sehr bald los.

Nachdem die Stewardessen das Frühstück abgeräumt hatten, begann das entnervende Warten. Ich schaute wie alle anderen die ganze Zeit auf den grauen Vorhang, durch den irgendwann der Papst kommen musste. In den Gängen begann die Debatte, wann er auftauchen würde. Es musste noch am Vormittag sein, denn nach dem Mittagessen ruht der Papst aus, danach wäre kaum mehr genug Zeit für eine Pressekonferenz. Also entweder kam er jetzt oder nie. Angespannte Fernsehjournalisten zwangen ihre Kameramänner, schon die schweren Geräte zu schultern und die Objektive auf den Vorhang zu richten, doch zunächst geschah nichts. Ein Posten an dem Vorhang beobachtete für alle Kollegen durch einen Spalt, ob der Vize-Papstsprecher Don Ciro Benedettini auf seinem Platz saß oder ob er im Gang stand. Denn wenn er langsam den Gang hinunterging, um die Kardinäle zu bitten, sich zu setzen und den Gang freizumachen, war das ein Zeichen dafür, dass es jetzt endlich losging.

Unterdessen begann das seltsame Ritual, das der Vatikan in Anlehnung an eine mittelalterliche Tradition immer noch pflegt: Päpste, die früher per Wagen durch befreundete Fürstentümer reisten, schickten dem regierenden Fürsten immer einen Gruß. In der modernen Version handelt es sich um Gruß-Funksprüche aus dem Flugzeug. Die Assistenten von Don Benedettini verteilen diese Grußtelegramme, sobald der Papst ein neues Land überfliegt. Zum Start wird vom Cockpit aus der Gruß des Papstes an den italienischen Staatspräsidenten verlesen: »Bevor ich mich aus Anlass eines pastoralen Besuchs nach Kuba begebe, möchte ich dem italienischen Staatspräsidenten Grüße ausrichten STOP Ich segne das ganze italienische Volk. STOP.« Länder, die sich dem Papst besonders ergeben fühlen, so Spanien, erneuern das Symbol der Eskorte. Päpste, die früher durch unsichere Gebiete reisen mussten und denen ein Überfall drohte, erhielten von den Gastgebern in der Regel eine Ehreneskorte. Heute geschieht das in Form von Kampfflugzeugen. Sobald der Papst Spanien überfliegt, lässt der König zwei Kampfflugzeuge aufsteigen, die links und rechts neben dem päpstlichen Flugzeug bleiben, solange der Papst im spanischen Luftraum ist. Der Papst bedankt sich dann mit dem üblichen Grußtelegramm. Die meisten Kollegen waren gerade dabei, die Grußtelegramme zu lesen, als plötzlich ein Pfiff ertönte: In Sekunden stürzten alle, die sich noch durch die Gänge zwängen konnten, nach vorn. In Ehren ergraute Auslandskorrespondenten sprangen auf die Sitze, versuchten über die Lehnen zu klettern, mussten dann aber irgendwann an der Mauer aus Rücken der Kollegen aufgeben. Die kleinen Flutlichter an den Kameras wurden eingeschaltet, verzweifelte Kollegen, die nichts sehen konnten, hielten die Mikrofone ihrer Tonbänder an die Bordlautsprecher des Flugzeugs, über die die Worte des Papstes übertragen wurden, Tontechniker hielten an langen Stangen Mikrofone nach vorn und fluchten »Ruhe, verdammt noch mal!« in allen möglichen Sprachen der Welt. Dann kam Papst Johannes Paul II. Lächelnd, auf seinen Stock gestützt, schritt er durch den Vorhang.

Dieser Augenblick war und wird immer der schlimmste für die Produzenten der Fernsehanstalten sein. Sie werden maßgeblich dafür bezahlt, jetzt durchzusetzen, dass ihr Reporter eine Frage stellen darf. Zunächst setzen sie höflich bittende

Mienen auf und rufen »Bitte CBS!«, dann werden sie laut und noch lauter. Dieses Mal durfte Jim Bittermann von CNN die alles entscheidende Frage stellen: »Werden Sie ein Ende des Embargos der USA gegen Kuba verlangen?« Es entstand ein Augenblick atemloser Stille. Ich erwartete, dass der Papst sich in eine vage Andeutung flüchten würde, aber das Gegenteil geschah. Er sprach Klartext: »Ich halte das Embargo nicht für sinnvoll. Das Embargo muss ein Ende haben.« Das war eine Sensation. Dann kritisierte der Papst ausführlich die Politik der USA gegenüber Kuba und rief zu einem Miteinander statt einem Gegeneinander auf. Nach 20 Minuten war die Pressekonferenz über den Wolken zu Ende.

Wer je versucht hat, in einem Flugzeug ein altes Satellitentelefon zu benutzen, weiß, dass das ein heikles Unterfangen ist. Man muss also zunächst mit einem Kompass die ungefähre Position des Satelliten bestimmen: Ich war nie Pfadfinder und hatte in meinem Leben nie einen Kompass. Ich hatte keine Ahnung, wie ich die Richtung Nordnordwest bestimmen sollte. Als ich so ungefähr ahnte, wo Nordnordwest liegen könnte, versuchte ich, die Antenne in diese Richtung zu halten. Diese Antenne ist eine Metallplatte, etwa so groß wie ein Topfdeckel und ziemlich unhandlich. Mit der rechten Hand hielt ich meinen Computer, mit der linken versuchte ich die Telefonnummer zu tippen. Mit den Zähnen hielt ich die Metallplatte in die Richtung, die ich für Nordnordwest hielt, weil dort irgendwo der *Inmar-Sat*-Satellit über dem Atlantik sein soll, und hoffte inständig, jetzt nicht die Schubumkehr einzuschalten und das Flugzeug zum Absturz zu bringen. Die ersten zwei Dutzend Versuche, auf diese Weise mit meiner Zentralredaktion zu telefonieren, schlugen fehl, was mich wahnsinnig machte, weil ich wusste, dass auch die Batterie im Satellitentelefon nicht allzu lange halten würde. Irgendwann klappte es endlich. Ich hatte die Zitate des Papstes in den Computer getippt und den Text im Kopf vorbereitet. Als ich endlich einen Kollegen am Telefon hatte, sprudelte ich los: »Hallo, ich bin Andreas Englisch, ich rufe aus dem Papstflugzeug an, der Papst stellt sich an die Seite Fidel Castros, er verlangt ein Ende des Embargos und kritisiert heftig die USA …« Ausgerechnet an diesem Tag hatte ich einen neuen Kollegen am Telefon, der mich nicht kannte. Er fragte: »Wer ist da? Von wo rufen Sie an?« »Ich bin in der Papstmaschine und ich …« Weiter kam ich nicht. Er sagte: »Und ich bin der Kaiser von China«, und legte auf. Ich hätte in mein Satellitentelefon beißen können. Ich versuchte es weiter. Unterdessen standen flehentlich blickende Kollegen um mich herum, die fragten, ob sie nicht mal eben mein Telefon leihen dürften. Hartnäckig verneinte ich und wählte erneut. Endlich hatte ich einen anderen Kollegen dran, den ich leider auch nur flüchtig kannte.

»Wer ist da? Andreas Englisch? Ich kann Sie kaum hören?«

»Ich sitze ja auch in einem Flugzeug über dem Atlantik und muss mit einem alten Satellitentelefon sprechen. Bitte schreiben Sie mit!« Ich diktierte die Nachricht. Dann sagte der Kollege: »Und wieso wissen nur Sie das? Wer soll das glauben? Die Agenturen haben noch kein einziges Wort darüber vermeldet.«

»Weil die nicht telefonieren können!«, schrie ich ihn an. Dann brach die Leitung zusammen. Erst beim dritten Versuch erwischte ich einen Freund und konnte die Nachricht über die Ticker der Welt schicken.

Von diesem Augenblick an schien eingetreten zu sein, womit der Papst gerechnet hatte, was er aber hatte vermeiden wollen: Die Reise würde als eine politische Mission betrachtet werden. Die seltsame Allianz des weißen Papstes mit einem der letzten roten Diktatoren weckte politisches Interesse. Dabei hatte der Papst eine ganz andere Frage: Johannes Paul II. interessierte sich nur wenig dafür, ob diese Reise ein politischer Erfolg werden würde oder nicht. Ihn bewegte viel mehr die Frage: Was hatte Gott mit ihm auf Kuba vor? Die politischen Aspekte erwog er wohl, aber sie beschäftigten ihn kaum. Sein Herz konzentrierte sich auf ein ganz anderes Thema: Würde sich Gott auf Kuba zu erkennen geben, und wenn ja, in welcher Form?

Der Papst denkt nicht einen Augenblick lang, dass auch nur ein einziger Erfolg seiner langen Amtszeit auf seine Bravour zurückzuführen wäre. Er fühlt sich wie ein unwürdiges Werkzeug der Allmacht Gottes. Wenn es dem Herrn aber gefallen hatte, den Besuch des Papstes in einer der letzten kommunistischen Diktaturen geschehen zu lassen, was hatte er im Sinn? Würde sich wiederholen, was in der Bibel wieder und wieder geschieht? Dass Petrus, wenn er zu Ungläubigen reist, um sie zu bekehren, durch ein Zeichen der Allmacht Gottes unterstützt wird? Würde dies auch dem Nachfolger Petri auf Havanna widerfahren?

Diese Frage bewegte den Papst zutiefst. Stand ihm ein Erlebnis bevor, welches das größte Rätsel der Welt war? Dass ein unbegreifliches Wesen, das sich hinter der Buchstabenkombination Jahve verbirgt, aus der unbegreiflichen Tiefe des Raums und dem unbegreiflichen Rätsel der Zeit Kontakt mit ihm, Papst Johannes Paul II., aufnimmt und sich den Kubanern offenbart?

Irgendwann zeichnete sich im tiefen Blau des Atlantischen Ozeans ein Flecken brauner Erde ab, der größer und größer wurde: Kuba. Die Maschine überflog die Insel einmal in ihrer ganzen Länge, um dem Papst einen Eindruck zu vermitteln, wie Kuba aussah, dann flog der Pilot eine Kurve und begann den Anflug auf den Flughafen José Martí. Zuckerrohrfelder ließen sich erkennen, schmale Straßen und die weiße Gischt der Wellen, die sich an den Küsten der Insel brachen.

Die Maschine landete, und als die Türen aufgestoßen wurden, strömte die milde Luft der Karibik in das Flugzeug. Der Papst ging langsam die Gangway hinunter, um die Erde Kubas zu küssen. Die kubanische Militärkapelle spielte unterdessen fast fehlerfrei die päpstliche Hymne. Die Kardinäle fürchteten allein schon angesichts der Hitze die Rede Fidel Castros. Er spricht vor dem Parlament manchmal sechs oder sieben Stunden lang. Doch er fasste sich diesmal relativ kurz: Die Rede war eine Mischung aus Beleidigungen und einer gewissen Wertschätzung für den Papst. Castro erinnerte daran, dass er auf einer katholischen Schule gewesen war, und er meinte, sich daran zu erinnern, dass auf dieser Schule nie farbige Jungs zugelassen worden wären. Die katholische Kirche sei rassistisch und unterdrücke die Menschen, sagte Fidel Castro. Dem Papst hielt er immerhin zugute, dass er Fehler der Kirche eingesehen und korrigiert hätte, so sei auch der geniale Galileo Galilei durch Johannes Paul II. rehabilitiert worden, der von der katholischen Kirche als Ketzer verurteilt und gezwungen worden war, seinen Überzeugungen abzuschwören. Der Papst erklärte in seiner Rede dagegen nur, wie sehr er sich freue, nach Kuba gekommen zu sein. Dann stieg der Papst in das Papamobil und fuhr über die Straßen der Insel.

Menschen, denen befohlen wurde zu jubeln, sieht man das sofort an: Tausende vollkommen desinteressierte Kubaner standen an den Straßen, schwenkten Kubafahnen und hielten Spruchbänder hoch, die den Diktator Fidel Castro priesen. Was sollte dieser weiße Papst hier ausrichten, inmitten von enttäuschten, armen und zutiefst verzweifelten Menschen? Wie sollten sie nach einer so langen Zeit der Diktatur plötzlich für die Botschaft eines Papstes aufgeschlossen sein, wie sollten sie ihm glauben? Dass Wojtyla auf ein Zeichen Gottes hoffte, auf Unterstützung in einer schwierigen Situation, schien nur allzu gerechtfertigt. Die Plakatwände auf dem Weg nach Havanna konnten das Elend kaum kaschieren: Ausgezehrte Menschen, die von 20 Dollar im Monat leben müssen, drängten sich in uralten, total überfüllten Bussen, trugen auf den Armen ihren Einkauf nach Hause: Ein wenig Reis, einen Becher voller Öl, etwas Zucker und ein Bund Karotten. Das musste für eine Woche reichen. Die Ungerechtigkeit auf der Insel erschloss sich sofort: Die Straßen von Havanna wurden auch von eleganten Dollar-Shops gesäumt, wo diejenigen, die Verwandte im Ausland hatten, alles kaufen konnten, was ihren Mitbürgern verwehrt war. Noch wenige Jahre zuvor hatten auf den Besitz von US-Dollar hohe Haftstrafen gestanden, jetzt verdiente der Staat an den Dollar-Shops mit.

Das Presse-Zentrum im Hotel »Havanna Libre« glich einem Fort: Hunderte von Polizisten schirmten das Hotel überall ab. Mehr als 2000 Journalisten drängten in die Konferenzsäle des Hotels. Die Fernsehstationen hatten ganze Stockwerke gemietet. Armdicke Kabel lagen auf den Fluren. Auf den Straßen standen Dutzende von Übertragungswagen, große Lkws mit Satelliten-Antennen für Live-Schaltungen.

Erst an diesem Abend, als ich meinen Koffer auspackte, nahm ich das große Paket wieder in die Hand, das mir Don Pasquale in Rom mitgegeben hatte. Don Pasquale ist über jeden Verdacht erhaben, ein Drogendealer zu sein. Der alte Mönch lebt in einem dieser unfassbaren römischen Klöster, die normalerweise niemand zu sehen bekommt. Es ist ein gewaltiger, wunderschöner Bau aus dem Mittelalter, umgeben von einem traumhaften Park nahe dem Kolosseum. Der ehemalige siebenfache italienische Ministerpräsident Giulio Andreotti pflegt in dem Park spazieren zu gehen. Nur sehr wenige Menschen auf der Welt, die über viele Milliarden Euro verfügen müssen, können sich leisten, in Rom so privilegiert zu leben. Schon ein Balkon ist ein Luxus, eine Terrasse bleibt in der zugebauten Stadt für die meisten Durchschnittseinwohner ihr Leben lang ein Traum. Einen Garten in der römischen Innenstadt anzulegen ist angesichts der Grundstückspreise utopisch, aber gar einen sehr großen privaten Park zum Vergnügen zu unterhalten, ist unvorstellbar. Die Orden haben diesen Luxus nur geerbt. Keines dieser prächtigen Klöster könnte in Rom heute gebaut werden, es gibt keinen katholischen Orden mehr, der ein solches Gebäude in der Innenstadt mit einem Park bezahlen könnte. Alle modernen Klöster entstehen in Rom weit außerhalb des Autobahnrings. Als die Prachtklöster im Mittelalter entstanden, hatte Rom nur ein paar tausend Einwohner: Keiner der Orden hätte sich je träumen lassen, dass ihre Immobilien eines Tages unglaubliche Vermögen wert sein würden, weil außer den Mönchen weitere 3,2 Millionen Menschen in der Stadt leben und sich um jeden Quadratmeter streiten.

In einem solchen Kloster also lebte Don Pasquale, und er hatte mich vor dem Abflug nach Kuba zu sich gebeten und mir ein ziemlich großes, ziemlich schweres Paket gegeben, das gerade noch in meinen Hartschalenkoffer passte. Er hatte mir eine Adresse genannt und mir den seltsamen Auftrag erteilt, ich möge mir ein Taxi nehmen, aber nicht bis zu der Adresse fahren, sondern vorher an einer bestimmten Stelle aussteigen und den letzten Kilometer zu Fuß gehen. Er hatte beschrieben, wo mich der Taxifahrer absetzen und wie ich dann weitergehen sollte. Es sei eine wichtige Fracht. Ich hatte keine Ahnung, worum es sich handelte.

Der Taxifahrer fuhr mich am nächsten Morgen in einem uralten Cadillac kreuz und quer durch Havanna. Als er mich auf der Straße absetzte, hatte ich jede Orientierung verloren. Das Einzige, was ich sicher wusste, war, dass ich in dieser Gegend auffallen musste wie ein bunter Hund, weil sich nie ein Tourist hierhin verirrte. Ich ging vorbei an den abrissreifen Häusern mit der üppigen tropischen Vegetation, die alles überwucherte und im seltsamen Kontrast stand zu der Armut. Ich fand schließlich, was ich suchte: Es war ein sehr großes, weiß gekalktes Gebäude mit einer abgeschabten braunen Tür. Es schien ein wenig feindselig zu sein. Es gab kaum ein einziges Fenster nach draußen. Ich klopfte und ein junger Mann öffnete mir nur einen Spaltbreit die Tür. Ich erklärte ihm, woher ich käme, dann fragte er mich, wie das Kloster von Don Pasquale genau hieße und in welcher Zelle er wohne. Ich sagte es ihm, dann ließ er mich endlich ein. Ich wurde durch einen dunklen Gang geführt in einen Innenhof. Die Zeit schien hier stehen geblieben zu sein. Palmen und Apfelbananen wuchsen in dem Garten. Seltsame Vögel schrien schrill. Es war ein wundervoller Ort, gleichzeitig von einem überbordenden tropischen Reichtum und dennoch sehr karg. Der Garten war viereckig und gesäumt von überdachten Veranden. Ruinen von Stühlen standen auf den Fluren. Es gab nicht einen, der nicht schon mehrfach an der Lehne oder der Sitzfläche geflickt worden war. Die Tischplatten waren verrottet, auf den meisten Stühlen saßen Mönche in kurzen Khaki-Hosen und kurzen Hemden. Die normale Kleidung der Ordensleute, Kutten und Sandalen, waren wahrscheinlich zu warm oder längst verschlissen und ausgegangen. Sie sahen mich neugierig an. Der junge Mönch vom Eingang stellte mich einem Mann vor, der vermutlich der Abt war, und ich lieferte mein Paket mit besten Grüßen von Don Pasquale ab. Sie luden mich gastfreundlich ein, das mit ihnen zu teilen, was sie hatten: Wasser, ein wenig Tee und ein bisschen Zucker. Sie wollten alles wissen, was im Vatikan in den letzten Jahren geschehen war. Sie waren regelrecht ausgehungert nach Neuigkeiten: »Lebt noch Kardinal X, lebt noch Bischof Y?«

Abgeschnitten von der Zentrale in Rom, wussten diese Mönche über ihr Oberhaupt so gut wie nichts. Sie hatten seit Jahrzehnten keinen direkten Kontakt mehr mit Rom gehabt, es gab weder Zeitungen noch Briefe. Das kubanische Radio und Fernsehen, das einzige, das sie empfangen konnten, hatte zwar Programme zum Papstbesuch ausgestrahlt, aber die Auseinandersetzung des Papstes mit dem kommunistischen Regime in Polen verschwiegen. Auf Kuba wusste man nicht, wie sehr die Erfahrung des Totalitarismus, das Gefühl, einer Diktatur ausgeliefert zu sein, diesen Papst geprägt hatte. Die Mönche hatten nie erfahren, was der Papst im besetzten Polen erlebt hatte. Sie wollten wissen, ob es stimmte, dass der Papst eine neue Sozial-Enzyklika geschrieben hatte, und welche neuen Strömungen es innerhalb der Kirche gab. Wie stark waren die neuen geistlichen Bewegungen? Bereitwillig berichteten sie von ihrem schwierigen Alltag, der Unterdrückung, der Festnahme von Katholiken, der Gefahr, der Ordensleute und Priester ständig ausgesetzt waren. Erst in jüngster Zeit habe man sie etwas mehr in Ruhe gelassen, dank des Papstes, der die Einladung nach Kuba angenommen habe.

Der Abt des Klosters beklagte: »Es ist zu schade, dass der Heilige Vater nicht in unser Kloster kommen kann und dass er nur die Orte besuchen darf, die ihn Castro besuchen lässt. Ich bin sicher, dass wir uns sehr gut mit ihm verstehen würden.«

Ein seltsames Schweigen trat unter den Mönchen ein. Dann sagte ein Pater mit dem Namen Don Mario: »Ich weiß nicht, ob wir uns alle gut mit ihm verstehen würden. Ich habe es nicht vergessen, wie der Papst Ernesto Cardenal vor allen Leuten niedermachte, obwohl er vor ihm kniete.«

Johannes Paul II. und Ernesto Cardenal auf dem Flughafen von Managua am 4. März 1983: Kein anderes Bild des Papstes auf dem amerikanischen Kontinent hat den Platz in der Geschichte so sicher wie der Augenblick, als der Nachfolger Petri und der Kulturminister der sandinistischen Regierung Nicaraguas, der Trappisten-Mönch Ernesto Cardenal, zusammentrafen. Der Mönch mit dem langen weißen Haar, in blauer Hose und weißem Hemd ging auf die Knie, als der Papst vor ihm stand. Und Johannes Paul II. schalt ihn laut: »Regeln Sie Ihr Verhältnis zur Kirche!«, während der mächtigste Mann Nicaraguas, General Daniel Ortega, neben ihm erbleichte.

Es war der Höhepunkt im Streit um die Theologie der Befreiung gewesen. Das Bild des Papstes und des knienden Trappistenmönchs, der Kulturminister war und Kultautor wurde, teilte die Katholiken auf der ganzen Welt. Da waren die Anhänger der »Amtskirche«, die froh waren, dass der Papst in Managua ein Machtwort gesprochen hatte, und da waren die Befürworter der Theologie der Befreiung, die sich in der Schelte für Cardenal in ihrem ablehnenden Urteil über den konservativen Papst bestätigt sahen.

Am 4. März 1983 kam es in Managua nach einem jahrelang schwelenden Streit zum Zusammenstoß. Seit dem 24. März 1980, als Oscar Romero, der Erzbischof von San Salvador, am Altar seiner Kirche von einem Todeskommando erschossen worden war, wuchs in Süd- und Mittelamerika die Überzeugung, dass die Kirche ihre unparteiische Haltung aufgeben und sich eindeutig an die Seite der Unterdrückten, der Ausgebeuteten und Gequälten stellen müsse. Zahlreiche Theologen entwickelten die sogenannte Theologie der Befreiung, allen voran Pater Gustavo Gutierrez und der brasilianische Franziskaner-Pater Leonardo Boff, ein Schüler Kardinal Joseph Ratzingers. Wegen seines Buchs »Charisma und Macht« leitete Ratzingers Glaubenskongregation später ein Verfahren gegen Leonardo Boff ein, der daraufhin den Franziskanerorden verließ. Die Gründer der »Theologie der Befreiung« propagierten, dass die Kirche der Unterdrückung von Völkern nicht tatenlos zusehen dürfe und dass es auch innerhalb der Kirche keine Unterdrückung geben dürfe. In Erzbischof Oscar Romero, der die Menschenrechtsverletzungen durch die Militärregierung in El Salvador immer wieder heftig angeprangert hatte, sahen die Anhänger der Befreiungstheologie einen Helden. Nach dem Sieg der Sandinisten in Nicaragua wollten drei Mönche in ihrem Land die »Theologie der Befreiung« offiziell umsetzen: der Außenminister der sandinistischen Regierung Miguel D'Escoto, der Kulturminister Ernesto Cardenal und sein Bruder Fernando Cardenal, der Chef des Programms für die Alphabetisierung. Sie wünschten sich eine »Kirche von unten«, eine Volkskirche, wie sie von Boff beschrieben worden war. Boff war in seinem Buch »Charisma und Macht« zu dem Ergebnis gekommen, dass die Hierarchie in der katholischen Kirche der Botschaft Jesu Christi widerspreche und deshalb abgeschafft werden müsse.

Die drei Patres in Nicaragua wollten eine Kirche aufbauen, die sich gegen die Hierarchie richtet. Das wollten sie beim geplanten Papstbesuch in Managua am 4. März 1983 auch vorführen.

Um die schwierige Reise in ein von rebellischen Mönchen regiertes Land vorzubereiten, schickte Papst Johannes Paul II. seinen besten Mann schon mal vorweg nach Nicaragua: den Erzbischof Andrea Cordero Lanza di Montezemolo, einen Verwandten des langjährigen Chefs des Formel-1-Rennstalls »Ferrari«. Papst Johannes Paul II. war klar, dass er sich auf dieser Reise entscheiden musste, welche Haltung er gegenüber der »Theologie der Befreiung« einnahm. Er würde als Gast in ein Land kommen, das von Mönchen mitregiert wurde, die gegen eine der wichtigsten Regeln der Kirche, den Gehorsam, verstoßen hatten. Am Flughafen sollte er laut Plan von der gesamten Regierung begrüßt werden, also auch von den beiden rebellischen Minister-Mönchen. Allen beiden war von ihren Orden befohlen worden, die sandinistische Regierung zu verlassen. Sie hatten nicht gehorcht. Erzbischof Montezemolo schlug den Patres vor, nicht zum Flughafen zu kommen, um dem Papst die Peinlichkeit der öffentlichen Begegnung zu ersparen. Doch beide weigerten sich, dem Papst »auszuweichen«. Ein Problem löste General Ortega: Er schickte seinen Außenminister ausgerechnet an dem historischen Tag des Papstbesuches zu einem Treffen der Außenminister der blockfreien Staaten nach Indien. Kulturminister Ernesto Cardenal beharrte jedoch darauf, mit zum Flughafen zu kommen. Johannes Paul II. zögerte nicht: Er schimpfte den Mönch und Minister aus wie einen ungezogenen Schuljungen. Es kam zur peinlichen Messe von Managua: Die Sandinisten hatten ihre Anhänger auf den Platz geschickt. Nur in großer Entfernung konnten einige 10 000 Katholiken, die Anhänger des Papstes waren, an der Messe teilnehmen. Als der Papst die Sandinisten kritisierte und erklärte, es könne keine Volkskirche neben einer katholischen Kirche geben, brüllten die Massen den Papst nieder. Johannes Paul II. schrie damals außer sich immer wieder »Ruhe!«, allerdings mit geringem Erfolg. Für den Papst war unglaublich, was vor sich ging: In Polen hatte nicht die Kirche von unten, sondern die Kirche, die an Rom festhielt und deswegen stark war, den Kampf gegen das Regime gewonnen. Die katholische Kirche ist in seinen Augen stark, weil sie universal ist.

»Ich kannte Pater Boff«, sagte Don Mario. »Ich habe nicht den Eindruck, dass er völlig Unrecht hatte. Die katholische Kirche stand in Mittel- und Südamerika zu lange auf der Seite der Macht. Die Menschen brauchten eine Volkskirche, die auf ihrer Seite stand.«

»In Polen hat die offizielle katholische Kirche das System weggefegt, nicht eine parallele Volkskirche«, sagte ich. »Ja, aber Polen ist Polen und nicht El Salvador und nicht Nicaragua und nicht Mexiko. Was in Polen funktioniert, muss nicht in El Salvador funktionieren. Das fängt schon damit an, dass in Polen alle weiß sind. Meinen Sie, eine südamerikanische reiche weiße Padrona würde nur eine Sekunde lang ihre Haushaltshilfe, ein getauftes frommes Indio-Mädchen, für ihre Schwester halten? Sie schlägt sie blutig, sie enthält ihr den Mindestlohn vor und drückt ein Auge zu, wenn ihr Sohn das hilflose Mädchen vergewaltigt. Das passiert jeden Tag in den reichen katholischen Familien Südamerikas. Ich weiß, wovon ich rede, ich habe das erlebt«, sagte Don Mario. »Die katholische Kirche in Lateinamerika hat Schulen für die Kinder reicher Leute gebaut und Universitäten für reiche Studenten und Krankenhäuser für reiche Kranke. Kennen Sie die »Legionäre Jesu Christi« in Mexiko, eine der größten christlichen Bewegungen in Amerika? Wissen Sie, wie die Leute sie nennen? Nicht »Legionäre Jesu Christi«, sondern »Millionäre Jesu Christi«. Es ist die reiche, weiße Oberschicht, die sich in einer katholischen Organisation zusammengefunden hat.«

Er machte nur eine kurze Pause, um Atem zu holen, dann fuhr er fort: »Die Theologie der Befreiung brachte Südamerika eine ungeheure Aufbruchsstimmung. Als im August 1984 Kardinal Joseph Ratzinger seine ›Instruktion zu einigen Aspekten der Theologie der Befreiung‹ veröffentlichte, erstickte das alle neuen Ideen im Kern. Eine Bewegung von unten wurde von oben zerstört. Ich weiß noch genau, dass eine Woche nach der Veröffentlichung die drei Patres der sandinistischen Regierung aus der Kirche de facto ausgeschlossen wurden, weil sie das Kirchenrecht verletzt hatten.«

»Ich gebe zu, der Papst war selten so unpopulär wie damals: Er schien wie der absolute Herrscher, der seine Macht gegen Kritiker verteidigte, mit allen Mitteln. Aber in der Sache hatte er vielleicht Recht: Die beiden Cardenals und der Außenminister, Pater Miguel D'Escoto, hatten das Kirchenrecht verletzt.«

»Ja, weil die Kirche ihnen nicht zugehört hat. Weil der Mann aus Polen nicht begriffen hat, dass Mittelamerika anders ist als Europa, allein schon, weil es einen ungeheuren Rassismus gibt. Hier auf Kuba sitzen wir wenigstens alle im gleichen Gefängnis. Aber meinen Sie, einer der wenigen weißen Christen Kubas würde einem schwarzen Christen trauen?«

»Ist das wirklich so?«, fragte ich.

»Ja, das ist so, und die Menschen hier, die wenig mit Gott zu schaffen haben, sehen Tag für Tag das gleiche widerliche Beispiel: Die größte Urlaubergruppe auf Kuba sind Italiener aus dem katholischen Italien. Alle legen sich hier für die Dauer des Urlaubs eine Freundin zu. Wenn man sie fragt, woher sie die junge Dame kennen, sagen alle das Gleiche: ›Ich habe sie in der Disko kennen gelernt‹. Sind die wirklich so dumm, dass sie nicht wissen, dass ein kubanisches Mädchen auf die 20 Dollar Eintritt für die Disko ein Jahr sparen muss? Dass sie sich nicht leisten kann, in die Disko zu gehen, ohne dort einen Mann kennen zu lernen, der sie hinterher ein paar Wochen lang aushält?«

Er nahm das Paket, das ich ihm mitgebracht hatte, und riss es auf. »Wissen Sie, was hier drin ist? Es sind Schmerzmittel. Medikamente für Anästhesisten. Wussten Sie, dass auf Kuba Menschen schwere Operationen wie Amputationen ohne jedes Schmerzmittel überstehen müssen? Es gibt hier nämlich so gut wie keine. Alle Medikamentenspenden, die wir offiziell bekommen, müssen wir an die Regierung abgeben. Wissen Sie, was damit geschieht? Sie werden ausschließlich für Castro und seine Freunde benutzt. Wir sitzen in einem Gefängnis auf der Insel. Sie sollten sich vom Regime nicht an der Nase herumführen lassen: Treffen Sie mal richtige Menschen!«

»Gern«, sagte ich.

»Sind Sie bereit, sich heimlich mit einigen kubanischen Katholiken zu treffen? Menschen, die offiziell nicht mit Ihnen in Kontakt treten dürfen, die im Verborgenen bleiben müssen, aber Fragen haben?«

»Okay«, sagte ich.

»Dann arrangiere ich das«, sagte Don Mario. Er stand auf und nahm das Paket. »Danken Sie Don Pasquale in Rom. Vergessen Sie es nicht!«. Der Abt stand jetzt auch auf. »Wir müssen die Medikamente rasch weiterreichen.« Ich bedankte mich für den Tee und ließ mich nach draußen begleiten.

Schon am nächsten Tag erhielt ich eine Einladung zu einem Treffen: Ich dachte, dass es in einer sicheren Kirche stattfinden würde, aber der Treffpunkt in Havanna war in Wirklichkeit eine Bar. Vielleicht lag es daran, dass kein anderer Ort von der Polizei so wenig kontrolliert wurde wie Bars, in denen Kubaner tanzen. Vielleicht lag es daran, dass der einzige Mensch auf Kuba, der nicht tanzen kann, Fidel Castro sein soll. Während alle anderen Musik zu lieben scheinen, ihr ganzes Leben von Musik getragen wird, wirkt der steife Staatschef wie ein Widerspruch auf einer Insel, die sich rhythmisch bewegt. Ich fiel in dieser Bar nicht weiter auf. An der Theke standen zahlreiche Urlauber. Eine junge Frau nahm auf eine seltsame Art und Weise Kontakt zu mir auf: Sie forderte mich zum Tanzen auf, schmiegte sich eng an und flüsterte mir zu, dass ich an der Bushaltestelle vor der Tür auf einen dieser überfüllten Busse warten sollte, die sie »Kamel« nennen.

Als wir in den Bus stiegen, nahmen drei Männer Blickkontakt zu mir auf und machten mir klar, dass sie mir ein Zeichen geben würden, wenn ich auszusteigen hatte. Ich wusste zu diesem Zeitpunkt nicht, dass es auf Kuba Blockwarte in jeder einzelnen Straße gab, Frauen und Männer, die darauf zu achten hatten, dass nichts Antirevolutionäres geschah. Ich wusste deshalb auch nicht, dass man sehr vorsichtig sein musste, um ungesehen einen Treffpunkt zu erreichen. Ich stieg an einer Haltestelle aus und wurde in einen heruntergekommenen Lebensmittelladen gelotst, wo nur einige alte Fässer mit Reis standen. Es war schon spät, und beim Anbrechen der Dunkelheit ging ich mit zwei Männern ein paar Straßen unter Palmen entlang, deren Blätter beim letzten Wirbelsturm arg mitgenommen worden waren, dann standen wir irgendwann vor einem großen Metalltor und gingen hindurch: Es war eine Fahrradfabrik. Es roch beißend nach Säure, an den Wänden der Fabrik stapelten sich Fahrradgestelle. Im Halbdunkel saßen Frauen und Männer zusammen. Sie stellten sich vor, es waren Universitätsprofessoren, Ärzte, Schriftsteller und ein Priester, insgesamt etwa 50 Frauen und Männer. Durch eine Kleinigkeit wurde die Szene in dieser Fabrikhalle nicht nur unangenehm, sondern richtig peinlich. Es war heiß an dem Abend, und meine Gastgeber hatten eine einzige Flasche Bier und Gläser auf den Tisch gestellt. Sie selbst tranken nur einen winzigen Schluck aus der Flasche, und es war unübersehbar, wie wertvoll das bisschen Bier für sie war. Natürlich hätte ich das wissen müssen: In den Mini-Bars unserer Hotels gab es Spitzenweine und französisches Mineralwasser. Warum hatte ich Ihnen, die mit ihren Familien von durchschnittlich 20 Dollar im Monat leben mussten, nichts mitgebracht? Warum hatte ich nicht einmal eine Flasche kubanischen Rums mitgebracht, der für sie unbezahlbar war? Ich hatte gesehen, was ihr äußerster Luxus war: Am Samstagabend führten diese Hochschullehrer ihre Frauen aus, und zwar an eine Imbissbude, und teilten mit ihnen eine Portion Pommes frites, während ihre Kollegen in West-Europa und den USA das Wochenende in Wellness-Hotels genossen.

Diese konspirativ scheinende Gruppe wollte wissen: Warum war der Papst gekommen? Wusste er nicht, dass dadurch Fidel Castro an internationalem Ansehen gewann? Warum stellte sich der Papst, der erfolgreich dem Sowjet-Imperium getrotzt hatte, an die Seite eines kommunistischen Diktators? Wurde der Besuch nicht instrumentalisiert? Warum hatte der Papst diesem Mann die Hand geschüttelt, der vor seinem eigenen Volk Angst hatte, der ständig den Wohnsitz wechselte, immer unterwegs war, der wie ein Gespenst der Nacht in seinem Reich lebte aus Angst vor seinen eigenen Leuten, der als Einziger in dem Riesengefängnis Kuba frei war?

Ich wusste keine Antwort auf diese Fragen. Ich glaubte nur zu ahnen, was der Papst erhoffte: dass Gott sich hier zeigen würde, dass so etwas wie ein Wunder geschehen würde, dass Gott sich der Insel Kuba annehmen werde. Johannes Paul II. fühlte sich als Werkzeug Gottes, nicht wie ein Mann, der handelt. Dieser Papst suchte seinen Gott immer wieder und war hierher gekommen, weil er darauf hoffte, ihn hier zu finden, ein Zeichen von ihm zu bekommen. Mein Hinweis wurde mit Unverständnis aufgenommen. Ein Juraprofessor schimpfte: »Castro macht mit dem Papst doch, was er will. Wissen Sie, wie die Gefängnisse auf Kuba aussehen? Wissen Sie, wie viele Menschen einfach verhaftet werden und verschwinden? Warum hat der Papst diese Gelegenheit nicht benutzt und das Regime Castros angeprangert? Sicher: Er hat Menschenrechte eingeklagt. Aber er hat nicht klipp und klar gesagt, was er hätte sagen müssen: dass Fidel Castro ein Verbrecher ist!«

»Der Papst kommt immer zu den Menschen, nicht zu dem Diktator. Wenn er die Menschen eines bestimmten Landes besuchen will, kann er seinen Gastgeber nicht brüskieren. Er reiste im Jahr 1982 auch zu dem Schlächter Augusto Pinochet. Nur, weil er den Chilenen seinen Segen bringen wollte, nahm er in Kauf, dass Pinochet den Besuch für sich ausnutzte«, antwortete ich.

»Die Menschen werden den Papst gar nicht sehen. Castro hat allen mitteilen lassen, dass sie nicht zur Messe am Platz der Revolution am Sonntag kommen sollen. Er will der Welt vorführen, dass Kuba atheistisch ist. Fidel Castro wird an der Messe teilnehmen, aus Respekt. Aber er will leere Ränge sehen. Der Papst wird auf Kuba nichts und niemanden erreichen«, sagte der Juraprofessor. Fidel Castro wollte die Strategie der polnischen Machthaber kopieren: Die hatten beim ersten Papstbesuch in seinem Heimatland im Juni 1979 die Plätze, an denen der Papst eine Messe lesen wollte, abgeriegelt. Es sollte der Eindruck entstehen, dass nur ganz wenige Menschen zum Papst kommen. Die Massen wurden an Kontrollpunkten aufgehalten. Während des festlichen Gottesdienstes am Sonntag, dem 25. Januar 1998 in Havanna, dem Höhepunkt der Reise, sollte das Gleiche passieren: Ein Papst würde vor Castro auf einem leeren Platz die Messe lesen. So sollte das Desinteresse Kubas an der Religion demonstriert werden. Es sah schlecht aus für Karol Wojtyla.

Das Treffen endete abrupt. Plötzlich war ein Pfiff zu hören, und schnell verschwand die Gruppe in der Dunkelheit. Jemand brachte mich zurück zum Bus. Ich wusste, dass die Leute enttäuscht waren. Ich hatte ihnen nicht glaubwürdig erklären können, was dieser Besuch bedeutete, und hatte ihnen auch keine Hoffnung machen können, dass der Besuch des Papstes irgendetwas auf Kuba ändern würde.

Noch nie in der Geschichte Amerikas berichteten die Medien so ausführlich aus Kuba wie in jenem denkwürdigen Januar 1998. Das Interesse war riesengroß, nicht nur wegen der zahllosen Exil-Kubaner, die in Miami leben, sondern auch, weil das Ereignis aus Sicht der USA in ein leicht verständliches Schema passte. Da trafen Weiß und Schwarz aufeinander: der Papst und der Diktator. Seit der Kubakrise im Jahr 1963, als die Sowjets versucht hatten, Raketen auf die Karibikinsel zu bringen, hatte sich die Öffentlichkeit der USA nicht mehr so intensiv mit dem

Nachbarn beschäftigt. Der Papst auf Kuba war eine »*big story*«, und deswegen hatten die US-Medien auch alles mobilisiert, was sich bewegen ließ.

Für die USA war das Ereignis auch deshalb so wichtig, weil erstmals Tausende von US-Journalisten nach Kuba einreisen durften. Fidel Castro zeigte sich großzügig mit Genehmigungen. Er wollte ja, dass möglichst alle Fernsehstationen und Zeitungen der USA verbreiteten, dass der Papst in Havanna das ungerechte Embargo der Amerikaner gegen Kuba verurteilt hatte. Das *Havanna-Libre-Hotel* war für ein paar Tage das größte Pressezentrum der Welt. Auf allen Fluren standen enorme Mischpulte, Stromgeneratoren, Satelliten-Anlagen und Dutzende von Kameras. Erschöpfte Journalisten schliefen auf den Gängen, eifrige Assistenten schleppten Hot-Dogs und Hunderte von Kaffeebechern durch die Flure. Es herrschte ein unglaubliches Geschrei. Nach vier Tagen geschah etwas, was manchmal in Horrorfilmen als Stilmittel benutzt wird: Ich wollte in das für den Vatikan reservierte Pressezentrum und kam auf dem Weg an dem für die US-Medien reservierten Stockwerken vorbei. Ich sah ein unglaubliches Bild: In den gleichen Räumen, in denen bis vor einer Stunde noch Computer aufeinander getürmt worden waren, pausenlos Dutzende Telefone geklingelt und Hunderte von Menschen gearbeitet hatten, standen nur noch ein paar leere Kaffeebecher. Auf den menschenleeren Fluren lagen weggeworfene Coladosen. In den offen stehenden Räumen, in denen ein ohrenbetäubender Krach geherrscht hatte, war es plötzlich totenstill. Man konnte die Fliegen gegen die Fensterscheiben prallen hören. Was war passiert?

Die US-Medien-Maschinerie hatte von einer Stunde auf die andere ihre Zelte abgebrochen. Sämtliche US-Journalisten waren Hals über Kopf abgereist. Die »*story*« über den Papst auf Kuba hatte keine Bedeutung mehr, weil Amerika sich wieder einmal um sich selbst kümmern musste: Der Sex-Skandal um Bill Clinton und seine Praktikantin war ans Tageslicht gekommen. Dem Präsidenten drohte ein Amtsenthebungsverfahren, die Fernsehstationen brauchten alles, was Beine hatte, im eigenen Land. Fluchtartig hatten die Journalistentrupps die Insel verlassen. Der Papst fand fortan im US-Fernsehen nicht mehr statt. Selbst wenn er noch etwas bewirken würde: Ein großer Teil der Welt würde es nicht mehr erfahren.

Johannes Paul II. war zutiefst enttäuscht. Wie war es möglich, dass das Sexualverhalten einer gewissen Monica Lewinsky ein historisches Ereignis wie den Papstbesuch auf Kuba so völlig aus dem Interesse der Öffentlichkeit verdrängen konnte? Die Zahl der Fernsehstationen, welche die päpstliche Messe am Sonntag übertragen wollten, sank von mehr als 160 Sendern auf knapp 70. Als Johannes Paul II. sich am 25. Januar 1998 gegen 9 Uhr auf den Weg zum Platz der Revolution aufmachte, hatte er allen Grund, entmutigt zu sein. Bisher war die Reise ein Fehlschlag gewesen. Die wichtigsten Medienanstalten, die seine Botschaft der Entspannung zwischen alten Feinden hätten übermitteln sollen, waren abgereist, und Kardinal Jean-Louis Tauran, der die Reise vorbereitet hatte, warnte den Papst, dass unter dem riesigen Bild von Che Guevara, das den Platz dominierte und dessen Lebenswerk der Papst sogar loben sollte, weit weniger Menschen erwartet wurden, als der Vatikan erhofft hatte. Die Propagandamaschine schien funktioniert zu haben. Es war den Kubanern nicht klar gesagt worden, ob und welche Konsequenzen es haben würde, wenn sie zu der Papstmesse gingen. Deswegen hielten viele es für sicherer, nicht hinzugehen. Diktaturen lassen solche Strategien der Vorsicht entstehen: Die Polizei auf Kuba schätzte, dass nur etwa 8000 Menschen kommen würden. Der Vatikan hatte auf mindestens 20 000 gehofft. Auch das Wetter spielte nicht mit: Havanna hatte an diesem Tag gar nichts vom Charme der Karibik. Dicke Regenwolken hingen am vollkommen windstillen Himmel. Es war kühl. Ein Tag, um daheim zu bleiben. Aber während der Papst sich auf den Weg zu dem Platz machte, geschah so etwas wie ein Wunder: Tausende drängten sich plötzlich an den Posten der Polizei vorbei, wühlten sich durch die Gassen der Altstadt und füllten immer rascher den Platz: Als der Papst an den Altar trat, hatten sich mehr als 100 000 Kubaner versammelt. Das Castro-Regime hatte eine Niederlage erlitten: Den Mann, der das Wort Jesu Christi brachte, wollten auch im vermeintlich atheistischen Kuba sehr, sehr viele Menschen hören. Der Papst sah lange auf die Menge, bevor er mit der Messe begann. Es war nicht zu übersehen, was ihn bewegte: War dies das Zeichen Gottes, auf das er die ganze Zeit gewartet hatte? Hatten diese Menschen, die gegen alle Erwartungen so unglaublich zahlreich gekommen waren, dieses Wunder vollbracht? War es das, was Gott ihm hatte sagen wollen? »Mach weiter, Karol Wojtyla! Weder die Medien noch die Voraussagen der Polizei, sondern nur der Gott im Himmel beherrscht diese Welt und versucht, mit deiner Hilfe einen Platz im Herzen all dieser Leute zu erringen?« Aber Karol Wojtyla war sich nicht sicher. Sein Gefühl sagte ihm, dass er noch warten musste, dass vielleicht noch etwas geschehen würde.

Wie eine bedrohliche Kuppel bauten sich die Regenwolken immer dichter über dem Platz der Revolution auf. Es war ein bedrückendes, stickiges Klima. Man rang nahezu um Luft, aber es war vollkommen windstill, so dass die Fahnen schlaff an den Masten hingen. Die Messe begann, und ich stand damals ein paar Meter vom Papst entfernt auf einer Tribüne. Ich konnte klar erkennen, dass er auf etwas wartete. Er wusste nicht, auf was, aber er sah immer wieder auf die Menge und auf den Himmel, als müsste jetzt irgendetwas geschehen. Schließlich näherte sich die Messe dem wichtigsten Moment: Der Papst wollte die Insel segnen. Er sprach die vorbereitenden Worte, und dann geschah tatsächlich etwas: Von einer Sekunde auf die andere brauste ein starker Wind über die Insel, die Fahnen flatterten, die Wolken rissen auf, die Sonne schien plötzlich. Der Papst unterbrach sofort die Messe: Er blickte auf die Menschen, die jetzt dank der frischen Luft aufatmeten, und dann sah er einen Augenblick zu den Journalisten hinüber, die am Altar standen, und es gab keinen Zweifel daran, was der Blick bedeutete: »Seht ihr? Er ist hier!« Dann sagte Johannes Paul II. langsam ins Mikrofon: »Spürt ihr den Wind? Ich halte diesen Wind für sehr bedeutungsvoll. Kommt nicht der Heilige Geist wie ein brausender Wind?« Dann lachte er, glücklich auf einmal, und segnete die Insel.

Es war nichts weiter gewesen als bewegte Luft. Wind eben. Zugegeben: Es hatte erstaunlich stark geweht, und die Brise war plötzlich und in einem besonderen Moment aufgekommen. Trotzdem hatte nichts weiter als ein naturwissenschaftlich leicht erklärbarer Wind die Menschenmenge erfrischt. Aber für Karol Wojtyla war etwas anderes geschehen. Er hatte eine Begegnung mit dem Schöpfer erlebt, der ihm zu verstehen gab, dass er richtig gelegen hatte, dass es richtig gewesen war, auf die Insel zu reisen, obwohl Fidel Castro die Reise für seine Zwecke missbrauchen würde. Er sollte nicht auf sofortige Ergebnisse hoffen, sondern warten. Denn alles lag in Gottes Hand, auch das Schicksal Kubas. War das Aberglaube oder Theologie? Der Papst hatte keinen Zweifel daran. Vor dem Abflug am Montag, 26. Januar, war er noch ganz erfüllt von dem Ereignis. Er hatte den Auftrag seines Gottes zu dessen Zufriedenheit erfüllt. Denn er war für würdig befunden worden, ein Zeichen zu erleben.

Israel

Ich weiß nicht, welches Urteil die Historiker eines Tages über Papst Johannes Paul II. fällen werden. Möglicherweise werden kommende Generationen die Rolle des Papstes während des Zusammenbruchs des Sowjetreichs ganz neu bewerten. Noch ist ungeklärt, ob es ein Fehler war, dass Johannes Paul II. die Bischofskonferenzen der einzelnen Länder entmachtete und fast alle wichtigen Entscheidungen in Rom fällte. Vielleicht werden auch seine zahlreichen Reisen eine ganz andere Wirkung hervorrufen, als er erhoffte? Sind die Massenmessen ein Fehler? Konzentriert sich die Kirche zu sehr auf den Papst? In einem Punkt jedoch bin ich mir sicher: Was immer man auch über diesen Papst in der Zukunft denken wird, eine Geste wird auf alle Zeiten bleiben: sein Kniefall am 25. März des Jahres 2000; die Bitte um Vergebung an das jüdische Volk.

Es gibt keinen Zweifel daran, dass Johannes Paul II. persönlich und mit allem Nachdruck eine radikale Änderung der Beziehungen zwischen der katholischen Kirche und den Juden vorangetrieben hat. Über Jahrhunderte mussten Juden weltweit darunter leiden, dass katholische Christen ihnen grundsätzlich feindselig begegneten. Niemand weiß, wie viel Leid diese Einstellung verursachte, wie viele Opfer sie forderte.

Aber ohne Zweifel hat die antijüdische Haltung der katholischen Kirche zur Tragödie des Volkes Israel beigetragen. Ich kann nicht beurteilen, welchen Einfluss die Haltung der Kirche auf die Shoa hatte, den Massenmord der Nazis an den Juden, das schlimmste Verbrechen der Geschichte. Aber ich weiß, dass es deutsche katholische Bischöfe gegeben hat, die den Diktator ohne Not mit »Heil Hitler« empfingen. Ich weiß, dass es noch sehr lange dauern wird, bis man ein Urteil fällen darf in der Frage, wie groß die Mitschuld der Kirche an der Shoa ist. Ich kenne die Protestschreiben, die Kardinal Eugenio Pacelli, der spätere Papst Pius XII., als Kardinalstaatssekretär an Hitler schrieb. Es gibt katholische Priester, die in Auschwitz umgekommen sind. Aber erst Papst Johannes XXIII. (1958–1963) strich aus der Karfreitags-Liturgie für immer das Gebet, in dem katholische Christen ihren Gott baten: »Laßt uns beten für die ungläubigen Juden.«

Der Weg zur Aussöhnung mit den Juden war auch für Papst Johannes Paul II. holprig. Den Anfang verpatzte er gründlich. Als er am 23. Dezember 1988 die Vorbereitungen für das Weihnachtsfest unterbrach, um Palästinenser-Führer Yassir Arafat zu empfangen, war Israel empört. Aus israelischer Sicht war Arafat ein Terrorist.

Der Heilige Stuhl gehörte zu diesem Zeitpunkt zu den wenigen Vertretungen auf der Welt, die keine diplomatischen Beziehungen zu Israel unterhielten. Selbst islamische Staaten hatten längst Verhandlungen über diplomatische Beziehungen aufgenommen; der Heilige Stuhl nicht. Die katholische Kirche, die überhaupt nur existiert, weil sich der Sohn Gottes in Jerusalem hinrichten ließ und von den Toten auferstand, pflegte keinerlei Beziehung zu dem Staat, der im Heiligen Land entstanden war.

Seit der Eroberung Jerusalems durch die Araber im Jahr 638 hat die katholische Kirche in Palästina versucht, ihre Interessen durchzusetzen, vor allem den Schutz der ihr heiligen Stätten. Der Kreuzzug des Jahres 1099 brachte Jerusalem bis zur Rückeroberung durch Saladin 1187 unter die Kontrolle der Christen. Danach stieg Jerusalem zur Provinzstadt in verschiedenen Sultanaten ab. Im Jahr 1920 wurde Jerusalem Hauptstadt des britischen Protektorats und 1948 in zwei Zonen eingeteilt, eine arabische und eine israelische. Nach dem ersten Israelisch-Arabischen Krieg 1948/49 geriet die katholische Kirche im Heiligen Land wieder einmal in eine schwierige Lage: Alle wichtigen Kirchen und Klöster, einschließlich der Grabeskirche, lagen auf jordanischem Territorium. Nach dem Sechstagekrieg im Jahr 1967 wurde es für Christen zwar erheblich einfacher, die ihnen heiligen Stätten zu besuchen, aber eine Regelung fand sich nicht. Der Vatikan beharrte auf dem alten Plan der UNO, Jerusalem unter internationales Recht zu stellen. Israel lehnte das natürlich ab. Am 27. Dezember 1977 verabschiedete das israelische Parlament ein Gesetz, das missionarische Tätigkeit der katholischen Kirche in Israel untersagte. Es war von nun an verboten, in Bethlehem und Nazareth, in Galiläa, am Berg der Seligpreisungen und in Kapernaum Menschen an die Botschaft Jesu heranzuführen.

Der Job, trotz aller Schwierigkeiten mit dem Staat Israel zu verhandeln, war wahrscheinlich einer der schwierigsten, die Papst Johannes Paul II. je zu vergeben hatte. Ihn sollte Erzbischof Andrea Cordero Lanza di Montezemolo übernehmen, der Nuntius, der zuvor eine heikle Aufgabe in Nicaragua erfüllt hatte. Im Laufe des Jahres 1991 versuchte der Vatikan, alle Einzelheiten über die Kontaktaufnahme mit Israel streng geheim zu halten. Das klappte sehr gut. Monatelang erfuhr man nichts bis auf eine halbe Nachricht. Eigentlich ist es gar keine Nachricht, sondern eher ein Gerücht gewesen. Die Verhandlungen mit Israel führe in Wirklichkeit gar nicht Erzbischof Montezemolo, sondern ein ganz anderer Mann: ein rätselhafter Pater. Ich hatte nicht den blassesten Schimmer, ob an dem Gerücht etwas dran war, und keine Ahnung, um welchen Pater es sich handeln könnte. Recherchen ergaben nichts. Der Mann blieb ein Gespenst. Ich glaubte nicht daran, dass der rätselhafte Pater existierte, weil ich mir nicht erklären konnte, wozu man ihn brauchen sollte. Erzbischof Montezemolo war ein sehr erfahrener Diplomat, der unbestrittene Fähigkeiten besaß. Außerdem hatten die Nazis einen Angehörigen der Familie Montezemolos umgebracht. In einem Gespräch mit Vertretern Israels konnte das von Vorteil sein. Wozu also sollte Montezemolo auch noch einen Pater zur Unterstützung brauchen?

Im Vatikan war überhaupt nichts in Erfahrung zu bringen. Das Staatssekretariat äußerte sich zu gar keiner Frage, offensichtlich sollten die kompletten Verhandlungen geheim bleiben. Seltsamerweise verriet mir ein guter Freund und Kollege aus Israel, dass in israelischen Regierungskreisen das Gerücht umging, der Staat Israel verhandelte die Aufnahme der diplomatischen Beziehungen mit dem Vatikan mit einem jungen Pater und nicht allein mit Montezemolo. Also gab es den geheimnisvollen Pater doch? Der Vatikan hüllte sich in Schweigen. Ein Zufall brachte mich auf eine Spur. Auch die israelische Seite verweigerte jede Information über die Verhandlungen mit dem

Vatikan. Israelische Kollegen bekamen genauso wenig heraus wie ich in Rom. Einmal verplapperte sich jedoch ein israelischer Regierungssprecher. Auf die Frage, wie die Verhandlungen mit dem Vatikan liefen, sagte er wie immer: »Kein Kommentar.« Dem israelischen Kollegen war klar, dass es keinen Sinn hatte, nachzuhaken, und er wollte eigentlich nur einen Witz machen, als er sagte: »Können Sie mir denn sagen, ob die israelischen Regierungsvertreter jetzt Latein lernen müssen, um mit dem Vatikan verhandeln zu können?« Die Antwort war hochinteressant: »Nein, wir reden auf Hebräisch miteinander.«

Hebräisch? Erzbischof Montezemolo konnte sicher nicht genug Hebräisch für diplomatische Gespräche. Die Patres, die fließend modernes Hebräisch sprechen, gehören meines Wissens alle zur Vertretung der Kustodie des Heiligen Landes. Mit den Bullen »Gratias Agimus« und »Nuper Carissimae« aus dem Jahr 1342 hatte Papst Klemens VI. die Franziskaner zur Kustodie des Heiligen Landes ernannt. Noch zu Lebzeiten hatte der heilige Franz selbst im Jahr 1217 alle Provinzen des Ordens eingeteilt und auch die Provinz des Heiligen Landes vorgesehen. Auch nachdem Jerusalem in die Hände der Moslems gefallen war, gelang es den Franziskanern, das Heilige Land zu bereisen und schließlich mit Billigung der Moslems im Jahr 1333 im Kloster der Grabeskirche einzuziehen. Die Kustoden unterhalten einen wunderschönen Konvent ganz nah an der Lateranbasilika. Rund um einen quadratischen, verwunschenen Garten liegen die Zellen der Mönche, die mich zwar höflich recherchieren ließen, aber ohne dass ich einen Schritt weiterkam. Keiner der Mönche, die ich dort kannte, konnte der rätselhafte Unterhändler sein. Denn in einem stimmten alle Angaben überein. Er musste ein junger Pater sein, nicht einmal 40 Jahre alt. Im Sitz der Kustoden des Heiligen Landes lebte aber kein Mönch, der jünger als 60 Jahre alt war. Ich steckte in einer Sackgasse.

Ich wusste nicht, wie dicht ich schon am Ziel war. Ich wusste nicht, dass ich auf dem Rückweg zur Straßenbahnlinie 3 am richtigen Hauseingang an der Via Merulana vorbeigegangen war – am Eingang der Universität, hinter deren Pforte der junge Geistliche an dem Entwurf der künftigen Beziehungen zwischen dem Heiligen Stuhl und dem Staat Israel arbeitete. Der richtige Tipp kam schließlich aus Israel. Ein Kollege aus Tel Aviv verriet mir: »Der Pater, den du suchst, ist ein Sabra. In meinen Augen ist er ein Verräter.«

Der Rest war einfach: Ein Sabra ist ein Jude, der in Israel geboren wurde. Israelis, die als Juden geboren wurden, konvertierten und katholische Mönche wurden, gibt es im Vatikan nicht gerade häufig. Ich fand nur einen: Pater David Maria Jäger.

Er war in Tel Aviv als Sohn einer jüdischen Familie aufgewachsen und in die staatliche Schule gegangen. Doch als Jugendlicher entdeckte er Christus. Er wollte sich taufen lassen. Das war in Israel ein geradezu unglaublicher Vorgang. Juden zum Übertritt zu einer anderen Religion zu verführen konnte in Israel mit Gefängnis bestraft werden. Es fand sich kein katholischer Priester, der ihn taufen wollte. So trat er zunächst in die evangelische Kirche ein und stellte sich dann im Alter von 18 Jahren in Nazareth vor und sagte: »Jetzt könnt ihr mich als protestantischen Christen, der zum Katholizismus übertreten will, aufnehmen.« Jäger arbeitete ab dem Jahr 1977 mehr oder weniger direkt für Organe der katholischen Kirche. Mit 26 Jahren trat er in den Orden der Franziskaner ein. Am 19. März 1986 wurde er zum Priester geweiht: Er war der einzige Israeli jüdischen Glaubens, der im neuen Staat Israel geboren worden war und katholischer Priester wurde.

Es gab niemand anderen innerhalb der katholischen Kirche, der Hebräisch sprach und gleichzeitig Israel und das jüdische Volk so gut kannte wie Jäger. Jetzt verstand ich auch, warum Montezemolo die Verhandlungen nicht allein führte. Jäger war ideal. Ich fand ihn in der Antonianum-Universität der Franziskaner an der Via Merulana mitten in Rom. Ich rief ihn an und war mir völlig sicher, dass er sich verleugnen lassen würde, aber stattdessen sagte er zu meiner Überraschung, ich möge doch gleich vorbeikommen.

Ich stellte mir Jäger als einen dünnen, schweigsamen, gesichtslosen Mann vor, eben den idealen Mann für geheime Verhandlungen. Ich malte mir einen Menschen aus, der sich nicht beschreiben lässt, weil der Blick des Betrachters über ihn gleitet, ohne an irgendetwas hängen zu bleiben. Einer von den vielen Personen, an denen man vorbeigeht und die man gar nicht sieht, weil sie keine Flecken auf dem Jackett haben und keine schief sitzende Krawatte, weil die Haare nicht strähnig und nicht ungekämmt sind; durchschnittliche, gesichtslose Menschen eben.

Pater Jäger war genau das Gegenteil: Er war laut, sprühte vor guter Laune und redete ununterbrochen. Jäger gehört zu den wenigen Ordensleuten, die den Betrachter die Kutte des Mönchs völlig vergessen lassen. Es gibt Priester, die verschwinden in ihrem Gewand, sowohl am Altar als auch im privaten Leben. Sie sind ganz Institution, ihr Charakter scheint davon aufgesogen zu werden, dass sie Priester sind. Jäger erinnerte mich nach den ersten Sätzen viel mehr an einen Kaffeehausbesitzer irgendwo in der Altstadt von Beirut, der geschäftig seine Tische abwischt, gleichzeitig mit den Gästen quatscht, seine intelligenten Augen immer in Bewegung hält, alles weiß, was in der Stadt passiert, und unter dem Tresen alles verkauft, was sich überhaupt verkaufen lässt, vom Panzer bis zum Bügeleisen. Vor allem aber empfing mich Pater Jäger sehr warmherzig. Er versuchte mir das, was er mir sagen durfte, über die Verhandlungen mit Israel zu erzählen, was nicht ganz einfach war, weil alle Augenblicke sein Handy klingelte und er mit den Sprachen zu jonglieren begann. Er sprach Hebräisch und Italienisch, Englisch und Französisch. Außer seinem Handy besaß der Pater nichts von dem, was man von einem Mann in geheimer Mission erwartet. Er saß an einem uralten Schreibtisch zwischen Papierstapeln und uralten Metall-Büroschränken, die seit einer Ewigkeit nicht aufgeräumt und nicht geputzt worden waren. Wie sollte dieser Mann, ohne eine Sekretärin, ohne einen Beraterstab, ohne irgendwelche modernen technischen Hilfsmittel eigentlich den Friedensschluss zwischen den Juden und Christen nach 2000 Jahren Streit vorbereiten? Er schaffte es.

Die erste Etappe, die Unterzeichnung des Grundsatzabkommens zwischen dem Heiligen Stuhl und Israel, fand am 30. Dezember 1993 in Jerusalem statt. Im Grunde hätten der Heilige Stuhl und Israel jetzt die ersten konkreten Vereinbarungen treffen können, doch die Verhandlungen erwiesen sich als komplizierter als erwartet, denn am 6. November 1995 stellte sich im Vatikan Afif E. Safieh vor, der erste Vertreter der palästinensischen Befreiungsbewegung PLO am Heiligen Stuhl. Er erklärte im Namen Yassir Arafats, dass die Palästinenser schon vor dem Aufbau eines eventuellen palästinensischen Staates mit dem Vatikan verhandeln wollten.

Jetzt geriet der Heilige Stuhl in eine schwierige Lage. Papst Johannes Paul II. hatte ganz klargestellt, dass die Sicherung der heiligen Stätten im Heiligen Land ganz oben auf seiner Prioritätenliste stünde. Das hieß, der Heilige Stuhl musste mit den Palästinensern verhandeln: Schließlich kontrollieren sie das Territorium, auf dem die Geburtskirche steht. Außerdem leben im Heiligen Land mehr als 25 000 palästinensische Christen. Viele dieser Familien wohnen in Bethlehem und berufen sich auf eine tausendjährige christliche Tradition. Sie nennen ihre Kinder »*Issa*«: Das heißt Jesus auf Arabisch. Der Papst wollte diese Christen nicht im Stich lassen. Dazu brauchte er ein Abkommen mit den Palästinensern.

Israel protestierte jedoch heftig: Da es noch keinen palästinensischen Staat gab, könne Arafat auch keine Abkommen mit anderen Staaten wie dem Vatikan aushandeln. Die Verhandlungen schleppten sich hin. Erst am 10. November 1997 unterschrieben der Heilige Stuhl und Israel ein Abkommen gegenseitiger Anerkennung. Gleichzeitig verhandelte der Heilige Stuhl weiter mit den Palästinensern, denn der große Traum des Papstes schien zum Greifen nah: ein Besuch der heiligen Stätten im Heiligen Jahr im Heiligen Land. Es sollte eine Pilgerfahrt an die Orte werden, an denen alles angefangen hatte. Der 263. Nachfolger des heiligen Petrus wollte sich im Haus des Fischers Simon aus Galiläa, genannt Petrus, am See Genezareth darauf besinnen, dass die Zeit der Botschaft des Mannes aus Nazareth nichts anhaben konnte. Erst am 15. Februar des Jahres 2000, als die Einzelheiten der Reise schon festgelegt worden waren, konnte der Vatikan das letzte Problem lösen. Der Heilige Stuhl unterschrieb ein Abkommen mit den Palästinensern, in dem die Rechte des palästinensischen Volkes anerkannt wurden. Nur einen Monat später, am 20. März, wollte der Papst die historische Reise in das Heilige Land antreten. Die Umstände, unter denen das Abkommen zustande gekommen war, gaben dem Papst einen Vorgeschmack darauf, wie schwierig die 91. Auslandsreise werden würde. Sofort nach der Unterzeichnung des Abkommens durch den Papst und Yassir Arafat protestierte Israel heftig.

Während die Vorbreitungen für den Papstbesuch schon auf Hochtouren liefen, fühlte sich der Gastgeber vor den Kopf gestoßen. Denn in dem Abkommen mit den Palästinensern war ein Passus enthalten, der unterstrich, dass kein Land »einseitig« den Status der Stadt Jerusalem festlegen dürfe. Neu war das nicht. Der Vatikan unterstrich nur ein weiteres Mal seine Position, die eine alte Idee der UNO war: Jerusalem einen internationalen Status zu geben. So kurz vor dem Besuch des Papstes empfand Israel diese Geste aber als offensiv. In Jerusalem protestierten orthodoxe Juden gegen den Papstbesuch. In den Augen der Israelis hatte sich der Vatikan von den Palästinensern zu sehr vereinnahmen lassen. Bevor der Papst überhaupt abgeflogen war, schien die Mission schon in Gefahr zu scheitern. Aber das Wichtigste hatte der Vatikan erreicht. Die Reise stand: Der Papst würde zunächst Jordanien, Israel und die palästinensischen Gebiete besuchen. Trotz der immensen Schwierigkeiten gelang es, die zerstrittenen Länder dazu zu überreden, den Papst an allen wichtigen Orten des Heiligen Landes zu empfangen: Er wollte am Berg Nebo in Jordanien beten, von dem aus Moses das verheißene Land Kanaan erblickt hatte, in der Geburtskirche in Bethlehem und in der Grabeskirche in Jerusalem.

Jordanien

Ich habe Angst vorm Fliegen. Leider passt die Angst gar nicht gut zu meinem Beruf, weil ich sehr häufig Flugzeuge nehmen muss, aber die Angst lässt komischerweise auch im Laufe der Zeit nicht nach. Meistens kann ich meine Flugangst halbwegs kaschieren, doch ich gerate jedes Mal in Panik, wenn irgendein Staatschef meint, den Papst mit Kampfjets eskortieren zu müssen. Als die gecharterte Maschine der Alitalia mit dem Papst an Bord am 20. März des Jahres 2000 jordanischen Luftraum erreichte, tauchten zwei schwarze Punkte am Horizont auf, die schnell größer wurden. Es waren Kampfjets der jordanischen Luftwaffe, die die päpstliche Maschine bis zum Flughafen nach Amman eskortieren sollten. Die Piloten legten ihren ganzen Ehrgeiz in das Vorhaben, den Flügeln der päpstlichen Maschine so nahe wie möglich zu kommen, und winkten aus den Cockpits dem Papst zu.

Der junge jordanische König, Abdullah II., der mit einer Christin verheiratet ist, wollte aus dem Papstbesuch eine ganz große Show machen. Das Ereignis sollte zeigen, wie offen das Land ist und wie tolerant gegenüber den Religionen. Während des Sechstagekriegs hatte Jordanien auf der falschen Seite gestanden und einen Großteil seines Territoriums, inklusive der Altstadt von Jerusalem, an Israel verloren. Die vatikanische Position, Jerusalem nicht als Hauptstadt des Staates Israel anzuerkennen, kam den Jordaniern sehr entgegen. Der verstorbene König hatte die enge Beziehung Jordaniens zu Jerusalem immer wieder unterstrichen. Die Renovierung des Felsendoms auf dem Tempelberg in Jerusalem, die Erneuerung des Dachs durch goldene Platten, war von König Hussein finanziert worden. Als die Arbeiten abgeschlossen waren, hatte der passionierte Pilot König Hussein um die Genehmigung gebeten, den Felsendom dreimal umfliegen zu dürfen. Als der König mit seiner Maschine langsam um den Felsendom kreiste wie um eine Braut, die er mit Gold bedeckt hatte, stockte Israel der Atem. Es soll in Jerusalem nie so still gewesen sein wie in diesem Moment.

Knapp ein Jahr, bevor der Papst in Amman aus dem Flugzeug gestiegen war, hatte ich in Polen verstanden, was die neue Aufgabe für Papst Johannes Paul II. war. In Amman setzte er sie um. Am Flughafen rief er die drei monotheistischen Religionen, den Islam, das Judentum und das Christentum, dazu auf, zusammen für den Frieden zu arbeiten. Von nun an sollte es nicht mehr darum gehen, zu betonen, was die Religionen trennt, sondern zu bestimmen, was die drei Religionen, die sich auf den Stammvater Abraham berufen, eint. Karol Wojtyla kam mir selten so sehr wie ein Prophet vor wie während dieser denkwürdigen 91. Auslandsreise ins Heilige Land. Ich glaube, ich habe ihn noch nie so aufgeregt gesehen wie in diesen Tagen. Er sagte es auch selbst: »*Sono eccitatissimo*«, flüsterte er seinem Sprecher Joaquin Navarro-Valls am Flughafen von Amman zu. Wie immer gab dem alten Mann das Adrenalin Kraft: Er brauchte seinen Stock nicht, als er auf dem Berg Nebo aus dem Kloster auf die Terrasse trat, an den Ort, von dem aus Moses in das Heilige Land geblickt haben soll. Lange schaute der Papst hinunter in das Heilige Land. Er wusste, dass ihm im Gegensatz zu Moses vergönnt sein würde, schon morgen das Heilige Land zu betreten. Er bedauerte, dass er nicht am Grab des Moses beten konnte, aber der Ort, wo Moses am Berg Nebo bestattet wurde, ist nie gefunden worden.

Vor mehr als 30 000 Menschen las der Papst am nächsten Morgen die Messe. Thema der Predigt war Johannes der Täufer. Am Nachmittag konnte der Papst die Stelle besuchen, an der der rätselhafte Mann aus der Wüste Jesus getauft haben soll. Am Nachmittag hob die jordanische Maschine für den kurzen Flug von Amman nach Tel Aviv ab. Alle Passagiere an Bord waren Gäste des jordanischen Königs. Exakt um 16.45 Uhr landete die Maschine des Papstes auf dem Flughafen Ben Gurion in Tel Aviv. Zum ersten Mal betrat ein Papst einen jüdischen Staat, der den Zugang zu den heiligen Stätten der Christenheit in Jerusalem komplett kontrollierte. Papst Paul VI. hatte im Januar 1964 nicht in Israel, sondern in Jordanien gebetet, weil die Grabeskirche damals, vor dem Sechstagekrieg, noch auf jordanischem Territorium gelegen hatte. Aber nicht nur das: Paul VI., Giovanni Battista Montini, war unter der italienischen Sonne aufgewachsen, er kannte nur aus Büchern und Dokumenten die Hölle, durch die das jüdische Volk im Osten Europas gegangen war. Mit Papst Johannes Paul II. kam ein Mann nach Israel, der in Polen aufgewachsen war, der die Verfolgung erlebt hatte, der Bischof der Diözese gewesen war, zu der der Ort Auschwitz gehört. Johannes Paul II. kannte die Kälte, in der Tausende in den Baracken unter den Augen ihrer Peiniger erfroren waren. Er hatte selbst die Geräusche der genagelten Stiefel der SS auf dem Pflaster von Krakau gehört, war mehr als einmal in die Gefahr geraten, in einem Konzentrationslager getötet zu werden. Er war Zwangsarbeiter gewesen und hatte mit eigenen Augen gesehen, wie die Juden Polens in die Vernichtung getrieben worden waren. Kommende Generationen von Oberhäuptern der katholischen Kirche werden nur aus Büchern erfahren können, was während der deutschen Besatzung in Polen passiert ist. Johannes Paul II. hat es gesehen.

Schon am 16. März 1998 hatte er die Schrift »Wir erinnern uns: Eine Reflexion über die Shoa« veröffentlicht. Er hatte die »Tragödie«, den »furchtbaren Völkermord« angeprangert und die Schuld der Christen eingeräumt: »Weder der spirituelle Widerstand noch die konkreten Aktionen (zur Rettung von Juden) waren derart, wie man sie von Nachfolgern Jesu Christi hätte erwarten können.« Der Papst ging noch einen Schritt weiter: Er gab zu, dass die Tradition der katholischen Kirche Hass auf die Juden verbreitet hatte. Johannes Paul II. schrieb: »Man muss sich fragen, ob die Verfolgung der Juden durch die Nazis nicht durch alte Vorurteile gegenüber den Juden erleichtert wurde, die in den Herzen und Vorstellungen einiger Christen vorhanden waren.«

Dem israelischen Ministerpräsidenten Ehud Barak war vollkommen klar, was für eine Gelegenheit sich zwischen Juden und Christen während dieses Besuchs des Papstes ergab. »Der Staat Israel ist die definitive Antwort auf Oswiecim (polnischer Name für den Ort Auschwitz). Nie wieder werden Juden all ihrer Grundrechte beraubt werden können. Das garantiert dieser Staat«, sagte er.

Dem Schatten von Auschwitz, der auf der ganzen Menschheit, dem deutschen Volk, dem 20. Jahrhundert und der katholischen Kirche liegt, musste sich der Papst jetzt stellen. Bereits am 13. April 1986 hatte er das erste Zeichen gesetzt und als erster Papst die römische Synagoge besucht. Im Oktober 1997 hatte er während eines Symposiums zum Thema »Antisemitismus und katholische Kirche« erklärt: »Einige irrige und ungerechte Interpretationen des Neuen Testaments in Bezug auf das Volk der Juden und ihrer vermeintlichen Schuld waren zu lange im Umlauf.« Jetzt musste sich Johannes Paul II. in Israel an seinen Worten messen lassen.

Die israelische Regierung stellte sofort nach der Landung klar, dass diese Reise etwas ganz Besonderes war. Die Israelis wagten, was bisher noch kein Staat gewagt hatte: Sie griffen in das vom Vatikan festgelegte und seit langer Zeit abgesprochene Programm ein. In Israel eröffnete der Protokollchef dem Vatikan, dass das zuvor festgelegte Programm keine Geltung mehr hätte. Der israelische Geheimdienst Mossad hätte mit Polizei und Armee über die Sicherheit des Papstes zu wachen, und daher wären Änderungen nötig. Die Verantwortlichen im Vatikan waren sprachlos. Von nun an gab es zwei Programme: das Programm des Vatikans, das vorsah, dass der Papst und sein Gefolge zum Treffen mit dem Patriarchen von Jerusalem Michel Sabbah um 15.30 Uhr vom Hotel Sheraton abfahren würden, und das Programm des Staates Israel, das vorschrieb, dass das Gefolge des Papstes schon um 15 Uhr am Hotel Hilton aufzubrechen habe. Zunächst bestätigte der Vatikan, dass es beim ursprünglichen Programm bliebe, doch die Israelis setzten sich durch. Das war nur ein erstes Zeichen dafür, wie umkämpft jedes Detail dieser Reise sein würde.

Am zweiten Tag des Besuchs wartete auf den Papst sofort der schwierigste Programmpunkt: der Besuch in den palästinensischen Gebieten. Die Israelis eskortierten die Wagenkolonne der Begleiter des Papstes bis zum Checkpoint in Bethlehem. Dann übernahm die palästinensische Polizei die Kontrolle. Die Palästinenser ließen die Wagen aus Angst vor Attentaten im Zickzackkurs durch die Stadt fahren. Ein verdächtiger Gegenstand an der Straße musste mit einer Mini-Sprengladung zerstört werden, bevor die Wagenkolonne weiterfahren konnte. Der Papst kam mit einem Hubschrauber. Es war ein grauer, regnerischer Morgen. Der enorme Armee-Hubschrauber mit dem großen gelben V für Vatikan als Erkennungszeichen an der Seite drehte zunächst eine Runde über Bethlehem. Der Papst konnte das Kloster der Geburtskirche aus der Luft sehen. Das war der letzte entspannte Moment des Tages. Von nun an wurde alles schwierig. Noch an dem eigens für den Helikopter des Papstes verschönerten Landeplatz stellte sich für Karol Wojtyla das erste ernste Problem. Zwei palästinensische Kinder brachten dem Papst eine Schale mit Erde, damit er sie küssen könne. Der Papst wusste, was das bedeutete, er hatte die Erde Israels bei der Ankunft in Tel Aviv geküsst. Bisher hatte er immer nur den Boden eines Staates mit dieser Geste geehrt, doch es gab noch keinen palästinensischen Staat. Der Papst zögerte nur einen Moment, dann küsste er die Erde Palästinas. Nur wenige Augenblicke später protestierte Israels Regierung. Aus israelischer Sicht war das eine Einmischung in die Beziehungen zwischen Israel und den Palästinensern. Wie konnte der Papst vor der Weltöffentlichkeit eine Geste zelebrieren, die Staaten vorbehalten war? Den Israelis war es egal, dass der Papst die angebotene Erde zum Kuss kaum hätte zurückweisen können. Schließlich war er an diesem Tag der Gast der Palästinenser. Der Vatikan antwortete an die Adresse Israels, es sei doch wohl selbstverständlich, dass der Papst die Erde des Ortes küsse, an dem Jesus Christus zur Welt gekommen ist. Die Auseinandersetzung sprach sich sofort herum, und die Menschen jubelten, als der Wagen des Papstes sich einen Weg durch die Menge bahnte, um die Residenz von Yassir Arafat zu erreichen.

Der PLO-Chef wollte an diesem Tag die ganz große Show, und er wollte sie für sich allein. Ganz Staatsmann eines Staates, den es gar nicht gibt, zeigte er sich umgeben von Soldaten aller Waffengattungen. Dabei besitzt die PLO meines Wissens weder eine Marine noch eine Luftwaffe, und selbst die palästinensische Polizei benutzt Waffen, die sie von Israel bekommen hat. Arafat empfing den Papst unter dem Bild des Felsendoms von Jerusalem. Es war ein herzliches Treffen, und Arafat nahm sich zurück. Arafat hat dem Papst nie vergessen, dass er ihn trotz der Proteste Israels und der USA am 23. Dezember 1988 im Vatikan empfangen hatte. Die verbalen Attacken gegen Israel waren für seine Verhältnisse an diesem Tag eher harmlos. Er unterstrich, wie erwartet, nur noch einmal, dass der Vatikan genau wie die PLO Jerusalem nicht als Hauptstadt Israels sähe, sondern internationale Garantien für den Zugang zu den heiligen Stätten verlangte.

Dann war der erste Teil der Show vorbei und Arafat begleitete den Papst zum Platz vor der Geburtskirche, an dem etwa

10 000 Menschen darauf warteten, dass er an dem Ort, an dem Jesus geboren worden sein soll, die Messe las. Johannes Paul II. ließ sich von den Franziskanerpatres, die im Kloster der Geburtskirche leben, in die Kirche führen. Er stieg hinunter in eine Grotte, in der die Krippe gestanden haben soll und wo er schon, als er noch der Erzbischof von Krakau gewesen war, einmal eine ganz Nacht lang mit seinen Begleitern gebetet hatte. Johannes Paul II. weiß, dass an der Stelle, an der die Christen der Geburt Jesu gedenken, einmal ein heidnischer Tempel stand. Er weiß, dass es keine Beweise dafür gibt, dass Jesus zu Lebzeiten in Bethlehem war, dass im Gegenteil fast alles dafür spricht, dass er in Nazareth geboren wurde und die Evangelisten die Geburt nur deshalb nach Bethlehem verlegten, weil der Messias aus Bethlehem, der Stadt Davids, kommen musste. Der Papst ließ sich Zeit bei seiner Andacht. Er betete lange in der Geburtsgrotte.

Ich musste wie immer warten und lernte daher an diesem Vormittag zahlreiche Mönche des Klosters der Geburtskirche kennen. Wir standen plaudernd vor der Kirche, während der Papst drinnen allein betete. Die palästinensischen Geschäftsleute machten an diesem Tag einen Bomben-Umsatz: Souvenirs, Kebab und Coca-Cola gingen reißend weg. Es war eine Atmosphäre wie auf einem religiösen Volksfest. Als der Papst mit der Messe vor der Geburtskirche begann, schien es so, als wäre Bethlehem eine friedliche Zukunft beschieden. Ich erinnere mich gut an die vielen stolzen, herausgeputzten palästinensischen Christen, deren Vorfahren seit Jahrhunderten in Bethlehem mit Moslems zusammenlebten. Viele dieser Christen lebten davon, Krippen aus Olivenholz zu basteln und an Touristen zu verkaufen. Stolz erzählten sie, dass seit einiger Zeit immer mehr Touristen nach Bethlehem kämen, dass es manchmal schon schwirig wäre, ein Hotelzimmer zu finden. Eine Familie interessierte mich ganz besonders, weil ihre Mitglieder behaupteten, seit mehr als 800 Jahren in Bethlehem ansässig zu sein. Sie waren Christen, die als Kreuzfahrer ins Heilige Land gekommen waren: So hatte sich die Familie das von Generation zu Generation weitererzählt.

Ich hätte mir damals nicht vorstellen können, dass die scheinbar friedliche Situation in Bethlehem innerhalb so kurzer Zeit eskalieren, dass der Konflikt zwischen Palästinensern und Israelis sich so schnell so sehr verschärfen würde, dass zwei Jahre später die gleiche Familie am Telefon zu mir sagen würde: »Wir packen. Wir verlassen das Heilige Land. Es gibt keine Zukunft mehr in Bethlehem.«

Damals war von diesem gewaltigen Ausbruch des Hasses wenig zu spüren gewesen. Im Gegenteil, eine Aussöhnung zwischen den Menschen schien möglich. Ein Zufall erlaubte Johannes Paul II. an diesem Morgen, die Palästinenser für sich einzunehmen. Während der Messe des Papstes ertönte plötzlich aus den Lautsprechern der Moschee an der Geburtskirche sehr laut der Ruf des Muezzins. Das war wahrscheinlich eine Provokation. Mir schien es, als hätte der Muezzin mit seinem Ruf genau auf den Augenblick gewartet, in dem der Papst zu sprechen beginnen sollte. Johannes Paul II. brach sein Gebet ab und wartete ehrfurchtsvoll, bis der Muezzin die Gläubigen zum Gebet gerufen hatte. Bevor er seine Predigt fortsetzte, nahm er den Ruf des Muezzins auf. Er betete: »Allahu Akbar«, »Gott ist groß.« Ein Papst, der an der Geburtskirche Allah pries? Unfassbar! Die Moslems auf dem Platz klatschten, erst leise und verhalten, dann immer lauter.

Welche Auswirkungen diese kleine Geste hatte, zeigte sich kurz darauf, als der Papst ein Flüchtlingscamp bei Bethlehem besuchte. Yassir Arafat hatte den Besuch in dem Camp durchgesetzt. Ein Flüchtlingscamp der Vereinten Nationen hatte ich mir als eine Zeltstadt vorgestellt. Ich erwartete schlammige Felder, auf denen Feldküchen standen. Das war natürlich Unsinn. Deheishe ist längst kein Feldlager mehr, sondern eine Stadt mit Häusern, die in Eile von den Vereinten Nationen errichtet worden waren und jetzt schon baufällig aussahen. In Deheishe leben die Palästinenser, die Israel nach 1948 ausgewiesen hatte. Die meisten der 10 000 Einwohner wurden in dem »Flüchtlingscamp« geboren und haben den Ort, aus dem sie vertrieben wurden, nie gesehen. Ihre Eltern hatten allerdings durch Enteignung ihr ganzes Hab und Gut verloren. Es gab nicht den geringsten Zweifel daran, dass der Besuch des Papstes in Deheishe die Hauptveranstaltung für Yassir Arafat war. Der Besuch garantierte, dass an diesem Tag die ganze Welt auf das Camp schaute, und Arafat wollte sich diese Gelegenheit nicht entgehen lassen. Ich erwartete eine Anti-Israel-Demonstration. Ich war mir ziemlich sicher, dass es auch eine Anti-Papst-Demonstration werden würde. Johannes Paul II. trägt nicht nur den Titel »Patriarch des Westens«. Er ist zweifellos auch ein Symbol für den Westen, von dem sich die Palästinenser im Stich gelassen fühlen.

Ich wartete auf dem Tribünendach des Sportplatzes auf den Papst, der hier eine Rede halten sollte. Eine junge Familie mit drei kleinen Kindern stand neben mir. Moslems, die aus schlichter Neugier gekommen waren. Die Mutter erzählte mir, dass sie in Deheishe aufgewachsen war und nichts anderes kannte als das Leben im Camp. Sie trug unmodische, aufgetragene Schuhe, längst aus der Mode gekommene Hosen und Blusen. Die Kinder steckten in aufgetragenen Schuluniformen. Yussif, der Familienvater, arbeitete auf dem Bau in Israel, wenn es Arbeit gab und wenn man ihn an den Checkpoints passieren ließ. Oft legte er den dreistündigen Fußmarsch zum Checkpoint zwischen Bethlehem und Jerusalem vergeblich zurück. Yussif sagte mir: »Manchmal frage ich mich, was wir eigentlich zu verlieren haben.« Heute wundere ich mich darüber, wie ich eigentlich so dumm sein konnte, damals zu glauben, dass auch in Deheishe alles besser werden würde.

Ich hatte Sprechchöre erwartet, Hassausbrüche, als Papst Johannes Paul II. auf den Sportplatz kam. Aber es blieb still, nahezu gespenstisch still. Die Menschen hielten dem Papst nur stumm die verrosteten Schlüssel der Häuser entgegen, die sie durch die Besatzung Israels verloren hatten. Der Papst sagte gerührt: »Jeder Mensch hat ein Recht auf eine Heimat.« Die Palästinenser klatschten. Der Nachmittag glich eher einem Volksfest. Irgendwie nahmen die Menschen dem Papst ab, was er sagte. Sie glaubten ihm, dass er wirklich Frieden wollte. Immer wieder erzählten sich die Menschen die Geschichte, wie der Papst zuvor an der Geburtskirche »Allahu Akbar« gebetet hatte. Sie merkten, dass er den Frieden der Religionen wollte, und sie hatten das Gefühl, dass er auf ihrer Seite stand. Denn er war auch schwach. Er hatte auch keine Panzer, und er wollte seine Interessen sicher nicht mit Gewalt durchsetzen. Ich glaube, die Menschen in dem Camp hatten das Gefühl, er respektiere sie. Er sei so etwas wie ein Freund. Ich glaube, dieser Nachmittag war einer der schwierigsten, die der Papst je zu meistern hatte. Dabei sah alles ganz einfach aus. Aber kaum war der Papst abgefahren, brachen in Deheishe schwere Krawalle aus. Auch unser Journalistenbus wurde mit Steinen beworfen, als wir, von der palästinensischen Polizei eskortiert, aus dem Camp rollten.

Shoa

Die Shoa spiegelt sich für mich in den Augen eines Mädchens in Comeise, einem Dorf im Süden des heutigen Polens. Damals lag das Dorf an der Grenze des Deutschen Reichs zur Tschechoslowakei. Das Mädchen ist meine Mutter. Sie muss etwa 10 Jahre alt gewesen und aus dem Bauernhaus ihrer Eltern hinaus auf die Straße gelaufen sein. Es war eine staubige Dorfstraße, gesäumt von verkrüppelten Bäumen. Das Mädchen sah einen Lastwagen, der eskortiert von Soldaten die Straße hinaufkam, direkt auf sie zu. Auf der Ladefläche drängten sich Menschen. Der Laster hielt zufällig genau vor dem Haus meiner Mutter, als hätte die Geschichte ihr und damit mir die Gelegenheit geben wollen, die Opfer der Shoa genau zu betrachten. Meine Mutter erinnert sich an die verängstigten Menschen, die auf dem Lkw waren. Ich konnte auch trotz mehrfacher Versuche nie herausbekommen, wer ihr überhaupt erklärte, dass die Menschen auf dem Lkw Juden waren. Konnte Sie das selbst erkennen, an den aufgenähten Davidssternen, oder sagte ihr mein Großvater, dass auf dem Lkw Juden waren? Ich weiß es nicht, aber meine Mutter ist sich absolut sicher, dass sie wusste, dass diese Menschen Juden waren. Deswegen betrachtete sie die Leute mit großem Staunen. »Ich hatte zuvor noch nie Juden gesehen«, erzählt sie. Sie erinnert sich an die durstigen Soldaten, die etwas zu trinken haben wollten, und daran, dass meine Großmutter ihnen Wasser gab. Aber am genausten erinnert sich meine Mutter an die Decken, die die Menschen auf der Ladefläche um sich gewickelt hatten. »So etwas Feines hatten wir auf dem Dorf noch nie gesehen. Ich hätte gar nicht gedacht, dass es so schöne Decken überhaupt gab«, sagt sie dazu. Der Stopp war nur kurz, der Lkw verschwand im Staub der flachen Straße. Von Comeise nach Auschwitz sind es nicht einmal 100 Kilometer. Meine Mutter weiß auch nicht mehr, wer ihr gesagt hat, dass diese Menschen auf dem Weg in ein Konzentrationslager waren. Sie weiß noch, dass sie sich ein solches Lager wie ein Gefängnis vorstellte. Das ist alles.

Sie erzählte mir diese kurze Szene zum ersten Mal, als ich verstört aus der Schule nach Hause kam, weil wir im Chemiesaal einen Dokumentarfilm über die Befreiung der Konzentrationslager gesehen hatten. Ich habe diese Bilder nie vergessen, diese Bagger, die Leichenberge zusammenschieben. Die ausgezehrten Skelette, die in Massengräber geworfen werden.

Ich weiß, dass meinem Sohn die Bilder vom Holocaust so vorkommen werden wie Bilder eines entsetzlichen Verbrechens, das sich vor langer Zeit an einem weit entfernten Ort zugetragen hat. Für mich war das nicht so. Ich ging damals empört nach Hause und stellte meine Mutter zur Rede: »Wie konntet ihr das zulassen?« Sie erzählte mir von ihrer Erinnerung an Lkws und schöne Decken. Ich wusste seitdem, dass sich das Entsetzen nicht weit weg, sondern vor der Haustür meiner Großeltern abgespielt hatte.

Als Papst Johannes Paul II. am 23. März des Jahres 2000 die Holocaust-Gedenkstätte Yad Vashem in Jerusalem besuchte, war mir zum Erbrechen schlecht. Der Weg zur Gedenkstätte Yad Vashem führt durch den »Hain der Gerechten«. Da stehen die Bäume, die in Erinnerung an die Menschen gepflanzt wurden, die Juden retteten. Es ist in Wirklichkeit nichts, was die Bezeichnung Hain verdient: Es wachsen nur sehr wenige einsame Bäume an dem Abhang. Ich wartete schon lange bevor der Papst kam, in der Dunkelheit des Raumes, der an ein Zelt erinnern soll. Nur ein paar Meter von mir entfernt saßen Überlebende der Shoa, Männer, die KZ-Uniformen trugen. Ein Geistlicher aus der Delegation erklärte ihnen, dass ich Deutscher sei, und einen Augenblick später stand ein älterer Mann in einer KZ-Uniform vor mir, der mir freundlich die Hand gab. Er sprach ausgezeichnet Deutsch, und er sagte mir auch, warum: »Viele, die die Shoa überlebt haben, sprechen Deutsch. Wir haben das als Kinder im KZ gelernt. Wenn man kein Deutsch konnte, hatte man kaum eine Chance zu überleben.« Er fragte mich, woher ich stamme, und ich erklärte ihm, dass meine Eltern in Schlesien aufgewachsen waren.

»Wo ist Schlesien?«, wollte er wissen.

»Meine Mutter ist aus Komeise«, sagte ich ihm.

»Ach, sieh an«, sagte er, »das kenne ich, ein Dorf bei Leobschütz. Ich kenne viele Juden, die über diese Strecke nach Auschwitz kamen. Ich auch.«

Für mich war es, als träfe mich der Schlag. Vor mir stand ein Mensch, der auf einem der Lkws gehockt hatte, die durch die Alpträume meiner Kindheit fuhren. Der Mann hieß Michael Goldmann-Gileat. Ich suchte nach Worten. Ich hätte ihm gern gesagt, warum ich in diesem Moment tief erschüttert war, aber ich wusste nicht, wie ich das so schnell erklären sollte. Ich stotterte nur: »Es tut mir leid.« Er fragte nicht: »Was?« Er wusste, was ich meinte. Er verstand meinen Blick. Er nahm mich da in der Dunkelheit von Yad Vashem in den Arm, und für mich war das so, als hätte eines der Kinder, die auf dem Lkw gewesen waren, nach langer Zeit einem Sohn aus einer von Millionen Familien vergeben, die nur zugesehen hatten, wie vor ihren Augen das größte Verbrechen der Geschichte geschehen war. Michael Goldmann-Gileat erzählte mir, wie er das Konzentrationslager überlebt hatte, nach Israel kam und der Polizeichef wurde, der ein Gespenst jagte: Adolf Eichmann. Er war an der Festnahme des Verbrechers im Jahr 1960 beteiligt gewesen. Während wir miteinander sprachen, nannte er mich immer Junge. »Junge«, sagte er und sah mir in die Augen. »Du musst mir glauben: Die Katholiken in Polen hätten mehr für uns tun müssen, und Papst Pius XII. hätte nicht schweigen dürfen zum Holocaust. Ich bin sicher, dass dann mehr Juden gerettet worden wären.« Der Sicherheitsdienst trennte uns. Der Papst betrat gerade die Gedenkstätte. Michael Goldmann-Gileat verschwand in der Dunkelheit des Baus von Yad Vashem. Ich habe ihn nicht wiedergesehen, aber ich werde ihn nie vergessen.

Johannes Paul II. ging langsam, mit auf den Boden gerichtetem Blick durch die Dunkelheit, an die Stelle, an der er der Gedenkfeier beiwohnen wollte. Hier wird in einem Metallsarg die Asche aufbewahrt, die in den Krematorien von sechs Konzentrationslagern gefunden wurde. Eine junge Frau las zu Beginn der Zeremonie einen Brief aus Polen vor. Es war der Brief einer Jüdin, die wusste, dass sie nach Auschwitz deportiert werden würde. Sie versteckte ihren kleinen Sohn und vertraute ihn einer katholischen Christin an.

»Er ist noch so klein, und ich weiß nicht, was ich ihm mitgeben soll«, schrieb diese verzweifelte Frau.

Wie verabschiedet man sich von seinem Kind, das man nicht aufwachsen sehen wird? Wie erklärt man ihm, dass es, als er noch ganz klein war, im Sommer 1943 in Polen Männer aus Deutschland gab, die Mütter von kleinen Jungs wie Vieh in Güterwaggons einsperrten, um sie an einen Ort zu bringen, wo man sie millionenfach umbrachte? »Kümmere dich bitte um ihn: Er friert so leicht. Pass auf ihn auf! Ich hatte nicht genug zu essen für ihn«, las die Stimme in Yad Vashem vor, und ich habe Papst Johannes Paul II. selten so weinen sehen. Er stand dort in der Dunkelheit, und seine eigene Erinnerung an die Shoa tauchte wieder auf: »Hier, wie auch in Auschwitz und an vielen anderen Orten in Europa, hören wir überwältigt die Verzweiflungsschreie so vieler Menschen, Männer und Frauen und Kinder, die aus dem Abgrund des Horrors zu uns schreien, den sie erlebt haben. Wie könnten wir ihre Schreie ignorieren? Wir wollen uns erinnern, zu einem Zweck: um sicherzustellen, dass nie wieder das Böse siegt, wie es über Millionen unschuldiger Opfer der Nazis siegte«, sagte der Papst.

Seit dem Sommer 1999 wusste ich, wie sehr Papst Johannes Paul II. folgende Frage auf der Seele brannte: Wo waren die Katholiken im christlichen Europa gewesen, als ihre jüdischen Nachbarn, Bekannten, Freunde, als die jüdischen Bäcker oder Schneider aus ihren Geschäften gezerrt und in den Tod getrieben wurden? Nie stellte sich der Papst die Frage auf so dramatische Weise wie an diesem Tag in Yad Vashem. Der 263. Nachfolger des heiligen Petrus tat einen Schwur. In der Dunkelheit der Gedenkstätte schwor er: »Als Bischof von Rom, Nachfolger des heiligen Petrus, versichere ich dem jüdischen Volk, wie bestürzt die katholische Kirche über alle Verbrechen ist, die von Christen an Juden begangen wurden. So etwas darf sich niemals wiederholen.« Der israelische Regierungschef Ehud Barak nannte daraufhin den Besuch des Papstes in Yad Vashem »einen historischen Moment für Israel«. Baraks Eltern waren im Konzentrationslager Treblinka ums Leben gekommen.

Ich erinnere mich, was geschah, als der Papst nach der Feier und dem Schwur von Yad Vashem die Gedenkstätte verlassen hatte. Ich war eigentlich nicht in der Lage zu arbeiten. Ich war viel zu aufgewühlt, und ich machte auch alles falsch. Statt mich um Interviewpartner zu bemühen, saß ich in der Dunkelheit des Betonzelts und dachte nach. Wie aus dem Nichts stand plötzlich der Ministerpräsident Barak vor mir und gab mir die Hand.

»Sie sind Deutscher, nicht wahr?«, fragte er.

Ich nickte überrascht. Unfähig, mir eine vernünftige Frage auszudenken, starrte ich ihn nur an.

»Es ist gut, dass Sie hier waren als Vertreter für die deutschen Medien. Das freut mich. Sie werden eine andere Welt erleben als die Deutschen des vergangenen Jahrhunderts. Die Welt ist durch die Entstehung des Staates Israel ein bisschen besser geworden, denn dieser Staat garantiert, dass nie wieder, nie wieder, Juden jedweden Rechts beraubt werden wie damals in Deutschland«, sagte er.

Ich finde, er hat Recht.

Die Existenzberechtigung des Staates Israel darf von niemandem in Frage gestellt werden.

Der Berg der Seligpreisungen

Der Korazimberg ist eigentlich gar kein Berg, sondern eher ein Hügel am See von Genezareth. Noch heute liegt der Hügel abseits inmitten des Nichts. Es kommt immer wieder vor, dass irgendwelche Menschen auf den Hügel steigen und gegen den Wind anschreiend eine Rede halten. Niemand schreibt je mit, keine Kamera filmt das Geschehen, und selten werden die Redner fotografiert. Vom dem, was sie da oben sagen, bleibt nichts übrig, nicht einmal eine Fußnote der Geschichte. Und doch ist einmal, ein einziges Mal, ein Mann auf diesen Hügel gestiegen und hat die Welt verändert. Es hat auch damals, vor etwa 2000 Jahren, niemand mitgeschrieben. Fernseh- und Fotokameras gab es nicht. Der Korazimberg lag im hintersten Winkel des

Römischen Reiches, und man hätte darauf wetten können, dass nicht eine Silbe von dem, was der Mann da oben sagte, auch nur eine Stunde überlebte.

Wenn er in Rom auf dem Marktplatz, auf der Rednertribüne des Senats, eine Rede gehalten hätte, dann hätte es eine winzig kleine Chance gegeben, dass irgendwer mitschrieb oder dass einer der Anwesenden so beeindruckt war, dass er sich Teile der Rede merkte und sie zu Hause auf einer Buchrolle notierte. Es wäre zumindest möglich gewesen, dass genau diese Buchrolle zu den wenigen entzifferbaren Schriften der Antike gehört hätte.

Aber es war nicht so. Der Mann ist auf den Korazimberg gestiegen und sagte:

> Selig, die arm sind vor Gott; denn ihnen gehört das Himmelreich.
> Selig die Trauernden; denn sie werden getröstet werden.
> Selig, die keine Gewalt anwenden; denn sie werden das Land erben.
> Selig, die hungern und dürsten nach der Gerechtigkeit; denn sie werden satt werden.
> Selig die Barmherzigen; denn sie werden Erbarmen finden.
> Selig, die ein reines Herz haben, denn sie werden Gott schauen.
> Selig, die Frieden stiften; denn sie werden Söhne Gottes genannt werden.
> Selig, die um der Gerechtigkeit willen verfolgt werden; denn ihnen gehört das Himmelreich.
> Selig seid ihr, wenn ihr um meinetwillen beschimpft und verfolgt werdet. Freut euch und jubelt: Euer Lohn im Himmel wird groß sein.
> (Matthäus, Kapitel 5, Vers 3 bis 11)

Ich habe im Jahr 2002 einen bedeutenden deutschen Bibel-Forscher, den Experten für das Neue Testament, Professor Gnilka, interviewt, der an der päpstlichen Urbaniana-Universität lehrt. Nach dem Interview saßen wir in einem hohen, kahlen Raum und plauderten ein wenig, und ich wurde nachdenklich, als der Bibelforscher zu mir sagte: »Am meisten von allem beeindruckt mich, wie diese Sätze, die der Mann aus Nazareth in seiner Bergpredigt sagte, die Zeit überstanden haben. Wie war das möglich? Da verbreitet ein Mann seine Lehre im hintersten Winkel des Römischen Reiches, und ausgerechnet diese Lehre überdauert die Zeit. Für mich gibt es keinen eindrucksvolleren Beweis für die Göttlichkeit der Botschaft als die Tatsache, dass eine Botschaft, die unter sehr ungünstigen Bedingungen ausgestreut wurde, Raum und Zeit überwindet.«

Genau dort, auf diesem Hügel also, wollte der Papst am Tag nach dem historischen Besuch von Yad Vashem die größte katholische Messe in der Geschichte Israels feiern: Mehr als 100 000 Menschen aus Israel, dem Libanon und den palästinensischen Gebieten waren an diesem Tag nach Korazim gekommen. Für den kleinen Staat war das eine gewaltige organisatorische Leistung. Ich erinnere mich an einen Polizeichef, der die Wagen eskortierte, die die Autos des Vatikans zum Korazimhügel brachten.

Ich sagte zu ihm: »Das ist ja eine tolle Organisation. Solche Massenveranstaltungen ist Israel kaum gewohnt. Großartig!«

»Großartig ist untertrieben. Ich garantiere ihnen, dass jede einzelne mobile Toilette dieses Landes, jedes einzelne der tragbaren Klos, die bis gestern auf Baustellen in der Negevwüste standen, hier heraufgebracht wurde. Wir haben alles dafür getan, dass 100 000 Menschen hierher kommen können.«

Aus Sicherheitsgründen hatte die Polizei die meisten Stühle beschlagnahmt. Mehr als 100 000 Menschen standen im Matsch. Es hatte an den Tagen zuvor heftig geregnet. Ein gewaltiger Jubel brach los, als der Papst eintraf. Er schritt nachdenklich zum Altar und sah hinunter auf den See. Ich bin mir sicher, dass er in diesem Augenblick die Abertausenden von Menschen nicht wahrnahm. Er schaute nachdenklich nach unten. Genau hier hatte vor etwa 2000 Jahren ein Mann gestanden, der auch eine Menschenmenge vor sich gehabt hatte. Er hatte keinen Lautsprecher gehabt, und es hatte keine Polizei gegeben, die den Zustrom der Menschen regulierte. Er hatte dort nur gestanden und Aramäisch gesprochen, seine Muttersprache. Für einen Juden aus Jerusalem muss der Akzent aus Galiläa so seltsam geklungen haben wie Bayrisch für einen Norddeutschen. »Selig, die Frieden stiften …« Wie hatte Mahatma Gandhi noch gesagt? »Die Bergpredigt des Jesus von Nazareth ist die Grundlage einer jeden Ethik.«

Ein nachdenklicher Papst las die Messe, und ich war mir nicht ganz sicher, was ich von der Feier halten sollte. Es war nicht das, was es zu sein schien: Aus der Sicht der Fernsehzuschauer auf der ganzen Welt hatten sich etwa 100 000 Menschen am Berg der Seligpreisungen versammelt, um mit dem Papst die Messe zu feiern, aber das war nur teilweise so. Hinter dieser Messe an diesem für die Christen so bedeutsamen Ort steckte der Apparat einer ganz bestimmten innerkirchlichen Bewegung, des Neokatechumenats. Ich kann mich an die Fahnen der zahllosen Gruppen dieser Bewegung sehr gut erinnern, und ich glaube den Schätzungen, dass etwa zwei Drittel aller Besucher der Messe an diesem Tag zur Bewegung des Neokatechumenats gehörten. Die Menschen waren aus der ganzen Welt hierher gebracht worden. Nur etwa 40 000 Menschen waren aus eigenem Antrieb gekommen.

Kiko Arguello, der Gründer der in Spanien entstandenen sektenartigen Glaubensgemeinschaft, wollte seinen großen Tag: Am Berg der Seligpreisungen will er ein gewaltiges Zentrum bauen. Die Bewegung, die eine innerkirchliche Erneuerung auf der Basis der Katechese will, ließ das Bauprojekt durch den Papst segnen. Die Israelis sind zufrieden. Viele Millionen Euro sollen dort verbaut werden. Trotzdem war mir nicht ganz wohl an dem Tag, vielleicht zu Unrecht. Aber sollte ein Papst, der an einem historischen Tag an einen so bedeutenden Ort kommt, von einer der vielen innerkirchlichen Gruppen vereinnahmt werden? Auf der anderen Seite hatten die Gruppen des Neokatechumenats hierher kommen wollen, um mit dem Papst zu feiern. War das verwerflich?

Petrus

Ich glaube nicht, dass Päpste sich den Luxus leisten können, nach Hause zu kommen. Wer dieses Amt ausübt, ist wahrscheinlich nirgendwo zu Hause. Der Apostolische Palast ist sicher alles andere als ein Zuhause. Täglich werden die Päpste daran erinnert, dass sie nur einer von vielen sind, die in diesen Räumen ein Gastspiel gaben. Wenn überhaupt, dann gibt es nur einen Ort, an dem ein Papst sich so fühlen kann, als wäre er endlich angekommen: am Ufer des Sees von Genezareth, am Haus des Simon Petrus.

Seinen Tag in Galiläa wollte Johannes Paul II. hier beenden. Ich wartete mit meiner Kollegin von der *New York Times* stundenlang auf den unvermeidlichen Tross der Fernsehkameras, auf die Helikopter der Polizisten, die den magischen Ort in den üblichen Medienrummel verwandeln würden. Trotz aller Bemühungen der Menschen, den Zauber dieses Ortes zu zerstören, ist es ihnen nicht restlos gelungen. Über dem Haus des Petrus schwebt wie ein Ufo ein diskutabler Bau: Die Synagoge von Kapernaum ist nicht die Synagoge, in der Jesus gepredigt hat. Sie wurde später erbaut, vielleicht an dem Ort, an dem die echte Synagoge einmal stand.

Als der Wagen mit dem Papst kam, wusste ich sofort, dass irgendetwas geschehen war. Der ganze Medientross, der einfach da sein musste, war nicht da. Wie ein einfacher Israel-Tourist, ohne Scheinwerferlicht, ohne Delegationen, die ihn begrüßen wollten, ohne die Hundertschaften von Pilgern, ohne

Lieder, ohne Jubel, ganz leise, ging Papst Johannes Paul II. durch das Metalltor zur Ausgrabungsstätte von Kapernaum. Irgendwie musste das Gefolge den Anschluss verloren haben. Die Lkws mit den Satelliten-Antennen tauchten nicht auf, Regisseure schrien keine Befehle, das Blitzgewitter der Fotografen fand nicht statt. Johannes Paul II. kam nur mit vier Begleitern zu der Ruine des Hauses von Petrus.

Auch der Papst konnte es nicht fassen. Er sah sich um, er lauschte in die Stille, die ihm im Heiligen Land erstmals vergönnt war. Er ging langsam zu dem Sessel, der an der Stelle stand, an der der Eingang zum Haus des Petrus gelegen hatte. Jesus Christus war oft durch diese Tür gegangen. Hier war diese besondere Bindung zwischen den beiden Männern entstanden, zwischen einem Fischer und dem Sohn eines Zimmermanns, der in Wirklichkeit der Sohn Gottes gewesen sein soll. Hier beginnt die Geschichte der Päpste. Sie haben ihn stolz in die Kuppel ihrer Kirche geschrieben, in den Petersdom, den Satz von Jesus von Nazareth, der die Grundlage für die Existenz der Päpste ist:

»Tu es Petrus et super hanc petram aedificabo ecclesiam meam et tibi dabo claves caelorum.« (Du bist Petrus, und über diesem Felsen werde ich meine Kirche bauen, und ich werde dir die Schlüssel des Himmels geben). Im Matthäusevangelium (Kapitel 16, Vers 18/19) heißt die Stelle genau: »Du bist Petrus, und auf diesen Felsen werde ich meine Kirche bauen, und die Mächte der Unterwelt werden sie nicht überwältigen. Ich werde dir die Schlüssel des Himmelreichs geben; was du auf Erden binden wirst, das wird auch im Himmel gebunden sein, und was du auf Erden lösen wirst, wird auch im Himmel gelöst sein.«

Der Papst setzte sich und sah nachdenklich auf die Mauerreste, die Franziskanerpatres ausgegraben hatten. Auf diesen Mauern fand man die Graffiti von Pilgern, die hierher gekommen waren, vor fast 2000 Jahren schon, um ihre Namen in die Wand des Hauses des Petrus zu ritzen und dem Fürsten der

Apostel zu huldigen. Hier hatte alles begonnen, hier hatte das Boot des Petrus gelegen, hier hatte ihn Jesus auserwählt. Er war kein armer Mann gewesen. Ein Boot zu besitzen und mit einer Mannschaft zum Fischen auf den See zu fahren bedeutete, ein erfolgreicher Unternehmer zu sein. Ein angesehener Mann in Karpanaum, der alles stehen und liegen ließ, um Jesus nachzufolgen, für den er im weit entfernten Rom, am anderen Ende der Welt, sterben sollte.

Minutenlang sah der Papst mit festem Blick auf die Reste dieses Hauses, ein paar kleine Räume aus rohem Stein. Auch er, Karol Wojtyla, war nicht in einem Palast aufgewachsen. Er stammte aus einer unscheinbaren Wohnung im weit entfernten Wadowice und wuchs heran, als Europa am dunkelsten war, als die Leichenberge von Juden sich meterhoch türmten. Simon, der Sohn des Jonas, der Fels Petrus, war ein Jude gewesen, ebenso wie sein Herr Jesus. Sie beteten zum Gott der Juden, in Wadowice und Kapernaum; in Warschau und in Auschwitz waren Juden von getauften Christen ermordet worden, nur weil sie Juden waren. Papst Johannes Paul II. hatte diese Zeit erlebt. Juden waren über Jahrtausende Verbrechen zugefügt worden, und Papst Johannes Paul II. wusste, dass er dem Juden Jesus von Nazareth und dem Juden Simon genannt Petrus etwas schuldig war, gerade weil er aus einem Land stammte, das das größte Verbrechen der Geschichte in den Konzentrationslagern der Deutschen erlebt hatte. Am nächsten Tag schon wollte er es einlösen.

Mitten in der Stille fing Zeremonienmeister Piero Marini plötzlich an zu singen: »Tu es, Petrus«, stimmte er an, das Lied der Päpste, unbeeindruckt zelebrierte er, was der Ort gebot. Er tat das, was ein Zeremonienmeister tun muss. Er ignorierte die Umstände und zelebrierte, was vorgesehen war. Der Papst sollte eine Skulptur segnen.

Mein Gott, wie sehr tat mir dieser Mann aus Wadowice in diesem Moment leid. Warum ließen sie ihn an diesem magischen Ort, der für ihn so viel bedeutete, nicht in Ruhe? Warum durfte er nicht einmal der Stille des Sees von Genezareth lauschen, wahrscheinlich zum letzten Mal in seinem Leben? Warum rissen sie ihn aus dem Gebet, zerstörten die Meditation in dem einzigen Moment, in dem ihm ein Augenblick ungestörter Andacht gegönnt war, nur um irgendein Denkmal im Garten des Hauses von Petrus zu weihen? Sofort danach musste er in das Auto steigen, aber er sah mit einem wehmütigen Blick zurück zu dem Ort, wo alle Päpste immer ein bisschen zu Hause sein werden. Erst als der Papst schon abgefahren war, tauchten plötzlich die Lkws der Fernsehgesellschaften auf und mit ihnen der komplette Medientross. Doch diesmal waren sie zu spät gekommen. Viel später erfuhr ich, dass irgendein barmherziger Polizist angeordnet hatte, die Lkws zu stoppen. Der Papst sollte im Haus des Petrus die Chance bekommen, ein paar Minuten allein zu sein.

Die Klagemauer

Am Morgen des 26. März 2000 schwebten zahllose Luftballons hinauf in den Himmel über Jerusalem. Sie alle beförderten im Auftrag Yassir Arafats palästinensische Fahnen in den blauen Himmel über der Heiligen Stadt, denn an diesem Tag besuchte der Papst das Herz Palästinas. Er fuhr zum Tempelberg hinauf, zum drittwichtigsten Heiligtum des Islams, zum Felsendom in El Quds, so lautet der arabische Name für Jerusalem. Der Felsendom steht hoch oben auf dem Berg Moria, genau über der Stelle, an der die Juden Hunderttausende von Tieren als Brandopfer geschlachtet hatten. Noch heute kann man an der Opferstelle im Felsendom die Reste dick verkrusteten Blutes sehen.

Dorthin schickte der rätselhafte Gott Jahve den Gründer der drei großen monotheistischen Religionen, Abraham. Er sandte ihn aus dem weit entfernten Ur im Irak dorthin, um seinen einzigen Sohn Isaak umzubringen. Nie hat ein Papst diese entsetzliche Szene so eindrucksvoll und so dramatisch geschildert wie Papst Johannes Paul II. in der Gedichtsammlung »Römisches Triptychon«, das am 6. März 2003 in Rom veröffentlicht wurde.

Im Gedicht »Gespräch des Vaters mit dem Sohn im Lande Moria« heißt es da:

> So gingen und redeten sie schon den dritten Tag.
> Das ist der Berg, auf dem ich Gott mein Opfer darbringen soll, sagte der Vater.
> Der Sohn schwieg, er wagte nicht zu fragen:
> Wo ist das Opfertier? Wir haben Feuer und Holz und ein Messer, aber wo ist das Opfertier?
> Gott selbst wird es sich aussuchen –
> So sagte er, jedoch sprach er diese Wort nicht laut aus: Das Opfertier, mein Sohn, du wirst es sein –
> Also schwieg er.
> In diesem Schweigen verfiel er wieder in Düsternis.
> Er hörte die Stimme, die ihn leitete!
> Jetzt schwieg die Stimme.
> Er war mit seinem Namen allein.
> Abraham: der, der entgegen jeder Hoffnung glaubte.
> Sogleich wird er den Scheiterhaufen errichten,
> das Feuer entfachen und Isaak die Hände binden-
> Und dann – was dann? Der Scheiterhaufen wird brennen ...
> Er sieht sich schon als Vater des toten Sohnes.

Genau an dieser Stelle wurde im Jahr 638, einige Monate nach der Eroberung Jerusalems, mit dem Bau des Felsendoms begonnen, dem ersten monumentalen Bau der Architektur des Islams. Hier, an der Opferstelle der Juden, hatte Gott im letzten Augenblick den Isaak gerettet. Abraham brauchte seinen Sohn nicht zu töten. Dafür schlachtete das Volk Israel an dieser Stelle über ein Jahrtausend lang Tiere. Dorthin ritt in der Nacht auf einem verschleierten Esel der Prophet Mohammed und stieg von dort noch zu Lebzeiten hinauf in den siebten Himmel, hinauf zu Gott, der zu ihm sprach.

Schon während der Vorbereitung der Reise des Papstes nach Israel hatte Yassir Arafat erklärt, dass der Papst den Felsendom nicht betreten könne. Er dürfe lediglich mit dem Wagen über den Hof fahren. Einmal im Bezirk des Felsendoms angekommen, waren Arafats Tempelwachen für die Sicherheit des Papstes verantwortlich.

Der Mufti von Jerusalem, Ekrima Said Sabri, wartete auf Johannes Paul II. Die Stimmung war gespannt. Auf dem Hof riefen Demonstranten immer wieder: »Nieder mit Israel!« Einige Steine flogen. Die Leibwächter des Papstes ließen den Wagen rasch über den Hof des Tempelbezirks fahren: Hier war Jesus entlanggegangen. Johannes Paul II. hatte aber kaum Zeit, sich den Hof anzusehen. Mufti Ekrima Said Sabri und Scheich Taysir Tamimi warteten vor dem Felsendom auf ihn. Der Papst sprach ein paar höfliche Worte des Danks für die Einladung. Dann waren die Gastgeber an der Reihe: Johannes Paul II. musste eine laute und derbe Schmährede gegen Israel über sich ergehen lassen und sich die Auflistung einer langen Reihe von Vergehen der Israelis anhören. Der Mufti schrie immer wieder, dass Israel die heiligen Stätten des Islams in Jerusalem schmähen und schänden würde. Der Papst antwortete nicht. Seine Leibwächter drängten darauf, dass die Zeremonie auf das Nötigste beschränkt werde. Während der Papst den Worten des Muftis zuhörte, flogen immer mehr Steine. Nach einer halben Stunde war der Spuk vorbei, und der Papst fuhr hinunter zur Klagemauer.

Ich stand neben dem späteren stellvertretenden Außenminister Israels, Rabbi Melchior, in der Nähe der Klagemauer, als der Papst aus dem Auto stieg und langsam, Schritt für Schritt, auf die Mauer zuging.

Ich wusste, dass jetzt Juden aus der ganzen Welt zuschauten. Johannes Paul II. konnte jetzt die 20 Jahre seines Pontifikates in einem Augenblick verspielen. Wenn er jetzt einen Fehler machte, wären seine bisherigen Erfolge nichts wert gewesen. Es ging nicht um ihn. Er stand stellvertretend für alle Katholiken am heiligsten Ort der Juden. Das mühsam aufgebaute Vertrauen seit der klaren Abkehr vom Antisemitismus durch das Zweite Vatikanische Konzil vor knapp 40 Jahren stand jetzt auf dem Spiel. Lolek aus Wadowice befand sich an dem Ort, den der jüdische Vermieter seiner Eltern nie gesehen hatte. Die Sonne hatte diese Mauer beschienen, als in der Heimat Johannes Pauls II. im weit entfernten Polen Millionen Juden im Angesicht des Todes an den Tempel in Jerusalem gedacht haben mochten, als sie in ihrer Lethargie in den Baracken der KZs verhungernd und krank, geschunden durch ihre auf den Namen von Jesus Christus getauften Peiniger, an die Mauer der Klage, die Mauer des durch die Römer zerstörten Tempels in Jerusalem, dachten, um ihren Gott zu fragen: Wie konntest du das zulassen, dass dein Volk ins Gas getrieben wird?

Johannes Paul II. wusste in diesem Augenblick vor der Klagemauer, wie viele Juden auf der Welt ihm misstrauten. Hatten 1984 nicht Karmeliterinnen ein Kloster am Lager von Auschwitz errichtet? Musste das nicht in den Augen von Juden eine maßlose Missachtung sein? Ein Gebet von christlichen Ordensschwestern für die jüdischen Opfer der Shoa war nicht nur für den New Yorker Rabbi Abraham Weiss ein Verbrechen, ein Versuch der Bekehrung nach dem Tode, eine Verachtung der Opfer der Shoa und des jüdischen Volkes. Warum hatte der Papst, der jetzt vor dieser Klagemauer stand und die Situation genau kannte, die Nonnen trotz aller Proteste der Juden erst nach neun langen Jahren in ihr Heimatkloster zurückgeschickt? Hatten ein paar Nonnen tatsächlich einem Papst so lange trotzen können? Oder hatte der Papst die Bitten der Juden, das Kloster zu verlegen, nicht beachten wollen?

Langsam ging der Papst auf die Klagemauer zu. Und dann geschah es doch: Zum ersten Mal seit 2000 Jahren wandte sich ein Nachfolger des Petrus, der auch in diesem Tempel gebetet hatte, gemeinsam mit Rabbi Melchior an Jahve. Nach 2000 Jahren beteten das Oberhaupt der größten christlichen Gemeinschaft der Welt und ein Rabbiner gemeinsam an der Klagemauer in Jerusalem zu ihrem gemeinsamen Gott. Der Papst hatte den ersten Psalm als Gebet vorgeschlagen, doch der Rabbiner hatte einen anderen Psalm gewünscht. Und so bewegten die beiden Männer langsam die Lippen und beteten den Psalm 122, das Wallfahrtslied, das der König David selber geschrieben haben soll. Mit diesen Worten besiegelten Juden und Christen den Frieden:

> Ich freute mich, als man mir sagte:
> »Zum Haus des Herrn wollen wir pilgern.«
> Schon stehen wir in deinen Toren, Jerusalem:
> Jerusalem du starke Stadt, dicht gebaut und fest gefügt.
> Dorthin ziehen die Stämme hinauf, die Stämme des Herrn,
> wie es Israel geboten ist, den Namen des Herrn zu preisen.
> Denn dort stehen Throne bereit für das Gericht, die
> Throne des Hauses David.
> Erbittet für Jerusalem Frieden!
> Wer dich liebt, sei in dir geborgen.
> Friede wohne in deinen Mauern, in deinen Häusern
> Geborgenheit.
> Wegen meiner Brüder und Freunde will ich sagen: In dir
> sei Friede. Wegen des Hauses des Herrn, unseres Gottes,
> will ich dir Glück erflehen.

Dann ging der Papst auf die Mauer zu und vertraute die Bitte der Christen an die Juden um Vergebung nach uralter jüdischer Tradition einem Spalt in der Klagemauer an. Der Papst schwor an diesem Ort:

Gott unserer Väter,
Du hast Abraham und seine Nachkommen auserwählt,
um den Völkern deinen Namen zu bringen.
Wir sind zutiefst betrübt
über das Verhalten all jener,
die im Laufe der Geschichte deinen Kindern Leid zugefügt haben,
und wir bitten um Vergebung dafür.
Wir wollen uns bemühen, eine wahre Brüderlichkeit
aufzubauen mit dem Volk des Bundes.

Wahrscheinlich klingt es naiv, aber in diesem Moment an der Klagemauer geriet für mich die fromme, religiöse Welt meiner Kindheit, die ich in meiner Jugend und als junger Erwachsener restlos zertrümmert hatte, wieder ins Lot. Was immer der Papst auch falsch gemacht haben mochte, was immer er auch noch falsch machen würde: Diese Geste, die vielleicht überfällig, vielleicht nicht einmal ausreichend war, diese Bitte um Vergebung, lässt sich nie wieder rückgängig machen. Es hat sie gegeben, und sie war unbestreitbar gut.

Dieser Tag änderte für mich etwas ganz Entscheidendes: Seitdem glaube ich niemandem mehr, der den Papst samt und sonders verurteilt, so wie ich es selber einst getan hatte. Ich habe an diesem Tag verstanden, wie falsch ich gelegen hatte, ich hatte nicht erkannt, zu welch prophetischen Gesten dieser Mann noch in der Lage sein würde.

Bevor der Papst jedoch die Klagemauer verließ, dachte ich, mir bliebe das Herz stehen. Johannes Paul II. tat etwas, was er nach den Appellen aller wichtiger Rabbiner auf keinen Fall hätte tun dürfen: Langsam, aber bestimmt segnete der Papst aus Rom die Klagemauer in Jerusalem mit dem Zeichen des Kreuzes, an das der Jude Jesus von Nazareth geschlagen worden war. Die Klagemauer, der heiligste Ort des Judentums, einer Religion, die auf den Messias wartet, schien durch das Kreuz des

Mannes, den die Juden für einen falschen Messias halten, entehrt. Es gehört für mich zu den Rätseln meines Lebens, dass die angedrohten Proteste wegen des Kreuzzeichens an der Klagemauer nicht stattfanden. Im Gegenteil: Die Stimmung in Israel kippte an diesem Tag total zugunsten des Papstes. Die Mehrheit der Juden nahm die Entschuldigung der katholischen Christen durch diesen Papst an.

Ich sprach damals noch an der Klagemauer mit Rabbi Melchior, der mit dem Papst gebetet hatte. Er war noch ganz erfüllt von dem Ereignis. Er rang geradezu um Worte, als ich ihn fragte, was das für ihn bedeutete. Er sagte: »Ich kann es eigentlich nicht fassen. Mehr als 2000 Jahre lang haben wir uns gegenseitig umgebracht, das heißt, vor allem wir Juden wurden umgebracht, vertrieben, ausgeraubt. Wir haben nicht miteinander geredet und uns gegenseitig alles Schlechte gewünscht, und dann kommt ein Papst hierher und bittet uns um Vergebung. Man stelle sich das mal vor. Wir beten auf einmal zusammen an der Klagemauer, und er nennt die Juden seine größeren Brüder. Für mich hat jetzt das dritte Jahrtausend begonnen, an diesem Tag. Es ist die beste Perspektive für das jüdische Volk, wir gehen zum ersten Mal auf ein Jahrtausend christlicher Zeitrechnung zu, für das die Christen uns Frieden versprochen haben.«

Auf die Frage, ob ihn das Kreuzzeichen des Papstes beleidigt habe, sagte er nur: »Päpste segnen mit dem Zeichen des Kreuzes. Das scheint mir normal zu sein.«

Am Nachmittag ging der schwache Papst den Weg, von dem er so lange geträumt hatte: 17 Jahre zuvor, im August 1983, hatte er nach Informationen der israelischen Presse in Rom gesagt, dass er darauf hoffe, schon bald eine Reise in das Heilige Land antreten zu können, um die Straße des Leidens, die Via Dolorosa, zur Grabeskirche entlanggehen zu können.

Es ist unklar, ob das Kreuz Christi tatsächlich auf dem Golgothahügel stand, der in der Grabeskirche verehrt wird, und es ist sehr fragwürdig, ob Jesus tatsächlich auf der Platte lag, die in der Kirche als das Grab des Sohns Gottes gezeigt wird. Sicher ist, dass diese Kirche einer der seltsamsten Orte der Welt ist. Zu der Kirche gehören drei Klöster, das griechisch-orthodoxe Kloster, das Kloster der Franziskaner-Mönche und das Kloster der armenisch-orthodoxen Kirche. Nachts wird die Kirche von einem Türhüter abgeschlossen. Er ist ein Moslem. Seine Familie hat seit Jahrhunderten das Recht, den Schlüssel der Kirche zu verwahren, auch weil sich die Mönche in der Kirche nicht einig werden konnten, wer den Schlüssel bekommen soll. Nachts kann niemand die Klosterkirche verlassen. Die Franziskaner achten seit Jahren darauf, dass besonders gesunde und kräftige Mönche in dem Kloster wohnen. Seit Jahrhunderten kommt es zwischen den verschiedenen christlichen Gruppen in der Kirche zu Reibereien. Selbst in vielen schlecht beleumundeten Kneipen gab es mit Sicherheit weniger Schlägereien als in der Kirche in den vergangenen 1600 Jahren seit Errichtung des ersten Baus. Die von Konstantin erbaute Kirche wurde zerstört, der Bau, den man heute sieht, geht zum großen Teil auf die Kreuzfahrer zurück und stammt aus dem 12. und 13. Jahrhundert.

Die griechisch-orthodoxen Mönche und die Franziskaner streiten mit den Armeniern seit Jahrhunderten täglich um die Verwaltung des Gotteshauses. Die Kirche ist in Sektoren eingeteilt wie in feindliche Gebiete. Wenn im Sektor der Franziskaner der Fußboden repariert wird, kann man mit Sicherheit davon ausgehen, dass die griechisch-orthodoxen Mönche sich an der Reparatur nicht beteiligen werden.

Der Besuch des Papstes bewirkte in der Grabeskirche so etwas wie ein kleines Wunder. Auf dem Sinai hatten sich die griechisch-orthodoxen Mönche wenige Wochen zuvor abgewendet, als der Papst die heilige Messe las. In der Grabeskirche nahmen Diodoros, der griechisch-orthodoxe Patriarch der Kirche, ebenso wie Torkom, der Patriarch der armenisch-orthodoxen Kirche, sowie koptische, äthiopische und lutherische

Christen an der Messe teil. Der Papst rief in der Grabeskirche ein weiteres Mal dazu auf, dass die Christen die Teilung überwinden müssten.

Nach der Messe packte ich meinen Koffer. Die unglaublichen Tage in Israel waren zu Ende. Der Papst wollte am Abend zurückfliegen. Er flog mit dem Helikopter zurück nach Tel Aviv. Die israelische Polizei fuhr uns Reporter in einem gesicherten Bus zum Flughafen. Ich erinnere mich gut an diese Fahrt hinunter zum Ben-Gurion-Flughafen. Ich war ein wenig niedergeschlagen. Ich hatte das Gefühl: Das war es jetzt. Mehr kannst du mit Johannes Paul II. nicht erleben. Mehr kann dieser Papst nicht erreichen. Er hatte die Größe, die Schuld der Christen einzugestehen, er hatte die Größe, sich an der Klagemauer zu entschuldigen. Es gab meiner Meinung nach nichts, was er jetzt noch tun konnte, das noch bedeutender wäre. Ich stellte mir von diesem Tag an den langsamen Verfall des Papstes vor. Es war ein trauriger Abschied: Ich hätte ihn mir ersparen können. Ich erinnere mich daran, dass ich mit einem Kollegen darüber sprach, ob dieser Besuch schon in der Abenddämmerung des Lebens von Papst Johannes Paul II. stattgefunden hatte und ob er der beeindruckende Schlussstrich eines langen Weges war. Wir waren beide dieser Meinung.

Wir hatten beide Unrecht.

7
DIE BOTSCHAFT VON FATIMA

Die Reise von Papst Johannes Paul II. nach Israel verwandelte die Position des Heiligen Stuhls im Nahen Osten schlagartig. Der Vatikan war vom Zuschauer der komplizierten Auseinandersetzungen der Region zum Mitspieler geworden. Die ganze Welt hatte mit Erstaunen gesehen, dass die Israelis dem Papst genauso zugejubelt hatten wie die Palästinenser im Flüchtlingscamp Deheische. Dem Mann aus Rom war gelungen, was seit Jahrzehnten keinem mehr gelungen war: den Hass auf beiden Seiten zu überwinden. Die Reise war ein Erfolg geworden. Der Dialog mit arabischen Staaten verbesserte sich. Plötzlich wollten alle Diplomaten im Nahen und Mittleren Osten mit dem Vatikan reden. So sahen die Schiiten im Iran mit Sorge, dass der Papst im Jahr 2000 die wichtigste Einrichtung der Sunniten, die Al-Azhar-Universität in Kairo, besucht hatte. Die rund 150 Millionen schiitischen Moslems auf der Welt wollten vom Dialog mit dem Vatikan nicht ausgeschlossen werden. Der Papst sollte nicht nur mit Vertretern der etwa einer Milliarde Sunniten, sondern auch mit Schiiten verhandeln. Immer wieder schickte der Iran hochkarätige Vertreter. Staatspräsident Sayed Mohammed Khatami sandte eine Grußnote der Wertschätzung nach der anderen an Johannes Paul II.

Bekannte, die bisher nichts mit dem Papst anfangen konnten, riefen mich an und wollten mit mir über den Wandel Wojtylas reden. Der Papst erschien plötzlich als der letzte positive »Leader« der Welt. Ich diskutierte leidenschaftlich über die Vorstellungen des Vatikans im Nahen Osten. Doch zu rasch kam die Ernüchterung. Nur kurze Zeit nach seiner Rückkehr aus Israel wollte der Papst am 13. Mai 2000 nach Fatima fliegen. Die historische Reise in den Nahen Osten schien abgehakt zu sein. Der Papst sprach vor allem über die bevorstehende Reise zur Madonna. Ich war enttäuscht.

Ich hatte mit der Verehrung der Mutter Gottes immer wenig anfangen können. Was die glühende Verehrung der Madonna durch den Papst angeht, fand ich die eine oder andere relativ böse Interpretation gar nicht so falsch: Viele Kollegen schrieben, dass der frühe Verlust seiner Mutter dazu geführt habe, dass Papst Johannes Paul II. sich an einer mütterlichen Frauenfigur festhalten wolle und daher eine übertriebene Verehrung der Mutter Gottes hege. Wahrscheinlich ist diese Erklärung etwas zu simpel. Sicher ist, dass der Papst der Verehrung der Madonna in seinem Leben einen besonderen Stellenwert einräumt. Er trägt nicht nur das M für Maria im päpstlichen Wappen, auch sein Wahlspruch »Totus Tuus« (ganz dein), wendet sich an die Mutter Gottes. Ich habe bei Generalaudienzen im Vatikan bizarre Formen der Marienverehrung gesehen. Abertausende von Priestern schleppten im Laufe der Jahre Madonnenstatuen in die Audienzen, um sie vom Papst segnen zu lassen. Ich kann mich besonders gut an eine Gruppe Frauen aus Neapel erinnern, die glühende Verehrerinnen Marias waren und deshalb nach Rom gekommen waren, weil auch der Papst Maria besonders verehrt. Sie verfolgten ein seltsames theologisches Konzept: Sie beteten seit 22 Jahren täglich zusammen in einer Kirche den Rosenkranz, um Gott dafür um Verzeihung zu bitten, dass sein Sohn sich wie ein Flegel gegen seine Mutter aufgeführt hatte.

»Wie sich Jesus gegen seine Mutter benimmt, ist ungezogen«, erklärte mir die Anführerin der neapolitanischen Beterinnen. »Was nimmt der sich eigentlich heraus, sie immer wieder zu verleugnen oder anzufahren wie bei der Hochzeit von Kanaa?«, beschwerte sich die Dame.

Den Frauen missfiel besonders die Stelle im Matthäusevangelium (Kapitel 12, Vers 47 bis 50): »Da sagte jemand zu ihm: Deine Mutter und deine Brüder stehen draußen und wollen mit dir sprechen. Dem, der ihm das gesagt hatte, erwiderte er: Wer ist meine Mutter und wer sind meine Brüder? Und er streckte die Hand über seine Jünger aus und sagte: Das hier sind meine Mutter und meine Brüder. Denn wer den Willen des himmlischen Vaters erfüllt, der ist für mich Bruder, Schwester und Mutter.« Auch die Stelle im Johannesevangelium, im zweiten Kapitel, Vers zwei bis vier, in der Maria Jesus darauf hinweist, dass der Wein ausgegangen sei, ärgerte die Damen. Jesus fragt seine Mutter: »Was willst du von mir, Frau?« Dass die Frauen aus Neapel aus dieser Bibelstelle das Verhalten eines respektlosen Sohnes ableiten, zeigte mir nur wieder einmal, dass es in der katholischen Kirche Menschen gibt, deren Marienverehrung über das Ziel hinausschießt.

Abgesehen davon hege ich eine ausgesprochene Abneigung gegen wundersame Erscheinungen der Mutter Gottes. Ich kenne Priester, die nichts von dem vermeintlichen Wunder von Fatima halten. Als die Maschine des Papstes am 12. Mai 2000 abhob zur Seligsprechung der beiden lang verstorbenen Kinder, denen die Madonna von Fatima erschienen sein soll, bedauerte ich fast, mit an Bord zu sein. Denn ich glaubte bereits zu wissen, was ich in Fatima finden würde: Aberglauben.

Ich hatte von dem Wunder im Grunde keine Ahnung und musste mich erst einmal einlesen. Die Fakten ließen sich schnell zusammentragen: Am 13. Mai 1917 hatten drei Kinder, Francesco Marto (9), seine Schwester Giacinta Marto (7) und ihre Freundin Lucia Dos Santos (10), in Covo de Iria eine Erscheinung gehabt. Der Ort liegt bei dem portugiesischen Dorf Fatima, das den Namen der Tochter Mohammeds noch aus den Zeiten trägt, als die Mauren die Iberische Halbinsel besetzt hatten. Die Kinder sahen »eine wunderschöne Frau auf dem Ast einer Steineiche«. Sie sagte ihnen, sie wäre »vom Himmel herabgestiegen«, und bat die Kinder, bis zum Oktober jeweils am

13. Tag eines jeden Monats wieder zu dem Baum zurückzukommen.

Zwei der Kinder starben – wie von der Madonna vorausgesagt – kurz nach der letzten Erscheinung am 13. Oktober 1917. Francesco Marto starb am 4. April 1918 im Alter von zehn Jahren. Seine kleine Schwester Giacinta Marto wurde nur neun Jahre alt. Sie erlag am 20. Februar 1920 einer Krankheit. Diese beiden Kinder also wollte der Papst am 13. Mai 2000 in Fatima selig sprechen. Das dritte Fatima-Kind, Lucia Dos Santos, lebt noch heute. Das Mädchen trat blutjung in das Klausurkloster in Coimbra ein und hatte diesen Ort bisher nie wieder verlassen.

Natürlich wusste ich, dass ich nicht darauf hoffen durfte, mit dieser einzigen Augenzeugin persönlich sprechen zu können. Ich würde sie aber immerhin zu sehen bekommen, weil der Papst sie am 13. Mai treffen sollte. Die Nonne war deshalb so interessant, weil sie seit 83 Jahren »das dritte Geheimnis von Fatima« hütete.

Am Weihnachtsabend des Jahres 1935 schrieb die Nonne ihrem Bischof, dass die Madonna ihr und ihren beiden kleinen Freunden 18 Jahre zuvor drei Geheimnisse anvertraut hätte. Die ersten beiden verriet sie sofort: Sie sagten den Ausbruch des Zweiten Weltkriegs und den Untergang des Sowjetreichs voraus. Das dritte Geheimnis aber dürfe sie nur einem Papst verraten, schrieb sie. Gedrängt von ihrem Bischof, schickte sie am 17. Juni 1941 einen Brief an Papst Pius XII. Doch der Papst interessierte sich nicht für die Geschichte aus Portugal und las den Brief nicht einmal. Erst sein Nachfolger, Johannes XXIII., öffnete den seltsamen Brief und schockierte die Menschheit: Denn er verriet nicht, um was für ein Geheimnis es sich handelte.

Dass es ein rätselhaftes drittes Geheimnis von Fatima gibt, wusste ich seit langem, denn ich hatte überall auf der Welt Menschen gesehen, die stundenlang geduldig im strömenden Regen oder unter sengender Sonne aushielten, um auf einem bekritzelten Pappkarton dem Papst ihre Forderung entgegenzuhalten: »Heiliger Vater: Verrate das dritte Geheimnis von Fatima!« Ich verstand nicht, warum der Vatikan diese dritte Prophezeiung schon so lange hütete und dadurch Gerüchte schürte. War dieses Geheimnis so furchtbar? Sagte es den Untergang der Welt voraus? Oder war die Prophezeiung zu verrückt, um sie zu veröffentlichen?

Als die Maschine in Lissabon gelandet war, flog der Papst sofort mit dem Helikopter weiter nach Fatima. Eine Polizeieskorte brachte uns Journalisten über die freigesperrte Autobahn in einem irrsinnigen Tempo nach Fatima: Wir sollten als Pool-Journalisten anwesend sein, wenn der Papst vor der Statue der Madonna betete. Die Stadt Fatima befand sich im Ausnahmezustand. Mir kam es so vor, als hätte sich ganz Portugal in der Stadt versammelt. Mehr als 800 000 Menschen waren gekommen. Überall hingen Darstellungen der Madonna. Die Portugiesen zelebrierten eine unglaubliche Frömmigkeit. Die Polizei versuchte, uns mit Sirenengeheul zügig durch die Menge zu bringen, aber die Massen wurden immer dichter, je näher wir dem Heiligtum der Madonna kamen.

»Die sind ja völlig übergeschnappt wegen ihrer Madonna«, sagte meine Kollegin von der »New York Times«.

»Alles nur, weil ein paar Kinder vor 83 Jahren irgendeinen Quatsch erzählt haben.«

»Du glaubst, das ist Quatsch?«

»Die Kinder haben berichtet, eine seltsame Frau gesehen zu haben, die vom Himmel kam. Aber außer den drei Kindern hat nie jemand diese Frau gesehen. Zwei der Kinder starben bald nach dem Wunder, sie hatten also keine Chance mehr, im späteren Verlauf ihres Lebens zu gestehen, dass ihre kindliche Phantasie mit ihnen durchgegangen ist«, sagte ich.

»Und Schwester Lucia hat ihr ganzes Leben auf der Geschichte mit der Marien-Erscheinung aufgebaut. Ich kann mir nicht vorstellen, dass sie jetzt noch zugeben würde, dass sie in Wirklichkeit nichts gesehen hat. Es gibt eine Menge Theologen, die sich mit dem Phänomen von Madonnen-Erscheinungen auseinander gesetzt haben, und denen ist die Sache ziemlich klar: Sehr wahrscheinlich haben diese Menschen, die meinen, die Madonna zu sehen, ein starkes, religiöses Gefühl, ein Erlebnis, das sie übersetzen, als hätten sie eine Erscheinung der Madonna gehabt«, sagte meine Kollegin.

»So muss es auch vor 83 Jahren gewesen sein: Diese Lucia Dos Santos muss irgendetwas empfunden haben, und das schilderte sie dann in der Sprache von Erwachsenen als eine Erscheinung der Madonna auf einem Ast. Sie ist nicht wirklich eine Lügnerin, in ihrem Inneren hat sich durchaus etwas abgespielt, aber ein religiöses Erlebnis und eine echte Erscheinung der Madonna, also ein sichtbares Bild eines Wesens aus einer andern Welt, sind zwei verschiedene Paar Schuhe.«

»In Wirklichkeit ist hier damals gar nichts passiert«, sagte meine Kollegin.

Ich nickte.

Dafür, dass in Fatima gar nichts passiert war, waren aber sehr viele Menschen gekommen. Die Sirenen der Polizeieskorte gaben alles, was sich aus ihnen herausholen ließ, die Beamten hupten dazu, fuchtelten mit einer Kelle, aber mittlerweile war der Wagen hoffnungslos in der Menge eingekeilt. An den Fenstern des Autos pressten Menschenleiber; Bäuche, Beine, Arme wischten an den Scheiben vorbei, ächzten, weil sie so gedrückt wurden, rissen die Arme nach oben, um sich etwas Luft zu verschaffen, stritten, weil sie getreten worden waren. Es schien, als drängele sich diese Menge wie von einem rätselhaften Magneten angezogen in eine bestimmte Richtung. Es war dramatisch zu sehen, wie Familien getrennt wurden, wie sie versuchten, sich durch Handzeichen zu verständigen, wie die Menge Mütter von Kindern fortschob, Männer von ihren Frauen; manche Menschen versuchten umzudrehen. Aber es war aussichtslos, sich gegen den Strom behaupten zu wollen, der alles mit sich fortriss. Ich hatte keine Ahnung, wo wir waren, wie weit es noch zu dem Heiligtum war, aber ich hatte die deutliche Vorahnung, dass der Papst dort heute Abend beten würde, ohne dass ein Journalisten-Pool ihn beobachtete. Sein Helikopter musste längst gelandet sein. Die Polizei hatte sich verschätzt, sie hätte uns auch einfliegen müssen. Vielleicht hatten die Beamten nicht damit gerechnet, dass so viele Menschen kommen würden. Plötzlich schoss einer der Beamten aus dem Wagen und schrie: »Schnell, schnell.«

Zwei riesige Polizisten bahnten uns eine Art Gasse durch die Menge, wir trabten hinter ihnen her durch ein Meer aus Menschen.

Diese Masse hasste uns innig. Den ganzen Tag hatten diese Menschen versucht, ein paar Meter weiter nach vorn zu kommen, eigene kleine Gassen durch die kompakte Menge zu bahnen, um einen besseren Aussichtspunkt zu erreichen. Jetzt sahen sie, wie irgendwelche schwerbepackten Presseleute durch die Masse gelotst wurden von Polizisten, die wie Bulldozer die Menge auseinander trieben. Manchmal blieben die Beamten stecken und riefen laut »Polizei, Polizei!«, bis irgendein Kanal frei wurde. Unsanft zur Seite gedrückte Leute schrien ihren Protest laut heraus.

Ich weiß nicht mehr, wie lange das dauerte. Es kam mir endlos und sinnlos vor. Ich war mir sicher, dass wir sowieso zu spät kommen würden. Es hatte keinen Sinn, die Leute zur Seite zu schubsen. Doch irgendein Beamter schien den Befehl bekommen zu haben, uns zu der Kapelle zu bringen, koste es, was es wolle. Als wir endlich in der Nähe waren, konnte ich sehen, dass der Papst gerade angekommen war. Von einem nahen Hubschrauberlandeplatz aus bahnte sich das Papamobil langsam den Weg durch die Massen.

In der Nähe der Kapelle stoppte ein nervöser Protokollchef unseren Tross. Was er sah, missfiel ihm in hohem Maße. Ihm war ein anständig gekleideter internationaler Pressepool angekündigt worden, vor ihm stand eine total verschwitzte Truppe schlechtgelaunter Journalisten mit schlecht sitzenden Krawatten und krebsroten Gesichtern. Den Kameramännern mit ihren schweren Ausrüstungen lief der Schweiß in Bächen vom Körper. Er machte ein paar Gesten, die wohl bedeuten sollten, in diesem Zustand könne er uns unmöglich bis zur Kapelle der Madonna lassen, wo der Papst beten würde. Er wusste nicht, was er tun sollte, bis ihm irgendein Organisator zu verstehen gab, dass der Presse-Pool, der mit dem Papst aus Rom gekommen war, an der Zeremonie teilnehmen musste. Er winkte uns durch. Dann passierte es: Ich versuchte mich gerade durch die Menge an einer weißen Mauer vorbeizuschieben und konnte in dem Gedränge nicht sehen, was vor mir lag. Ich machte einen Schritt und stand bis zu den Knien im Wasser. Ich stieg aus dem Graben und wollte hinter dem Protokollchef hergehen und mich neben die Kapelle stellen, vor der Johannes Paul II. beten würde. Der Protokollchef hielt mich fest: Ich erinnere mich an seine dunklen Augen. Er sah auf meine Hosen und schüttelte den Kopf. Mir lief das Wasser aus den Schuhen, Rinnsaale flossen aus meiner vor einigen Augenblicken noch hoch eleganten grauen Anzughose mit Bügelfalten.

Ich sah eindeutig nicht mehr repräsentabel aus. Ob man dem Papst Journalisten in einem solchen Zustand zumuten konnte, war die eine Frage, die andere war, was ein paar hundert Millionen Fernsehzuschauer denken würden, wenn sie neben dem Papst einen Mann sehen würden, dem das Wasser aus der Hose lief.

»Das geht nicht«, sagte er, »so geht das nicht. Sie sind zwar eingeteilt für den Pool, aber Sie können sich nicht hier neben den Papst stellen. Das geht einfach nicht.«

Meine Kollegin rettete mich und sagte: »Er wird sich hinter mich stellen. Dann wird niemand die Hose sehen.« In diesem Augenblick kam das Papamobil näher. Der Protokollchef wusste nicht, was er tun sollte. Also blieb ich einfach stehen. Die Kameras surrten. Der Papst kam näher. Der Protokollchef sah mich fragend und ratlos an. Dann rollte der Wagen des Papstes vor. Johannes Paul II. stieg langsam aus und ging zur Madonnenstatue. Später hat mir ein Kollege die Bilder des portugiesischen Fernsehens gezeigt: Ein gemeiner Kameramann sah natürlich meine pitschnasse Hose und filmte genüsslich den betenden Papst, während ein seltsamer Typ danebenstand, dem matschiges Wasser aus dem Hosenbein tropfte.

Der Papst betete an der Stelle, an der einmal die Steineiche gestanden hatte, auf deren Ast die Kinder am 13. Mai 1917 die Mutter Gottes gesehen haben wollen. Der Baum war bis auf die Wurzeln von Marienverehrern zerlegt worden. Nicht die geringste Spur der Steineiche war zurückgeblieben. An der Stelle der Erscheinung war eine Kapelle errichtet worden, die im Jahr 1922 durch einen Anschlag mit Dynamit zerstört worden war. Die Kapelle war wiederaufgebaut worden, und der Papst betete jetzt vor einer Statue der Madonna.

Ich versuchte, mich auf Johannes Paul II. zu konzentrieren. Er stand versunken vor der Madonna und berührte die kleine Figur, die knapp so hoch ist wie ein Arm. Er kniete nieder und betete.

Ich habe ihn selten so innig, so versunken gesehen, ich hörte seine leise gesprochenen Gebete, er bedankte sich für sein Leben. Er glaubte an die Erscheinung dieser Mutter Gottes auf diesem gottverlassenen Feld in Portugal, und ich sah, wie sich sein Gesicht erhellte, weil er endlich an dieser Stelle beten konnte.

Bis zu diesem Augenblick hatte ich keinen Zweifel daran gehabt, dass das vermeintliche Wunder von Fatima nie stattgefunden hatte. Ich kenne das Gesicht des Papstes und weiß, wann ihm etwas wichtig ist, und das Gebet vor der Madonna von Fatima war ein sehr wichtiger Moment für ihn. Ich wusste, woran er dachte: Am 13. Mai 1981 hatte der türkische Terrorist Alì Agca mit einer geladenen Pistole vom Typ Browning

HP 35 auf den Kopf des Papstes gezielt. Es ist nahezu unmöglich, einen Kopfschuss aus solcher Nähe, abgefeuert aus einer solchen Pistole, zu überleben. Doch in dem Augenblick, als Agca den Finger krümmte, beugte sich der Papst nach unten: Ein Mädchen hatte ihm ein kleines Bildchen entgegengehalten, damit er es segnen könne. Der Papst bückte sich auf den Sekundenbruchteil im richtigen Moment. Die erste Kugel sauste über ihn hinweg, in den Arm einer Nonne. Agca schoss sofort noch einmal. Die Kugel ging ins Leere. Dann verlor der Attentäter die Nerven. Er zielte nicht mehr auf den Kopf, sondern auf den Bauch des Papstes und traf. Johannes Paul II. brach zusammen. Erst vier Tage später kam der Papst wieder zu vollem Bewusstsein. Er war dem Tod noch einmal entkommen, knapp entkommen. Die behandelnden Ärzte im Krankenhaus Gemelli am römischen Stadtrand hatten eine Überraschung für den Papst: Sie zeigten ihm das Röntgenbild, den Weg, den die Kugel in seinem Körper genommen hatte. Chirurg Francesco Cruscitti sagte dem Papst damals am Krankenbett:

»Es scheint unglaublich, aber die Kugel raste um Haaresbreite an lebenswichtigen Organen vorbei und beschrieb eine seltsame Kurve. Es ist, als ob eine Macht, eine unsichtbare Hand, sie in Ihrem Körper, Eure Heiligkeit, aufgehalten und umgelenkt hätte.«

Johannes Paul II. bat damals darum, allein gelassen zu werden, dann rief er seinen Sekretär Don Stanislaw Dsziwisz und erteilte ihm den Auftrag: »Hol mir die Unterlagen von Fatima!«

Der Anschlag ereignete sich am 13. Mai 1981. An einem 13. Mai im Jahr 1917 war die Madonna von Fatima zum ersten Mal den Kindern in dem portugiesischen Dorf erschienen. War das Zufall?

War es Zufall, dass das kleine Mädchen dem Papst ein Bild der Madonna von Fatima zeigte, die Geste, die ihm das Leben rettete? War es Zufall, dass ausgerechnet das Bild der Mutter Gottes einen Papst rettet, der sein Leben und seine Regentschaft unter dem Motto »Totus Tuus« der Madonna gewidmet hatte und den Buchstaben M für Maria im päpstlichen Wappen trägt? Hat ihn die rätselhafte Madonna von Fatima gerettet? Ich sah seinem Gesicht in diesem Augenblick in Fatima an, dass er sicher war, dass die Madonna ihn gerettet hatte. Ich erkannte Dankbarkeit in seinen Augen; und ich bemerkte, dass er sich nicht loszureißen vermochte von diesem Ort. Ich sah, dass das, was er da betete, ihm zutiefst am Herzen lag. Er betete inbrünstig. Ich konnte es mir nicht erklären. Ich ahnte nicht, dass er etwas wusste, was ich zu diesem Zeitpunkt noch nicht wusste, aber schon am nächsten Tag erfahren sollte.

Ich schrieb an diesem Abend im Pressezentrum den ersten Korrespondentenbericht, und mir fiel auf, dass sich um einen portugiesischen Journalisten immer wieder Kollegen aus der ganzen Welt scharten. Er schien aus irgendeinem Grund ein Prominenter zu sein. Ich hatte ihn noch nie zuvor gesehen. Ich hatte keine Ahnung, was an ihm so besonders sein könnte. Ich war aber neugierig, ging zu ihm hinüber und bot ihm einen Kaffee an.

»Bist du irgendwie berühmt? Hast du den Pulitzerpreis gewonnen oder so was?«

Er lachte: »Nein. Ich habe mich nur viel mit dem Schicksal von Avelino de Almeida beschäftigt. Deswegen sprechen mich alle an.«

»Mit wem?«, fragte ich.

»Dieser Avelino de Almeida war Journalist der Tageszeitung *O Seculo*. Er war ein ausgesprochener Kirchengegner.«

»Ja und?«

»Er ist einer der glaubwürdigsten Zeugen dafür, dass die Madonna wirklich in Fatima erschienen ist.«

»Wie bitte?«, fragte ich.

»Ich bin nicht gläubig. Aber dennoch verbirgt sich hinter der ganzen Sache, die sich damals hier abgespielt haben soll, ein Geheimnis.«

»Was für ein Geheimnis?«

»Ich sagte ja schon, dass ich mich viel mit diesem Journalisten Avelino de Almeida beschäftigt habe. Er scheint ein Atheist gewesen zu sein, und deshalb ist er ein glaubwürdiger Zeuge. Er bezeugt den Tanz der Sonne. Wenn er es nicht gesehen hätte, warum sollte er die Unwahrheit schreiben?«

»Er bezeugt den was?«, fragte ich.

Er erklärte mir in dem Pressezentrum die Geschichte, die ich bis dahin noch nie gehört hatte. Ebenso wenig wie ich hatten damals der Pfarrer und die Eltern den drei Kindern geglaubt. Lucia Dos Santos schilderte ausführlich, dass sie der Madonna erzählt hatte, dass man ihr zu Hause keinen Glauben schenkte und der Pfarrer die Kinder gezwungen hatte, zu sagen, dass sie sich alles ausgedacht hätten. Die Madonna soll den drei Kindern deswegen versprochen haben: »Damit man euch glaubt, wird Gott ein Wunder wirken: am 13. Oktober 1917, während meiner letzten Erscheinung.« Die portugiesischen Zeitungen kündigten an, dass am 13. Oktober ein Wunder in Fatima geschehen sollte. Tageszeitungen aus Spanien und Frankreich entsandten Reporter. Eine Gruppe junger kommunistischer Schriftsteller machte sich auf zu dem Ort, um das seltsame Phänomen der unreflektierten Frömmigkeit mitzuerleben. Es reisten auch Wissenschaftler an, die die Verirrungen der Menschen beobachten wollten. Gegen 12.00 Uhr, als die Madonna erschien, geschah etwas Unfassbares. Mehr als 30 000 Menschen hatten sich in Covo di Iria versammelt. Es regnete in Strömen, die Menschen harrten unter Regenschirmen aus. Unter der Steineiche warteten wie seit der ersten Erscheinung am 13. Mai die Kinder und schienen mit etwas zu sprechen, das nur sie sehen konnten. Dann plötzlich sagte Lucia Dos Santos laut: »Schließt die Regenschirme und schaut nach oben!« Nach und nach schlossen Tausende die Regenschirme, trotz des Regens, der von einem Augenblick zum anderen aufhörte. Plötzlich riss der Himmel auf. Dann geschah etwas Unglaubliches: Am Himmel tanzte die Sonne auf und ab, hin und her, als wäre sie plötzlich beweglich geworden. Die Sonne schien der Spielball einer seltsamen Macht geworden zu sein, die in der Lage war, den Himmelskörper auf und ab tanzen zu lassen. Tausende warfen sich auf die Knie, Tausende schrien: »Verzeih uns unsere Sünden! O Gott, kommt jetzt Christus, werden wir alle sterben?« Noch viele Kilometer von Fatima entfernt ließ sich das Phänomen beobachten. Später meldeten sich mehr als 70 000 Menschen, die das Ereignis bezeugten. Einer unter all diesen Zeugen war der Journalist Avelino de Almeida. Er schrieb: »Die Sonne bewegte sich am Himmel. Sie bewegte sich rasch auf und ab, was nach kosmischen Gesetzen unmöglich ist. Sie tanzte am Himmel.«

»Unglaublich«, sagte ich.

»Ja, etwas Seltsames muss hier passiert sein. Was damals die Menschen, die nicht dabei waren, mehr als alles andere von der Echtheit des Wunders, dem Tanz der Sonne, überzeugte, waren die Bilder der zahlreichen Kommunisten, die gekommen waren, um sich über die frommen Leutchen lustig zu machen. Sie lagen auf den Knien und beteten. Einige von ihnen wurden katholische Priester.«

Prophezeiung

Der 13. Mai 2000 war ein strahlend schöner Tag in Fatima. Ich saß eingequetscht zusammen mit einer Fernsehproduzentin unter einem Podest, an dem die Statue der Madonna vorbeigetragen werden sollte. Bisher war mir die Kollegin nicht weiter aufgefallen. Sie war nett, etwas älter, ein Kumpeltyp. Ich hielt sie nicht für religiös. Als die Prozession mit der Figur der Mutter Gottes an uns vorbeizog, versetzte sie mir einen Schlag und zog mich nach unten auf die Knie, neben sich. »Hast du denn, verdammt noch mal, kein bisschen Anstand? Das ist die Madonna von Fatima!«

»Ich sehe eine Gipsfigur«, hätte ich am liebsten gesagt. Ich ließ es aber.

Mehr als 800 000 Menschen waren nach Fatima gekommen, um zu erleben, wie der Papst die beiden Kinder Francesco und Giacinta Marto selig sprach. Es war so etwas wie ein inoffizieller Nationalfeiertag. Portugal war sehr stolz auf sich. Vor der Messe konnte ich sehen, wie der Papst Schwester Lucia Dos Santos traf. Ich beobachtete, wie sie sich in der Sakristei hinter dem gewaltigen Altar vor der Kirche von Fatima nebeneinander setzten und miteinander redeten. Ich hätte dieser Frau nur zu gern Fragen gestellt: Sie war zehn Jahre alt gewesen, als ihr die Madonna zum ersten Mal erschien, aber erst mehr als 20 Jahre später verriet sie alle Einzelheiten dessen, was die Madonna ihr aufgetragen hatte. Warum so spät? Ist ihr 1929 im spanischen Kloster Tuy die Madonna tatsächlich noch einmal erschienen, wie sie behauptete? Hatte dort die Mutter Gottes tatsächlich verlangt, dass Russland in einem feierlichen Akt durch den Papst der Madonna anvertraut werde? Wie sah die Madonna aus?

Wenn man sie ohne Rücksichtnahme einmal knallhart ausfragte, was würde dann passieren? Würde sie sich in Widersprüche verwickeln? Ich ärgerte mich, dass ich keine Chance hatte, an diese rätselhafte Frau heranzukommen. Sie war immerhin schon 93 Jahre alt. Solange sie noch am Leben war, war sie der einzige Mensch, der das Geheimnis von Fatima aufklären konnte. Nach ihrem Tod würde für alle Zeiten der Zweifel bestehen bleiben, ob im Mai 1917 tatsächlich drei Kinder die Mutter Gottes gesehen hatten oder nicht. Schwester Dos Santos war die einzige Augenzeugin. Sie hatte es noch in der Hand, sich von ihrer Lebenslüge zu befreien und die Wahrheit zu sagen. Tat sie es nicht, würde Fatima wahrscheinlich für Jahrhunderte einer der am häufigsten besuchten Wallfahrtsorte der Welt sein, den jährlich mehr als fünf Millionen Menschen aufsuchen, obwohl dort vielleicht überhaupt nichts passiert war, außer dass ein kleines Mädchen überzeugend gelogen hatte.

Ich wusste, dass es auch im Vatikan viele Gegner von Fatima gibt. Mir haben diverse Priester gesagt, dass sie nicht an das Wunder von Fatima glauben. Deswegen wunderte ich mich an diesem Tag auch so sehr darüber, dass Papst Johannes Paul II. keinen Zweifel hegte. Er hatte die Seligsprechung der Kinder gegen den Widerstand innerhalb der Kirche durchgepaukt. Warum? Noch nie waren Kinder, die keine Märtyrer gewesen waren, selig gesprochen worden. Und dafür gab es einen guten Grund. Nach der Doktrin der katholischen Kirche bedeutet die Seligsprechung und Heiligsprechung die Anerkennung eines besonders heldenhaften Lebens als Katholik. So sind Märtyrer automatisch Kandidaten für ein Seligsprechungsverfahren. Johannes Paul II. erkannte 381 Märtyrer an. Er war immer überzeugt davon, dass die katholische Kirche Vorbilder braucht, Selige und Heilige.

Karol Wojtyla hat ein unfassbares Verhältnis zu christlichen Vorbildern. Der konservative Papst warf die Tradition der katholischen Kirche in diesem Punkt völlig um. Jeder vierte Heilige der 2 000-jährigen Geschichte der katholischen Kirche wurde durch ihn geschaffen. Die 263 Vorgänger von Johannes Paul II. schlossen insgesamt 1921 Verfahren zur Heiligsprechung ab. Durchschnittlich schuf jeder Papst etwa acht Heilige. Karol Wojtyla allein beendete 474 Heiligsprechungsverfahren. Er schuf also sechzigmal so viele Heilige wie seine Vorgänger im Schnitt. Insgesamt 1316 Kandidaten sprach er selig. Ein Seligsprechungsverfahren ist der erste Schritt auf dem Weg zur Heiligkeit: Es erlaubt der Diözese, in der der Kandidat lebte oder starb, das Andenken an den Betreffenden in einer Kirche zu verehren. Sollte der Betreffende kein Märtyrer sein, muss zum Abschluss des Verfahrens zur Seligsprechung ein Wunder nachgewiesen werden. Das Wunder ist nötig, um zu beweisen, dass der Kandidat sich tatsächlich im Paradies befindet. Von der Hölle aus kann ein Verstorbener keine Wunder wirken. In der Regel handelt es sich um Heilwunder. Meistens betet irgendein sterbenskranker Patient zu einem bestimmten Verstorbenen und bittet ihn um Hilfe. Wenn der Kranke danach auf unerklärliche Art gesund wird, erkennt die Kirche das Wunder an. Nötig ist, dass ein Arzt attestiert, dass es sich um eine Heilung handelt, die sich medizinisch nicht erklären lässt. Sehr selten akzeptiert die katholische Kirche auch andere Wunder: In Olivenza in Spanien soll Leandra Rebollo in einem Waisenheim nach Meinung der katholischen Kirche auf wundersame Weise Lebensmittel vermehrt haben. Aus einem Topf, in den nur eine Hand voll Reis geschüttet worden war, nahmen die Heimleiter Nahrung für mehrere hundert Kinder. In Afrika erkannte die Kirche ein besonders seltsames Wunder an: Victoire Rasoamanarivo stoppte in Madagaskar einen Großbrand, indem sie eine Bibel hochhielt. Nach Abschluss einer Seligsprechung ist der nächste Schritt ein Heiligsprechungsverfahren: Danach dürfen die Kandidatin oder der Kandidat in allen Kirchen weltweit verehrt werden.

Aber sollte man Kinder für ein besonders heldenhaftes Leben verehren, weil sie die Madonna gesehen hatten? Was überzeugte Johannes Paul II. so an dieser Geschichte von Fatima? War es dieses unerklärliche Phänomen des Tanzes der Sonne vom 13. Oktober 1917? Könnte das eine Massensuggestion gewesen sein? Aber können Zehntausende Augenzeugen irren? Ich arbeitete, während der Papst die Messe las, im Pressezentrum. Plötzlich erhielt ich eine Warnung von einem sehr guten Informanten aus Rom. »Pass auf! Es wird etwas passieren. Um 12.00 Uhr wird Kardinalstaatssekretär Angelo Sodano eine Botschaft verlesen.«

Das roch nach einer Sensation. Ich rief meine Zeitungen in Deutschland an. Ich hatte einen der Chefs aus dem Auslandsressort am Telefon. Ich sagte: »Der Papst liest heute eine Messe in Fatima. Es könnte sein, dass etwas Sensationelles passiert. Ich habe einen Tipp bekommen.«

Der Kollege am andern Ende der Leitung konnte sich das Lachen nicht verkneifen: »Der Papst betet in Fatima: Das ist wirklich sensationell! Hör mal, ich hab ja Verständnis dafür, dass du immer diese Papstreisen mitmachen musst. Aber einem ganz normalen Menschen ist das so was von egal, ob der Papst in Fatima betet, das kannst du dir gar nicht vorstellen. Wir machen eine Zeitung, kein Pfarrgemeindeblatt. Also behalte deine Geschichte, gehe spazieren! Ich brauche keinen Bericht von dir. Wenn die Madonna hier bei mir in der Redaktion erscheint, dann lass ich sie den Kommentar schreiben!«

»Hier sind 800 000 Menschen. Das dürfte die größte Messfeier in der Geschichte Portugals sein.«

»Hör mal zu: Ich liebe Portugal. Schreib was über die nettesten Hotels der Algarve, über den Fado, über den Wein! Egal. Aber lass uns mit dem betenden Papst in Ruhe!« Er legte auf.

Ich war frustriert, aus zwei Gründen: Ganz offensichtlich war ich nicht mehr in der Lage, meine Themen richtig einzuschätzen. Zweitens war die ganze Reise sinnlos, wenn ich nicht wenigstens einen Artikel in die Zeitungen bekam. Ich setzte mich draußen in die Sonne und hörte zu, wie die Masse den Papst feierte. Die Messe musste sich langsam dem Ende nähern, als ich einen Kollegen an mir vorbeirennen sah. Er wetzte trotz seines fortgeschrittenen Alters ins Pressezentrum. Irgendetwas schien passiert zu sein. Er ist Amerikaner aus New York, arbeitet für eine Nachrichtenagentur und hat eine seltsame Eigenschaft: Wenn er gestresst ist, wird das fleischige Rosa seines kahlen Schädels dunkelrot. Sein Kopf sieht dann aus wie eine Aubergine. Ich folgte ihm: Er saß vor seinem Computer, sein Kopf glänzte dunkelrot. Konspirativ stellte ich mich zu ihm und flüsterte: »Sodano hält heute Mittag eine Rede.«

»Ja«, flüsterte er zurück. »Aber weißt du auch, worüber?«

»Keine Ahnung«, sagte ich.

»Ich auch nicht. Ich weiß nur, dass etwas passieren wird«, sagte er.

Plötzlich hörten wir eine Stimme über Lautsprecher, die den

Kardinalstaatssekretär ankündigte. Auf Wunsch des Heiligen Vaters werde der Kardinalstaatssekretär in einigen Minuten eine Botschaft verlesen, die das sogenannte dritte Geheimnis von Fatima betreffe, hieß es in der Ankündigung.

Das war eine Bombe. Eine Sekunde später hatte der US-Kollege eine Eilmeldung rausgejagt: »Papst gibt drittes Geheimnis von Fatima preis.« Man nennt solche Eilmeldungen auch *Flash*.

Minuten später klingelte mein Telefon: Es war der Kollege, der mich zuvor hatte abblitzen lassen.

»Sag mal, was ist das für ein Geheimnis?«

»Es scheint, als ob der Papst das dritte Geheimnis von Fatima preisgeben wolle.«

»Na, dann hau mal rein!«

»Wieso interessiert dich das jetzt?«

»Hör mal, hier spekulieren schon alle, er könnte den Weltuntergang voraussagen. Angeblich haben schon Papst Johannes XXIII. und Papst Paul VI. angedeutet, dass das dritte Geheimnis eine furchtbare Katastrophe betrifft. Das ist eine Riesenstory! Seit fünfzig Jahren wartet die Welt darauf, dass er das Geheimnis lüftet. Schreib!«

Ich klappte den Computer wieder auf und wartete auf den Kardinalstaatssekretär. Ich erinnerte mich plötzlich an eine Papstmesse in Rio de Janeiro. Damals war ich zufällig in eine Gruppe Gläubiger geraten, die riesige Kartons hochgehalten hatten mit der Aufschrift: »Johannes Paul II.: Gib das dritte Geheimnis von Fatima preis!« Ich hatte die Brasilianer damals gefragt, warum sie unbedingt wissen wollten, was dieses Geheimnis besage. Sie waren sich sicher, dass das dritte Geheimnis von Fatima den Untergang der Welt voraussagte. Sie wollten einfach wissen, wie lange sie noch zu leben hatten.

Atemlos lauschte ich Kardinal Angelo Sodano. Aber das dritte Geheimnis von Fatima sagte keinen Weltuntergang voraus. Es betraf einen »Bischof, der weiße Kleider trägt und, von einem Mörder getroffen, zusammenbricht und fällt«. Das hatte Schwester Lucia vor 50 Jahren vorausgesagt, und das las Kardinal Sodano jetzt vor. Schwester Lucia hatte die Figur eines Papstes in der Zukunft gesehen, der durch »ein düsteres Tal marschiert« und auf den ein Mordanschlag verübt wird. Karol Wojtyla hatte keinen Zweifel daran, dass er gemeint gewesen war. Deshalb also hatte der Papst sich nach dem Anschlag den Text des dritten Geheimnisses von Fatima in das Krankenhaus bringen lassen. Er las dort sein eigenes Schicksal nach. Deshalb hatte er ein Jahr nach dem Attentat der Madonna von Fatima die Kugel geweiht, die aus seinem Körper herausoperiert worden war.

Die Geschichte vom dritten Geheimnis von Fatima verdrängte an diesem Tag alle anderen Auslandsberichte aus den Schlagzeilen. Schon auf dem Rückflug ließ der Vatikan wissen, dass es bald eine Grundsatzschrift zum Thema Fatima geben werde, aus der Hand des wichtigsten Theologen im Vatikan, dem Chef der Glaubenskongregation Kardinal Joseph Ratzinger.

Ein so brillanter Theologe wie Joseph Ratzinger, ein so verbissener und gründlicher Arbeiter, hätte eine solche Schrift in wenigen Tagen verfassen können. Doch Wochen verstrichen. Warum schrieb der Kardinal nicht? Was war das Problem, rätselte ich. Des Rätsels Lösung war für den Papst niederschmetternd: Kardinal Joseph Ratzinger erklärte am 26. Juni in der endlich veröffentlichten Schrift, die Marienerscheinung habe wahrscheinlich gar nicht stattgefunden: Die Kinder hätten phantasiert. In einem Satz bezichtigt Ratzinger die Augenzeugin Lucia Dos Santos gar der Lüge. Die Schwester hatte ausgesagt, dass auf dem Kleid der Madonna ein Bild erschienen wäre, das Jesus Christus am Kreuz zeigte, während Engel das Blut auffingen, das aus seinen Wunden liefe. Kardinal Ratzinger schrieb, dass die Nonne ein solches Bild wahrscheinlich in irgendeinem frommen Buch gesehen hätte. Katholiken, so schloss Ratzinger, bräuchten an das Wunder nicht zu glauben.

Johannes Paul II. war zutiefst enttäuscht. Das Wunder von Fatima hat für ihn eine entscheidende Bedeutung. Es zeigte ihm, dass Gott ihn ausgesucht hat, um einen schweren Weg zu gehen. Dass Joseph Ratzinger an Schwester Lucias Aussagen und der Echtheit des Wunders zweifeln konnte, traf Karol Wojtyla ins Mark.

Für Karol Wojtyla gibt es nicht den geringsten Zweifel daran, dass Gott den Menschen häufig und direkt Zeichen sendet. Aus der rätselhaften Tiefe der Zeit und des Raumes versucht Gott direkten Kontakt mit Menschen aufzunehmen. Der Papst ist sicher, dass die Madonna von Fatima ihm das Leben gerettet und die Kugeln, die ihn töten sollten, umgelenkt hat. Er glaubt, dass Gott ihm durch die Prophezeiungen von Fatima eine Botschaft schicken wollte, die da hieß: »Du wirst für mich viel Leid erdulden müssen.« Nichts hat für Johannes Paul II. eine größere Bedeutung als die Momente, in denen er sicher sein durfte, dass Gott sich direkt an ihn wandte, ihm ein Zeichen schickte, um ihn zu ermutigen.

8
Der Papst in der Moschee

Am 13. Februar 2003, fünf Wochen vor dem Angriff der USA auf den Irak, spielte Saddam Hussein die letzte Karte: Der Vizepräsident des Irak, Tarek Aziz, kam in den Vatikan. Er hatte eine Botschaft Saddam Husseins dabei und wollte wissen, ob es noch eine Möglichkeit gäbe, den Angriff der USA auf sein Land zu verhindern. In diesen Tagen ging es Schlag auf Schlag. Joschka Fischer, deutscher Außenminister und amtierender Vorsitzender des Weltsicherheitsrats, der UNO-Generalsekretär Kofi Annan, der spanische Ministerpräsident Jose Maria Aznar und schließlich auch US-Verteidigungsminister Donald Rumsfeld wollten mit dem Papst sprechen. Johannes Paul II., ein greiser Mann, das Oberhaupt eines Staates, der knapp ein paar Fußballfelder groß ist, der nicht einmal einen Sitz bei den Vereinten Nationen innehat, wurde zum Dreh- und Angelpunkt in der Frage um Krieg und Frieden. Was wollten all diese Leute vom Papst? Was sollte Johannes Paul II. tun, der außer einigen museumsreifen Lanzen nichts zu einer internationalen Friedenstruppe beisteuern könnte? Außer seiner sehr schwachen Stimme hat der Papst nur zwei leere Hände.

Ich sprach mit Tarek Aziz nach dessen Besuch bei Johannes Paul II. in der Botschaft des Iraks am Heiligen Stuhl. Es ist ein seltsamer Gebäudekomplex am Stadtrand von Rom, der aus einer ganzen Gruppe Apartmenthäuser geformt wird, die von einer hohen Mauer umgeben sind. Aziz machte keinen Hehl daraus, warum er ausgerechnet in den Vatikan gekommen war. »Der Papst ist die letzte weltweit von allen anerkannte Führungsgestalt, ein Mann, der mit allen einen friedlichen Dialog führen will, vor allem in der arabischen Welt, ein Ansprechpartner, der die Lüge hasst und dem ich deshalb glaube«, sagte Aziz. Dem Vizepräsidenten des mehrheitlich sunnitischen Iraks machte es nichts aus, dass sein Erzfeind, der Iran, durch Staatspräsident Sayed Mohammed Khatami auch um enge Beziehungen zwischen dem Vatikan und den schiitischen Moslems bemüht war. Ein Papst als Dialogpartner für die arabische Welt! Ein Jahrtausend lang wäre das unmöglich gewesen. Denn anders als im Westen spielen in der arabischen Welt die Kreuzzüge noch eine entscheidende Rolle. Heute, in einer Zeit, in der die katholischen Kirchen gähnend leer sind, ist es glücklicherweise unvorstellbar, dass Abertausende Katholiken nach einem Aufruf ihrer Bischöfe den Tod in Kauf nehmen würden, um mit Waffengewalt eine heilige Stätte zu befreien. In der arabischen Welt ist die Erfahrung der Kreuzzüge ebenfalls längst Geschichte, aber der Begriff spielt noch eine große Rolle.

Auf den Treffen der Arabischen Liga fällt der Begriff des Kreuzzugs jedes Mal, wenn es um die Gefahr kriegerischer Auseinandersetzungen zwischen der arabischen Welt und dem Westen geht. Saddam Hussein sprach vor dem Angriff der USA auf den Irak sehr häufig von einem Kreuzzug. Die Kriege der Kreuzfahrer im Mittelalter sind in der arabischen Alltagssprache präsent. Jedes Kind kennt den Namen Saladins (1139 bis 1193), des Sultans von Ägypten, der Jerusalem eroberte und die Kreuzfahrer vertrieb.

Als Papst Johannes Paul II. im Frühjahr des Jahres 2001 über die Einzelheiten einer Reise nach Damaskus auf den Spuren des heiligen Paulus nachdachte und dabei auch den Besuch in der Moschee erwog, in der das Grab Saladins liegt, gab es innerhalb des Vatikans heftigen Protest. Würden die Syrer eine Pilgerfahrt des Papstes, die in die Moschee am Grab Saladins führte, nicht als Provokation empfinden? War eine Reise in das von einem Diktator regierte Syrien nicht allgemein zu gefährlich? Diese Sorge sollte sich später als berechtigt herausstellen.

Aber Johannes Paul II. scherte sich nicht um die Einwände. Im Gegenteil: Er wollte das Unmögliche. Vor der Ankunft in Damaskus wollte er in Athen beten, dort, wo Paulus gepredigt hatte, am Areopag, dem Hügel an der Akropolis. Diese Idee war absurd. Aus Sicht der griechisch-orthodoxen Kirche ist der Papst seit Jahrhunderten ein Feind. Allein die Überlegung, der Papst könnte Griechenland besuchen, sorgte für Proteststürme. Die Mönche auf dem Berg Athos kündigten an, den Rosenkranz Tag und Nacht zu beten, damit Gott den Besuch des »Satans aus Rom« verhindere. Die griechische Regierung sah das völlig anders. Der griechische Staatspräsident Costantin Stephanopoulos hatte den Papst am 24. Januar des Jahres 2001 ausdrücklich nach Griechenland eingeladen. Griechenland wollte sich als von Europa begeisterte Nation integrieren und nicht vom Rest Europas abschotten, nur weil die alte orthodoxe Nationalkirche das wünschte. Als im März die griechisch-orthodoxe Synode zusammentrat, um darüber zu beraten, ob der Papst kommen dürfe, gaben viele Kurienkardinäle im Vatikan nicht einen Pfifferling darauf, dass die griechisch-orthodoxe Kirche den Papst einladen würde. Doch am 7. März wurde bekannt, dass die griechisch-orthodoxe Kirche tatsächlich zugestimmt hatte: Der Papst wurde in das alte »Feindesland« eingeladen.

Ich weiß nicht, was zu diesem Schritt geführt hat. Ich weiß aber, dass ein Mann, der damals sehr intensiv an der Vorbereitung dieser Reise gearbeitet hat, Papstsprecher Joaquin Navarro-Valls, lange skeptisch gewesen war.

Ich glaube, dass diese Reise nach Griechenland etwas ganz Wichtiges zeigte: Der Papst war jetzt nicht mehr aufzuhalten, durch nichts und niemanden, durch keinen Widerstand. Das Bild des Papstes hatte sich gewissermaßen verselbständigt. Er stand weltweit bei Christen, Hindus, Moslems und Atheisten für Dialogbereitschaft. Lolek aus Wadowice war eine weltweit geachtete Autorität geworden.

Je schwächer der Mann Karol Wojtyla wurde, desto größer

wurde sein Schatten. Es ging nicht mehr um das religiöse Hickhack zwischen zerstrittenen Kirchen. Papst Johannes Paul II. hat diese Logik hinter sich gelassen. Seine Botschaft ist, dass Religionen dazu beitragen müssen, eine friedlichere Welt aufzubauen. Das verkörpert der Mann, deswegen schleppt er sich weiter, und das nimmt man ihm auch ab. Ein paar rebellische Mönche, die sich auf einen tausendjährigen Streit beriefen, hatten gegen dieses Phänomen keine Chance mehr. Der Papst konnte also seinen Traum wahr machen: Er betete am Areopag, dort, wo Paulus gestanden hatte. Was als unvorstellbar gegolten hatte, traf tatsächlich ein. Das Oberhaupt der griechisch-orthodoxen Kirche unterzeichnete mit dem Papst eine gemeinsame Erklärung. Nach tausend Jahren Streit war das der erste konkrete Schritt zur Aussöhnung. Selbst der ansonsten eher kühle Papstsprecher Joaquin Navarro-Valls war begeistert. »Noch vor einigen Wochen hätte ich eine gemeinsame Erklärung zwischen dem Papst und dem Oberhaupt der griechisch-orthodoxen Kirche für absolut unmöglich gehalten.«

Wenige Stunden später war der Papst bereits wieder in der Luft, auf dem Weg nach Damaskus. Für den Papst war diese Reise in erster Linie die Reise in die Stadt des heiligen Paulus. Dort, auf dem Weg nach Damaskus, war die Bekehrung des Saulus in Paulus geschehen, die in der Apostelgeschichte (Kapitel 9, Vers 3 bis 6) beschrieben wird: »Unterwegs aber, als er sich bereits Damaskus näherte, geschah es, dass ihn plötzlich ein Licht vom Himmel umstrahlte. Er stürzte zu Boden und hörte, wie eine Stimme zu ihm sagte: ›Saul, Saul, warum verfolgst du mich?‹ Er antwortete: ›Wer bist du, Herr?‹ Dieser sagte: ›Ich bin Jesus, den du verfolgst. Steh auf und geh in die Stadt; dort wird dir gesagt werden, was du tun sollst.‹«

Paulus, der in Jerusalem studiert hatte, aber Jesus zu dessen Lebzeiten wahrscheinlich niemals begegnet war, trifft den Sohn Gottes auf dem Weg nach Damaskus. Deswegen wollte der Papst dorthin, weil ein Mensch dort Gott getroffen hatte. Aber Johannes Paul II. wusste auch, dass er eine Reise in eines der schwierigsten arabischen Länder antrat.

Vor der Ankunft des Papstes in Syrien war niemals ein Staatschef auf die Idee gekommen, den Papst dazu aufzufordern, aus ganzer Seele zu hassen. Der syrische Staatschef Baschar El-Assad war der erste. Er schoss ohne Not ein Eigentor, beging einen gewaltigen Fehler, gleich bei der Begrüßungsrede. Normalerweise nutzen Staatschefs den Besuch des Papstes schamlos aus, um sich neben Seiner Heiligkeit aus Rom für ein paar Stunden oder einige Tage als lammfromme, friedliche und menschenfreundliche Männer zu geben. Ich habe viele verbitterte Menschen gesehen, die nicht begreifen können, dass der Papst sich auf so etwas einlässt. Wie hatte er sich im April 1987 in Santiago de Chile friedlich vereint neben einem Massenmörder wie Augusto Pinochet zeigen können, obwohl damals schon Bischöfe Lateinamerikas die Exkommunikation von Pinochet verlangten? Immer wieder hat sich Johannes Paul II. von rücksichtslosen Diktatoren ausnutzen lassen, die der Welt sagen wollten: »Seht her! Sogar der Papst gibt mir die Hand und zeigt sich mit mir. So schlimm kann ich gar nicht sein.« Sobald der Papst weg war, ließen die Herren an der Macht dann wieder Menschen verschwinden oder in Folterzellen umbringen. Doch Baschar El-Assad schadete sich selbst. Er predigte Hass und Krieg. Er verfiel auf die unglückliche Idee, den Papst daran zu ermahnen, dass Syrien und der Vatikan einen gemeinsamen Todfeind hätten, nämlich die Juden, die die Mörder von Jesus Christus wären. Der Vatikan versuchte doch gerade, die Juden um Vergebung zu bitten für die Schuld, die die katholische Kirche gegenüber dem Volk Israel auf sich geladen hatte! Der junge Staatschef hätte eine Chance gehabt, sich weltoffen und ganz als Staatsmann zu geben. Stattdessen predigte er Hass und forderte den Papst auf, auch zu hassen.

Johannes Paul II. saß zusammengesunken und niedergeschlagen auf einem Sessel. Es sah so aus, als ob die Worte Assads ihn wie Stockschläge träfen. Immer wieder attackierte Assad die Juden als Verräter und Mörder, immer wieder strapazierte er das völlig unsinnige Bild, dass der Vatikan gegen die Mörder Christi einen ebensolchen Hass hegen müsste wie Syrien, das angeblich so unendlich unter den Verbrechen der Israelis gelitten hätte. Die Israelis warfen dem Papst später vor, dass er die maßlose Attacke Baschar El-Assads gegen Israel einfach hingenommen habe, ohne irgendetwas zu antworten.

Ich weiß nicht, warum der Papst nicht reagierte. Papstsprecher Navarro-Valls sagte später, dass Baschar El-Assad in seinem eigenen Land schließlich sagen könne, was er wolle. »Wie sollte der Papst das verhindern?«, fragte Navarro-Valls. Aber es gab noch einen Aspekt: Ich sah, wie Johannes Paul II. zuhörte und den Kopf in die Hände stützte. Er musste sich hier in Damaskus von einem Diktator noch einmal daran erinnern lassen, was wirklich eine schwere Schuld der katholischen Kirche gewesen war: Die katholische Kirche hatte Antisemitismus gesät, die Kirche hatte die Juden als Mörder Jesu Christi verfolgt und ermordet. Die Forderung Assads, deshalb müsse die Kirche auch weiterhin das Volk Israel hassen, war Unsinn. Die Kirche hat dazugelernt und die Juden um Vergebung gebeten, aber es war nicht die Schuld Assads, dass er an den Antisemitismus der Christen anzuknüpfen versuchte. Die Kirche war antisemitisch gewesen, und ich glaube, der Papst nahm es an diesem Abend so auf, als müsse er auch selber für die Schuld der Kirche büßen, als müsse auch er selbst, der als Pilger gekommen war, noch einmal erleben, wie schwer die Last der Geschichte wog, in der Stadt, in der Jesus Paulus gefragt haben soll: »Saul, warum verfolgst du mich?« (Apostelgeschichte, Kapitel 9, Vers 4)

Warum hatten Christen Juden verfolgt und erst so spät, erst durch Johannes Paul II., die richtige Formel für sie gefunden: »unsere größeren Brüder«?

Es war warm vor dem Flughafen, und ich erinnere mich an eine seltsame Begegnung: Vor dem von der Polizei abgeschirmten Bus, der mich nach Damaskus in die Stadt bringen sollte, stand Raphael Bidawid, der Patriarch Bagdads, der nach der Tradition der Kirche nach wie vor »Patriarch Babylons« heißt. Raphael Bidawid trug wie immer ein feuerrotes Gewand und gab sich hocherfreut darüber, dass der Papst nach Damaskus gekommen war. Er gab sich zuversichtlich, dass jetzt auch bald die Zeit reif sein könnte, um die für das Frühjahr des Jahres 2000 geplante Reise nach Bagdad nachzuholen, die ausgefallen war, weil der Vatikan sich mit Saddam Hussein nicht über die Bedingungen hatte einigen können. »Ich bin mir sicher, spätestens im Jahr 2003 wird der Papst nach Bagdad kommen«, sagte mir Raphael Bidawid. Als im März 2003 der Krieg gegen den Irak ausbrach, wurde der Sitz des Patriarchen als eines der ersten kirchlichen Gebäude getroffen.

Am Nachmittag dieses 5. Mai fuhr der Papst zu einem ökumenischen Treffen in die griechisch-orthodoxe Kathedrale von Damaskus, die Maria geweiht ist. Er wollte einen Friedensgruß mit griechisch-orthodoxen Priestern tauschen. Ich wollte einfach mit ein paar ganz normalen Menschen sprechen. Deswegen ging ich nicht in die Kirche, sondern sah von außen zu, wie der Papst hineinging, und versuchte dann ein paar Stimmen einzufangen. Ich wollte einfach nur wissen, was diese ganz normalen Leute von diesem Papst dachten, ob er ihnen überhaupt etwas sagte. Artig stellte ich mich als Journalist vor, der mit dem Papst aus Rom gekommen war, doch anders als in allen anderen Ländern der Welt wollte niemand mit mir sprechen. Ein eleganter Mann in einem dunklen Anzug verhielt sich ganz besonders seltsam: Er sah mich fest an, kam aber keinen Schritt näher. Sobald ich auf ihn zuging, drängten sich mehrere Männer zwischen ihn und mich. Ich sah, wie Passanten den Mann in dem dunklen Anzug höflich grüßten. Er schien auf irgendeine Weise bekannt zu sein.

Er war etwa 50 Jahre alt, hatte graue Haare und war ziemlich schmächtig. Der Anzug schlotterte an seinen Gliedern. Sobald sich irgendjemand dem Mann näherte, stellte sich einer der gedrungenen muskulösen Herren zu ihm, um auf eine ziemlich unhöfliche Art und Weise mitzuhören, was der Mann sagte.

Wenn ich ein entschlossener Reporter wäre, hätte ich mich jetzt zu dem Mann durchgedrängelt und ihn gefragt, wer er sei und was er von diesem Papst halte, aber ich bin nicht sehr entschlossen. Ich blieb einfach stehen und überließ es dem Mann, meinen Blick aufzufangen. Er warf mit einer seltsam nachhaltigen Geste eine Zigarettenpackung weg. Er trat die Packung mit seinen Schuhen platt. Mir musste das auffallen. Wenige Minuten später war er verschwunden. Auch die Bewacher waren weg. Es dauerte eine Weile, bis ich es begriff. Dann ging ich zu dem Bürgersteig, auf dem der Mann gestanden hatte, und hob das Päckchen auf. Es waren noch zwei Zigaretten drin, die er platt getreten hatte, und ein Zettel, auf der eine Adresse in der Altstadt von Damaskus stand und auf Französisch: »Morgen, 13.00 Uhr. Der Professor«. Ich hatte keine Ahnung, was der Mann von mir wollte.

Ich ließ mich am nächsten Morgen von einem Taxi in der Altstadt absetzen und schlenderte durch die Straßen zu der angegebenen Adresse. Ich hatte mir einen außerordentlich konspirativen Treffpunkt vorgestellt, einen düsteren, uralten Palast aus Tausendundeiner Nacht oder eine dunkle Bar, in der Opium geraucht wurde. Aber der Ort war eine Frittenbude. Es war ein heller Raum in einem modernen Betongebäude. Draußen an den Tischen saßen Familien, die von Papptellern Pommes frites aßen und dazu Coca-Cola tranken. Sie hatten sich chic gemacht, um auszugehen. Die paar Cents, die für die fettigen Kartoffeln ausgegeben wurden, müssen ein Luxus im Alltag von Damaskus sein. Bis zu diesem Tag hätte ich nie geglaubt, dass auch im fernen Syrien Frittenbuden existieren. Ich setzte mich in eine Ecke und wartete. Es roch penetrant nach altem

Frittenfett. Ich bestellte eine Coca-Cola und dachte darüber nach, ob ich am richtigen Tisch saß. So etwas wie einen dunklen Winkel gab es in dem Raum nicht. Ich fragte mich, ob ich mich mit dem Rücken zur Wand setzen sollte.

Ich wartete vielleicht zehn Minuten, dann kam der Mann herein. Er ging rasch quer durch den Raum, stellte sich an die Theke und bestellte Pommes frites. Dann setzte er sich mit der Tüte an meinen Tisch. Er sah mich nicht an, flüsterte nur langsam und gerade hörbar: »Bonjour. Ich habe nur eine kurze Frage. Verstehen Sie mich?«

Ich nickte.

»Gut. Wird der Papst versuchen, ein Lebenszeichen der drei Soldaten der Shebaa-Farm zu erhalten?«

Ich hatte nicht die blasseste Ahnung, wovon er sprach. Er blickte konzentriert nach unten auf seine Tüte mit Pommes frites, aber ich sah seinem Blick an, dass er enttäuscht war. Er hatte sich wahrscheinlich einen etwas pfiffigeren Journalisten gewünscht.

»Wer sind Sie überhaupt?«, fragte ich, um in die Offensive zu gehen.

»Nennen Sie mich einfach ›Professor‹. Es geht mir nur um eine humanitäre Frage.« Leise sagte er: »Im Oktober 2000 nahm die Hisbollah im Süden des Libanons drei israelische Soldaten gefangen. Syrien unterstützt die Hisbollah. Das wissen Sie doch sicher. Indirekt ist die Hisbollah von Syrien abhängig. Israel verlangt ein Lebenszeichen der Soldaten. Ich bin mir sicher, dass der Papst hier die Gelegenheit nutzen kann, um das Lebenszeichen der drei zu erhalten.« Er schien mit seinen Pommes frites zu sprechen, er sah mich nicht an. Ich sah konzentriert auf den Abfall auf dem Boden.

»Warum sollte er das tun?«

Der Mann drehte sich jetzt zur Seite und sah auf die Straße, als erwarte er jemanden, sprach aber weiter leise in meine Richtung:

»Weil die Gelegenheit ideal ist. So eine gute Gelegenheit kommt nie wieder. Baschar el-Assad glaubt, dass sein Hass auf Israel im Vatikan zumindest verstanden wird. Er würde dem Vatikan eine solche Geste nicht abschlagen, und der Papst bekäme dadurch etwas in die Hand, was die Israelis gern hätten: ein Lebenszeichen von drei verschollenen Helden. Damit kann der Papst die Interessen der Christen in Jerusalem besser durchsetzen. Verstehen Sie das denn nicht?«

»Doch, ich verstehe das durchaus. Aber warum erzählen Sie mir das?«

»Reden Sie mit dem Papst!«

Ich konnte einen kurzen Lachanfall gerade noch unterdrücken. »Sie irren sich«, sagte ich. »Ich habe auf den Vatikan überhaupt keinen Einfluss, und der Papst redet mit mir nur äußerst selten und auch nur dann, wenn es ihm passt. Nicht umgekehrt.«

Jetzt sah er mir einen Augenblick lang ernst in die Augen: »Ich bitte Sie darum, dass sie dem Vatikan diese Frage stellen: Wird der Papst ein Lebenszeichen der drei Soldaten der Sheeba-Farm erbitten? Ich hoffe, das bringt Sie endlich auf die richtige Idee. Fragen Sie Navarro-Valls. Er wird wissen, mit wem er das besprechen muss.«

»Also gut«, sagte ich. »Ich frage Navarro-Valls. Aber was für ein Lebenszeichen sollte der Vatikan verlangen. Ein Foto?«

»Nein, ich glaube, dass die Hisbollah die drei Soldaten längst an Syrien ausgeliefert hat. Wir vermuten, dass sie hier in Damaskus in irgendeinem Gefängnis sind. In diesem Moment steht vielleicht sogar schon irgendein Priester im Auftrag des Papstes in einer Gefängniszelle vor drei ausgemergelten israelischen Soldaten in Todesangst, weil der Papst doch von allein auf die Idee gekommen sein könnte. Aber ich weiß es eben nicht. Ich kann nichts tun. Sie können immerhin fragen. Ich muss wissen, ob die Syrer einen Besuch bei den Geiseln zulassen würden. Für den Papst mag das nebensächlich sein, für mich ist jedes Wort wichtig, das die drei Israelis von sich geben.« Er zerknüllte jetzt die leere Pommes-frites-Tüte und ließ sie auf den Boden fallen.

»Können wir uns morgen gegen Mittag sehen?«

»Ich brauche auf jeden Fall mehr Zeit«, sagte ich. »Bis morgen Mittag weiß ich gar nichts.«

»Entweder Sie erfahren etwas bis morgen Mittag, oder Sie erfahren gar nichts mehr. Ich schlage vor, morgen um 13.00 Uhr wieder hier.«

»Bis um 13 Uhr weiß ich nichts.«

»Versuchen Sie es trotzdem! Ich werde morgen hier auf Sie warten«, sagte er. Er wollte aufstehen. Doch dann überlegte er es sich noch einmal und fragte leise: »Sie haben ein Satelliten-Telefon?«

»Warum wollen Sie das wissen?«, fragte ich.

»Rufen Sie damit nicht mehr in Israel an! Auf keinen Fall.« Ich starrte weiter auf die Papierreste auf dem Boden, aber mein Herz raste jetzt: Woher wusste er das? Woher wusste er, dass ich ein paar Kollegen in Israel angerufen hatte, um zu erfahren, wie diese scharfe Rede Assads gegenüber dem Papst aufgenommen worden war?

»Kommen Sie morgen um 13 Uhr hierher!«, sagte er dann, stand auf und ging hinaus.

Ich wartete nur einen Augenblick lang. Dann ging ich auch. Ich fand ein Taxi fast direkt vor dem Eingang, stieg ein, und als das Taxi losfuhr, sah ich es. Ein magerer Mann mit einem schmalen Bärtchen sprang in eine dunkle Limousine und fuhr hinter mir her. Der Wagen überholte mühsam einen Karren, der von einem Esel gezogen wurde, um direkt hinter meinem Taxi herfahren zu können. Mein Herz schlug wie ein Hammer in der Brust. Was baute ich da eigentlich für einen Mist? Das hier war eine Diktatur. Ich sah im Rückspiegel des Taxis, dass der Wagen mir folgte. Ich ärgerte mich maßlos über mich selbst. Ich hatte mich verhalten wie ein Idiot. Ich hätte wenigstens vorsichtiger sein müssen! Jetzt würde ich unter Garantie erheblichen Ärger bekommen. Die Syrer konnten mich rauswerfen. Warum hatte ich mich mit diesem Mann nur getroffen? Wer mochte das sein, und warum wollte er diese Information von mir? Warum interessierte er sich dafür, dass der Papst ein Lebenszeichen der drei Israelis bekommen könnte? Was hatte er davon? »Du musst andersherum denken!«, herrschte ich mich an. Wen mag es interessieren, ob der Papst ein Lebenszeichen bekommen könnte? Der Unbekannte konnte ein israelischer Agent sein, den die Syrer im Verdacht hatten. Das würde erklären, warum sie ihn so scharf bewachten und er nicht offen mit mir sprechen durfte. Aber wenn er ein Agent war und die Syrer ihn abschirmten, warum nahmen sie ihn nicht fest?

Ich war ziemlich verwirrt, als ich am Hotel aus dem Taxi stieg. Ich sah, dass in kurzer Entfernung auch die dunkle Limousine anhielt. Es stieg aber niemand aus. Ich rannte nach oben. Ich kannte einen Mann, der mit Sicherheit wusste, ob der Papst um ein Lebenszeichen der drei Israelis bitten würde. Er ist ein sehr enger Mitarbeiter Papst Johannes Pauls II., und er ist mir in gewissen Grenzen gewogen, allein deshalb, weil wir uns seit mehr als fünfzehn Jahren kennen. Er befand sich gerade in Jerusalem. Ich baute das Satelliten-Telefon auf, peilte mit der Antenne den Satelliten an und rief eine Nummer in Jerusalem an. Er war sofort am Telefon.

»Hallo«, sagte ich. »Ich bin es, Andreas.«

»Um Gottes willen«, sagte er nur. Dann donnerte er den Hörer auf.

Ich wählte die Nummer noch einmal. Er nahm nicht ab. Ich versuchte es noch ein paarmal, dann gab ich auf, zog mich um und schaffte es gerade noch, den Bus zu erwischen, mit dem der Pool an diesem Nachmittag in die Moschee gefahren werden sollte. Als ich ausstieg, sah ich die beiden Männer aus der Limousine wieder, die mir gefolgt war. Sie trugen wie alle anderen Polizisten der Sonderpolizei jetzt Kalaschnikows und die schwarze Krawatte, die sie zur Beerdigung des Staatschefs Hafez el-Assad am 10. Juni 2000 bekommen hatten. Ich versuchte die beiden zu vergessen.

Es schien, als wäre das Leben am Basar von Damaskus im Herzen der Altstadt wie durch einen Zauberspruch eingefroren: Die Menschen spürten die Magie des Augenblicks. Fassungslos schauten Tausende von Händlern und Kunden auf den Vorplatz vor der Omajjaden-Moschee, als könnten sie es immer noch nicht glauben, dass tatsächlich zum ersten Mal ein Papst die wichtigste Moschee des Islams nach den heiligen Stätten in Mekka und Medina betreten würde. Als nach Stunden des Wartens der Wagen vorfuhr und der Papst langsam auf das Portal der Moschee zuging, schien es, als würde sich nach unendlich langer Zeit ein Kreis schließen. Das Schicksal der Päpste war mit diesem Ort auf seltsame Weise verbunden.

Hier an dieser Stelle hatten Moslems schon zu Allah gebetet, als es den Vatikan noch gar nicht gab, als die Päpste noch in der Trutzburg am Lateranspalast residierten. Hier hatte man die Schreckensnachricht der verlorenen, blutigen Schlachten gegen die christlichen Angreifer während der Kreuzzüge beraten und am Willen Allahs gezweifelt, der einen Sieg der Christen zuließ. Und hier, in einer freundlichen, sonnigen Ecke vor der Moschee, hatte man auch den Mann begraben, der die Armeen der Päpste aus dem Heiligen Land vertrieben hat: Salah ad Din, dem der Westen den Namen Saladin gab, den Lessing in »Nathan der Weise« auftreten lässt. Der ägyptische Sultan (1138 bis 1193) hatte die Truppen der Päpste bekämpft und geschlagen. Die Großreiche und das Sultanat waren untergegangen und modernen arabischen Staaten gewichen, aber einen Papst gab es immer noch, und der stand jetzt am Eingang in das Heiligtum der Omajjaden-Dynastie.

Der Papst kam nicht mehr als Heerführer. Dieses Kapitel ist abgeschlossen, wenn auch noch nicht seit langem. Johannes Paul II. hat nur acht Vorgänger, die auf ein kämpfendes Heer verzichteten. Pius IX. (1846 bis 1878) gab den letzten Befehl zum Angriff an päpstliche Truppen. Aber der Papst kam auch nicht als Tourist, wie der Vatikan glauben machen wollte. In einem Kommentar hieß es zu dem ersten Besuch eines Papstes in einer Moschee, der Heilige Vater besuche in den bereisten Städten immer herausragende architektonische Bauwerke.

Diese Erklärung war extrem tiefgestapelt: Dass der Papst die Moschee besuchte, um den Kuppelbau zu bewundern, glaubte in der Delegation niemand. Der Papst wollte an diesem Tag ein Zeichen setzen, ein Zeichen dafür, dass der Konflikt zwischen den Moslems und Christen für immer beendet sein sollte. Dieser Tag sollte in die Geschichte eingemeißelt werden als der Tag, an dem ein Schlussstrich gezogen wurde unter Jahrhunderte des Leids, das man sich gegenseitig zugefügt hatte. Der Papst hatte etwas vor, und er konnte nicht verbergen, wie aufgeregt er war, weil er nicht wusste, ob es klappen würde. Man konnte sehen, wie nervös er war, als er mehrere Versuche brauchte, um sich in der kleinen Kammer am Portal der Moschee Pantoffeln überzustreifen. Dann ging er hinaus in den Innenhof der Riesenmoschee. Der Großmufti Ahmed Kuftoro begrüßte ihn: »Es ist ein historischer Augenblick für uns Moslems, wir fühlen uns tief geehrt, weil der erste Papst der Geschichte eine Moschee betritt«, sagte der Großmufti und umarmte Johannes Paul II.

Es war ein Augenblick, der den Augenzeugen die Gänsehaut über den Rücken jagte: Es gibt einfach auf der Welt keine vergleichbaren Gesten mehr. Die Welt ist zusammengerückt. Der französische Präsident Jacques Chirac ließ sich im März 2003 in Algier feiern, 41 Jahre nachdem die Algerier nach einem blutigen Krieg die Unabhängigkeit erlangten. Aber die kriegerischen Konflikte der Päpste mit dem Islam hatten vor mehr als 900 Jahren begonnen, und nie war es einem Papst eingefallen, islamische Religionsführer um diese Geste der Aussöhnung zu bitten und damit die Verehrung des Islams für Allah zu würdigen. Johannes Paul II. ist der erste und wird auf ewig der erste bleiben.

Ich habe Hunderte von Malen beobachtet, wie der Papst eine Kirche, eine Kapelle oder einen anderen Ort der Andacht betrat. Er macht das immer demütig, fast so, als sei es ihm ein wenig peinlich, schon wieder nach vorn an den Altar gehen und sich allen zeigen zu müssen, an einem heiligen Ort, wo die Menschen nicht ihn, Karol Wojtyla, sondern Gott treffen sollten. Manchmal hatte ich den Eindruck, dass sich Papst Johannes Paul II. unendlich viel lieber in die letzte Bank in einer Kirche setzen würde, statt am Altar zu stehen, und dass er sich manchmal wünschte, einmal zuzusehen, wie andere den Herrn preisen. Doch kein Moment in keinem anderen Gotteshaus lässt sich mit diesem Abend in der Omajjaden-Moschee vergleichen.

Zum ersten Mal sah Johannes Paul II. fasziniert und gefesselt zu, wie andere beteten. Auf diesem riesigen, marmorweißen Innenhof, auf dem die polierten Platten den Abendhimmel widerspiegelten, hoben sich bei Einbruch der Dunkelheit die weißen Umhänge der Betenden ab, die ihre Hände hoben und sich vor ihrem Herren gen Mekka beugten, ungestört, als sei nicht gerade ein Papst in ihre Moschee gekommen. Der Papst sah sie nur von weitem, als weiße Umrisse in der einbrechenden Dunkelheit, sie schienen wie die Gespenster der Generationen von Moslems, die seit mehr als einem Jahrtausend an der Stelle gebetet hatten. Sie sahen aus wie die Stellvertreter der islamischen Spiritualität einer jahrhundertealten Tradition. Hier hatten sie zu ihrem Gott gebetet, um ihn zu fragen, woher sie kämen, wer sie seien, wohin sie gingen, weil sie das Rätsel des Todes nicht verstanden, das Sterben eines geliebten Menschen nicht verkrafteten. Hier schrien sie ihrem Herrn ihre Not und ihr Leid entgegen und dankten für ihr Glück. Religionen sind keine Moden, die sich rasch wandeln, hier nicht und in Rom auch nicht.

Sie hatten hier schon zu ihrem Herrn gebetet, als Damaskus noch eine kleine Oase war, als die Innenstadt noch überquoll vor Kamelen, als die Straße noch bestand, auf der Saulus vom

Pferd stürzte, lange bevor die Betonbauten und Autobahnen gebaut wurden. Der Papst sah diesen schemenhaften Gestalten, die da beteten, minutenlang zu, weil sie an die Stärke des Gotteswortes glaubten, dem die Zeit nichts anhaben konnte. Sie fühlten sich einer höheren Macht verbunden als einem Staat oder einer Idee, und seit Jahrhunderten bekundeten sie das an diesem Ort. Sie kamen von weit her hierher gepilgert, aus dem Libanon und dem Irak, wie ganz Europa jahrhundertelang nach Rom gepilgert war aus dem gleichen Grund, um der Verehrung Gottes willen. Wie hatten die Päpste gegen diese Menschen, die vom Gott Abrahams beseelt waren, so lange Krieg führen können? Karol Wojtyla war es vergönnt, als erster Papst der Geschichte an einer so heiligen Stätte des Islams zu stehen, um einen Schlussstrich zu ziehen. Es hatte Gott gefallen, eine Welt entstehen zu lassen, in der eine Milliarde Katholiken glauben, dass die Menschwerdung Christi das zentrale Ereignis der Geschichte des Menschen war, während eine Milliarde Moslems die Geburt Gottes durch eine Frau für Unsinn halten. Und trotzdem beten sie zusammen zum gleichen Gott Abrahams.

Ein Religionswissenschaftler würde sagen, dass man den Islam als einen Synkretismus des Judentums und des Christentums ansehen solle: Diese beiden Religionen sind vermischt worden. Daraus entstand der Islam. Es gibt ein Jesus-Minarett in der Omajjaden-Moschee. Der Prophet Jesus soll am Ende der Zeit über dem Minarett erscheinen, erzählt die Legende. Die Geschichte des Jesus von Nazareth hat sich in den Büchern des Neuen Testaments nicht einsperren lassen. Sie hat sich weitererzählt fortgesetzt und ist im Koran aufgetaucht.

Das alles ist ein Rätsel, und dem Herrn hat es gefallen, an diesem Abend einen Papst in diese Moschee zu schicken, der voller Achtung und Verwunderung über dieses Geheimnis war, dass Gott sich in so vielen Formen offenbart. Viele Kardinäle im Vatikan hätten den Besuch in der Moschee als einen Pflichttermin abgehakt, die moslemische Architektur gelobt und wären wieder gegangen. Viele hätten wie Kardinal Joseph Ratzinger demonstriert, dass nur die katholische Kirche die Religion ist, die Seelen retten kann und ein privilegiertes Verhältnis zum Herrn hat, dass alle übrigen Religionen höchstens »einige Körner der Wahrheit« enthalten, wie Kardinal Joseph Ratzinger in der am 5. September 2000 im Vatikan veröffentlichten »Dominus-Jesus-Schrift« schrieb. Der Papst, der an diesem Abend fasziniert den Betern auf dem Innenhof der Moschee zusah, denkt nicht so. Er ist der Papst, der als erstes Oberhaupt der katholischen Kirche im Oktober 1986 die Oberhäupter aller Religionen zu einem gemeinsamen Friedensgebet nach Assisi eingeladen hatte. Damals akzeptierten zahllose Nationen den Appell für einen Tag Waffenstillstand, den der Papst gefordert hatte. Auch der Irak und der Iran, der Libanon und Israel. Nur die baskische ETA hielt sich nicht daran. Er hatte das Friedensgebet wiederholt. Am 9. und 10. Januar 1993 beten die Religionen für den Frieden in Jugoslawien und am 24. Januar 2001 erneut für den Frieden auf der Welt in Assisi. Da kamen Buddhisten und Moslems, Juden und Hindus. Der Papst, der in die Omajjaden-Moschee nach Damaskus gekommen war, wollte sich nicht ein interessantes Bauwerk ansehen. Er wollte an einen Ort gehen, den er für einen Ort Gottes hielt.

Peinliche Zwischenfälle ruinieren manchmal die Ehrwürdigkeit historischer Gesten. Wenn das Mikrofon, über das der Präsident den Beginn des Krieges ankündigen will, nicht funktioniert. Wenn die stumpfe Schere das rote Band zur Einweihung des historischen Tunnelprojekts nicht zerschneiden will. So stolperte auch der Papst mit einem fürchterlichen Getöse in die Moschee. Eine Unzahl moslemischer Würdenträger drängte sich um den Papst, als er auf den Eingang des Gebetsraums der Omajjaden-Moschee zuging. Aus irgendeinem Grund wollten irgendwelche Sicherheitsleute nicht, dass alle Begleiter des Papstes mit in die Moschee gingen. Ich begriff nicht, warum, hörte aber plötzlich einen Riesenkrach. Ein Vatikan-Mitarbeiter war mit dem Gesicht gegen die Holztür der Moschee geknallt und zu Boden gegangen, der Riesenraum der Moschee hat den Lärm des Aufpralls um ein Vielfaches verstärkt. Der Papst sah sich um, der Vatikan-Angestellte verließ mit blutender Nase den Raum, auch der Organisator der päpstlichen Reisen, Kardinal Roberto Tucci, und der päpstliche Fotograf Arturo Mari wurden hinausgedrängt.

Langsam ging der Papst über die dicken Teppiche der Moschee. An dieser Stelle hatte einmal ein römischer Tempel gestanden, später eine Kirche, in der die Reliquie des abgeschlagenen Kopfes von Johannes dem Täufer bestattet worden war. Unter dem Namen Yaya Ben Zakariyah wird Johannes der Täufer im Islam verehrt.

Der Papst ging auf den Kuppelbau in der Moschee zu, unter der das Haupt des Täufers bestattet worden sein soll. Großmufti Ahmed Kuftoro kam zu ihm und sagte leise, aber verständlich: »Heiligkeit, wenn Sie wollen, können Sie jetzt beten.« Nie zuvor hat das italienische Fernsehen so versagt wie in diesem Augenblick: Der Papst ging langsam zu der Grabstätte des Täufers, berührte die Mauer der Grabstätte, sammelte sich und betete. Diese Fernsehbilder des betenden Papstes in der Moschee gingen später um die ganze Welt, auch der Moment, als er Kreuzzeichen schlug, aber nur die Kameramänner des syrischen Fernsehens filmten das, was in diesem Augenblick tatsächlich vor sich ging: Als der Papst begann, sein Gebet zu sprechen, hoben die Scheichs und der Großmufti, alle moslemischen Würdenträger, die aus allen Teilen Syriens und des Libanons herbeigereist waren, die Hände und beteten, beteten mit dem alten Feind, einem der Nachfolger Petri, die von Rom aus ganze Armeen gegen die Anhänger Mohammeds geschickt hatten. Das syrische Fernsehen verbreitete das TV-Bild der moslemischen Geistlichen, die mit dem Papst ein Gebet sprechen, in der ganzen arabischen Welt. Ich habe in den Jahren danach immer wieder in Diskussionen um das Verhältnis zwischen dem Islam und dem Christentum gehört, wie Moslems oder Christen an diesen Augenblick erinnerten. Damals wurde eine Tatsache geschaffen, ein Fixpunkt der Geschichte: Sie haben damals zum ersten Mal zusammen gebetet, in einer Moschee, zu dem gleichen Gott Abrahams am Grab eines Heiligen, den sie beide anerkennen, am frühen Abend des 6. Mai 2001.

Normalerweise versuchen Diktatoren die Anwesenheit des Papstes in ihrem Land auf eine geschickte, zurückhaltende Art und Weise auszunutzen. Doch nie benutzte ein Diktator einen Besuch des Papstes so plakativ wie Baschar el-Assad am 7. Mai 2001 in Kuneitra. Die Stadt war im Sechstagekrieg von den Israelis erobert worden. Bei ihrem Rückzug nach dem Truppenentflechtungsabkommen im Jahr 1974 zerstörten die Israelis Kuneitra vollständig und verschanzten sich oben auf den Hügeln des Golan. Auch die griechisch-orthodoxe Kirche in Kuneitra, wo schließlich einmal 53 000 Menschen gelebt hatten, wurde zerstört. Übrig blieb eine Ruine, und genau in der Ruine sollte Papst Johannes Paul II. beten.

Die Idee hatte nicht der Vatikan entwickelt. Die Syrer hatten diesen Abstecher vorgeschlagen, und sie hatten auch durchblicken lassen, dass man auf diesen Programmpunkt nur sehr ungern verzichten würde. Johannes Paul II. war gefragt als lebende Anklage. Das Bild des Papstes in der von den Israelis zerstörten Kirche sollte um die Welt gehen, als Anklage gegen die Grausamkeiten des Judenstaats.

Selten bin ich mit so viel Nachdruck zu einem Pressetermin geschafft worden wie an diesem Vormittag. Immer wieder erinnerten Mitarbeiter des Büros des Präsidenten Assad daran, wann das »historische Gebet« des Papstes in der Ruinenstadt beginnen sollte. Die syrische Polizei fuhr den Pool mit einem Kleinbus die 60 Kilometer von Damaskus in Richtung Norden an den Rand der Golanhöhen. Ich dachte darüber nach, warum der »Professor« so sicher gewesen war, dass ich bis um

13 Uhr eine brauchbare Information bekommen würde? Dabei war ich den ganzen Vormittag in Kuneitra, am Ende der Welt? Es wäre viel einfacher für mich gewesen, in Damaskus eine Information zu bekommen, als zwischen den Trümmern von Kuneitra. Ich konnte mir das nicht erklären.

Als der Bus durch die Ruinen rollte, schien mir die ganze plakative Geste nicht sonderlich intelligent organisiert zu sein. Die Syrer hatten eine Szenerie aufgebaut, die Hollywood alle Ehre gemacht hätte, um den Eindruck der Zerstörung zu betonen. Frische Scherben waren auf den Boden der Kirche geschüttet worden, in der der Papst beten würde. Es war eiskalt. Auf dem Golan konnte man noch Schnee sehen, dennoch hatten die Syrer sich geweigert, schützende Scheiben in die Fenster einzusetzen oder wenigstens Plastikplanen davorzukleben, damit der Papst nicht so frieren musste. Das Regime lehnte das alles ab, die Kirche sollte so kaputt wie irgend möglich aussehen.

Was die ganze Veranstaltung aber endgültig als ein Theaterstück des Diktators enttarnte, waren die zahlreichen ehemaligen Bewohner Kuneitras, die an diesem Tag hierher gefahren worden waren. Sie sollten alle die gleiche Geschichte erzählen, nämlich, wie grausam und rücksichtslos die Israelis die Stadt zerstört hätten. Das Ganze war überaus plump, weil natürlich sofort die Frage kam: »Warum baut ihr eure zerstörten Häuser nicht wieder auf?« Es dauerte nicht lange, bis man aus den herumdrucksenden Ex-Bewohnern Kuneitras herausgebracht hatte, dass es ihnen verboten war, ihre Häuser in Kuneitra aufzubauen oder das Land wenigstens als Ackerland oder für die Viehzucht zu nutzen. Das Regime wollte die Ruinenstadt erhalten, wie sie war.

Ich hatte nichts zu tun, bis der Papst kam, also sah ich mir die Kirche, in der er beten sollte, noch einmal ganz genau an. Sie hatten den päpstlichen Sessel direkt vor den zerschossenen Altar gestellt. Zerstörte Kirchenbänke in den zerschlagenen Fenstern schienen erst vor wenigen Tagen hierher gebracht worden zu sein. Die Weltöffentlichkeit würde das nicht merken, sondern nur sehen, wie ein Papst in Weiß in einer Kirchenruine inmitten von Verwüstung und Zerstörung einen Appell für den Frieden an die Nationen des Nahen Ostens richten würde. Mir war kalt, und mich beschlich ein sehr ungutes Gefühl. Ich ging raus aus der Kirche, suchte mir die Ruine eines Hauses, auf die ich klettern konnte, um die Ankunft des Papstes von dieser Mauer aus besser beobachten zu können. Ich sah den Eidechsen zu und versuchte mich dafür zu rechtfertigen, dass ich mich auf ein Spiel eingelassen hatte, dessen Regeln ich nicht verstand und das ich nicht einmal im Ansatz beherrschte. Ich hatte das seltsame Gefühl, dass jeden Augenblick einer der Polizisten, die um mich herum waren, auf mich zukommen würde, um mich zu verhaften. Ich wartete seit mehr als einer Stunde, als plötzlich mein Handy klingelte. K. aus Jerusalem war am Apparat.

»Sag mal: Spinnst du? Mich aus Damaskus anzurufen?«, schrie er mich an. »Du benimmst dich wie ein Schuljunge.«

»Ich dachte …«

»Sehr viel nachgedacht haben kannst du aber nicht. Weißt du nicht, was ich für Scherereien bekommen kann, weil ich aus Syrien angerufen werde? Dafür kannst du in Israel ins Gefängnis gehen. In jedem Fall ist das Vertrauen futsch. Wenn je rauskommt, dass ich Anrufe aus Syrien bekomme, bin ich geliefert.«

»Es tut mir leid, ich wusste nicht …«

»Du fährst in der Weltgeschichte herum und weißt nicht einmal, dass Syrien und Israel nur einen Waffenstillstand, aber keinen Frieden haben? Dass die sich jeden zweiten Tag an der Grenze beschießen?«

»Aber …«

»Was aber?«

»Ich meine: Du rufst mich doch jetzt auch an. Und ich bin immer noch in Syrien.«

»Du Trottel«, sagte K. »schau mal auf dein Handy-Display.«

Da stand: »Welcome to Israel, welcome to Orange System.« Das israelische Handynetz reichte bis nach Kuneitra, deshalb wusste der Professor, dass ich hier etwas erfahren konnte.

»Die Israelis machen das absichtlich. Du kannst ausgerechnet vom Kriegsdenkmal Kuneitra aus völlig gefahrlos telefonieren. Also was willst du eigentlich von mir?«, fragte K.

»Es geht um die drei Soldaten der Sheeba-Farm.«

»Was ist mit denen?«

»Glaubst du, dass der Papst um ein Lebenszeichen der drei bitten wird?«

Er schwieg, dann sagte er schneidend: »Woher weißt du davon?«

»Was?«

»Woher weißt du, dass wir das erwogen haben?«

»Ich dachte einfach …«, stotterte ich

»Hör auf mit dem Unsinn. Also sag mir, woher du das weißt? Das gibt's doch nicht, kann man denn nicht eine einzige Sache geheim halten? Wer hat denn das jetzt schon wieder ausgeplaudert?«

Mir kam die rettende Idee: »Ich muss meine Quelle schützen, das musst du verstehen«, sagte ich. »Ich weiß es eben.«

»Okay«, sagte K. »Wir wollten wirklich um ein Lebenszeichen bitten, aber wir haben erfahren, dass es keinen Sinn haben würde. Deswegen haben wir es gelassen. Und jetzt pass auf, dass sie dich nicht verhaften. Ich sehe im Fernsehen die Helikopter des Papstes«, sagte K.

Am Horizont hörte man das Knattern der Hubschrauber.

»Dann mach es gut, und das nächste Mal bereitest du dich aber auf eine Reise in eine arabische Diktatur wie Syrien bitte ein bisschen besser vor«, sagte K. »Lass dich nicht verhaften«, fügte er noch hinzu. Dann legte er auf.

Eine gewaltige Staubwolke hob sich gegen den Himmel, als der Helikopter des Papstes sich langsam senkte. Eine Wagenkolonne brachte den Papst in atemberaubendem Tempo vor die Kirche. Männer mit Maschinenpistolen eskortierten ihn zum Eingang der geschundenen Kirche. Ich konnte diesen seltsamen zärtlichen Blick in seinen Augen sehen, der sich zeigt, wenn er Kinder sieht oder an einen Ort seiner Jugend zurückkehrt. Er sah auf diese Kirchenruine, strich mit der Hand über die Risse in den Mauern, und es sah so aus, als ob er dächte: »Mein Gott, armes kleines Kirchlein. Was haben sie denn mit dir gemacht? Du bist die kaputteste Kirche, in die je ein Papst gekommen ist. Und dennoch wohnt der Herr in dir.« Er ging über all diese Scherben, sah auf die Einschusslöcher und kniete nieder. Er sah auf einmal aus wie ein Pilger, ein Mann, der zufällig an dieser zerschossenen Kirche vorbeigekommen und hineingegangen war, um zu beten. Es war ein Pilgerpapst, der da kniete und die Zerstörung ansah. Nie wieder habe ich so ein eindruckvolles Bild der Zeitlosigkeit gesehen: Man konnte die Kirchen bombardieren und die Dächer abreißen, man konnte sie in Schutt und Asche legen, aber keiner konnte sie tatsächlich zerstören. Seit zwei Jahrtausenden versuchen Machthaber, Kirchen einzureißen und dem Erdboden gleichzumachen, aber sie können nicht verhindern, dass irgendwann ein Pilger kommt, um in den Trümmern niederzuknien und trotzdem zu seinem Gott zu beten.

Das Spiel der Syrer ging nicht auf. Niemand nahm den Papst in Kuneitra als einen Mann wahr, der die Israelis anklagte, weil sie diese Kirche zerstört hatten. Der Papst war längst über diese Logik hinausgewachsen. Er betete in dieser zerschossenen Kirche stellvertretend für alle zertrümmerten, zerbombten Tempel dieser Welt. Johannes Paul II. wirkte glaubwürdig und überzeugend als Pilger, der in den Trümmern seinen Gott um Hilfe rief. Der prächtige Palast des Petersdoms verzerrt für viele Christen die Botschaft des Jesus von Nazareth. Die Bergpredigt braucht keinen Palast. Sie lässt sich viel besser weiterreichen, wenn ein Pilgerpapst in einer zerschossenen Kirche für die betet, die Frieden stiften. Mit schwacher, aber eindringlicher Stimme sprach der Papst ein energisches Friedensgebet in der Kirche: »Wir bitten dich, o Herr, für alle Völker des Nahen Ostens, hilf ihnen die Mauern der Feindschaft und der Trennung einzureißen, und hilf ihnen, zusammen eine neue Welt voller Gerechtigkeit und Solidarität aufzubauen.«

Der Professor tauchte plötzlich neben mir auf. Sein Schatten kam aus den mit dornigen Sträuchern überwucherten Trümmern. Er stellte sich neben mich, als hätte er mich nie gesehen. Ohne jeden Zweifel hatte man ihm berichtet, wo ich war, dass ich auf den Trümmern eines bestimmten Hauses an der Kirche stand. Es wäre sonst unmöglich gewesen, so zielgerichtet inmitten der Masse von Menschen auf diesem riesigen Trümmerfeld auf mich zuzugehen.

»Wir waren erst für 13 Uhr verabredet«, sagte ich, »und nicht hier, sondern in Damaskus.«

»Ja«, flüsterte er, »aber ich hatte das ungute Gefühl, Sie würden eventuell nicht kommen. Haben Sie eine Antwort?«

»Ja«, sagte ich, »und ich sehe keinen Grund, Sie Ihnen vorzuenthalten, wer immer Sie auch sein mögen. Der Papst wird nicht um ein Lebenszeichen bitten.«

»Sind Sie sicher?«, fragte er mich.

»Ja«, sagte ich, »ganz sicher.«

»Danke«, sagte er.

Er starrte auf das Trümmerfeld. In seinem Gesicht hatte die Nachricht irgendetwas ausgelöst. Sie hatte irgendeine dramatische Bedeutung. Ich glaube heute, dass der Mann in diesem Augenblick wusste, was die Angehörigen der drei Soldaten von der israelischen Armee IDF ein paar Monate später erfuhren: dass man davon auszugehen hatte, dass die drei Männer tot waren.

Noch auf dem Rückflug aus Damaskus über Malta nach Rom war ich überzeugt davon, dass der israelische Geheimdienst mich angezapft hatte, um zu erfahren, ob die drei Soldaten noch lebten. Als ich wieder in Rom war, verabredete ich mich mit einem israelischen Freund. Er lud mich zu sich nach Hause ein. Ich erzählte ihm die Geschichte und auch meine Schlussfolgerung:

»Ich glaube, dass der rätselhafte Professor vom Mossad war.«

Mein Freund lachte schallend.

»Mein Gott, bist du naiv! Meinst du ernsthaft, die Israelis würden ausgerechnet in Damaskus ein solches Risiko eingehen und einem ihrer Agenten befehlen, sich mit einem unberechenbaren Amateur einzulassen? Nein, wer immer dich auch kontaktierte, fühlte sich in Damaskus sicher. Denk doch mal nach: Wozu sollten die Israelis etwas riskieren? Wenn der Vatikan ein Lebenszeichen der drei Soldaten erhalten hätte, meinst du, der Papst hätte es den Israelis vorenthalten? Du bist einem anderen auf den Leim gegangen.«

Er zeigte mir eine Zeitungsseite eines israelischen Magazins mit einem Bericht über die Papstreise nach Syrien. Die Israelis hatten damals protestiert: An der Veranstaltung des Papstes in Kuneitra hatte auch die Hisbollah teilgenommen. Man konnte auf den Fotos deutlich ihre gelbe Fahne mit dem Gewehr erkennen. Ich erkannte noch etwas anderes. In einer der Gruppen der Hisbollah stand mein Professor.

»Das ist er«, sagte ich.

»Du hast dich hereinlegen lassen«, sagte mein Freund. »Die Hisbollah hat die drei Soldaten wahrscheinlich an irgendwelche Milizen ausgeliefert und dich benutzt, um zu erfahren, ob sie noch am Leben, also noch etwas wert waren. Aber wenn man dem Papst bedeutete, dass es keinen Zweck hatte, nach einem Lebenszeichen zu fragen, dann war die Sache klar.«

9
Der alte Mann und die Supermacht

»Sag mal, ist der Papst jetzt Kommunist?«

Viele Chefredakteure haben mich das gefragt, und zwar immer dann, wenn es um die Vereinigten Staaten von Amerika ging. Papst Johannes Paul II. kritisierte im Laufe seiner Amtszeit immer wieder die Politik der USA. In den Vereinigten Staaten und in den Chefredaktionen deutscher Zeitungen verstand man das beim besten Willen nicht. Hatte nicht die feste Haltung der USA dazu beigetragen, dass der Eiserne Vorhang fiel und dass das vom Papst so sehr geliebte Polen die Freiheit bekam?

Für die USA wog die kritische Haltung des Vatikans besonders schwer. Gerade in Zeiten von Kriegseinsätzen schworen US-Präsidenten immer wieder, dass Gott an der Seite der USA stünde. Doch Johannes Paul II. sieht das nicht so. Ich habe das nie so eindrucksvoll erlebt wie im Januar 1999 in St. Louis (USA).

Die Zeitungen kündigten damals das Treffen des Papstes mit dem US-Präsidenten Bill Clinton als Zusammenprall des Heiligen mit einem Sünder an. Aber das war nur ein Klischee: Es ging dem Papst nicht um die Person des US-Präsidenten Bill Clinton, der der mit einer Praktikantin Oralsex hatte. Es ging um den Grundsatz der Außenpolitik der USA.

Der Papst kam vom Abschlusstreffen der Amerika-Synode in Mexiko City. Erstmals hatten auf den Druck des Papstes die Bischöfe Nordamerikas auf oberster Ebene zusammen mit allen Bischöfen Lateinamerikas beraten. Es ging um Solidarität zwischen dem reichen Norden und dem armen Süden Amerikas.

Diesen Punkt wollte der Papst auch mit dem US-Präsidenten besprechen.

Kurz vor dem Abflug von Mexiko City nach St. Louis am 26. Januar ließ der Vatikan die Rede des Papstes verteilen, die er bei seiner Ankunft auf dem Lambert-Flughafen halten wollte. Was ich da in der Maschine auf dem Weg in die USA zu lesen bekam, war keine Rede: Es war eine Attacke gegen den mächtigsten Mann der Welt. Ich kann mich nicht daran erinnern, dass der Papst je zuvor einen so scharfen Angriff gegen ein Staatsoberhaupt gerichtet hatte. Der Papst demontierte die Grundsätze der USA: Gott sah er nicht an der Seite des mächtigsten Landes der Welt. Die Vereinigten Staaten seien nur »dem Gott namens Geld« verpflichtet, sie seien nicht gewillt, »ihren Reichtum solidarisch zu teilen«. Der Papst warf den USA vor, ihre Interessen weltweit rücksichtslos durchzusetzen und nicht einmal »auf den Einsatz von Waffengewalt« zu verzichten. Fünf Wochen vor dem Eintreffen Johannes Pauls II. hatten die USA die Operation »Desert Fox« gestartet: US-Kampfflugzeuge hatten mehrere Ziele im Irak bombardiert und 68 Menschen getötet, weil der Irak Auflagen zur Luftabwehr der Vereinten Nationen nicht eingehalten hatte. Die USA seien ein Land, in dem die »Kultur des Todes« drohe, mahnte der Papst. Schwangerschaftsabbrüche seien erlaubt, die Todesstrafe würde hemmungslos angewandt. Er sei nicht sicher, »ob es gut ist, dass es nur noch eine Supermacht auf der Welt gibt«, erklärte Johannes Paul II.

Es gab nicht den geringsten Zweifel daran, dass Bill Clinton wusste, was beim Treffen mit dem Papst auf ihn zukam. Die US-Diplomatie hatte den Präsidenten gewarnt. Die Rede des Papstes war seit langem vorbereitet gewesen. Man konnte mit Sicherheit davon ausgehen, dass der US-Präsident eine entsprechende Antwort vorbereitet hatte.

Als die päpstliche Maschine auf dem Flughafen in St. Louis landete, sah ich aus dem Fenster und dachte, mich träfe der Schlag. Seit der Hüftoperation am 29. April 1994, die nicht vollständig gelang, leidet der Papst unter Schmerzen bei jedem einzelnen Schritt. Die Organisatoren seiner Auftritte und Reisen sind seit jenem Tag darauf bedacht, um jeden Meter zu kämpfen, den sie Johannes Paul II. ersparen können. Schon seit Jahren ist es eine Selbstverständlichkeit, dass der Staatschef des besuchten Landes den Papst auf dem Flugfeld direkt neben der gelandeten Maschine begrüßt, so dass der Heilige Vater nur die Treppe vor dem Flugzeug hinuntersteigen muss. Nach der Begrüßungszeremonie kann er in ein Auto steigen und abfahren. So haben alle Staatschefs in jüngster Zeit den Papst empfangen: alle außer Bill Clinton.

Auf dem Flugfeld war keine Spur des Begrüßungskomitees zu sehen. Stattdessen lief ein endloser, schmaler roter Teppich quer über die Landebahn des Lambert-Flughafens. Es war unfassbar: Der US-Präsident ließ den Papst den weiten Weg quer über das Flugfeld von St. Louis marschieren bis zu dem Zelt, in dem ihn Clinton erwartete. Selten hat sich Johannes Paul II. so gequält: Gebückt und mit schmerzverzerrtem Gesicht, aber dennoch unbeugsam, Schritt für Schritt, kämpfte sich der alte Papst bis zum Zelt des Präsidenten durch.

Bill Clinton wollte ein Zeichen setzen. Hier kam ein Religionsführer von vielen zum einzigen wirklich mächtigen Mann auf der Welt. Clinton ging ihm keinen einzigen Meter entgegen.

Wie eine Majestät stand der Präsident der Vereinigten Staaten von Amerika hinter dem Rednerpult. Alt, krank und nach Atem ringend stellte sich der Papst, der seine Schmerzen nach dem Marsch kaum mehr verbergen konnte, neben ihn. Clinton stellte die Machtverhältnisse sofort klar: Er beherrsche nicht so viele Sprachen wie der Papst, sagte er. Er brauche das aber auch nicht. Er spreche Amerikanisch, und das reiche ihm, weil es die Sprache des wichtigsten Landes der Welt sei. Mit einem rasch dahingesagten Dank für seinen Einsatz für den Frieden versuchte Bill Clinton, die offensichtlichen Differenzen zu übertünchen. Das Signal aber war glasklar: Amerika dachte nicht daran, sich vom Papst in seine Interessen hineinreden zu lassen. Clinton wusste von Anfang an, dass es keine Chance auf eine Annäherung der Positionen gab. Er wollte signalisieren, dass die katholische Kirche keinen Einfluss auf die Entscheidungen der USA habe. Zumal der Papst soeben aus einem Land kam, in dem er mehr Verehrung und Einfluss genoss als in den meisten anderen Staaten der Welt: Mexiko.

Der mexikanische Präsident Vicente Fox hatte das päpstliche Flugzeug erstmals in der Geschichte der Papstreisen direkt in den Hangar schleppen lassen, um Johannes Paul II. die Hitze auf dem Rollfeld zu ersparen. Er brach für seinen Besucher zweimal die mexikanische Verfassung, was ihm erhebliche Schwierigkeiten im Parlament einbrachte. Den Politikern Mexikos ist es verboten, an religiösen Zeremonien offiziell teilzunehmen. Präsident Fox küsste dem Papst bei der Ankunft im Hangar nicht nur unterwürfig den Ring, er saß bei der päpstlichen Messe am nächsten Tag in der ersten Reihe. Die mexikanischen Zeitungen fragten daraufhin: »Wer regiert eigentlich Mexiko, der Papst oder der Präsident?«

So viel Einfluss hatte der Papst in den USA nie besessen. Die Situation zwischen den USA und dem Heiligen Stuhl entspannte sich auch nach dem Präsidentenwechsel in den USA nicht. Im Gegenteil: Nach dem Anschlag des 11. September 2001 spitzte sie sich weiter zu. Die USA fühlten sich vom Vatikan allein gelassen. Für den amerikanischen Präsidenten George W. Bush hatte sich die Welt grundlegend gewandelt. Von nun an teilte sich der Globus für ihn in Gut und Böse. Die USA machten sich auf, das Böse zu bekämpfen, mobilisierten das Land und seine Ressourcen für einen Angriff auf die dunklen Mächte der Welt. Dass Länder wie Deutschland oder Frankreich, Spanien oder England darüber nachdenken würden, ob sie an der Seite der USA stehen wollten oder nicht, war dem US-Präsidenten klar gewesen. In Bezug auf einen Staat gab es jedoch keinen Zweifel: den Vatikan. Der Papst, so glaubte Bush, könnte nur an der Seite des Guten stehen. Umso enttäuschter waren die USA, als nur sehr zaghafte Zeichen der Solidarität mit den USA aus dem Kirchenstaat zu hören waren. Johannes Paul II. kam dem Wunsch nach moralischer Unterstützung trotz mehrerer Initiativen nicht nach. Stattdessen betonte er ständig den hohen Wert des Friedens.

Die USA verstanden dieses Verhalten nicht. Sie waren aus Sicht des Präsidenten angegriffen worden. Wieso konnte der Papst nicht das Recht auf Selbstverteidigung betonen und den USA offen in der schweren Stunde vor dem Waffengang gegen al-Qaida in Afghanistan beistehen? Der Papst, der schon in so vielen Ländern den Menschen Mut zugesprochen hatte, schien nicht daran zu denken, am *Ground Zero* für die Opfer beten zu wollen.

Die Spannung erreichte ihren Höhepunkt, als Johannes Paul II. am 22. September, elf Tage nach dem Attentat auf die *Twin-Towers*, zu einer Reise nach Kasachstan aufbrach. Der Papst wollte mitten in das Gebiet fliegen, in dem die USA Truppen zusammenzogen und Luftwaffenbasen aufbauten, um den Einmarsch in Afghanistan vorzubereiten. Was wollte der Papst dort? Wollte er erneut den Frieden einfordern, während die US-Armee den Angriff vorbereitete? Welche Auswirkungen konnte es auf katholische Soldaten der US-Armee haben, wenn der Papst den Krieg nicht unterstützte? Wie sollten die katholischen Militär-Kapläne in der US-Armee den Soldaten erklären, dass sie unter Gottes Schutz standen, wenn der Papst den Einmarsch verurteilte?

»Kein Mensch ist so verrückt, nach dem Angriff auf das World Trade Center in ein Land wie Kasachstan zu reisen. Was will der Papst da?«, fragte mich mein Chefredakteur. Es war nicht ganz einfach zu erklären, dass der Papst gar nicht nach Kasachstan wollte. Dass ihm gar nichts daran lag, in das Gebiet zu fliegen, in dem die US-Armee gerade Stützpunkte aufbaute. Ihm ging es um etwas ganz anderes. Er wollte eigentlich nach Eriwan in

Armenien. Aber da konnte er nicht sofort hin. Und deshalb flog er zunächst nach Kasachstan, aber nur um ein Versprechen gegenüber der Mutter Gottes einzuhalten.

Die Reise nach Kasachstan war lange vor den Ereignissen des 11. September geplant worden. Es war nie beabsichtigt gewesen, dass die päpstliche Maschine auf dem gleichen Flugfeld landen sollte, auf dem zuvor voll bewaffnete US-Kampfjets aufgesetzt hatten. Es war schlichter Zufall, dass die Reise des Papstes nach Kasachstan nun eine völlig neue Qualität bekam. In Wirklichkeit ging es dem Papst um das Jubiläum einer kleinen Kirche, der armenischen Kirche. Sie ist die älteste Kirche der Welt. Schon im Jahr 301 ließ sich der armenische König Tiridates III. von Grigor Luisavorich, dem späteren heiligen Gregor, taufen. Armenien wurde so das erste christliche Land der Welt. Der römische Kaiser Konstantin konvertierte erst 36 Jahre nach Tiridates III. zum Christentum. Die römisch-katholische Kirche ist also ein wenig jünger.

Zu einem solchen Fest, der 1700-Jahr-Feier der ältesten Kirche der Welt, muss ein Papst reisen, der an der Aussöhnung der christlichen Kirchen arbeitet. Die Sache hatte aber einen Haken: Die armenische Kirche ist keine orthodoxe Kirche, unterhält aber brüderliche Beziehungen zu den orthodoxen Kirchen. Es war klar, dass das Oberhaupt der armenischen Kirche Karekin II., der den Ehrentitel Katholikos trägt, die orthodoxen Patriarchen einladen musste, auch den wichtigsten Patriarchen, das Oberhaupt der russisch-orthodoxen Kirche, Alexi II. Angesichts der totalen Eiszeit zwischen dem Vatikan und Moskau blieb dem Katholikos in Eriwan nur die Wahl zwischen zwei Übeln. Wenn er den Papst zur großen Feier einlud, dann würden Alexi II. und wahrscheinlich einige andere orthodoxe Patriarchen nicht kommen. Die armenische Kirche entschied sich für einen Kompromiss. Es sollte zwei Feiern geben. Zuerst sollten die orthodoxen Patriarchen mit dem Katholikos das große Jubiläum feiern. Dann, einige Tage später, wollte der Katholikos auch mit dem Papst der Christianisierung Armeniens vor 1700 Jahren gedenken.

Dadurch stand die vatikanische Diplomatie vor einem Problem. Es sah einfach sehr schlecht aus, wenn der Papst als nicht eingeladener Gast im Vatikan sitzen und zusehen müsste, wie die älteste Kirche der Welt ohne ihn ihr Jubiläum feiert. In solchen Fällen gibt es nur eine Lösung: Der Papst musste die Einladung zur Hauptfeier auf Grund eines anderen Termins absagen können. Günstig war für den Vatikan, dass eine Einladung nach Kasachstan vorlag. Das asiatische Land lag in der richtigen Richtung. Der Papst konnte die Einladung annehmen und dann auf dem Rückflug von Kasachstan nach Rom in Eriwan stoppen. Früher oder später hätte er ohnehin nach Kasachstan reisen müssen. Er hat es der Mutter Gottes versprochen.

Die Madonna hatte in Fatima dem Bauernmädchen Lucia dos Santos gesagt, dass alle Teilrepubliken des Sowjetimperiums eines Tages der Mutter Gottes geweiht werden würden. Der Papst, der die Madonna von Fatima verehrt, fühlt sich deshalb verpflichtet, jeden einzelnen Staat der ehemaligen Sowjetunion zu bereisen.

Aus kirchlicher Sicht ist Kasachstan nicht unbedingt der Nabel der Welt: Gerade einmal 180 000 Katholiken leben dort. Nicht einmal 1,2 Prozent der Bevölkerung ist katholisch. Zu einer Messe mit dem Papst waren kaum mehr als einige tausend Gläubige zu erwarten. Aber gegenüber der Mutter Gottes wollte der Papst Wort halten. Also startete Johannes Paul II. am 22. September 2001 mit einer Boeing 767 der Alitalia in Richtung Astana.

Mit dem sich anbahnenden Krieg in Afghanistan hatte das alles also gar nichts zu tun. Zunächst war in Astana ein Gottesdienst vorgesehen. Der Papst wollte Maria die Kasachen anempfehlen. Jahrzehntelang waren ganze Völker auf Befehl Moskaus nach Kasachstan in die Steppe umgesiedelt worden. So waren die Kasachen bald Fremde im eigenen Land geworden.

Doch angesichts des drohenden Krieges in Afghanistan musste der Papst die Predigten umschreiben. Johannes Paul II. musste eine Antwort geben auf die Frage: Steht Gott an der Seite der USA? Auch die amerikanische Bischofskonferenz wartete auf ein klares Zeichen aus Astana.

Am Sonntag vor dem Start, am 16. September, gab es aber zunächst eine Enttäuschung. Statt das Recht auf Selbstverteidigung der USA zu betonen, rief der Papst erneut ohne Wenn und Aber zum Frieden auf. Als der Papst am 22. September um 19.30 Ortzeit in Astana in Kasachstan landete, war die Spannung groß. Alle wichtigen Nachrichtenagenturen und Fernsehsender der USA warteten auf ein Zeichen des Papstes zur Entspannung. Die USA wollten ungern einen »Verteidigungskrieg« ohne den Segen des Vatikans beginnen. Auch die US-Bischöfe erwarteten ein Zeichen des Papstes. Während des ersten Golfkriegs im Jahr 1990 hatte der Vater von George W. Bush ein solches Zeichen erbeten und auch erhalten. Nach dem Überfall auf Kuwait durch den Irak hatte der Papst betont, dass es durchaus gerechte Verteidigungskriege gebe. In Astana, so nahe am Kriegsszenario, so glaubten die US-Medien, würde das Gleiche geschehen.

Für den Papst war die Reise schon wegen der Zeitumstellung eine Tortur. Nach seiner inneren Uhr konnte er sich um 18 Uhr römischer Zeit nach der Landung in Astana endlich zurückziehen, aber um 1 Uhr nachts seiner Zeit, also um 6 Uhr morgens der Zeit in Astana, musste er sich auf die heilige Messe vorbereiten. Auf eine Messe, die Dutzende von Fernsehkameras nur deshalb live in die USA übertragen würden, weil Amerika auf den Segen für den Einmarsch in Afghanistan wartete.

Die Menschen auf den Straßen wussten das natürlich nicht: Tausende warteten auf den Papst. Sie hatten zur Feier des Tages ihre Ehrenabzeichen der glorreichen Sowjetunion angesteckt, die sie bekommen hatten, weil sie viele Kinder geboren oder einen Sohn bei der Armee verloren hatten. Auf Blechabzeichen prangte Lenin dem Papst hunderttausendfach entgegen, während die Menschen, die fast ausnahmslos Moslems oder Atheisten waren, dem Papst zujubelten, um danach zurück in ihre niedrigen, dunklen, reparaturbedürftigen Holzhäuschen zu gehen und vom Gegenwert von 40 US-Dollar im Monat zu leben.

An diesem Tag warteten die Reporter aus der ganzen Welt vergebens. Die Predigt verstrich. Auch das Angelusgebet zu Mittag auf dem Platz des Vaterlandes in Astana ging vorbei, und noch immer hatte der Papst kein Wort zu den USA und dem drohenden Kriegszug gesagt. Was dann geschah, ist ein Beispiel dafür, wie der Vatikan mit den Medien dieser Welt umzugehen weiß.

An diesem Tag konterte die Kirchenregierung den Papst aus. Das Staatssekretariat hielt den Druck aus den USA, die endlich ein Zeichen der Solidarität wollten, nicht mehr aus. Ich erinnere mich genau daran, wie ich nach der Messfeier zurück ins Pressezentrum ging. Ich kam an einer Moschee vorbei. An die Tür war das Foto des Papstes geheftet. Ich fand einen moslemischen Mufti, der leidlich französisch sprach und mir erklärte, dass die moslemische Gemeinschaft in Astana den Papst als einen großen Religionsführer willkommen heiße. »Ich bin froh, dass es so einen Mann gibt, einen Religionsführer, den die ganze Welt akzeptiert«, sagte der Moslem. Ich schrieb im Pressezentrum die Geschichte über die Messe und wie der Papst aufgenommen worden war. Da war nichts, was die Leser in Deutschland wirklich vom Hocker hauen würde, aber von mir erwartete man an diesem Tag ja auch keine Sensation. Meine US-Kollegen hingegen standen unter Druck. Pausenlos klingelten die Satelliten-Telefone, und irgendjemand in New York oder Atlanta war am Apparat und fragte entnervt: »Was ist denn jetzt? Was sagt der Papst zum Krieg?« Es war dem Publikum in den USA nur schwer zu vermitteln, dass für Papst Johannes Paul II.

das wichtigste Thema auf dieser Reise das 1700. Jahresjubiläum der armenischen Kirche war, zumal nur eine verschwindend geringe Minderheit in den USA überhaupt weiß, dass es eine armenische Kirche gibt. Die US-Medien hatten fest mit einer »*story*« aus Astana gerechnet, und es war nichts gekommen. Das mussten nun die Reporter ausbaden, die ausgiebig beschimpft wurden. Die Stimmung im Pressesaal war angespannt.

Zu diesem Zeitpunkt erhielt ein US-Journalist, der über ausgezeichnete Kontakte im Vatikan verfügt und für eine der wichtigsten Nachrichtenagenturen der Welt arbeitet, eine Einladung zum Mittagessen mit dem Papstsprecher Joaquin Navarro-Valls. Selbstverständlich fragte dieser Journalist seinen Gastgeber schon bei der Vorspeise, was der Vatikan von dem sich anbahnenden Waffengang der USA halte. War der Papst ein Pazifist, oder stand der Vatikan an der Seite der USA, wenn es um den Krieg gegen den Terrorismus ging? Joaquin Navarro-Valls, der das Treffen lanciert und die Frage erwartet hatte, antwortete nicht. Was immer er auch geantwortet hätte, wäre als Eigenmächtigkeit ausgelegt worden. Denn in so einer wichtigen Frage darf er nicht ohne Rücksprache den Papst zitieren. Statt zu antworten, las er dem fragenden Journalisten eine Seite des Katechismus der katholischen Kirche vor. Nicht irgendeine Seite, sondern das Kapitel, das die Haltung des Vatikans zur Gewalt erklärt. In jedem beliebigen Katechismus kann man diesen Grundsatz nachlesen: Nach der Doktrin der katholischen Kirche ist es moralisch vertretbar, einen bewaffneten Angreifer zu entwaffnen, selbst wenn dabei das Leben des Angreifers in Gefahr gerät.

Dieser Grundsatz ist natürlich nichts Neues. Die Frage war, ob dieser Grundsatz auf die damalige Situation anzuwenden war. Rechtfertigte dieser Passus einen Angriff auf Afghanistan, weil die USA den Angreifer Osama Bin Laden entwaffnen wollten? Rechtfertigt der Absatz zur legitimen Selbstverteidigung ein Bombardement mit Opfern unter der Zivilbevölkerung? Dazu sagte Joaquin Navarro-Valls nichts.

Der Reporter raste nach dem Mittagessen zurück ins Pressezentrum und jagte eine Eilmeldung hinaus. Darin stand nur, dass Navarro-Valls in der Afghanistan-Frage auf den Katechismus hingewiesen habe. Wenige Minuten, nachdem der Kollege die Eilmeldung herausgeschossen hatte, klingelten bei allen US-Kollegen die Telefone. Zufällig stand ich an diesem Tag genau neben dem Vatikan-Reporter des weltweit am meisten gesehenen amerikanischen Fernsehsenders.

»Hast du gelesen, was dein Kollege von Navarro-Valls erfahren hat?«, fragte der Chef seinen Reporter. In diesem Satz steckten gleich zwei Attacken: Erstens musste sich der Kollege um die Ohren hauen lassen, dass ein Agentur-Journalist, nicht er, etwas aus Navarro-Valls herausgebracht hatte. Zweitens wurde er als »Schlafmütze« gemaßregelt, weil seine Heimatredaktion die Neuigkeit aus Astana über einen Nachrichtenticker statt vom Reporter vor Ort erfahren hatte. Natürlich wusste der Chef genau, dass der Kollege in Astana gar nicht wissen konnte, was die Konkurrenz-Agentur in Umlauf gebracht hatte. Denn der Agenturkollege saß zwar nur ein paar Meter entfernt im gleichen Pressezentrum, aber natürlich hatte er nicht herausposaunt, was er von Navarro-Valls erfahren hatte, bevor seine Meldung international im Umlauf gewesen war. Die Leistung von Agentur-Journalisten wird ausschließlich danach bewertet, ob sie Nachrichten als Erste verbreiten.

Also fragte mein entnervter TV-Kollege: »Was hat Navarro-Valls denn gesagt?«

»Dass man einen Angreifer entwaffnen darf!«

»So wahnsinnig neu scheint mir das nicht zu sein«, sagte mein frustrierter Fernsehkollege.

»Komm schon: Da steckt doch was dahinter.«

»Also mal langsam. Nur wegen so eines Satzes kann man nicht sagen, dass der Vatikan grünes Licht für einen Angriff auf Afghanistan gibt.«

»Vatikan gibt grünes Licht für US-Angriff. Das ist gut!«

»Ja, aber es stimmt nicht: Niemand hat hier grünes Licht gegeben.«

»Komm schon, der Papstsprecher hat sich doch was dabei gedacht.«

»Keine Ahnung«, gab schwitzend der US-Kollege neben mir zu. Dann sagte er: »Im besten Fall kann man sagen, dass die Ampel auf Gelb steht und nicht mehr auf Rot.«

»Das versteht doch kein Mensch: ›Gelbes Licht aus dem Vatikan‹ ist keine Story. Ach komm schon! Lass die Haarspalterei! Gib dir einen Ruck!« Das war der letzte Satz, den der US-Kollege von seinem Chef hörte, bevor er auf dem Bildschirm im Pressezentrum sah, wie sein Sender den Titel einblendete: »Sensationell: Vatikan gibt grünes Licht für US-Angriff«. Ihm blieben noch drei Minuten bis zur Live-Schaltung.

Zwei Jahre später, vor dem Angriff auf den Irak, klappten ähnliche Versuche, den Papst auszutricksen, nicht. Johannes Paul II. blieb beharrlich und deutlich bei seinem »Nein« zu einem Angriffskrieg.

Als drahtige Männer im März 2003 in Kampfjets stiegen und die Welt dem Krieg gegen den Irak im Fernsehen zusah, suchten die Menschen die Nähe dieses schwachen Papstes, der plötzlich ein Symbol der Hilflosigkeit für Millionen Menschen wurde, die weder Christen waren noch in irgendeiner Form an einen Gott glaubten. Überzeugte Atheisten trugen in Italien Bilder des Papstes während der Großdemonstrationen gegen den Krieg über die Straßen, aber nicht nur dort. Bis zu diesem Moment war der Papst in der Öffentlichkeit häufig als ein Zeitzeuge eines vergangenen Jahrhunderts dargestellt worden. Es war leer geworden um ihn herum. Es gab außer Fidel Castro im fernen Kuba niemanden mehr, der seit den Zeiten des Kalten Kriegs als Oberhaupt eines Staates regierte. Doch gerade diesen Papst, der aus einer anderen Zeit zu stammen schien, suchten die Menschen der Friedensdemonstrationen, weil sie ihm ganz offensichtlich nahe sein wollten.

Johannes Paul II. forderte den Frieden nicht nur, weil er ein Prinzip verteidigen wollte, weil er den Angriff auf den Irak als einen Angriffskrieg verurteilte. Er glaubte, es der Erfahrung seines Lebens und seinem Gott schuldig zu sein, vor der Zerstörungskraft eines Krieges zu warnen, wie er sie selbst als junger Mensch erlebt hatte.

10
Ein Zimmer in Krakau

Krakau, erzbischöflicher Palast, am Abend des 17. August 2002 während der 98. Auslandsreise des Papstes: Langsam, vorsichtig einen Fuß vor den anderen setzend, kehrte Johannes Paul II. in den Raum zurück, der nach seiner Ernennung zum Erzbischof von Krakau am 3. Dezember 1963 für 14 Jahre sein Schlafzimmer gewesen war. Von hier aus war er eines Tages aufgebrochen mit einem kleinen Koffer in der Hand, der eine Zahnbürste, einen Rasierapparat, eine Bibel und das Gewand des Kardinals enthielt, um nach Rom zu reisen und der 263. Nachfolger des heiligen Petrus zu werden.

Es war alles noch da: seine alten Wanderschuhe, die noch immer von irgendjemandem eingefettet werden, seine Skier und selbst die Paddel für sein Kajak. Aber jenen kraftstrotzenden Karol Wojtyla, Spitzname Lolek, gab es nicht mehr, den sportlichen jungen Mann aus Wadowice, der es geliebt hatte, tagelang durch das Tatragebirge zu wandern, mit ein paar einfachen Schuhen an den Füßen und ein bisschen Brot im Gepäck.

Johannes Paul II. blieb vor seinem alten Rucksack stehen, einem einfachen grünen Beutel, und berührte ihn mit zitternder Hand, als wäre es das letzte Mal und als müsste er ihn sich genau einprägen. Wenig später trat er an diesem Abend in Krakau vor dem Abendessen ans Fenster und sagte mit schwacher Stimme: »Mein Zuhause ist immer die Franziskanerstraße 3 geblieben, die Adresse des erzbischöflichen Palastes.«

An diesem Fenster hatte alles angefangen, vor so langer Zeit. Draußen war das selbstsichere, waffenstrotzende Sowjetimperium gewesen, mit Millionen Soldaten, Heerscharen von Polizisten, mit Gefängnissen und Arbeitslagern und Geheimdiensten, die Hunderte Millionen Menschen und den Gegner, den Westen, in Schach hielten.

Hinter diesem Fenster, in diesem Zimmer, hatte ein junger Papst gesessen, der nur acht Monate nach seiner Wahl in seine Heimat zurückgekommen war mit einem Traum: die Welt zu verändern, und zwar gründlich. Niemand hat ihm damals geglaubt, nicht einmal seine engsten Freunde. Kardinal Josef Glemp hatte sich auf ein langes, schwieriges Zusammenleben mit dem kommunistischen Regime eingerichtet, das als unschlagbar gegolten hatte. Aber Karol Wojtyla aus Wadowice hatte daran geglaubt, dass er auserwählt worden war, im Namen Gottes einen langen Kampf auszutragen gegen den staatlich verordneten Atheismus. Er war einen sehr langen Weg gegangen. Er hatte einen Mordanschlag überlebt und den Verfall seines Körpers erlebt, der immer mehr zu seinem Gefängnis wurde. Aber er hatte Recht behalten: Das Sowjetreich gibt es nicht mehr.

Der nunmehr greise Papst setzte sich auf den Stuhl in seinem Schlafzimmer, auf dem der energische Bischof Wojtyla abends bis spät in die Nacht hinein gearbeitet hatte. Seinen Körper und seine Gesundheit hat Johannes Paul II. in diesem Kampf aufgerieben. Die geliebten Berge der Hohen Tatra kann er nur noch vom Hubschrauber aus sehen. Er war müde, denn vermutlich hat kein anderer Mensch im 20. Jahrhundert so viel gearbeitet wie Karol Wojtyla. Er bestand darauf, an sieben Tagen in der Woche zu schaffen, jahrzehntelang und in einem Alter, in dem sich die meisten Menschen längst im Ruhestand befinden.

Sein Arbeitstag beginnt noch heute um 5 Uhr: Vor dem Gebet in der Privatkapelle um 6 Uhr liest er meistens die Texte gegen, die er am Abend zuvor verfasst hat. Selbst während des langen stummen Gebets in der Privatkapelle plant er Texte: Schon als Erzbischof in Krakau hatte er sich ein kleines Tischchen in die Privatkapelle stellen lassen, um während der Gebete Gedanken für neue theologische Werke aufzuschreiben, wenn sie ihm gerade eingefallen waren. In Krakau hatte er seine Mitarbeiter auch gezwungen, den Dienstwagen umzubauen, einen alten Lada, damit er darin arbeiten konnte. In den Autos gab es damals auf den Rücksitzen kein Licht. Er ließ ein Lämpchen einbauen, damit er während der Fahrt Texte schreiben und lesen konnte. Der Erzbischof von Krakau, Karol Wojtyla, stand, wenn es sein musste, einen 20-Stunden-Tag durch. Als Papst in Rom arbeitete er noch mehr: Er ließ sich nie vertreten, nahm an allen wichtigen Beratungen im Vatikan teil und erfand ständig neue Verpflichtungen, die seine Nachfolger von nun an wahrnehmen müssen: Er richtete den Welt-Familientag ein, den Welt-Jugendtag und die Kontinental-Synoden, deren Abschlussbericht der Papst kommentieren muss. Er besuchte 305 von 330 römischen Pfarreien und sagte nur ein einziges Mal eine Generalaudienz ab. Mehr als sechs Millionen Menschen erlebten ihn während dieser Audienzen am Mittwoch, bei denen er Woche für Woche die Bibel auslegte. Auf den 100 Auslandsreisen (Stand Juni 2003) brachte er 1 157 721 Kilometer hinter sich, das entspricht dem Dreifachen der Strecke Erde – Mond. Er umrundete 28-mal den Globus, besuchte 132 Länder und 611 Städte. Er hielt bis zu zehn Reden am Tag, die er selber mit der Hand schrieb. Insgesamt waren es 2491 Predigten, Reden und Ansprachen. Den Rekord hält seine dritte Auslandsreise nach Irland und in die USA vom 29. September bis zum 8. Oktober 1979. Während der Reise hielt er 76 Reden. Mehr als 6,7 Prozent der Gesamtzeit seines Pontifikates verbrachte er außerhalb von Italien. In Italien absolvierte er 142 Reisen und schrieb dafür 898 Reden.

Er lehnt es ab, allein und in Ruhe zu essen. Zu den Mittags- und Abendmahlzeiten werden stets Mitarbeiter und Gäste geladen, damit sie dem Papst ihre Probleme vortragen können. Er gönnt sich täglich nur eine halbe Stunde Ruhe. Zwischen 14.30 und 15 Uhr zieht er sich zurück, meistens um lesen zu können, vor allem philosophische Werke, die ihn immer interessierten, oder Gedichte, die ihn begeistern. Die Fahrer, die Spätschicht hatten, sahen vom Taxistand am Petersplatz aus Abend für Abend ungläubig auf die Lichter in den päpstlichen Arbeitszimmern im vierten Stock des Apostolischen Palastes, die oft erst nach Mitternacht gelöscht wurden. Jeder Aufforderung seiner Ärzte, sich zu schonen, weil er riskierte, sich durch das gewaltige Arbeitspensum aufzureiben, hielt er entgegen: »Ich werde eine Ewigkeit Zeit haben, um auszuruhen.«

Die langen Ferien seiner Vorgänger, die Monate im Sommersitz der Päpste in Castelgandolfo verbracht hatten, kürzte er radikal ab: Sein längster Urlaub währte nicht einmal zehn Tage. Er zog sich im Sommer in ein Holzhaus in Les Combes im Aostatal zurück, um die frische Luft der Berge zu genießen und zu lesen. Er hat zweifellos alles gegeben, was er hatte, er hat sich aufgerieben bis an den Rand des Zusammenbruchs, auch für sein Volk, die Polen. Ihm blieb jetzt, bei dieser letzten Heimatreise nach Krakau, nur noch wenig Energie und die Frage: Wozu das Ganze? Was hatte er eigentlich erreicht?

Sein Polen war auf dem Weg dazu, ein ungläubiges Land zu werden. In seine Predigt im Bloniepark vor 2,5 Millionen Landsleuten am Sonntag, dem 19. Juni 2002, legte Johannes Paul II. seine ganze Sorge darum, dass Polen den Gott der Christen zu lieben vergaß. Er beschrieb seine Furcht in allen Facetten, dass Polen nun, nach dem Untergang des atheistischen Kommunismus, die Kraft des Glaubens verlieren werde. Die Kirchen sind leer, die Morallehre der katholischen Kirche ist unpopulär: Polen droht in den Augen Karol Wojtylas ein Land wie andere im Westen zu werden, in dem es keine Priesterberufungen mehr gibt, die Kirche an den Rand der Gesellschaft gedrängt wurde, wo junge Paare ohne Bedenken unverheiratet zusammenleben und die Benutzung von Verhütungsmitteln selbstverständlich ist.

Wie konnte sein Volk, das sich in den Zeiten der Bedrohung in den Kirchen zusammengefunden hatte, jetzt nur noch daran denken, sich zu bereichern und Wohlstand zu mehren? Hatte nicht der Herr durch den nahezu gewaltlosen Kollaps des Kommunismus seine ganze Macht gezeigt? Wieso wandte sich Polen vom Herrn ab? Warum ließ Gott das zu?

Karol Wojtyla fand keine Antwort auf diese Frage: Er konnte sich selbst nicht erklären, wie die Bedeutung der Liebe Gottes sträflich in Vergessenheit geraten konnte. Selten habe ich den Papst, der als Sieger gekommen war, so sehr mit sich selbst hadern sehen wie während dieser letzten Polen-Reise. War er nur mehr eine Stimme, auf die keiner mehr hörte? Hatte er, Karol Wojtyla, seine Aufgabe in der Geschichte erfüllt, indem er mithalf, das Sowjetimperium zu stürzen? War damit sein Auftrag ausgeführt? Brauchte sein Land ihn jetzt nicht mehr? Wo hatte er versagt? Was wollte Gott jetzt noch von ihm?

Es war ein warmer, wolkenloser Tag, dieser Sonntag, an dem der Papst im Bloniepark auf seine Nation einredete. Es herrschte eine nahezu geisterhafte Stille. Ich erinnere mich, wie gespenstisch es war, durch die Gassen zu dem Platz zu wandern, auf dem die Messe stattfand. Ein seltsames Summen lag in der Luft. Aber nichts deutete in den leeren, grauen Gassen am Bloniepark darauf hin, dass hier in unmittelbarer Nähe die zweitgrößte Versammlung von Menschen in der Geschichte der Erde stattfand. Es war unglaublich, um die Ecke zu biegen und plötzlich dieses Meer aus Menschen zu sehen, die wie erstarrt schienen. Es war, als wenn sie wortlos übereingekommen wären, zu demonstrieren, wie konsequent 2,5 Millionen Menschen schweigen können. Sie hörten die Stimme des Mannes, der ihnen vorwarf, Gott zu vergessen, und jene, die noch alte Solidarność-Fähnchen in der Hand hielten und sich an den Horror des Sowjetreiches erinnern konnten, hatten das Gefühl, dass er Recht habe. Aber am Rand des Parks in Sichtweite von Karol Wojtyla ging das Leben weiter: Dort verkauften junge Polen Coca-Cola und Hot-Dogs, italienisches Eis und amerikanische Schokoriegel, alles das, was es ohne diesen Papst in

Polen vielleicht immer noch nicht geben würde, wofür er aber auch nicht gekämpft hatte.

Zwei Tage zuvor hatte der Papst tief in Gedanken versunken in seinem einstigen Schlafzimmer gesessen, während die Menge ihn draußen feierte. Der schwache alte Mann hätte nach Meinung einiger Beobachter für immer in Polen bleiben, sich in ein Kloster bei Wigry im Westen des Landes zurückziehen und vom Amt zurücktreten sollen, wie es der Paragraph 332 des Kirchenrechts erlaubt. Angeblich, so hatten Journalisten verbreitet, war kein Rückflug nach Rom vorgesehen gewesen. Doch der Mann, der lange nachdenklich in seinem ehemaligen Zimmer saß, bevor er endlich schlafen ging, hat nie daran gedacht, zurückzutreten.

Von Beginn seines Amtes an hat dieser Papst mehr Fragen an seinen Gott gestellt, als er Antworten bekommen konnte. Er hat ihn auf der ganzen Welt gesucht, und er musste ihn immer wieder suchen, weil er weiß, dass man Gott nicht wie eine Statue in ein Regal stellen kann, weil er ein lebendiger Gott ist, der den Dialog will. Er wusste ihn manchmal ganz nah an seiner Seite, wohl auch während der dunklen Stunden hier in Krakau, in denen er über seinen nahen Tod nachdachte.

Nur zweimal, während des Besuchs seiner alten Krakauer Gemeinde Sankt Florian und an der Wawelburg, habe ich ihn sagen hören: »Betet für mich, wenn ich tot sein werde.« Ich war dabei, als er in der Krypta der Burg kniete, dort, wo alle großen Polen begraben sind: Johannes Paul II. weiß, dass eine Grabstelle noch frei ist. Er hat dort seine erste Messe gelesen, keine fröhliche Messe eines jungen Priesters, sondern eine Totenmesse. Damals, am 1. November 1946, als er zum Priester geweiht worden war, las er die Messe in Erinnerung daran, dass er ganz allein auf der Welt war. Er las sie für seine verstorbenen Eltern und Geschwister. Knapp 56 Jahre später kniete er wieder vor diesem leeren Grab, stumm und nachdenklich.

11
Das Geheimnis Karol Wojtylas

Im Frühjahr des Jahres 2003 verbreitete sich das hartnäckige Gerücht, Papst Johannes Paul II. arbeite an einer neuen Enzyklika. Ich war sehr gespannt. Diese 14. Enzyklika musste etwas sein, was dem Papst all die Jahre auf der Seele gelegen hatte, was er jahrelang reifen ließ, bis er die Zeit für gekommen hielt, zu veröffentlichen, was er mehr als zwei Jahrzehnte mit sich herumgetragen hatte. Als ich das Thema der 14. Enzyklika erfuhr, wusste ich, dass es tatsächlich so etwas wie sein Testament war, sein innerstes Geheimnis: Eucharistie.

Als ich meiner Redaktion in Deutschland vorschlug, über die neue Enzyklika zu schreiben, bellte mein Kollege ins Telefon: »Der Papst schreibt über was: Eucharistie? Was ist das denn? Sag mir bitte nicht, dass dich das interessiert. Manchmal glaube ich, du gehörst nicht in eine Zeitungsredaktion, sondern in ein Kloster.«

Ich kann diese Reaktion durchaus verstehen. Auf den ersten Blick scheint eine Enzyklika zu dem Thema »Eucharistie« reines Fachchinesisch zu sein, ähnlich dem Bauplan eines neuen Formel-1-Motors, nur dass mehr Menschen wissen, was ein Zylinderkopf oder eine Kurbelwelle ist. In Wirklichkeit beschäftigt sich diese Enzyklika mit dem spannendsten Thema der Welt: einem unerklärlichen Geheimnis.

Nichts hat Papst Johannes Paul II. je so gefesselt wie die Berührung mit dem Heiligen, dem Unerklärlichen, dem Übernatürlichen. Das Geheimnis dieses Papstes ist das Geheimnis selbst, das Jenseitige, Wunderbare. Die Menschen auf der ganzen Welt, in allen 129 Ländern, die er besuchte, reagierten mit

Verblüffung vor allem auf dieses Geheimnis Karol Wojtylas. Fassungslos registrierten sie, dass sich ein Papst hinstellte und zum Ausdruck brachte: »Ihr haltet die Welt für erklärbar. Das ist aber nicht wahr: Es gibt unglaubliche Geheimnisse. Ihr habt euch von eurer Rationalität leiten lassen. Ihr glaubt, die Welt wäre ohne Zauber. Dabei könnt ihr nicht einmal die einfachsten Begriffe verstehen: Wann begann die Zeit? Wo endet die Unendlichkeit des Raumes? Habt Mut, traut euch, einem Geheimnis zu begegnen!«

Johannes Paul II. hat Gott in seinem Leben mehrfach um einen unerklärlichen Eingriff gebetet. Er glaubt daran, dass der Unfassbare in seine konkrete Welt eingreifen kann. Karol Wojtyla wandte sich direkt an das Mysterium: Als seine Mitarbeiterin Wanda Poltawska, eine Dozentin für Psychiatrie in Krakau, an Krebs erkrankte, beschloss der damalige Erzbischof Karol Wojtyla, auf das Übernatürliche zu setzen. Er hatte im Jahr 1947 in Italien einen Pater kennen gelernt, Pater Pio aus Pietralcina in Apulien. Dieser Pater behauptete, direkt von Gott Wundmale, die Stigmata Jesu Christi, erhalten zu haben. Er litt an blutenden Händen und Füßen, aus seiner Brust trat an der gleichen Stelle Blut, an der Jesus Christus vor 2000 Jahren eine Lanze getroffen haben soll. Der Pater behauptete wie Franz von Assisi, die Stigmata auf wundersame Weise empfangen zu haben. Der Vatikan glaubte dem Pater nicht. Papst Paul VI. ließ ihn ausspionieren. Doch Karol Wojtyla glaubte ihm. Er glaubte, dass dieser Mann eine besonders wirksame Fürsprache bei Gott erzielen konnte. Er schrieb ihm am 17. November 1962 auf Latein einen Brief und bat ihn: »Beten Sie für Wanda Poltawska. Die Frau ist eine Mutter von vier Kindern. Sie war während des Krieges vier Jahre in einem Arbeitslager in Deutschland und hat unendlich gelitten.«

Die Ärzte in Krakau hatten Wanda Poltawska bereits gesagt, dass sie zum Sterben verurteilt wäre und nur noch wenige Wochen zu leben hätte. Doch die Frau wurde gesund. Am 28. November, nur 11 Tage später, schrieb der Papst erneut an den Pater. Die Ärzte hatten fassungslos festgestellt, dass der Krebs spurlos und von allein verschwunden war. Die Mediziner sprachen offen von einem Wunder. Es gibt für den Papst keine andere Erklärung, als dass Gott direkt eingriff. Johannes Paul II. lebt als Zeuge dieses Geheimnisses. Das ist sein innerstes Wesen.

Für Johannes Paul II. wird dieses Geheimnis Gottes durch nichts so deutlich repräsentiert wie durch das Geheimnis der Eucharistie. In einer hochtechnologisierten Welt besteht der Papst darauf, dass jeden Tag millionenfach auf der Welt katholische Priester etwas Unerklärliches vornehmen: eine Wesensverwandlung von Brot in Fleisch und Wein in Blut. Dieser Ritus der Eucharistie ist im Grunde unvorstellbar. Während der heiligen Messe nimmt nach der Doktrin der katholischen Kirche der Priester eine Wesensverwandlung der Hostie am Altar vor. Aus einem Stück Hostie wird wirklich Fleisch, aus einem Schluck Wein tatsächlich Blut. Ist das Hokuspokus? Wieso sollte eine Hostie aufhören, eine Hostie zu sein? Durch die Einwirkung von was? Welche seltsamen kosmischen Strahlen, welche Wellen oder welcher Magnetismus sollten diese Verwandlung bewirken? Und warum sollte ausgerechnet ein katholischer Priester und nur ein katholischer Priester in der Lage sein, diese Wesensverwandlung herbeizuführen, und durch was? In einer rationalen, einer entzauberten Welt bedeutet diese Geste eine maßlose Provokation. Jeder noch so unglaubliche Spezialeffekt auf einer Leinwand lässt sich erklären. Jeder einzelne geheimnisvolle Ort, seien es die Pyramiden von Giseh, die Steine von Stonehenge oder die Gräber der Mayas, sind entzaubert. Sie wurden vermessen und durchleuchtet und ihrer Geheimnisse beraubt. Doch hartnäckig hält die katholische Kirche an diesem rätselhaften Ritus fest: Transsubstantiation. Ein Gegenstand hört schlagartig auf, ein Gegenstand zu sein, und nimmt ein anderes Wesen an. Ist das verrückt? Für den Papst ist das unerklärliche Geheimnis ein Kernstück seiner Religion. Der

Evangelist Matthäus beschreibt das Abendmahl so (Kapitel 26, Vers 26/28): »Während des Mahls nahm Jesus das Brot und sprach den Lobpreis; dann brach er das Brot, reichte es den Jüngern und sagte: Nehmt und esst, das ist mein Leib. Dann nahm er den Kelch, sprach das Dankgebet und reichte ihn den Jüngern mit den Worten: Trinket alle daraus, das ist mein Blut, das Blut des Bundes, das für viele vergossen wird zur Vergebung der Sünden.« Was bedeutet das? Was heißt das? Was wollte der rätselhafte Mann aus Nazareth damit sagen? Das ist ein Geheimnis. Es ist mit keiner Formel erklärbar, keine Mikro-Kamera, kein Forscher kann das Rätsel lösen, das diese Worte bedeuten. Das ist das innerste Geheimnis dieses Papstes. Er stellt die Menschen vor Rätsel. Er sagt ganz unumwunden: »Das ist unerklärlich.«

Der Blick zurück

Am 5. Juni 2003, zwei Tage vor Pfingsten, erlebte Johannes Paul II. ein Zusammentreffen mit sich selbst. Der Papst war zum Auftakt seiner 100. Auslandsreise auf der Insel Krk gelandet und fuhr auf dem Katamaran »Judith« an der kroatischen Küste entlang. In einigen Kilometern Entfernung ließ sich das Ziel, der Hafen von Rijeka, erkennen: Die hohen Gebäude am Hafen waren mit einem gigantischen Foto des Papstes geschmückt. Von weitem sah es so aus, als führe der Katamaran des Vatikans nicht auf einen Hafen, sondern auf einen freundlich lächelnden, alten Riesen zu, einen 30 Meter hohen Mann in Weiß, der geduldig am Kai wartete. Als das Schiff anlegte, trugen seine Leibwächter den Papst in einem Stuhl von Deck. Eine gewaltige Menschenmasse brach in ohrenbetäubenden Jubel aus. Es war, als hätte sich ganz Kroatien auf die Beine gemacht, um den Papst zu empfangen. Nachdenklich sah der gebrechliche, gebeugte alte Mann auf das riesige Poster: Er stand vor dem überdimensionalen Denkmal seiner selbst.

Ein normaler pastoraler Besuch ist für diesen Papst schon lange nicht mehr möglich. Da kommt nicht mehr das Oberhaupt der Katholiken aus Rom. Da kommt ein Mann, der schon zu seinen Lebzeiten eine Legende ist. Johannes Paul II. weiß das. Er betrachtete lange sein eigenes Gesicht auf der Plakatwand.

Vor 24 Jahren hat es angefangen. Am 25. Januar 1979 trat ein junger, energischer Papst seine erste Auslandsreise an. Er flog damals nach Mexiko, in ein Land, in dem die Verfassung Staat und Religion strikt trennt. Es kam niemand, der irgendetwas zählte, um ihn am Flughafen abzuholen. Bei seinem fünften Besuch in Mexiko am 30. Juli 2002 kniete Staatspräsident Vicente Fox vor ihm nieder und nahm eine Rüge des Parlaments dafür in Kauf. Mexiko entwickelte sich zu einem der wichtigsten Länder für die katholische Kirche. Nirgendwo sonst werden mehr Priester und Ordensleute berufen. Der Papst hat nicht nur Mexiko verzaubert. Er hat durch seine Reisen die Welt verändert.

Vor dem Plakat in Kroatien saß ein greiser Mann, der nicht mehr in der Lage ist, einen einzigen Schritt aus eigener Kraft zu gehen. Der aber dennoch stärker ist als je zuvor. Die Menschen gehen jetzt auf ihn zu. Es ist nicht mehr nötig, lange Wege zurückzulegen. Eine Kleinigkeit im Protokoll zeigte am 5. Juni 2003 nach seiner Ankunft in Rijeka, wie sehr dieser Papst die Welt verändert hat: Er begrüßte bei seiner Rede zum Auftakt des Besuchs nicht nur die Katholiken, sondern auch die Mitglieder aller anderen monotheistischen Religionen. Der Papst, der 1979 auszog, um den Katholiken dieser Welt apostolische Besuche abzustatten, ist heute ein Mann, dem Andersgläubige zuhören. Längst kommen Moslems, Juden, Lutheraner und orthodoxe Christen zu seinen heiligen Messen und Ansprachen in ihrem Land. Das Oberhaupt der Katholiken wurde zu einem universellen Botschafter des einen unbegreiflichen, großen Gottes. Seine Aussöhnung mit den Juden und Moslems ist nicht folgenlos geblieben. Für viele Menschen auf der Welt, die an einen Gott glauben, ist Johannes Paul II. ein Symbol für die Hoffnung auf Erlösung geworden. Im Hafen von Rijeka jubelten orthodoxe Popen dem Papst zu, die vor acht Jahren noch wütend gegen einen Papstbesuch in ihrem Land protestiert hätten. Die Aussöhnung mit den Patriarchen Rumäniens, Bulgariens und Griechenlands hat ein neues Zeitalter in der Begegnung der Konfessionen eingeleitet.

Der Papst, den sie in Italien den »Marathonmann Gottes« nennen, ließ sich im Hafen von Rijeka auf einen Rollstuhl heben. Bescheiden, ganz und gar nicht majestätisch, nahm Johannes Paul II. den Weg auf, der ihn auf seinen Platz in der Geschichte führen wird. Der Papst weiß, dass viele Menschen, die nach Rijeka gekommen sind, vor allem deshalb kamen, weil sie ihn noch einmal sehen wollten, bevor er für immer geht. Er selbst spricht über seinen nahen Tod. Am 19. Mai 2003, einen Tag nach seinem 83. Geburtstag, sagte er: »Ich weiß, dass der Moment näher kommt, in dem ich vor Gott treten werde. Ich hoffe auf seine Barmherzigkeit.« Karol Wojtyla glaubt, dass Gott ihn bald zu sich rufen wird. Er nimmt deswegen sogar eine gewisse Lähmung der Kirche in Kauf.

Seit langem gilt im Vatikan die Regel, dass alle wichtigen Kardinäle ihre Ämter mit Erreichen des 75. Lebensjahres niederlegen. Johannes Paul II. darf ein Jahr Aufschub gewähren, damit dringende Geschäfte zu Ende geführt werden. Doch auch ein so wichtiger Mann wie der Chef der Glaubenskongregation, Kardinal Josef Ratzinger, hätte spätestens nach einem Jahr Aufschub am 16. April 2003 in Pension gehen müssen. Johannes Paul II. bat ihn, trotzdem im Amt zu bleiben. Auch Kardinalstaatssekretär Angelo Sodano, der am 23. November des Jahres 2002 75 Jahre alt wurde, verschob auf Wunsch des Papstes seinen Ruhestand. Johannes Paul II. möchte die Neubesetzung dieser wichtigen Ämter seinem Nachfolger überlassen.

Fasziniert blickten die Menschen während dieser 100. Auslandsreise nach Kroatien auf den Papst, der seinen Tod erwartet: Gläubige und Ungläubige sahen zu, wie sich eine Wandlung vollzieht, wie ein Mensch sich auf die letzte Etappe seines weiten Weges macht, um zu seinem Gott zu gehen. Johannes Paul II. geht furchtlos. Ich habe mich in Kroatien in diesem Juni gefragt, ob man ihn beneiden darf: Sein Glaube wurde immer mehr zu einer Gewissheit der Existenz Gottes. Er ist sicher, dass der Herr sich ihm gezeigt hat. Er zweifelt nicht daran, dass Gott ihm auf Bitten der Mutter Gottes das Leben rettete, damals am Tag des Attentats am 13. Mai 1981. Er ist überzeugt davon, dass er ohne die Kraft Gottes nichts von dem vermocht hätte, was er geleistet hat. Wie sonst hätte er das vor Atomwaffen starrende Sowjetimperium herausfordern können, wie sonst hätte er Millionen Menschen aller Konfessionen mit seiner Botschaft erreichen können? Wie sonst hätte Johannes Paul II., dessen Priester in den USA den größten Skandal wegen sexuellen Missbrauchs von Kindern und Jugendlichen in der Geschichte der katholischen Kirche auslösten, erfolgreich Welt-Jugendtage in Nordamerika feiern können? Jugendtage, zu denen Priester Kinder und Jugendliche begleiten mussten, um mit ihnen im gleichen Zelt zu schlafen? Viele Berater hatten dem Papst aus Rom geraten, den Welt-Jugendtag in Toronto im Juli 2002 abzusagen, weil Skeptiker schätzten, dass wegen des Skandals nicht einmal 50 000 Jugendliche zum Papst kommen würden? Es kamen 800 000 zu einem angeblich hoffnungslos kompromittierten Mann, und sie jubelten ihm zu.

Um durchzusetzen, was sein Herr von ihm verlangte, musste Johannes Paul II. die katholische Kirche auf den Kopf stellen. Eine Kirche, die nur behutsame Änderungen verträgt, musste innerhalb weniger Jahre revolutioniert werden. Der Papst schreckte nicht davor zurück. Er weiß, dass er die Latte für seinen Nachfolger hoch gehängt hat. Die römisch-katholische Kirche ist eine Weltkirche geworden. Ihr Sitz befindet sich in Rom, aber ihr Herz schlägt an vielen Orten auf der Welt, vor allem in Lateinamerika. Auf dem amerikanischen Kontinent lebt mehr als die Hälfte der etwa eine Milliarde Katholiken der Welt. Es wird in Zukunft nicht mehr möglich sein, einfach den wichtigsten italienischen Bischof oder Kurienkardinal zum Papst zu ernennen.

Im vergangenen Jahrhundert war das durchgehend so gehandhabt worden: Johannes Paul I. (1978) war Patriarch von Venedig gewesen, Paul VI. (1963 bis 1978) Erzbischof von Mailand, Papst Johannes XXIII. (1958 bis 1963) Patriarch von Venedig, Pius XII. (1939 bis 1958) Kurienkardinal und Kardinalstaatssekretär, Papst Pius XI. (1922 bis 1939) Erzbischof von Mailand, Benedikt XV. (1914 bis 1922) Kurienkardinal, Pius X. (Papst zwischen 1903 bis 1914) Patriarch von Venedig und Leo XIII. (1878 bis 1903) Kurienkardinal.

Diese Logik durchbrach Johannes Paul II. für immer. Die Weltkirche braucht nicht den besten Italiener, sondern den besten Mann, den die Kirche hat. Es ist nicht mehr wichtig, ob der nächste Papst gut Italienisch spricht. Er muss viele Sprachen beherrschen. Die Aussöhnung mit den Religionen, die Johannes Paul II. vorantrieb, macht es nötig, dass der kommende Papst über Erfahrungen mit orthodoxen Kirchen, Juden oder Moslems verfügt. Ein hoch gehandelter Kandidat ist der bosnische Kardinal Vinko Puljic, der viele Kontakte mit der serbisch-orthodoxen Kirche und den bosnischen Moslems mitten im Krieg in Sarajevo sammeln konnte. Aber auch der deutsche Kurienkardinal Walter Kasper, Chef des päpstlichen Einheitsrats und Fachmann für die lutherische Welt, gilt als chancenreich. Die katholische Kirche braucht einen extrovertierten und kommunikativen, keinen schüchternen Papst: Johannes Paul II. schuf eine Vielzahl von Pflichtterminen mit großem Publikum, die seine Nachfolger nicht einfach streichen können. Er wird die Welt bereisen müssen, um mindestens an den Welt-Familientagen und den Welt-Jugendtagen teilzunehmen. Er wird die Bischofskonferenzen besuchen und Einladungen zu den Vereinten Nationen und befreundeten Kirchen annehmen müssen. Wer immer auch der Nachfolger Karol Wojtylas werden wird: Das Werk Johannes Pauls II. wird seine ersten Amtsjahre überschatten. Der nächste Papst wird schon ausreichend damit beschäftigt sein, der Erinnerung an Johannes Paul II. Genüge zu tun. Er wird die Jahrestage aller wirklich historischen Gesten seines Vorgängers wahrnehmen müssen. Israel wird den Tag feiern wollen, an dem Johannes Paul II. als erster Papst mit einem Rabbiner an der Klagemauer betete. Rumänien, Bulgarien und Griechenland werden die Jahrestage der Aussöhnungen zwischen den orthodoxen Kirchen des Landes und dem Vatikan begehen wollen. Syrien wird mit Sicherheit den nächsten Papst zu einer Gedenkfeier an das erste Gebet eines Papstes in einer Moschee nach Damaskus einladen. Wer immer auch sein Nachfolger werden wird, er wird an einem Papst gemessen werden, der Übermenschliches gegeben hat.

Noch die 100. Reise verwandelte der unbezwingbare Geist Karol Wojtylas in eine Tortur. Statt es bei der Seligsprechung in Dubrovnik zu belassen, reiste er kreuz und quer durch Kroatien, obwohl er nicht mehr gehen kann: von Rijeka nach Dubrovnik, Osijek, Diakovo und Zadar. Er hatte einen anspruchsvollen Plan: Der slawische Papst wollte den Krieg der Slawen auf dem Balkan begraben. Im ehemaligen Jugoslawien soll in die Praxis umgesetzt werden, was er im Jahr 1995 mit der Enzyklika »Ut unum sint« (Sie mögen eins sein) beschrieb. Die erste ernsthafte Probe der beginnenden Aussöhnung zwischen orthodoxen und katholischen Christen muss auf dem Balkan stattfinden. Johannes Paul II. setzte während dieser Reise alles daran, den Völkern diesen Weg zu zeigen. Er tat das mit aller Kraft, die ihm noch bleibt, als sei die Verpflichtung für eine friedliche Zukunft auf dem seit Jahrhunderten durch Kriege erschütterten Balkan sein Testament.

Am 9. Juni flog der Papst am Ende der 100. Auslandsreise zurück nach Rom, und einen Tag später erhielt ich einen Anruf.

Papstsprecher Joaquin Navarro-Valls fragte an, ob ich mich »kurzfristig freimachen könne«. Am 12. Juni würde der Papst mich zusammen mit anderen Journalisten, die ihn seit Jahren auf seinen Reisen begleiten, gern sehen. Johannes Paul II. wollte sich erinnern an die langen Reisen, und das nicht mit Staatsmännern und kirchlichen Würdenträgern, sondern mit denen, die sich mit relativ knitterfreien Anzügen aus der soeben gelandeten Papstmaschine gekämpft, Fernsehkameras an den Kopf geschlagen und Fußtritte eingesteckt hatten, die sofort nach der Landung der päpstlichen Maschine die hintere Treppe des Flugzeugs hinuntergerast waren in die Arme irgendeines Polizisten, der sie auf eine Tribüne schubste. Er wollte sich erinnern mit denen, deren Handys zu Unzeiten geklingelt und deren Chefs sie dann angebrüllt hatten: »Ich brauche den Text: Mach schnell! Was hat der Papst im Flugzeug gesagt? Wann kommt der verdammte Text zum Auftakt?« Der Papst wollte sich erinnern mit denen, die ihre Schreibgeräte aus den Taschen gerissen und zugesehen hatten, wie die vordere Tür des päpstlichen Flugzeugs aufschwang: Wenn er dann an der Flugzeugtür erschienen war, dann hatte die Journalistenmeute so oft die Fäuste geballt und gerufen: »Go, John Paul II., go!« Mit der anderen Hand hatten sie dann die ersten Worte ihrer Meldungen geschrieben: »Papst Johannes Paul II. traf zu seiner ersten, zu seiner zweiten, seiner fünfzigsten und schließlich zu seiner hundertsten Auslandsreise in Mexiko, in Polen, in Portugal oder Kroatien ein.«

Du, mein Sohn, warst noch ganz klein, als dieser alte Papst die Welt in Erstaunen versetzte, als er, ohne sein Leiden zu verbergen, ein weiteres Mal an einem Flughafen ankam, sich wieder einmal endlosen Zeremonien aussetzte, mit schier endlosem Händeschütteln und endlosen Fototerminen mit Prominenten. Ich wusste dann immer, dass er es schaffen konnte, dass der Funke irgendwann überspringen würde. Unsere Anzüge waren längst zerknittert, die Handy-Batterien fast leer, die Finger schmerzten vom Schreiben, und dann hörte in irgendeinem

Winkel der Welt der Papst auf, Teil unseres Jobs zu sein: Ständig fluchende Fernsehproduzenten und meckernde Fotografen wurden plötzlich ganz still, Journalisten schauten von ihren Notizblöcken und Computern auf, hielten inne und hörten zu. Manchmal gelingt ihm das, als könnte er die Zeit anhalten. Dann sagte er: »Habt keine Angst! Es gibt einen Gott, der euch liebt, mit all euren Schwächen, mit allen Fehlern. Einen Gott, der sieht, dass ihr versucht, ein bisschen des unbestreitbar Guten zu tun. Er weiß, wie schwach ihr seid. Habt den Mut, an ihn zu glauben, und ihr werdet nie wieder allein sein!« Kameramänner hörten dann auf zu filmen und verschränkten die Arme vor der Brust, Radioreporter setzten die Kopfhörer ab, und Journalisten von Nachrichtenagenturen vergaßen, an ihren Zigaretten zu ziehen. Manchmal gelang ihm das. Manchmal konnte er mitten im Chaos der Medienmaschine die Menschen erreichen. Auch mich.

Ich hätte nie so dringend die Frage nach Gott gestellt, wenn ich diesen Mann nicht so lange erlebt hätte. Denn was immer er tat: Er tat es mit aller Kraft, die er hatte, und noch etwas mehr. Ich kann dir, Leonardo, so viel von ihm sagen, dass ihm junge Menschen am Herzen liegen. Von ihnen wollte er sich als Erstes verabschieden. Der Mann, der dazu verurteilt ist, die kreischende Medienmaschine ständig um sich zu haben und jeden noch so stillen Winkel dieser Welt in einen Rummelplatz zu verwandeln: Er verabschiedete sich ganz leise. Es hat fast keiner bemerkt, dass er am Ende des Welt-Jugendtages in Toronto im Juli 2002 den Satz nicht sagte, den er seit fast zwei Jahrzehnten am Ende eines jeden Jugendtages aussprach: »Auf Wiedersehen in …« In diesem Fall wäre es in Köln im Jahr 2005 gewesen. Johannes Paul II. glaubte nicht, dieses Fest der Jugend in Deutschland noch zu erleben.

Lange Zeit bereitete der Vatikan die Feier seines 25-jährigen Amtsjubiläums am 16. Oktober 2003 vor. Aber Johannes Paul II. hatte kein Interesse mehr daran, weitere Rekorde zu brechen. Dabei war der Tag seines 25-jährigen Amtsjubiläums von besonderer Bedeutung. Nur drei Vikare Jesu Christi regierten länger: Petrus selbst regierte mindestens 34 bis maximal 37 Jahre. Ein eigentlicher Papst war er aber nicht. Nummer zwei war Pius IX., der 31 Jahre und sieben Monate regierte. Dann folgt Leo XIII., der 25 Jahre und drei Monate im Amt war. Schon im Februar 2004 rückte Johannes Paul II. also an Stelle Nummer drei. Aber das alles bedeutet Johannes Paul II. nichts mehr. Er wird weitermachen. Er wird versuchen, eine Reise auf russisches Territorium durchzusetzen. Er möchte noch eine Messe feiern in der Mongolei, in Ulan-Bator. Er hat der Madonna von Fatima versprochen, alle ehemaligen Satellitenstaaten Moskaus sowie Russland selbst der Mutter Gottes zu weihen. Er wird nicht rasten und nicht ruhen, solange er eine Chance dafür sieht, eines Tages auf dem Roten Platz in Moskau zu stehen und zum Gott der Christen zu beten. Dabei hat Johannes Paul II. seinen Platz in der Geschichte längst sicher.

Ich weiß nicht, als was dieser Papst einmal in die Geschichte eingehen wird – als besonders konservativer oder als besonders moderner Papst? Ich würde mir wünschen, dass man an Johannes Paul II. eines Tages als einen Mann denkt, der den modernen Menschen Fragen zu stellen wusste. Er reiste um die Welt im Namen des Herrn, und Millionen sahen fassungslos zu und fragten sich: »Wer schickt dich, Karol Wojtyla, eigentlich in jeden Winkel dieser Erde? Wer ist der Herr, in dessen Namen du zu kommen vorgibst?«

Auch ich habe mich das gefragt.

12
DAS ENDE EINER ÄRA

Das Ende der Ära des unbeugsamen Papstes, der sich immer mehr zumutete, als er bewältigen konnte, kam am Vormittag des 15. August 2004. Zwei schlichte Worte auf Polnisch markierten das Ende einer Epoche und den Beginn eines neuen Abschnitts der Regentschaft von Johannes Paul II.

Wie immer erfuhr die Welt durch das, was nicht geplant war, wie es um den Menschen Karol Wojtyla wirklich stand. An diesem Vormittag las der Papst die Messe vor etwa 300 000 Leidenden auf der großen, für Massengottesdienste vorgesehenen Wiese im französischen Wallfahrtsort Lourdes. Der Papst hatte Hunderte solcher Messen gelesen, er war wieder und wieder zu Kranken, Alten, Sterbende gereist, um ihnen Kraft zu geben, auch durch sein Beispiel – das Beispiel eines unbeugsamen Mannes, der sich durch seine Gebrechen, die lange Liste seiner Krankheiten vom Darmkrebs bis zum Oberschenkelhalsbruch, der Parkinson-Lähmung und den Folgen des Attentats des Jahres 1981 niemals hatte stoppen lassen. Während solcher Messen hatte Johannes Paul II. vor allem Trost gespendet, Tausende Kranker gesegnet, ihre Hände gehalten und versucht, ihnen Kraft zu geben. Der Papst brachte während solcher Gottesdienste immer wieder eine enorme Kraft auf. Er versuchte, so viel Überzeugungskraft wie möglich in seine Worte zu legen, gerade wenn er vor den Kranken darüber sprach, dass für einen Christen das Leiden nichts Sinnloses ist, dass Gott durch sein Leiden die Welt erlöst hatte.

An diesem Vormittag in Lourdes stand ich in der Nähe des Altars und tat das, was alle Vatikan-Korrespondenten tun, wenn der Papst eine Predigt hält. Man liest den Text, den man dankenswerterweise vorab bekommt, mit, Wort für Wort, man hört zu, um zu erkennen, ob der Papst etwas auslässt, einen Satz oder einen ganzen Paragraphen überspringt oder nicht. Anschließend kann man darüber spekulieren, warum der Papst einen bestimmten Satz nicht gelesen hat, aber genau genommen ist diese Arbeit völlig sinnlos, weil der Vatikan seit langem die Regelung ausgegeben hat, dass die vorab verteilte Rede als vollständig gehalten gilt, selbst wenn der Papst sie nicht komplett verliest. Es ist also egal, ob er etwas auslässt oder nicht, es gilt ohnehin als gesagt. Diese Abmachung sollte dem Papst über die Hürden langer Tage helfen, vor allem wenn er ganze Stapel bedruckten Papiers hatte vorlesen müssen, Ernennungen von Bischöfen oder ausführliche Erklärungen.

Ich stand in Lourdes auf der durch den Regen ziemlich schlammigen Wiese, versuchte mich auf den Text zu konzentrieren und irgendwie mit dem an diesem Ort versammelten Leiden zurechtzukommen. Da standen Hunderte dieser in Lourdes üblichen Karren, mit denen Schwerkranke in die Nähe des Altars des Papstes geschafft worden waren. Menschen mit allen möglichen Entstellungen, Menschen, die um Luft rangen, die offensichtlich unter großen Schmerzen litten, Menschen, die innig beteten, auf eine unwahrscheinliche, wundersame Heilung hoffend. All diese Leute drängten auf die Wiese. Es war eine beeindruckende und gleichzeitig nicht ganz einfache Erfahrung. Ich gebe zu, ich sehnte mich, während die schwachen Kehlen der Kranken Choräle anstimmten, nach der Energie, dem Enthusiasmus und der Gesundheit der Teilnehmer eines Weltjugendtages zurück, und gleichzeitig war ich, glaube ich, selten in meinem Leben so dankbar, in diesem Augenblick gesund zu sein. Die Messe nahm ihren ganz normalen Verlauf, es schien sich alles abzuspielen wie immer, wie schon tausendfach erlebt. Doch dann geschah es: Der Papst improvisierte, das heißt, er sagte etwas, was nicht in der gedruckten und verteilten Predigt stand.

Für alle Vatikan-Korrespondenten bedeuten diese Improvisationen zugleich Glücksfall und Panik, denn der Papst improvisierte leider nicht immer in der gleichen Sprache, sondern in irgendeiner der etwa ein Dutzend Sprachen, die er beherrscht. Wenn er sich plötzlich in der Ukraine auf Russisch, in Brasilien auf Portugiesisch oder im Vatikan auf Latein an seine Zuhörer wandte, dann fragten Sekunden später alle Vatikan-Korrespondenten brüllend durcheinander: »Was hat er gesagt?« Ich erinnere mich an ein Treffen mit Bischöfen im Vatikan am 6. Oktober 2001, als der Papst auf Latein improvisierte, nachdem Bischof Janis Pujats aus Litauen als Einziger seinen Vortrag auf Latein vorgelesen hatte; alle anderen Bischöfe hatten Italienisch oder Englisch gesprochen. Der Papst sagte damals im Scherz: »Arme lateinische Sprache, dein letztes Refugium ist Litauen. Hier in der Versammlungshalle im Vatikan spricht keiner mehr Latein, aber wenigstens noch in Litauen.«

Diese Improvisationen verraten sehr viel mehr über den Papst als die langen Predigten. In Polen konnte er stundenlang improvisieren, so während der Reise im Juni 1999, als er in seinen Heimatort Wadowice kam. Dort erzählte er ausführlich über seine Kindheit und Jugend, erinnerte sich an seine Fußballmannschaft, an seine Versuche als Torwart. Er erinnerte sich daran, dass viele Kinder seiner Mannschaft Juden gewesen waren, und er erzählte, wie er an den Samstagen ehrfurchtsvoll zusah, wenn sie sich auf den Weg in die Synagoge machten.

Augenblicke, nachdem der Papst einmal wieder improvisiert hatte, hingen die Redaktionen, die via Fernsehen die Papstmesse verfolgten und wussten, daß in diesen spontanen Einwürfen stets interessante oder neue Dinge offenbart wurden, am Telefon und fragten den Korrespondenten: »Was hat er da gerade gesagt?« Von dieser Art des Papstes zu improvisieren leben ganze Heerscharen von Übersetzern. Sie sitzen hoch bezahlt und schwer gelangweilt stundenlang während päpstlicher Zeremonien neben Korrespondenten und warten nur darauf, dass der Papst in der Sprache, die sie beherrschen, irgendetwas Außerplanmäßiges sagt.

Einen Satz sagte der Papst wieder und wieder, und zwar immer dann, wenn er in irgendeinem Land besonders engagierte Pilger, die minutenlang applaudierten und immer wieder Hymnen auf ihn sangen, besonders loben wollte. Dann sagte er: »Ihr macht ja mehr Durcheinander als die Mexikaner.« Aus diesem Satz spricht Weltgeschichte, denn er zeigt, dass der Papst seine erste Reise im Frühjahr 1979 nach Mexiko nie vergessen hat. Damals sangen und schrien begeisterte Mexikaner die ganze Nacht vor der Nuntiatur, in der der Papst versuchte, trotz des Krachs seiner Anhänger draußen zu schlafen. Der Papst schickte damals seinen Sekretär Don Stanislaw hinaus, der der Menge zurufen musste: »Der Papst muss jetzt schlafen. Singt doch bitte nicht mehr so laut.«

Johannes Paul II. war von dieser Nacht, vom ununterbrochenen Jubel der Massen, so beeindruckt, weil Mexiko eine eher kirchenfeindliche Verfassung hat, die Staat und Kirche konsequent trennt. Nur in den Staaten des damals noch existierenden Ostblocks, auch in Polen, herrschte eine ähnliche, aus Sicht der Kirche noch schlimmere Situation. Aber wenn es in Mexiko gelingen konnte, die Massen so für einen Papst zu begeistern, dass regelrecht ein Ruck durch das Land ging, dann konnte das eventuell auch in Polen klappen. Das dachte der Papst damals, und später erzählte er von dieser Nacht in Mexiko immer wieder. Die Pläne der großen Reisen nach Polen, die die Welt verändern sollten und dem Sowjetimperium vermutlich den Todesstoß verpassten, entstanden in dieser Nacht in Mexiko. Hätten die Pilger damals nicht so ein Geschrei veranstaltet vor dem Schlafzimmer des Papstes, hätten die Mitglieder des Politbüros der Sowjetunion in Moskau sehr viel ruhiger schlafen können.

In Lourdes hatte ich keinen Übersetzer verpflichtet; ich hoffte darauf, genug Französisch zu sprechen, um für den Fall gewappnet zu sein, dass der Papst improvisieren sollte. Doch er sprach zu meinem Pech polnisch. Er sagte plötzlich während der Predigt irgendetwas und in Panik geratend, während schon mein Handy klingelte, quetschte ich mich durch die Reihen, bis ich zufällig eine Schwerkranke fand, die ein polnisches Fähnchen hochhielt. Sie verstand Gott sei dank Französisch und schrieb mir als Antwort auf meine Frage, was der Papst gerade gesagt hatte, zwei Worte auf eine Serviette: »Pomozcie mi.« – »Was heißt das?«, fragte ich sie. Sie sagte leise: »Es heißt ›Helft mir.‹«

Jetzt begriff ich. Einer der Sekretäre des Papstes, Mieczyslaw Mokrzycki, stand neben Johannes Paul II., er gab ihm einen Plastikbecher mit Wasser zu trinken und versuchte, ihm Mut zuzusprechen. Er drückte seine Hand und half ihm, sich zurechtzurücken. Ich sah, wie der Papst trank und sich bemühte, wieder zu Kräften zu kommen. Es war das erste Mal nach 17 Jahren als Vatikan-Korrespondent, dass ich erleben musste, dass dieser Papst, der immer gekommen war, um anderen zu helfen, anderen Mut zuzusprechen, anderen Kraft zu geben, dass dieser Papst eine öffentliche Zeremonie unterbrechen musste, um Hilfe zu erbitten. Die Szene dauerte nur ein paar schrecklich Sekunden: Der Marathonmann Gottes, der unermüdliche »(H)eilige Vater«, dem ich auf alle Kontinente bis zur Erschöpfung gefolgt war, er konnte nicht mehr. Ich wusste, dass jetzt ein neuer Abschnitt begonnen hatte. Ich war mir absolut sicher: Von nun an gab es kein Zurück mehr.

Journalisten haben immer zwei Möglichkeiten zu berichten, über den Inhalt oder über die Umstände. Was Johannes Paul II. betraf, war es immer schwieriger geworden, über das zu berichten, was der Papst sagte oder tat. Sein Engagement im Heiligen Land, die schwierigen Vermittlungsversuche zwischen christlichen und moslemischen Palästinensern, all das hatte keine Chance gegen die Nachricht, ob der Papst gehustet hatte oder ob seine Hand stark zitterte oder nicht. Die Chefredakteure, also die, die entschieden, was die Mediennutzer zu lesen, zu hören und zu sehen bekamen, interessierten sich immer weniger für das Was und immer mehr für das Wie. Wenn ich versuchte, Interesse dafür zu erwecken, welche Rolle der Papst im Dialog mit dem Islam einzunehmen gedenke, dann erhielt ich als Rückfrage nur: »Wie geht es dem Papst? Hat er es geschafft, mit klarer Stimme zu sprechen, wie viele Sätze hat er aus eigener Kraft lesen können? Hat er einen Mitarbeiter bitten müssen, die Predigt zu halten?«

Die Berichterstattung über die Christmette 2004 sollte schließlich zeigen, wie sich Nachrichten über den Papst verändert hatten. Die staatliche italienische Nachrichtenagentur ANSA schrieb über die Weihnachtsmesse 2004, dass der Papst »offensichtliche Sprechprobleme« habe, dennoch habe er »die ganze Predigt verlesen«, die aber nur »aus drei Absätzen bestand«. Der Leser erfuhr zwar, dass der Papst es noch schaffte, drei Absätze zu lesen, aber nur noch sehr wenig darüber, was darin eigentlich stand.

Das Ereignis in Lourdes war nicht der Auslöser dieser Entwicklung, es markierte nur einen Wendepunkt. Nach diesem Tag musste ich mir hundertmal anhören: »Hat der Papst wieder um Hilfe gebeten? Kann er eine Zeremonie noch durchstehen?« Selbst Reisepläne, die jahrzehntelang eine Top-Nachricht gewesen waren, ließen sich jetzt nur noch unter dem Gesundheitsaspekt an das Publikum verkaufen. So zeichnete sich im Winter des Jahres 2004 ab, dass Johannes Paul II. noch eine Reise nach Polen plane. Jahrelang hatte sich ein solches Vorhaben als schlichte Nachricht übermitteln lassen: »Papst plant Reise nach Polen.« Doch die sture Konzentration auf seinen Gesundheitszustand führte dazu, dass selbst aus dieser schlichten Nachricht ein Bericht mit beinahe alleinigem Bezug auf seine Gesundheit gebastelt wurde: In den Zeitungen stand: »Kann dieser Papst noch eine Reise nach Polen schaffen oder ist er schon zu krank?« Vermutlich trug dieses Klima der hemmungslosen Spekulation dazu bei, dass Papstsprecher Joaquin Navarro Valls am 12. Januar 2005 ausdrücklich betonte, dass eine Papstreise nach Polen nicht geplant sei.

Ich wusste schon damals in Lourdes, dass von nun an jeder Artikel, jeder Fernsehbericht, jede Nachricht vor allem mit neuen Details über den gesundheitlichen Zustand des Papstes verbunden sein musste. Es war schon vor jener Reise immer schwieriger geworden, irgendetwas über den Papst zu berichten – was immer es auch sein mochte –, das nicht mit seinem Gesundheitszustand verbunden war.

Doch diese Entwicklung brachte eine erstaunliche und unerwartete Nebenwirkung mit sich. Dem Papst, dessen Stimme immer schwächer wurde, dessen Worte manchmal nur noch sehr schwer zu verstehen waren, diesem Papst hörte die Welt auf einmal wieder zu. Das Medieninteresse an dem greisen Papst wuchs ständig, immer mehr Zeitungen und Fernsehanstalten aus immer mehr Ländern berichteten über den greisen Mann in Rom. Johannes Paul II. erreichte plötzlich in seinem Lebenswerk eine neue faszinierende Qualität, eine sehr große Glaubwürdigkeit. Schon an diesem furchtbaren Tag in Lourdes fiel das auf. Wie so oft in seinem Leben erlebte Johannes Paul II. das Glück, dass er zum richtigen Zeitpunkt am richtigen Ort war. Gerade die Reise nach Lourdes zeigte diese enorme Art von Glaubwürdigkeit, denn da kam nicht ein gesunder, schicker Politiker zu Kranken, um ihnen eine bessere medizinische Versorgung oder irgendetwas anderes zu versprechen. Nach Lourdes kam ein kranker Papst zu kranken Menschen. Er lebte dort mit den Schwerkranken im Haus für kranke Lourdes-Pilger, er aß mit ihnen, schlief ebenso wie sie auf einer Krankenstation, und seltsamerweise gierte eine Welt, die schöne Menschen im Fernsehen gewohnt war, nach den Berichten und Bildern über einen kranken Papst in Lourdes. Das französische Fernsehen berichtete nach dem Papstbesuch, dass das Interesse an einem Auftritt des Papstes in Frankreich noch nie so groß gewesen sei.

Der leidende Karol Wojtyla sorgte innerhalb der katholischen Kirche für eine echte Trendwende, die ihm niemand mehr zugetraut hatte. In Italien fiel das Phänomen einer kräftigen Rückkehr zum katholischen Glauben als Erstes auf. Jahrzehntelang hatten dort Soziologen prophezeit, es werde innerhalb einiger Jahrzehnte nur noch wenige Katholiken in Italien geben. Der Trend der Abwendung von der katholischen Kirche sei angesichts des drastischen Wandels der modernen Gesellschaft unumkehrbar. Doch einer der wichtigsten Kirchenfachmänner, der Vatikan-Fachmann der italienischen Tageszeitung *La Repubblica*, Marco Politi, wies durch seine Studie im Jahr 2004 nach, dass das Interesse an der katholischen Kirche vor allem unter jungen Menschen wieder stark anstieg. In den Gemeinden herrschte auf einmal wieder Aufbruchstimmung, die Kirchen füllten sich wieder, laut der Studie von Marco Politi gerade wegen der Glaubwürdigkeit dieses Papstes. Das Ergebnis Politis ist erstaunlich, er fasst es im Titel seines Buches zusammen: »Il ritorno di Dio«, was so viel heißt wie: »Gott ist wieder da.«

Dass der Papst auf einmal »ging«, dass vor allem Massenmedien ein immer stärkeres Interesse an dem hinfälligen Mann entwickelten, schien mir unerklärlich, gerade weil sich innerhalb der Medien ein starker Umbruch vollzog; denn es reichte plötzlich nicht mehr, ein wichtiger Mensch zu sein, um eine starke Medienpräsenz zu erreichen, es wurde auch zunehmend notwendig, ein schöner wichtiger Mensch zu sein. Ministerpräsidenten wie der italienische Premier Silvio Berlusconi ließen sich liften, Regierungschefs färbten sich wenigstens die grauen Haare dunkel. Die Olympischen Sommerspiele 2004 in Athen zeigten, dass die Fernsehsender der Welt immer mehr Interesse an schönen Körpern und immer weniger an sportlichen Höchstleistungen unansehnlicher Sportlerinnen und Sportler hatten. Das drastischste Beispiel dieser Entwicklung ist David Beckham. Beckham hat schon längst nichts mehr mit einem normalen englischen Fußballer zu tun. David Beckham entwickelte sich zu einer völlig neuen Art des Popstars, einem Star der Sport-, der Modeszene, einem Society- und einem Medienstar. Es reicht nicht mehr, dass Fußballer gut Fußball spielen, um das Publikum zu begeistern, sie müssen mit Kleidung und ihrem Verhalten das Lebensgefühl einer Generation treffen. In Interviews mit David Beckham geht es um Mode, um den Stil von Dolce & Gabbana oder anderer Modezaren, um Musik oder Filme und schon lange nicht mehr nur darum, ob er auf der Ersatzbank sitzen müsse oder was er vom nächsten Gegner halte.

In einer Medienwelt, die schöne Glitzer-Menschen wie David Beckham feiert, konnte der Kontrast zu einem hinfälligen Papst kaum größer sein, und seltsamerweise brachte gerade dieser Kontrast der katholischen Kirche plötzlich unerwartete Vorteile. Der Papst, der kaum mehr sprechen konnte, galt nicht nur als besonders hinfälliger, sondern zugleich als besonders glaubwürdiger Papst. Dieses Phänomen ließ sich wahrscheinlich am deutlichsten am 4. Juni 2004 beobachten, als der amerikanische Präsident George W. Bush den Papst besuchte. Nach Wochen harter Verhandlungen hatte Bush endlich sein Ziel erreicht: eine private Audienz bei Johannes Paul II. Bush kam in dem Bewusstsein, dass der Papst der weltweit bekannteste Gegner des Irak-Kriegs war. Dabei betonte Bush stets, dass der christliche Gott einen hohen Stellenwert in seinem eigenen Wertesystem und im Wertesystem seines Landes einnehme. Bush mochte sich nicht damit abfinden, dass das Oberhaupt von weltweit einer Milliarde Katholiken, ein Mann, der sich Vikar Jesu Christi nennen lassen durfte, sich offen gegen die USA stellte.

Ich stand an der Via della Conciliazione, die schnurgerade zum Petersdom führt, und sah den Konvoi des US-Präsidenten kommen. Schwarze große Kleinlastwagen, ausgerüstet mit hohen Antennen, fuhren vorbei, schwer bewaffnete Scharfschützen rollten an, schließlich kam die gepanzerte Limousine des Präsidenten. Da geschah etwas Unerwartetes: Jugendliche, die ohne jeden Zweifel der linken Szene zuzurechnen waren, protestierten mit großen Postern des Papstes gegen den Kriegsherren George W. Bush. Es war wirklich eine Überraschung, bei diesem Anlass linke, demonstrierende Jugendliche zu sehen, die sich hinter das Bild des Papstes stellten, wie hinter ein schützendes Schild. Dies bedeutete vor allem eins: Johannes Paul II. hatte nach Jahrzehnten endlich einen nicht mehr erwarteten Erfolg errungen, nämlich zu zeigen, dass das auf der ganzen Welt hartnäckig verbreitete Klischee, dass sich dieser Papst leicht einordnen, leicht in eine Schublade stecken lasse, eben nicht stimmt.

Während seiner ganzen Regierungszeit wurde dem Papst vorgeworfen, sowohl theologisch als auch politisch eine extrem konservative Haltung einzunehmen. Dass eines Tages junge Menschen auf die Straße gehen könnten mit Postern des Papstes, der für sie ein Symbol für den Frieden wie sonst nur John Lennon oder Manu Chau darstellte, das schien unfassbar. Natürlich bejubelten die jungen Menschen den Papst in einer naiven Haltung. Ihnen war sicher nicht klar, dass der gleiche Papst die Haltung des US-Präsidenten Ronald Reagan, der das Sowjetreich arg bedrängte, nicht ungern gesehen hatte. Der Papst hatte als ein Mann gegolten, der keinen Bezug mehr zu modernen jungen Menschen hat. Jahrzehntelang hatten die Medien überall auf dem Globus gebetsmühlenartig wiederholt, dass eines der Hauptprobleme dieses Papstes sei, dass er die junge Generation nicht erreichen könne, denn junge Menschen könnten einen Mann, der gegen Sex vor der Ehe und gegen Verhütungsmittel sei, niemals akzeptieren. Jetzt erlebten die gleichen Medien, dass eine Massenbewegung junger Menschen diesen Papst zu ihrer Ikone machte: die »Pace-Bewegung«.

Italien erlebte in den ersten Monaten nach dem Angriff der

USA auf den Irak ein unglaubliches Phänomen: 2,5 Millionen Menschen hängten Fahnen mit dem Aufdruck »Pace« (Frieden) von ihren Balkonen. Die ganze Aktion funktionierte nur per Mundpropaganda, keine Partei, keine große Organisation steckte direkt dahinter. Es handelte sich einfach um Familien, die aus eigenem Antrieb zeigen wollten, dass sie gegen diesen Krieg waren. Das Erstaunliche an diesem Vorgang war, dass es sich nicht um eine Übung linker Aktivisten, sondern um eine katholische Aktion handelte, die direkt auf eine Initiative des Papstes zurückging.

Angefangen hatte es in einem Kloster in Brescia in Norditalien. Nachdem der Papst die Kriegspläne gegen den Irak entschieden verurteilt hatte, hängten Patres des Saverianer-Ordens in Brescia in Regenbogenfarben bedruckte Fahnen mit dem Aufdruck »Pace« aus dem Kloster. Viele der Gemeindemitglieder in Brescia wollten es den Patres nachtun und zeigen, dass sie ebenfalls der Meinung des Papstes und gegen diesen Krieg waren. Die Patres verschenkten nun Zehntausende dieser Fahnen, die zum Teil mit einem Foto des Papstes bedruckt waren, und nun monatelang von Balkonen hingen. Zu einem der Anführer der Friedensfahnenbewegung gehörte der katholische Priester Don Albino Bizzotto.

Dass der Papst sich zu einem starken Symbol für den Frieden entwickelt hatte, das war auch ein Ergebnis der Darstellung des Papstes in den Medien. Da empfing im Vatikan ein körperlich schwacher, auf fremde Hilfe angewiesener Papst den starken Kriegsherren George W. Bush. Wahrscheinlich ohne es zu wollen, schufen die Massenmedien mit den Bildern dieses Treffens vor allem für junge Menschen in Europa eine neue Ikone. Der Papst galt als das beste Beispiel für die Hilflosen, die guten Willens sind, die Schwachen, aber nicht mutlosen, die sich der Macht einer Kriegsmaschine hilflos, aber couragiert entgegenstellen. Ich habe in dieser Zeit mit vielen jungen Menschen gesprochen, die nach Rom gepilgert kamen, um mit dem Bild des

Papstes in der Hand gegen den Irakkrieg zu protestieren. Ich habe ihnen häufig die gleichen Fragen gestellt: »Was wollen so junge Menschen wie ihr von so einem alten Mann, wie dem Papst? Was bedeutet er für euch?« Die Antworten fielen eigentlich immer gleich aus. Gleichgültig aus welchem Land die jungen Menschen auch kamen, sie sagten: »Alle wichtigen Menschen, die sich bisher zu uns Jugendlichen gesprochen haben, wollten entweder Macht oder Geld oder Ruhm, aber dieser Papst ist der Erste, der zu uns spricht und das alles nicht will. Er glaubt wirklich an etwas, und dafür reibt er sich bis zum letzten bisschen Kraft auf, er glaubt an etwas, das nichts mit Macht oder Geld oder Ruhm zu tun hat, sondern mit der Ewigkeit.« Der Papst verkörperte diese Art von Mission und auch Hilflosigkeit offensichtlich so überzeugend, dass Umfrageinstitute in Italien wie das Meinungsforschungsinstitut ISTAT einen Trend ermittelten, der staunen machte: Die Mehrzahl der italienischen Soziologen hatte vorausgesagt, dass die aktuelle Generation junger Menschen weitgehend und in der absoluten Mehrheit ohne Bezug zur katholischen Kirche heranwachsen werde. Aber genau diese jungen Menschen wählten als Symbol ihrer vitalsten Massenbewegung – der Friedensbewegung gegen den Irakkrieg – als Ikone ihres Widerstands gegen die USA ausgerechnet den Papst.

Viele im Vatikan entdeckten zur eigenen Verwunderung, dass Johannes Paul II. einen Wendepunkt erreicht hatte: Der Papst, dem selbst die eigenen Kardinäle schon öffentlich mehrfach den Rücktritt nahe gelegt hatten, erreichte plötzlich wieder die Menschen auf eine positive Weise. Aus Sicht der Medien geschah daraufhin etwas Unerhörtes: Die Flut der herabsetzenden Veröffentlichungen, unter der Johannes Paul II. lange gelitten hatte, ließ sich nun nicht mehr so leicht verkaufen. Anti-Papst und Anti-Vatikan-Bestseller tauchten immer weniger auf. Aggressive Bücher, wie David Yallops Rekonstruktion des vermeintlichen Mordes an Johannes Paul I., die der

Regentschaft Karol Wojtylas mit seiner Fülle von Komplotttheorien schwer zu schaffen gemacht hatte, blieben nun aus, wahrscheinlich vor allem, weil es keinen Markt mehr für eine Schmähung des Papstes und des Kirchenstaates gab. An die Stelle offener Feindseligkeit trat jetzt etwas Neues: Die bangende Dauerspekulation darüber, ob er noch in der Lage sei, sein Amt auszuüben. Aus journalistischer Sicht ist diese Art von Spekulation reizvoll. Die Vorstellung, dass der gigantische Apparat der katholischen Kirche, die größte Organisation der Welt, die nicht von einer Gruppe sondern von einem einzigen Menschen geleitet wurde, nahezu führerlos durch die Zeit treibt, füllt Zeitungsseiten und Fernsehbeiträge. Das Verführerische daran besteht aus journalistischer Sicht darin, dass die spektakuläre Frage weit interessanter ist als die lakonische Antwort; und die Frage lautet so: »Wer regiert den Vatikan?«

Diese Frage lässt sich von jeher deswegen so unschlagbar gut ausschlachten, weil es natürlich niemanden gab, der sie beantworten konnte. In der Frage steckte nur das Geheimnis, dass in den Medien von jeher den Vatikan umgibt. Wildeste Spekulationen darüber, wer im Vatikan tatsächlich die Fäden in der Hand hielt, schossen ins Kraut. Der Vorteil für die Medien bestand vor allem darin, dass es sehr unwahrscheinlich war, vom Vatikan dementiert zu werden, denn die offensichtliche Gebrechlichkeit des Papstes ließ sich kaum mehr dementieren.

Zweitens ließ sich auch nur schlecht dementieren, dass der eine oder andere Kardinal hinter den Kulissen sehr großen Einfluss besaß, ein offizielles Dementi hätte der Betroffene als Beleidigung auffassen können.

Kaum eine Verschwörungstheorie schien zu abstrus. Alles, was irgendwie zu einer geheimnisvollen Geschichte taugte, wurde aus der Kiste der Vergangenheit geholt. Selbst den Templerorden bemühten Autoren für Zeitungen und Fernsehen. Die »Fratres militias Templi« oder besser noch die »Pauperes Commilitones Christi Templique Salomonis« (der Templerorden, anerkannt im Jahre 1128 durch Honorius, Papst zwischen 1124 und 1130, als Ritterorden, der die Pilger im Heiligen Land schützte und versorgte) beschäftigten seit Jahrzehnten die Phantasien der Christen. Vor allem weil der Orden im Jahr 1312 durch die Bulle »Vox in excelso« durch Klemens V. (Papst zwischen 1305 und 1314) aufgehoben wurde, wobei die Spekulationen der christlichen Tradition, die bis zum Hollywood-Regisseur Steven Spielberg und dessen »Indiana Jones« reichte, wollten, dass die Templer im Besitz des Kelches Christi seien, der das ewige Leben garantiere.

Die Templer durften also wieder einmal über die Bildschirme reiten und sich in den Ruf bringen lassen, erstens im Untergrund immer weiterbestanden zu haben und zweitens die Drahtzieher im Vatikan an der Stelle des Papstes zu sein. Die meisten dieser Verschwörungstheorien erhielten natürlich Nahrung durch die Welle der erfolgreichen Vatikan-Thriller, allen voran durch die verschwörungswitternden Bücher von Dan Brown (»Illuminati«). Abgesehen von reinen Phantasieprodukten wie Romanen gab es auch allerdings einige ernste Probleme, so den Vorwurf, der Papst sei über die Ernennung von Bischöfen, die nur er vornehmen darf, nicht mehr informiert. Gestreut wurde das Gerücht im Kirchenstaat von Kandidaten für das Bischofsamt, die sich übergangen fühlten. Auf der Welt leben etwa 4000 Bischöfe, was dazu führt, dass der Papst fast täglich einen neuen ernennen muss. Wenn ein Bischofssitz neu besetzt werden muss, bespricht sich der Nuntius des betroffenen Landes mit der zuständigen Bischofskonferenz und schickt eine Liste mit Namen in den Vatikan, an die Kongregation für die Bischöfe, die »Congregatio pro Episcopis«. Diese Kongregation sucht geeignete Kandidaten aus und bespricht sie mit dem Papst. Übergangene Kandidaten für das Bischofsamt nährten nun das Gerücht, dass nicht der Papst, sondern ein seltsamer, ihnen übel wollender Hintermann in Wirklichkeit die Kandidaten aussuche, was sich in keinem Fall auch nur im Ansatz beweisen ließ.

Abgesehen von einer Unzahl anderer unsinniger Spekulationen, die lediglich die Qualität besaßen, phantasievoll zu sein, tauchten leider auch ernste Beschuldigungen auf, die den einen oder anderen Kirchenmann zum Schattenpapst erkoren, als den Mann, der für den hinfälligen Karol Wojtyla tatsächlich Entscheidungen fällte. Mir persönlich tat es leid, dass in diesem Zusammenhang immer darüber gemunkelt wurde, ob nicht der Sekretär des Papstes, Bischof Stanislaw Dziwisz, in Wirklichkeit alle wichtigen Entscheidungen fälle. Denn das war schlicht nicht wahr, wovon man sich überzeugen konnte. Es beruhte meiner Ansicht nach auf bösem Willen, dass Don Dziwisz auch innerhalb des Vatikans als eigentlicher Entscheidungsträger hinter dem Papst immer und immer wieder angeschwärzt wurde. Hinter seinem Rücken sprachen Kurienmitglieder von der Regentschaft Seiner Heiligkeit Don Stanislaw I. Dabei ließ sich ganz einfach zeigen, dass das nicht stimmte: Don Stanislaw veröffentlichte nie etwas und sagte öffentlich nichts. Er spielt das Spiel nicht mit, das im Vatikan wichtige Entscheidungsträger gelegentlich mit ihren Sekretären inszenieren, indem sie den Sekretär etwas sagen lassen, was der Kardinal selber nur denkt und nicht sagen will.

Wenn zum Beispiel der Sekretär des Kardinals der Kongregation für die Bischöfe in irgendeinem Kirchenblatt darüber schreibt, dass die Katholiken in irgendeiner Region auf der Welt besonders schwer leiden, dann kann man mit an Sicherheit grenzender Wahrscheinlichkeit annehmen, dass der zuständige Bischof für diese Region in seiner Bischofskonferenz unter mächtigen Druck gerät. Denn die Bischöfe werden sich fragen, ob der Sekretär auf Anweisung des Chefs der Bischofskongregation darüber schrieb, wie schlecht es in einer bestimmten Region bestellt sei, denn dann stand eine Katastrophe an. Es bedeutete nämlich, dass der Text des Sekretärs nichts weiter war als eine verkappte Aufforderung des Chefs aller Bischöfe an den betreffenden verantwortlichen Bischof, alsbald zurückzutreten.

Solche strategischen Winkelzüge lassen sich nur verstehen, wenn man bedenkt, dass die katholische Kirche kein Unternehmen und auch keine Demokratie ist. Prinzipiell müssen alle wichtigen Entscheidungsträger davon ausgehen, dass ihre Untergebenen guten Willens sind und mit größtem Einsatz arbeiten. Es ist nicht so einfach wie in einer normalen Firma, einen Mitarbeiter, der sich nicht bewährt hat, zu versetzen oder zu feuern. Bei allen wichtigen Entscheidungsträgern gilt, dass die Kirchenspitze von ihnen erwartet, dass sie allein zurücktreten, wenn etwas wirklich Gravierendes vorgefallen ist. Wenn sie sich weigern, bleiben sie meistens im Amt. Nur in extremen Einzelfällen, wie der Katastrophe im österreichischen Paradepriesterseminar Sankt Pölten im Juli des Jahres 2004, schlug der Vatikan hart zu. Mehrere Mitglieder des Priesterseminars hatten Kinderpornos in das Seminar geschmuggelt, mit dem Seminarleiter homosexuelle Orgien gefeiert und das ganze dann auch noch gefilmt. Dem zuständigen Bischof Kurt Krenn schickte der Vatikan umgehend einen apostolischen Visitator; Bischof Krenn erklärte daraufhin monatelang in Interviews, er sehe keinen Grund zurückzutreten. Krenn hatte keine Chance mehr, weigerte sich dennoch, sein Amt niederzulegen. Seltsamerweise besann er sich im Oktober 2004 plötzlich anders, von einem Tag auf den anderen reichte er den Rücktritt ein und ließ sich pensionieren. Offiziell hatte ihn der Vatikan nicht dazu gedrängt, einen Schriftverkehr gab es nicht, wahrscheinlich gab es in Wirklichkeit nur ein Telefonat aus dem Vatikan, und Kurt Krenn musste gehorchen. Am 8. Oktober 2004 trat sein Nachfolger Klaus Küng sein Amt an.

Während der Skandale der letzten Jahre, vor allem auch während der Kinderschänderaffäre in den USA, saß Bischof Dziwisz im Zentrum der Macht. Ein einziges Interview von ihm, ein paar Sätze zur Vatikantageszeitung *Osservatore Romano* oder auch nur eine kurze Ansprache über Radio Vatikan, hätte der Apparat der Kirche nur auf eine Weise verstanden: Der

Papst möchte sich nicht selbst in den Fall einmischen, der Sekretär spricht das aus, was der Papst wirklich denkt. Doch das fand nie statt. Bischof Dziwisz machte von dieser Methode nie Gebrauch. Das lässt sich überprüfen: Es gibt so gut wie nichts Schriftliches von Bischof Dziwisz. Ich glaube, dass es in der ganzen Kurie keinen anderen Menschen gibt, der so wenig veröffentlicht hat wie Dr. Stanislaw Dziwisz. Das erscheint umso erstaunlicher, da es innerhalb der ganzen Kirchenregierung keinen gibt, der so viel weiß wie er.

Im Jahr 1963 hatte Karol Wojtyla Don Stanislaw Dziwisz zum Priester geweiht, seit dem Jahr 1966 arbeitet Don Stanislaw ununterbrochen an der Seite seines Mentors als Sekretär und Kaplan. Beide wuchsen in der Nähe von Krakau auf, in Dörfern, die keine 50 Kilometer von einander entfernt liegen, Dziwisz wurde am 27. April 1939 in Raba Wyzna geboren geboren, der Papst am 18. Mai 1920 in Wadowice. Sie gehören zum gleichen Menschenschlag. Der Sekretär des Papstes entwickelte sich im Laufe der Jahre immer mehr zu einem seiner wichtigsten Mitarbeiter. Von einem Sekretär im reinen Sinne kann eigentlich kaum mehr die Rede sein, Don Stanislaw verwandelte sich langsam zu einem Berater, auch wenn der bescheidene Mann diese Bezeichnung immer weit von sich weisen würde. Doch was immer auch Don Stanislaw und der Papst besprochen haben mögen: Nie drang auch nur ein Satz davon nach draußen. Sicher ist zudem: Die Entscheidungen fällte stets der Papst, mehr als seine aufrichtige Meinung wagte Don Stanislaw nie zu sagen. Der bescheidene Sekretär nutzte die Stellung an der Seite des Oberhaupts der Katholiken der Welt nie aus. Wie vorsichtig und zurückhaltend sich Don Stanislaw Dziwisz benahm, kann man vor allem an den wenigen Ausnahmen erkennen.

Im Grunde gibt es nur eine echte Veröffentlichung von Don Stanislaw, die bisher unbekannte Hintergründe aus dem Leben des Papstes verrät. Doch auch in diesem einzigen Fall hatte Don Stanislaw zwanzig lange Jahre verstreichen lassen und den

Papst um Erlaubnis gebeten, bevor er über das berichtete, was er an der Seite des Papstes selbst gesehen und erlebt hatte. Don Stanislaw brach sein Schweigen nur, um über eine entscheidende Phase während der Amtszeit des Papstes zu reden: das Attentat vom 13. Mai 1981. Auf den Tag genau zwanzig Jahre später, am 13. Mai des Jahres 2001, sprach Don Stanislaw an der katholischen Universität von Lublin in Polen, an der Universität, an der Karol Wojtyla als Professor bis zu seiner Wahl zum Papst gelehrt hatte.

Der Bericht von Don Stanislaw schildert die dramatischen Stunden nach dem Attentat und korrigiert in Teilen die Geschichtsbücher. Erst dieser Bericht zeigt, wie ernst es damals wirklich um den Papst stand.

Bischof Stanislaw Dziwisz sagte in Lublin:

»Am Nachmittag (des 13. Mai 1981) sollte um 17 Uhr auf dem Petersplatz wie jeden Mittwoch eine Generalaudienz stattfinden. 17.17 Uhr. Nach der zweiten Umkreisung des Platzes fielen die auf Johannes Paul II. gerichteten Schüsse. Mehmed Ali Agca, ein Berufsmörder, verletzte den Heiligen Vater mit einem Pistolenschuss am Bauch, am rechten Ellenbogen und am Zeigefinger. Die Kugel durchbohrte den Körper und fiel zwischen dem Papst und mir nieder. Ich hörte zwei Schüsse: Die Kugeln verletzten zwei weitere Personen. Mich verschonten sie, obwohl die Kraft des Geschosses so stark war, dass es mehrere Personen durchbohren konnte. Ich fragte den Heiligen Vater: ›Wo?‹

Er antwortete: ›In den Bauch.‹

›Tut es weh?‹

Er sagte: ›Ja.‹ Und in diesem Augenblick begann er niederzusinken. Da ich hinter ihm stand, konnte ich ihn halten. Er verlor an Kraft. Das war ein dramatischer Moment. Heute kann ich sagen, dass in diesem Augenblick eine unsichtbare Macht eingegriffen hat, um das tödlich gefährdete Leben des Heiligen Vaters zu retten. Es blieb keine Zeit zum Überlegen, und es war auch kein Arzt in der Nähe. Eine einzige falsche Entscheidung konnte katastrophale Folgen haben. Wir versuchten nicht, ihm erste Hilfe zu leisten, wir dachten auch nicht daran, den Verwundeten in die Wohnung zu bringen. Jede Minute zählte. Daher brachten wir ihn sofort zum Krankenwagen, und dort befand sich auch Dr. Renato Buzzonetti, der persönliche Arzt des Heiligen Vaters. Mit Höchstgeschwindigkeit fuhren wir zur Gemelli-Klinik. Unterwegs war der Heilige Vater noch bei Bewusstsein, das er erst beim Betreten der Klinik verlor. Solange er konnte, betet er halblaut. In der Klink herrschte Bestürzung – darüber braucht man sich nicht zu wundern. Der Verwundete wurde in ein Zimmer im zehnten Stock gebracht, das für besondere Fälle reserviert war, aber auf unseren Einspruch wurde der Heilige Vater sofort in den Operationssaal gebracht. In diesem Moment lastete auf den Ärzten eine ungeheure Verantwortung. Eine besondere Rolle erfüllte Professor Francesco Crucitti. Er vertraute mir später an, dass er an diesem Tag eigentlich dienstfrei hatte und zu Hause war, aber eine gewisse Kraft ihn geradezu drängte, in die Klinik zu fahren. Unterwegs erfuhr er im Radio von dem Attentat. Sofort erklärte er sich bereit, die Operation durchzuführen, insbesondere weil der Chefarzt der chirurgischen Klinik, Professor Giancarlo Castiglioni, in Mailand weilte und erst gegen Ende des Eingriffs zurückkam. Professor Crucitti standen weitere Assistenzärzte zur Seite. Im Operationssaal herrschte Gedränge. Die Situation war sehr ernst. Der Organismus hatte viel Blut verloren. Das zur Ergänzung gereichte Blut schlug nicht an. Aber es fanden sich in der Poliklinik Ärzte mit derselben Blutgruppe, die ohne zu zögern Blut für den Heiligen Vater spendeten, um sein Leben zu retten. Die Situation war ernst. Dr. Buzzonetti bat mich in einem bestimmten Augenblick, ich solle dem Patienten das Krankensakrament spenden, weil sein Zustand sehr ernst war: Der Blutdruck fiel, und der Herzschlag war kaum vernehmbar. Durch die Bluttransfusion wurde ein solcher Zustand wiederhergestellt, dass mit der Operation begonnen werden konnte, welche außerordentlich kompliziert war. Sie dauerte fünf Stunden und zwanzig Minuten. Von Minute zu Minuten wuchsen die Hoffnungen, daß der Papst am Leben bleiben würde.«

Diese dramatische Schilderung von Don Stanislaw Dziwisz blieb der einzige Bericht des Sekretärs über seine Zeit an der Seite des Papstes. Nie nutzte er sein Wissen, er behielt seine Meinung immer für sich und veröffentlichte nichts, so dass nie der Verdacht entstehen konnte, der Sekretär schreibe, was der Papst denke, aber nicht zu schreiben wage. Es gibt nicht ein einziges Interview mit Bischof Stanislaw. Das zeigt, wie ungerecht und schlicht unwahr es ist, ihm vorzuwerfen, er sei so etwas wie der Schattenpapst.

Ich persönlich war vor allem immer von der Bescheidenheit dieses Mannes fasziniert, was einmal eine enorm peinliche Konsequenz hatte. Der päpstliche Sekretär gilt *nolens volens* innerhalb der katholischen Kirche als ein ungeheuer mächtiger Mann, und von einem solchen Mann denkt man zwangsläufig, dass er zahlreiche Mitarbeiter und Sekretäre habe, schließlich muss er sich um Probleme auf der ganzen Welt kümmern. Ich war auch immer davon ausgegangen, dass Don Stanislaw selbstverständlich einen persönlichen Mitarbeiter hat. Zu Beginn des Jahres 2005 besuchte ich gerade meine Mutter zu ihrem Geburtstag in meiner Heimatstadt Werl in Westfalen, zusammen mit meiner Frau und meinem damals fünfjährigen Sohn Leonardo. Er war ein bisschen erkältet und hatte Fieber, Papa und Sohnemann kuschelten also morgens gegen 9 Uhr noch im Bett, tranken gemeinsam von der Honigmilch und erzählten sich eine Geschichte, in der jede Menge Piratenschiffe, Piraten, Schatzkisten und Könige vorkamen. Plötzlich klingelte mein Handy im Nebenzimmer. Ich lief in Unterhosen hin und nahm ab, eine Stimme sagte: »Hier ist Don Stanislaw.«

Nun, mein Buch *Papst Johannes Paul II. Das Geheimnis des Karol Wojtyla* hatte zu dem Zeitpunkt schon sehr gut verkauft; ich war relativ bekannt geworden durch zahlreiche Fernsehauftritte, und jede Menge Kollegen zogen mich mit der neuen Rolle als Papst-Fachmann auf. Ich war mir im ersten Moment absolut sicher, dass mich jemand auf den Arm nehmen wollte. Noch einmal sagte die Stimme: »Hier ist Don Stanislaw.« Ich wollte gerade sagen: »Klar bist du Don Stanislaw, und ich bin der Papst, aber der will jetzt nicht gestört werden, also wer immer du auch um Henkers willen sein magst, lass mich in Ruhe und scher dich zurück in den Vatikan.« Doch bevor ich das alles ins Telefon sprudeln konnte, dachte ich: ›Und was ist, wenn das wirklich Don Stanislaw ist, was ist, wenn dieser Mann so bescheiden ist, dass er sich nicht durchstellen lässt, sondern sofort selber am Telefon ist? Zuzutrauen wäre es ihm.‹ Da sagte er zum dritten Mal: »Hallo, hier ist Don Stanislaw«, und da erkannte ich gerade noch rechtzeitig die Stimme und sagte schnell: »Eccelenza, es tut mir so leid, dass ich sie nicht gleich erkannt habe.«

Überheblichkeit oder Stolz sind Don Stanislaw fremd. Ich habe selten einen Kirchenmann gesehen, dem seine Ernennung zum Erzbischof so unangenehm war. Er weigert sich bis heute, den für Bischöfe eigentlich normalen Kuss des Bischofsrings als Zeichen großer Gläubigkeit hinzunehmen. Wer je versucht hat, seinen Ring zu küssen, wird wissen, wie peinlich ihm das ist. In seinem Herzen ist Don Stanislaw ein einfacher Diener seines Herrn Karol Wojtyla geblieben.

Wer die Arbeitsmethoden von Papst Johannes Paul II. kennt, wusste ohnehin, dass die Spekulationen über einen Schattenpapst völliger Unsinn waren. Seit seinem Amtsantritt im Jahr 1978 hatte Johannes Paul II. immer den gleichen Stil kultiviert – er sah sich vor allem als Moderator. Es kostete mich Jahre, um herauszubringen, wie wichtige Gespräche im engsten Kreis um den Papst wirklich ablaufen. Selbstverständlich erklärten alle

Teilnehmer solcher Gespräche, dass einfach schon der Anstand gebietet, über solche geheimen Aussprachen nichts verlauten zu lassen. Immerhin konnte ich im Laufe der Jahre herausbringen, wie diese Gespräche formal verliefen, auch wenn nur sehr wenige Besucher des Papstes mir je verrieten, was dort wirklich geredet wurde. Für wirklich wichtige Gespräche, wenn es etwa Streit zwischen dem Vatikan und der Bischofskonferenz irgendeines Landes gab oder wenn die Bischöfe sich untereinander stritten, lud der Papst zum Mittagessen. Die Gäste bestätigen hinterher alle: »Gegessen haben wir nichts.«

Die Gespräche verliefen so, dass der Papst alle Beteiligten aufforderte, ihre Meinung zu sagen. Der häufigste Satz, den Papst Johannes Paul II. während solcher entscheidenden und schwierigen Aussprachen sagte, war: »Und was sagen Sie dazu?« Der Papst sah sich immer vorwiegend als Moderator, er pflegte vor allem schweigsame Teilnehmer zu ermutigen, mitzudiskutieren. In fast allen Fällen gelang es ihm schließlich, die beteiligten Bischöfe noch bei Tisch untereinander zu einer Einigung in strittigen Fragen zu bringen, allein weil er mit am Tisch gesessen hatte. Er hatte die Diskussion dadurch angetrieben, aber gleichzeitig auch klar gemacht, dass er nur ungern kraft seines Amtes die Entscheidung alleine fällen wollte, was er allerdings tat, wenn es nötig war.

Diese Entscheidung, die er als gesunder, energischer Papst nach seinem Amtsantritt getroffen hatte, nämlich vorwiegend als Moderator zu wirken, kam dem gebrechlichen, alten Papst jetzt zugute. Johannes Paul II. hatte die Bischöfe nie durch lange Ausführungen bei Tisch zu der einen oder anderen Lösung gedrängt, sondern sie selbst entscheiden lassen. Dass er nur noch mit Mühe sprechen konnte und schwer zu verstehen war, hinderte den alten Papst nicht, weiterhin wie ein Berater an einem Entscheidungsfindungsprozess an seinem Mittagstisch teilzunehmen. Der Arbeitsrhythmus des Papstes blieb weiterhin nahezu der gleiche.

Erstaunlicherweise entschied sich der gebrechliche alte Papst auch dazu, die Tür zu seinem Apartment weiterhin weit offen stehen zu lassen. In der Geschichte des Vatikans war dies eine Ausnahme. Es gab Päpste in der jüngeren Geschichte des Kirchenstaats, die sich überhaupt nie öffentlich den Gläubigen zeigten, während ihrer ganzen Regentschaft nicht. Andere blieben über Jahrzehnte in ihrem Apartment. Das betraf vor allem die Päpste Pius IX. (Papst 1846 bis 1878), Leo XIII. (Papst 1878 bis 1903) Pius X. (Papst 1903 bis 1914) und Benedikt XV. (Papst 1914 bis 1922), also alle Päpste, die nach dem Zusammenbruch des Königsreichs der Päpste im Jahr 1870 einen Friedenschluss mit dem Königreich Italien anstrebten. Erst Papst Pius XI. (Papst zwischen 1922 und 1933) zeigte sich wieder regelmäßig den Menschen und normalisierte das Verhältnis zu Italien mit der Unterzeichnung der Lateranischen Verträge im Jahr 1929. Doch kein anderer Papst in der Geschichte des Vatikans empfing persönlich so viele Gäste wie Johannes Paul II. Während seines ganzen Pontifikates kamen täglich Dutzende, wenn nicht Hunderte Besucher zu Privataudienzen. Dabei nahm sich der Papst nicht nur für die wichtigsten Kardinäle und Bischöfe Zeit. Seine Kraft reichte erstaunlicherweise auch, Besucher zu empfangen, die er nicht unbedingt hätte empfangen müssen – so feierte ihn am 17. Januar 2005 um 11.45 Uhr der Rennstall Ferrari und das deutsche Rennfahrer-As Michael Schumacher. Der Papst hätte diesen Besuch mit gutem Gewissen ganz absagen können, weil seine Vorgänger, vor allem Papst Paul VI., mehrfach den Rennsport und den Firmengründer Enzo Ferrari heftig angegriffen hatten, weil bei Autorennen so viele Menschen zu Tode gekommen waren.

Der guten Wirkung des Papstes nach außen stand jedoch eine traurige Entwicklung nach innen gegenüber. Der Papst wurde immer einsamer. Das hatte auch einen ganz einfachen, natürlichen Grund. Der Papst war mittlerweile so alt geworden, dass er kaum noch Freunde in seinem Alter hatte. Immer weniger Weggefährten und Bekannte waren noch am Leben. Während der Christmette im Jahr 2004 blieb die Bank, die für private Gäste des Papstes reserviert war, nahezu leer. Zudem konnte sich der Papst immer weniger bewegen, immer häufiger verbrachte er ganze Tage in seinem Apartment. Sein Sekretär Bischof Dziwisz versuchte zwar immer, bei ihm zu sein, aber manchmal ging selbst das nicht. Monsignore Dziwisz musste öfter unaufschiebbare Termine wahrnehmen, dann saß der Papst abends allein in seinem Zimmer.

Unter der Einsamkeit und dem Schicksal, sich nicht mehr aus eigener Kraft bewegen zu können, litt Johannes Paul II. furchtbar, denn er hatte sich früher den Vatikan regelrecht erwandert. Er hatte sich nicht wie andere Päpste in einem Büro oder in der Privatbibliothek eingesperrt, wo er Staatsgäste empfing. Karol Wojtyla war seit seiner Wahl im Vatikan spazieren gegangen, sehr zur Überraschung und manchmal zum Entsetzen einiger Mitarbeiter, denn der Chef pflegte mitunter überraschend aufzutauchen. Johannes Paul II. spazierte einfach gern durch seinen eigenen Staat. Er fuhr mit dem Fahrstuhl von seinem Apartment hinunter zum Hof vor dem Turm der Vatikanbank IOR und ging von dort in die für das Publikum nur zu bestimmten Zeiten zugänglichen vatikanischen Gärten, die im Westen an den Petersdom angrenzen. Er spazierte am äthiopischen Priesterkolleg vorbei, wo er manchmal Theologiestudenten überraschte, die auf der Wiese Ball spielten, was eigentlich verboten ist. Papst Pius XI. (Papst zwischen 1922 und 1939) hatte für die Priester der von Italien eroberten äthiopischen Kolonie dieses Priesterkolleg mitten in die vatikanischen Gärten bauen lassen – eine traumhafte Lage. Im Obergeschoss ließ der Papst ein Apartment für den Kardinalstaatssekretär einrichten. Der Papst ging häufig am Kolleg vorbei bis zur Grotte der Muttergottes von Lourdes, die am höchsten Punkt des vatikanischen Hügels nachgebaut worden war. Johannes Paul II. spazierte von dort weiter an den Rosenbüschen vorbei bis zum Hubschrauberlandeplatz, der eine atemberaubende Aussicht auf die Stadt Rom bietet, und ging dann hinüber zum Turm des heiligen Nikolaus, dem exklusivsten Gästeappartement der Welt. Diesen Turm hatte Papst Nikolaus V. im Jahr 1447 als Verteidigungsanlage errichten lassen, Papst Johannes XXIII. (Papst zwischen 1958 und 1963) hatte ihn umbauen lassen. Normalerweise darf nur der Patriarch des Ostens, der Patriarch von Konstantinopel, dort residieren. Der Patriarch besitzt noch immer dieses Vorrecht, als wäre er in seiner Bedeutung mit dem Patriarchen des Westens, dem Papst, auch nur ansatzweise zu vergleichen. Der Papst ist das Oberhaupt von etwa einer Milliarde Katholiken, der Patriarch von Konstantinopel, der in einigen Epochen der Geschichte sogar mächtiger als der Papst in Rom war, kann heute noch auf höchstens 4000 Christen zählen. Während des Umbaus des päpstlichen Apartments im Jahr 1979 hatte Johannes Paul II. selbst in dem Turm gewohnt.

Diese Spaziergänge im Vatikan dienten keineswegs nur der Erbauung des Papstes, Johannes Paul II. hatte sich zeigen wollen, um allen Mitarbeitern im Vatikan, auch denen, denen man kaum einen offiziellen Termin bei ihm geben würde, die Möglichkeit zu geben, ihn im Park einfach anzusprechen wie einen ganz normalen Spaziergänger. Johannes Paul II. wollte im Vatikan präsent sein. Viele unglückliche, enttäuschte oder auch mit Sorgen beladenen Vatikan-Mitarbeiter haben den Papst in den Gärten angesprochen und um Hilfe gebeten. Legendär sind die Zusammentreffen des Papstes mit einigen auf ihre Figur bedachten Bischöfen. Während der *ad limina*-Besuche baten immer wieder Bischöfe um die Erlaubnis, morgens oder am späten Nachmittag, wenn die Arbeiten beendet waren, durch die vatikanischen Gärten zu joggen. Diese »visitatio ad liminam Apostolorum«, den Besuch der Schwelle der Gräber, müssen alle Bischöfe der Welt im Abstand von vier bis fünf Jahren absolvieren. Die joggenden Bischöfe stoppten dann schweißüberströmt neben dem Papst, der sie belustigt ermunterte, sich weiterhin fit zu halten.

All das war im Winter des Jahres 2004/05 längst Geschichte, der gebrechliche Papst bewegte sich nur noch zwischen wenigen Räumen. Außer seinem Apartment benutzte er nur noch die Privatbibliothek für Staatsbesuche oder private Audienzen und den Saal des heiligen Clemens in der Nähe der Privatbibliothek für große Audienzen. Abgesehen davon, zeigte er sich nur noch in der Peterskirche und in der Audienzhalle Paul VI. neben dem Petersdom. Die Zeiten, als Johannes Paul II. damit Aufsehen erregte, dass er einfache Familien am Sonntag in seiner Diözese Rom besuchte, waren endgültig vorbei. An eine längere Auslandsreise war nicht mehr zu denken. Der Papst schien sich mit seinen engsten Beratern im Vatikan immer mehr von der Welt abzukapseln. Die Medienfachleute im Kirchenstaat fürchteten, dass sich jetzt die brutalen Gesetze des Medienmarktes zeigen würden und ein gnadenloser Einbruch des Interesses an diesem Papst bevorstehe. Denn ein Papst, der nichts Spektakuläres mehr tat, der nicht als erster Papst der Geschichte in einer Moschee, einer Synagoge oder einer evangelischen Kirche betete, der würde nach aller Erfahrung das Medieninteresse und damit die Anteilnahme von vielen Millionen Menschen verlieren. Es schien sich nicht verhindern zu lassen, dass die Welt diesen Papst, der nur noch einige Sätze sprechen konnte, der immer häufiger seine Predigten verlesen lassen musste, langsam vergaß. Bei allen anderen wichtigen Persönlichkeiten des Globus hatte sich diese Gesetzmäßigkeit bewahrheitet. Wer sich nicht in den Vordergrund schob, wer nicht »trommelte«, also spektakuläre Auftritte inszenierte, wurde von den Medien nach einer bestimmten Zeit nicht mehr wahrgenommen. Doch im Vatikan geschah in dieser Situation etwas Außergewöhnliches: Der Papst, der als erster Nachfolger des heiligen Petrus die Welt besucht hatte, der bereit gewesen war, unter der Aufbringung seiner ganzen Kraft zu den Menschen auf diesem Globus zu reisen, dieser Papst wurde von der Welt eben nicht vergessen.

Die Medien schienen wie hypnotisiert von diesem Papst, die Tageszeitungen und Fernsehsender schickten immer mehr Korrespondenten nach Rom. Das Interesse der Welt war ungebrochen. Niemand spürte das so deutlich wie der Papstsprecher Joaquin Navarro-Valls. In einer kleinen Pizzeria im römischen Stadtteil Trastevere feierte er kurz vor Weihnachten im Jahr 2004 mit alten Journalisten, die im Pressesaal des Heiligen Stuhls arbeiteten, sein 20-jähriges Dienstjubiläum, und ehrlich überrascht, sagte er: »Das Interesse an diesem Papst ist so gewaltig, dass ich vor allem versuchen muss, diesem großen Interesse zu entsprechen. Ich war immer der Meinung, dass man nicht aus Inkompetenz diese großen Erwartungen der Medien enttäuschen darf. Häufig versucht ein Sprecher, Interesse zu wecken für die Agenda, die Pläne und Projekte, der Einrichtung oder der Person, die er vertritt. In meinem Fall ist es genau umgekehrt: Die Herausforderung besteht darin, dass ich nicht mit simplen, trivialen Aussagen die Erwartung enttäuschen darf, die die ganze Welt, auch die nicht christliche Welt, den Plänen und Projekten des Papstes entgegenbringt. Als Pressesprecher einzugreifen, konstruktiv zu sein, bedeutet in diesem Fall nicht das Interesse, mit den Techniken der Werbung zu wecken, sondern Konzepte, Ideen und Werte weiterzugeben, die das bereits bestehende Interesse erfüllen und nicht enttäuschen.«

Die Liste der Staatschefs, die den greisen Papst unbedingt sprechen wollten, wurde mit dem Beginn des Jahres 2005 immer länger. Die Welt, die Karol Wojtyla als erster Papst der Geschichte wirklich gesehen hatte, die Welt, die er jetzt nicht mehr so unermüdlich bereisen konnte, diese Welt kam jetzt zu ihm.

13
XX. Weltjugendtag in Köln 2005

Mit dem Beginn des Jahres 2005 begann für den Vatikan das Jahr der Deutschen. Auf dem Kalender des Papstes stand für das ganze Jahr nur ein Großereignis, aber dafür eins, das es in sich hat: der zwanzigste Weltjugendtag in Köln.

Weltjugendtage sind mit keiner anderen Erfindung von Papst Johannes Paul II. vergleichbar, weil keine andere Idee dieses Papstes die katholische Kirche so radikal verändert hat wie diese Zusammenkünfte junger Menschen. Ich habe keinen Zweifel daran, dass man noch in kommenden Jahrhunderten von Johannes Paul II. vor allem als dem Papst sprechen wird, der die Idee hatte, die Jugend der Welt zu mobilisieren. Keine andere Einrichtung seines Pontifikates hat eine solche unfassbare Erfolgsstory vorzuweisen. Keine andere Initiative entwickelte so eine Kraft, die wie eine Schockwelle weltweit die katholische Kirche aufrüttelte. Zunächst schien die Einrichtung des Weltjugendtags nichts weiter als eine von vielen löblichen, aber nicht sonderlich wirksamen Erfindungen der katholischen Kirche. Im Jahr 1985 hatte Papst Johannes Paul II. angesichts des bedrückenden Priestermangels sich an die Jugend der Welt gewandt um sie dazu aufzufordern, dem Beispiel der »Abertausend von Priestern und Diakonen und Ordensschwestern zu folgen«, die von Gott berufen worden seien. Am 15. April des Jahres 1985 wandte sich der Papst an die Jugend mit einem Appell für neue Berufungen auf der Welt. Der Papst nutzte das der Jugend gewidmete Jahr 1985 für diese Initiative; ein Jahr später, am 23. März 1986, dem Palmsonntag, zelebrierte der Papst den ersten Tag der Jugend in Rom. Etwa 150 000 Jugendliche aus Rom und dem Umland pilgerten damals zum Petersplatz. Sie hatten keine Ahnung, dass sie die Vorboten einer weltweit einzigartigen Entwicklung sein würden, die Abertausende von Jugendlichen dazu bringen würde, ganze Kontinente zu überwinden, um an einem Weltjugendtag teilzunehmen.

Der Durchbruch kam am 12. April 1987. Mehr als 1,2 Millionen Menschen feierten mit dem Papst den ersten internationalen Weltjugendtag in Buenos Aires. Südamerika hatte nie zuvor eine solche Menschenansammlung erlebt. Die Organisatoren konnten selbst nicht fassen, dass eine solche Masse junge Menschen zu diesem Papst gepilgert kam. Johannes Paul II. machte sehr drastisch deutlich, wie wichtig ihm dieser Tag war: Als erster Papst seit Jahrhunderten, als erster Papst seit der Gefangennahme Papst Pius' VII. (Papst zwischen 1800 und 1823) durch die Generäle Napoleons, zelebrierte das Oberhaupt der katholischen Kirche den Palmsonntag außerhalb Roms, ja außerhalb Italiens und Europas. Dieser Sonntag des Weltjugendtages in Buenos Aires war auch ein wichtiges Signal für das ganze Pontifikat: Johannes Paul II. sah nicht nur Rom und Italien, sondern die ganze Welt als sein Wirkungsfeld an.

Am 21. August des Jahres 1989 pilgerten 400 000 Jugendliche zum zweiten internationalen Weltjugendtag in den klassischen Wallfahrtsort nach Santiago di Compostela und erlebten dort etwas Unglaubliches: einen Papst, der wie ein Prophet offenbar in die Zukunft schauen konnte. Ein paar Monate vor dem überraschenden Fall der Berliner Mauer flehte der Papst die Mutter Gottes um ein Europa ohne trennende Grenzen an. In den Kommentaren verurteilten damals Journalisten aus der ganzen Welt diese Vision als wirklichkeitsfremd.

Der dritte internationale Weltjugendtag konnte in Tschenstochau (Czestochowa) in Polen diesen Wunsch des Papstes dann in die Tat umsetzen. Aus ganz Europa strömten zum ersten Mal seit dem Zweiten Weltkrieg Jugendliche über geöffnete Grenzen in das Marienheiligtum, das lange unerreichbar hinter dem Eisernen Vorhang gelegen hatte. Es kamen mehr als 1,3 Millionen junge Menschen in den Wallfahrtsort, in dem nur 250 000 Menschen leben.

Der vierte Weltjugendtag in Denver (USA) galt als entscheidende Probe, denn zum ersten Mal sollte das Treffen der katholischen Jugend der Welt nicht in einem Wallfahrtsort und nicht in einem mehrheitlich katholischen Land stattfinden, also kein Heimspiel sein. Die mehr oder weniger gleichgültige Haltung gegenüber der katholischen Religion in den USA und auch in Denver schien eine Garantie dafür zu sein, dass der vierte Weltjugendtag zum ersten Mal eine Ernüchterung, wenn nicht gar eine Enttäuschung werden sollte. Doch die Tage zwischen dem 12. und 15. August 1993 entpuppten sich als Meilensteine in der Geschichte der katholischen Kirche. Ausgerechnet in einer Stadt, in der nur eine kleine Gruppe aktiver Katholiken inmitten der allgemeinen Gleichgültigkeit lebte, entstand eine Aufbruchstimmung, die den ganzen nordamerikanischen Kontinent erfassen sollte. Die US-Bischofskonferenz hatte damit gerechnet, dass bestenfalls 50 000 Jugendliche kommen würden, es kamen jedoch 300 000. Diese jungen Menschen, denen man wie ihren Eltern in der US-Gesellschaft vor allem Interesse an Sex und Drogen und Rock 'n' Roll zutraute, bildeten geduldig lange Schlangen vor Beichtstühlen und überraschten damit die USA und die ganze Welt. Selbst der ansonsten so nüchterne amerikanische Vatikan-Beobachter George Weigel schrieb in seinem Buch *Zeuge der Hoffnung:* »Da geschah etwas Unerklärliches.«

Zwei Jahre später trug sich der Weltjugendtag in das Register der wichtigsten Ereignisse der Weltgeschichte ein: Am 15. Januar des Jahres 1995 kamen nach vorsichtigen Schätzungen etwa 3,5 Millionen Menschen zum Weltjugendtag nach Manila (Philippinen); es war die größte Versammlung von Menschen in der Geschichte des Erdballs. Papstsprecher Joaquin Navarro-Valls sagte damals fassungslos: »Wir haben mit einer Million

Menschen gerechnet, und knapp vier Millionen sind gekommen.« Zwei Jahre später wiederholte sich das Wunder des Weltjugendtags auf dem Longchamp-Feld bei Paris, eine Million Jugendliche kamen, drei Jahre später strömten 1,5 Millionen Jugendliche zum Weltjugendtag im Heiligen Jahr nach Rom.

Es gibt sicher viele Gründe, die den Erfolg der Weltjugendtage ausmachen, aber einen der wichtigsten kann jeder Beobachter auf einem Weltjugendtag leicht erleben. Junge Menschen begreifen und erleben zum ersten Mal die weltweite Dimension der katholischen Kirche und des christlichen Glaubens. Junge Menschen aus irgendeinem Dorf in Deutschland essen, tanzen feiern und beten zusammen mit Jugendlichen aus Korea und Neuseeland, den USA und der Ukraine. Jugendliche, deren Großeltern nicht weit über ihren Wohnort hinauskamen, finden Freunde aus der ganzen Welt. Der christliche Glauben entfaltet da eine unglaubliche Kraft, ein einzigartiges Zusammengehörigkeitsgefühl. Jugendliche aus Lagos in Nigeria laden Jugendliche aus Argentinien ein. Die jungen Menschen erleben während dieser Tage, dass sie auf dieser Erde nie wieder ganz allein sein werden. Sie erleben, dass der christliche Gott sie überallhin begleitet, dass er die Faszination und Kraft ausübt, die dafür sorgt, daß junge Menschen überall auf dem Globus Menschen finden können, die ihnen ein Bett und eine Mahlzeit anbieten, die ihnen Schutz und Zuspruch gewähren werden, weil sie an den gleichen Jesus von Nazareth glauben. Darin liegt eine unglaubliche Stärke der Weltjugendtage, das Erleben der weltweiten Dimension der katholischen Kirche, was einen gewaltigen Zauber entfachen kann. Das zeigt sch vor allem darin, dass viele Besucher von Weltjugendtagen alles daransetzen, auch den nächsten Weltjugendtag mitzuerleben, also auch den 20. internationalen Weltjugendtag im Jahr 2005 in Köln.

Am 15. Dezember 2004 bestätigte der Kirchenstaat, dass Papst Johannes Paul II. vom 18. bis zum 21. August des folgenden

Jahres in Köln sein werde. Die Kirchenführung ließ wissen, dass weitere apostolische Besuche für das Jahr 2005 nicht zugesagt worden seien.

Von nun an kam es auf einen Mann an: Renato Boccardo.

Die Medien nennen Boccardo meist den Reisemarschall des Papstes. Was immer damit auch gemeint sein mag, die militärisch klingende Bezeichnung beschreibt sehr schlecht, was Boccardo eigentlich tun muss, nämlich für den Vatikan fast ganz allein gigantische Großereignisse vorbereiten. Jede größere Rockband beschäftigt mindestens 20 Organisatoren wie Renato Boccardo vor einem großen Konzert. Auftritte des US-Präsidenten im Ausland beschäftigen Tausende von Experten, der fast drei Tonnen schwere Wagen des Präsidenten kann – wenn es sein muss – per Satellit aus dem Weltraum gelenkt werden, aber Auftritte des Papstes vor Millionen Menschen organisiert für den Vatikan maßgeblich ein Mann allein, eben der in St. Ambrogio bei Susa im Raum Turin am 21. Dezember 1952 geborene Renato Boccardo.

Während der Amtszeit Papst Johannes Paul II. entwickelte sich die Position des Reisechefs rasch zu einer Schlüsselstellung, deren Bedeutung man gar nicht überschätzen kann. Ich bin mir sicher, dass die Weltgeschichte seit Amtsantritt des Papstes im Jahr 1978 anders verlaufen wäre, wenn es dem Vatikan nicht gelungen wäre, diese Position mit Spitzenleuten zu besetzen. Dabei fiel die Wahl zufällig auf gute Leute, begonnen hatte alles mit einem personellen Desaster.

Es gilt als unumstritten, dass Johannes Paul II. durch die Entscheidung, als erster Papst der Geschichte intensiv alle Länder der Welt zu bereisen, die Geschichte des Globus verändert hat. Die Organisation dieser Reisen war zunächst einem Mann anvertraut worden, der für den größten Skandal in der jüngeren Geschichte des Kirchenstaates sorgte. Die italienische Justiz hielt ihn für einen Verbrecher. Sein Name: Paul Marcinkus, Erzbischof, Chef der Vatikanbank IOR, *Istituto per le Opere di*

Religione und gleichzeitig Gouverneur des Vatikanstaats, geboren am 15. Januar 1922 in Cicero bei Chicago. Schon Papst Paul VI. hatte dem bulligen Marcinkus die Organisation seiner Reisen anvertraut, und er behielt auch nach der Wahl Papst Johannes Paul II. dieses Amt. Am 13. Mai 1982 rettete Marcinkus den Papst vor einem vermutlich verwirrten Mann, der sich in der Basilika in Fatima (Portugal) auf den Pontifex stürzen wollte. Karol Wojtyla war ihm dankbar. Doch dann kam die Katastrophe, und selbst der ärgste Feind der Kirche hätte keine schlechtere Werbung für den Papst organisieren können: Am 28. Juli 1982 bezichtigte die Mailänder Staatsanwaltschaft Bischof Marcinkus des schweren Betrugs, der zum Zusammenbruch der Banco Ambrosiano geführt haben soll. Damit erhärteten sich die Verdächtigungen, die seit zwei Jahren im Raum gestanden hatten. Für die Öffentlichkeit sah es so aus, dass der Papst, der mit dem hochtrabenden Titel Vikar Jesu Christi leben musste, seine Besuche von einem Mann organisieren ließ, den die Justiz für einen durchtriebenen Betrüger und geldgierigen Gauner hielt. Die Fotos des Papstes an der Seite dieses ersten Reisechefs des Papstes, Paul Marcinkus, schadeten dem Papst noch lange. Drei Jahre später, am 5. Februar 1987, schickte die Staatsanwaltschaft sogar einen Haftbefehl gegen Paul Marcinkus los. Es ließ sich jetzt weder nach innen noch nach außen verheimlichen, dass Marcinkus als Bankchef eine katastrophale Fehlbesetzung gewesen war. Der siebenmalige italienische Ministerpräsident Giulio Andreotti, dessen unbedingte Liebe zur katholischen Kirche außer jeder Frage steht, sagte mir einmal in einem Interview: »Es war bekannt, dass Marcinkus keine Ahnung von Geld hatte. Ich hätte ihm mein Geld auch nicht anvertraut.«

Marcinkus durfte nach der Strafanzeige vom 28. Juli 1982 noch die Reise nach San Marino am 28. August 1982 organisieren, dann war Schluss. Der Papst suchte einen neuen Reisechef. Nach dem Abgang von Marcinkus musste die geplante

Reise nach Spanien für den 31. Oktober bis 9. November vorbereitet werden.

Die Wahl fiel auf einen Mann, der sich nie um das Amt beworben hatte, Pater Roberto Tucci. Der am 19. April 1921 in Neapel geborene Jesuitenpater arbeitete bei *Radio Vatikan* und konnte zunächst nicht glauben, dass er jetzt auf einmal die Reisen des Papstes organisieren sollte. Was hatte schließlich *Radio Vatikan* mit dem Mammut-Plan Johannes Pauls II. zu tun, der die ganze Welt zu bereisen wollte? Johannes Paul II. nannte Pater Tucci vor seiner Nominierung einen ganz einfachen Grund: *Radio Vatikan* hatte damals noch auf der ganzen Welt dafür zu sorgen, dass die Stimme des Papstes aufgezeichnet und überall auf dem Globus verbreitet werde sollte. Spätestens seit der Schaffung des Vatikan-Fernsehsenders *CTV* im Jahr 1983 endete das Monopol von *Radio Vatikan*, für die Stimme des Papstes allein verantwortlich zu sein. Mit den Abkommen zum Heiligen Jahr 2000 übernahm weitgehend das italienische Staatsfernsehen *Rai* die technische Übermittlung der Stimme des Papstes; ein Pater Tucci würde heute nicht mehr zum Reisechef gemacht. Doch damals schien die Wahl logisch: Denn wenn Tucci in den Ländern, die der Papst besuchen wollte, ohnehin dafür sorgen musste, dass die Stimme klar und deutlich aufgefangen werden konnte, dann schien es logisch, Tucci von vornherein die Reisen organisieren zu lassen.

Natürlich ahnte Pater Roberto Tucci damals nicht, was für ein Reiseprogramm dieser Papst vorhatte, vielleicht hätte er den Job dann abgelehnt, was schade gewesen wäre, denn ich glaube, dass es im Vatikan nur wenige Kirchenmänner gibt, die ihren Job so lange so gut machten wie Pater Tucci. Vor allem aus einem Grund: Tucci übernahm die immense Verantwortung, den Papst in Länder zu schaffen, die nicht nur weit weg und oft sehr arm waren und nicht die nötige Infrastruktur besaßen. Die Mehrheit der Bewohner vieler besuchter Länder war der katholischen Kirche gegenüber auch noch feindselig eingestellt. Wenn irgendetwas schief ging, wie im Jahr 1990 im Tschad, als ein Polizist, der in dem Chaos nicht wusste, was er tun sollte, mit gezogener Pistole die Vatikan-Delegation bedrohte, dann traf die Schuld Pater Tucci. Wenn alles gut ging, dann lobte sich die örtliche Bischofskonferenz selbst für die Organisation des perfekten Papstbesuchs, von Tucci sprach dann keiner mehr.

Ich möchte meine Sympathien für Pater Tucci gar nicht verheimlichen, er hat mich in seiner aufrechten Art wirklich beeindruckt, aber er war mir nie so sympathisch wie am 21. Februar 2001, als Johannes Paul II. dem erprobten Haudegen, der sich sein Leben lang nicht in theologischen Floskeln verlor, sondern echte Probleme löste, den Kardinalshut verlieh. Nie zuvor und nie danach habe ich einen frisch gebackenen Kardinal so verloren am Altar des Papstes stehen sehen. Er wollte diese Ehre nicht, er wollte nie vor der Kamera stehen, er war immer der Mann hinter den Kulissen gewesen. Die Insignien seines Amtes, die Schärpe des Kardinals, habe ich ihn nur sehr selten tragen sehen. Wie ein einfacher Priester ging er nach der Kardinalsernennung zurück an seinen Arbeitsplatz bei *Radio Vatikan*. Ich sah oft, wie er mit dem Bus fuhr und an einer Straßenecke bei *Radio Vatikan* eine seiner zahllosen Zigaretten der Marke »Belga« rauchte, die ihm Patres extra aus Belgien mitbringen mussten, weil er sie im Vatikan-Staat nicht kaufen konnte. Dieser auf den ersten Blick unscheinbar wirkende Pater, mit der bulligen Statur und dem Blick eines Raben, Roberto Tucci war es, der dem polnischen Regime jeden einzelnen Auftritt des Papstes abrang, der Führer von Solidarność zum Papst schmuggelte und damit die Herren im Kreml das Fürchten lehrte. Ich glaube, dass damals auf der Liste der am meisten gehassten Personen im Kreml der Name Tucci ganz weit oben stand, weil er das Unmögliche möglich machte und den Papst über die ganze Welt reisen ließ, der dadurch eine Welle auslöste, an der die Berliner Mauer schließlich auch zerbrach.

Tuccis Erfolg lag maßgeblich darin begründet, dass er gar nicht erst versuchte, die Wirkung päpstlicher Reisen zu beeinflussen. Das Problem stellte sich nämlich immer gleich: In zahlreichen Ländern der Welt fürchteten Kirchengegner bevorstehende Papstbesuche, sie glaubten von einer perfekt geplanten, totalen Propaganda-Show durch den Vatikan überrollt zu werden. Diese Furcht hegten jahrzehntelang nicht nur die Machthaber des Ostblocks vor Papstbesuchen, sondern auch westliche Staaten, vor allem vor Weltjugendtagen. Die Papstkritiker unterstellten oft, dass Johannes Paul II. sich in die inneren Angelegenheiten des besuchten Landes einmischen wolle. Schließlich betonte der Papst immer wieder die persönliche Verantwortung von Parlamentsabgeordneten auf der ganzen Welt. In Fragen der Ermöglichung der Abtreibung dürfen katholische Abgeordnete nicht zustimmen, ebenso wie in Fragen der Nutzung von Embryonen und zahlreichen anderen Fragen. Der Vatikan sah das nicht als Einmischung in die inneren Angelegenheiten eines Landes, sondern als einen Appell an das Gewissen der Politiker.

Doch Gegner des Papstes fürchteten Johannes Paul II. vor allem auch, weil er eben gezeigt hatte, was für eine unglaubliche Wirkung er in einem Land entfalten konnte. Das zeigte sich auch während des Weltjugendtages in Paris im Jahr 1997. Ausgerechnet Frankreich, das auf seine Revolution mit all den Attacken gegen die katholische Kirche so stolz ist, musste mit ansehen, dass die größte Versammlung in der Geschichte des modernen Frankreich nicht aus Nationalstolz zustande kam, sondern von der katholischen Kirche auf die Beine gestellt worden war. Das erschreckte viele französische Patrioten. Seit dem Mauerfall konnte niemand mehr bestreiten, dass es diesem Papst sogar gelungen war, die Sowjets das Fürchten zu lehren. Selbst das gigantische Reich der Mitte, China, mit seinen mehr als eine Milliarde Einwohnern, fürchtete diesen Papst. Obwohl nur etwa 20 Millionen Katholiken in China leben, schloss die chinesische Regierung einen mehrfach geplanten Besuch des Papstes in Hongkong kategorisch aus. Die Chinesen verheimlichten dabei nicht einmal, dass sie den Besuch nicht wünschten, weil sie nicht erleben wollten, was im Sowjetreich geschehen war, nachdem dort der Papst die Katholiken mobilisiert hatte. Die Kirchenkritiker behaupteten daher auch immer wieder, um die Wirkung Johannes Paul II. zu erklären, dass die Papstbesuche weltweit deswegen eine so große Wirkung entfalten könnten, weil sie absolut perfekt bis ins kleinste Detail geplant und gesteuert würden, das beginne beim Fähnchen, das jeder einzelne Gläubige in der Hand halte, und gehe über die Verpflegung bis zur minutiösen Vorbereitung in den Gemeinden. Jeder Augenblick des Auftritts des Papstes sei genau geplant, viel genauer als bei einem normalen Staatschef, deswegen erreiche der Papst auch innerhalb der Länder, die er besuche, eine so große Wirkung, vor allem bei Weltjugendtagen.

Ich glaube, dass es wenige Vorwürfe gegen den Vatikan gibt, die so unsinnig sind wie der Vorwurf, er sei eine perfekte Machtmaschine, die minutiös päpstliche Auftritte plane. Ich habe immer wieder von Kirchengegnern gehört, dass die Begeisterung für den Papst, die sich bei Weltjugendtagen zeige, nichts anderes sei als das Ergebnis einer absolut perfekten, vom Vatikan inszenierten Show. Alles werde angeblich von Rom aus gesteuert, von der Auswahl der Priester, die im Fernsehen und Radio den Papstbesuch kommentieren dürfen, bis hin zur Isolierung von möglichen Gegnern für die Zeit des Papstbesuchs. Es werde vorgeschrieben, wie die Mengen auf den Papstbesuch eingestimmt werden sollten, welche Lieder gesungen und welche nicht gesungen werden dürften. Das Produkt der Machtmaschine sei ein massiver Eingriff in die Gesellschaft eines Landes. Dadurch würden Interessen der katholischen Kirche durch Manipulation in das Bewusstsein der Bevölkerung gedrückt. Die aufgebotenen Massen eines Weltjugendtages, die den Papst feiern, seien so etwas wie die Hirnwäsche für eine ganze Nation. Dabei, so behaupten die meisten Kritiker, werde jedes Wort, das der Papst spreche, jede einzelne Geste des Vatikans, auf Monate im Voraus auf das Genaueste geplant. Es gibt eine Menge Menschen, die über diese Darstellung lachen können. Einer davon ist Renato Boccardo. »Die Verantwortlichen in den Ländern, die der Papst besuchen will, wundern sich immer, wenn sie mich sehen, wie winzig klein das Vorauskommando ist, es besteht nämlich nur aus mir«, sagte Renato Boccardo oft.

Der päpstliche Sprecher Joaquin Navarro-Valls kann einiges über die angeblich unglaubliche Perfektion des vatikanischen Apparates sagen. »Als ich als Direktor des Pressesaals des Heiligen Stuhls mein Amt antrat, fragte ich an einem der ersten Tage einen Mitarbeiter: »Wo ist eigentlich euer Archiv? Alles, was der Vatikan erklärt hat, alle Stellungnahmen, Dementis, Appelle des Vatikans im Name von Papst Johannes Paul II., wo werden die festgehalten?« Die Mitarbeiterin tippte sich an die Stirn und sagte: »Das ist alles hier drin, was immer sie auch wissen wollen, ich habe mir alles gemerkt. Es existierte kein Archiv und schon gar kein elektronisches Archiv. Der Spielraum, um zu improvisieren, war damals enorm groß, was zu Fehlern und sogar dazu führte, dass der Pressesaal des Heiligen Stuhls sich selbst widersprach.«

Schon Pater Tucci hatte viel improvisiert. Er überließ die Wirkung der Papstbesuche der wichtigsten Person, nämlich Johannes Paul II., und der wiederum wurde nicht müde zu betonen, dass er selber gar nichts erreichen könne, das Schicksal aller, auch seine eigenen Erfolge und Misserfolge lägen nun einmal in der Hand Gottes. Tucci sah seinen Job darin, den Papst an den richtigen Ort und von dort wieder wegzubringen, am besten lebend. Diese Strategie ging auf, viele Länder, die eine innere Einmischung durch den Vatikan befürchteten, sobald ein Papstbesuch anstand, konnten es nicht fassen, wie wenig durchorganisiert eine solche Reise war. Wer den Papst treffen konnte, entschied Tucci oft erst in letzter Sekunde, der Vatikan versuchte nicht Einfluss auf die inneren Angelegenheiten des besuchten Landes zu nehmen, der Papstbesuch wurde dazu viel zu wenig perfekt geplant, und genau das überzeugte viele Gastländer. Johannes Paul II. vertraute den Gastländern sein Leben an, er wies seine Leibwächter an, niemals Waffen zu tragen.

Johannes Paul II. vertraute den Medien vor Ort und den lokalen Sicherheitschefs. Deswegen gingen einige Reisen ja auch schief, wie der Besuch in Österreich am 21. Juni 1998, als nicht die erwarteten 100 000, sondern nur etwa 35 000 Gläubige auf den Heldenplatz nach Wien kamen. Im Jahr 1983 waren noch 350 000 Österreicher auf die Donauwiesen in Wien gekommen. Der Fall des wegen sexuellen Missbrauchs angeklagten, von der Kirche aber nicht bestraften Kardinals Hans Hermann Groer hatte die Österreicher schwer verstimmt. Aber gerade diese Strategie, eine Niederlage auch in Kauf zu nehmen, aber nicht alles von Rom aus zu steuern und zu planen, zahlte sich langfristig aus.

Doch auch Pater Tucci musste irgendwann in Pension gehen. Weil *Radio Vatikan* schon längst nicht mehr allein dafür zuständig ist, die Stimme des Papstes zu übermitteln, und längst die modernsten Techniken internationaler Fernsehgesellschaften eingesetzt werden, um Bild und Ton des Papstes aufzuzeichnen, machte es keinen Sinn, den neuen Chef von *Radio Vatikan*, Pater Pasquale Borgomeo, zum neuen Reisechef zu befördern. Ein ganz anderer Mann bekam den Posten: Renato Boccardo.

Die Nachfolge von Pater Tucci anzutreten bedeutete nicht allein deswegen so eine Riesenherausforderung, weil Tucci so erfolgreich gewesen war und so lange an der Seite des Papstes gearbeitet hatte. Hinzu kam noch ein ganz einfaches Problem: das Datum seiner Pensionierung. Tucci feierte am 19. April 2001 seinen 80. Geburtstag. Die Organisation der Reise nach Fatima in Portugal am 12. und 13. Mai 2000 war sein letzter großer Auftrag. Die nächste Reise musste schon sein Nachfolger vorbereiten, und das war eine gewaltige Aufgabe, weil es sich um eine der schwierigsten Reisen in der zweitausendjährigen Geschichte der Päpste handelte: die Reise vom 5. bis 9. Mai nach Griechenland, Syrien und Malta. Wer immer auch Tuccis Aufgabe übernahm, er war nicht zu beneiden. Die Wahl fiel auf den Mann, dem man die schwierige Aufgabe zutraute, Bischof Renato Boccardo. Es gelang dem Vatikan nach dem Desaster des Falls Marcinkus zweimal hintereinander, mit Tucci und Boccardo einen Schlüsselposten perfekt zu besetzen mit Männern, die Konflikte aushalten können; solche Männer im Vatikan zu finden ist sehr schwer.

Die meisten Einrichtungen des Vatikans sind nicht darauf angelegt, auf professionelle Weise Konflikte auszutragen. Das führt innerhalb des Vatikans zu einer enormen Scheu vor Streits. Ich erinnere mich an Gespräche mit Kardinälen, die sich zuerst zu einem Interview bereit erklärten, mir dann eine schriftliche Stellungnahme gaben, aber Fragen ablehnten. Ich erinnere mich auch an Kardinäle, die mir während Interviews die Fragen vorschreiben wollten. Hinter den Mauern des Kirchenstaats herrscht eine unglaubliche Angst davor, einen Fehler zu begehen, deswegen riskieren auch die meisten Entscheidungsträger nur sehr wenig. Wie eine Muschel scheint sich der Vatikan abzuschließen, es herrscht eine gewaltige Angst vor der Öffentlichkeit und damit der Presse. Genau diese Angst schadet dem Vatikan in der Presse aber oft sehr viel mehr als schlechte Nachrichten, weil es im weltweiten Mechanismus der Medienmaschine eine seltsame Ausnahme in der Berichterstattung über den Vatikan gibt. Erstaunlicherweise besteht die Top-Story, die Sensation im Zusammenhang mit dem Kirchenstaat, immer aus dem, was man nicht erfährt. Die beste Geschichte aus journalistischer Sicht, die es überhaupt im Vatikan gibt, baut von jeher auf der gleichen spekulativen Frage auf: »Was verbirgt der Vatikan?«

Alle anderen Regierungen und Organisationen erleben stets das Gegenteil: Eine Regierung kann über einen Minister stürzen, wenn bekannt wird, dass er korrupt ist, Wirtschaftsunternehmen können Pleite gehen, wenn herauskommt, wie gefährlich eine bestimmte Ware ist, aber der Vatikan erlebt sein Desaster immer durch all das, was eben nicht herauskommt.

Viel wirksamer als die Aufdeckung eines jeden Skandals, in den Ordensleute oder Priester verwickelt sind, funktioniert für das weltweite Publikum die Vorstellung, dass sagenhafte, furchtbare Geheimnisse sich hinter den Mauern des Kirchenstaates verbergen. Alle Vatikan-Thriller funktionieren nach diesem gleichen Prinzip, ich weiß, wovon ich rede, ich habe selber zwei geschrieben. Auch journalistisch funktioniert dieser Hebel besser als jeder andere. Die vollständige, haltlose Komplott-Theorie um den mutmaßlichen Mord an Johannes Paul I. konnte überhaupt nur deshalb die Welt überschwemmen und dem Vatikan nachhaltig über Jahre schaden, weil die Leiche des Papstes nicht obduziert worden war. Aus Sicht des Kirchenstaats bestand dafür kein Anlass, weil schon Gewissheit über die Todesursache bestand, die Ärzte hatten den Tod und die Ursache festgestellt. Aber die Medien der Welt hatten so eine Chance, jahrelang darüber zu spekulieren, warum die Todesursache nicht noch einmal festgestellt worden war, und Millionen rätselten darüber, wie der Papst zu Tode gekommen sein mochte, und genossen Tausende Zeitungsartikel, die die Frage stellten: »Was verschweigt der Vatikan?«

Ich glaube, dass innerhalb des Vatikans niemand dieses Spiel so genau durchschaut hat wie der päpstliche Sprecher Joaquin Navarro-Valls. Navarro-Valls versuchte von Beginn an, seit seiner Nominierung im Jahr 1984, den Grundsatz zu wahren, dass niemals innerhalb des Vatikans der Eindruck entstehen darf, irgendetwas würde vertuscht. Der Vatikan besteht aus Menschen, und Menschen können nun einmal manchmal Fehler machen, das ist wohl normal, nur leider sehen das im Kirchenstaat einige wenige nicht ein. Eine diesbezügliche Sternstunde konnte ich mit Navarro-Valls erleben, als der Sprecher einmal wirklich durch die Hölle musste.

Es gehört interessanterweise zu seinen Charaktereigenschaften, dass Dr. Joaquin Navarro-Valls immer dann wirklich zu Hochform aufläuft, wenn die Situation außerordentlich schwierig wird. Amerikanische Agenturen hatten Informationen der katholischen Ordensschwester Maria O'Donohue bekommen, die einen unfassbaren Skandal aufgedeckt hatte. Katholische Priester hatten sich demnach meist in Afrika an Ordensschwestern vergangen, weil davon auszugehen war, dass sie sich bei den keuschen Frauen nicht mit HIV infizieren würden. Es gab einige sehr schwere Fälle. Ein Priester sollte eine Nonne zunächst geschwängert, und sie dann zur Abtreibung gezwungen haben. Doch Freundinnen der Nonne nahmen den Eingriff so stümperhaft vor, dass die Ordensfrau an den Folgen der Abtreibung starb. Der Priester, der indirekt für ihren Tod verantwortlich war, las auch noch die Totenmesse der Ex-Geliebten. Während der Pressekonferenz am 20. März 2001 konfrontierten Journalisten Navarro-Valls mit den Verdächtigungen. Die Fragen müssen echte Messerstiche gewesen sein.

»Ist es also wahr«, fragten Kollegen ohne Gnade, »dass katholische Priester mit Ordensfrauen Sex gehabt haben sollen, weil sie glaubten, so das Risiko, Aids zu bekommen, zu mindern?«

Ich hätte in der Sekunde darauf gewettet, dass der päpstliche Sprecher versuchen würde, sich um einen solchen Skandal herumzureden. Es wäre so einfach gewesen zu sagen, dass diese angeblichen Fälle noch geprüft werden müssten, dass er einer solchen Prüfung nicht vorgreifen wolle, dass es noch keine hundertprozentig gesicherten Informationen gebe und so weiter und so fort, und schon wäre er aus dem Skandal heraus gewesen.

Aber Navarro-Valls entschloss sich an diesem Tag, etwas Unglaubliches zu tun. Er sagte: »Es ist wahr. Es gibt solche Fälle.« Damit war die ganze Geschichte schlagartig kaputt, denn dass es unter katholischen Geistlichen einige Sünder auch in Afrika gibt, war keine Sensation. Dass der Vatikan die Vorfälle vertuschte, wäre eine Sensation gewesen. Aber Joaquin Navarro-Valls durchschaut das Spiel; doch er war einer der ganz wenigen im Kirchenstaat, die das konnten.

Es gab einen zweiten Posten, für den der Vatikan unbedingt einen belastbaren Mann brauchte, der nicht nur fromm war, sondern echte Konflikte, sehr schwierige Situationen, souverän meistern konnte, ohne die Möglichkeit zu haben, sich zu verstecken: der Reisechef. Als im Mai 2001 feststand, dass Pater Tucci gehen würde und ein neuer kommen würde, hätte ich gewettet, dass der neue Reisechef eben genau den alten Fehler erneut machen würde: zuzumachen, mit niemandem zu reden, selbst das Offensichtliche zu leugnen. Das ist sogar verständlich, denn der Aufgabenbereich des Reisechefs gehört zu den ganz wenigen im Vatikan, die seinen Chef in ärgste Schwierigkeiten bringen können. Das geht ganz schnell. Ein unbesonnener Reisechef musste nur der Versuchung nachgeben, auf eine erhoffte oder geplante Reise auch nur anzuspielen. Es reichte, dass der Reisechef bei einem Treffen im Vatikan auch nur vage andeutete, dass Johannes Paul II. immer noch darauf hoffe, eines Tages nach Moskau zu reisen. Es half dem Reisechef dabei gar nichts, darauf hinzudeuten, dass dieser verborgene Herzenswunsch des Papstes aber unter allen Umständen geheim bleiben müsse; der Reisechef konnte darauf wetten, dass irgendein Priester, der an dem Treffen beteiligt gewesen war, gegenüber einem Reporter plaudern würde. Der Reisechef musste damit rechnen, dass der Reporter die Andeutung in eine Nachricht »aufblies«, der Reisechef musste also damit rechnen, am nächsten Tag ins Büro zu kommen und zu sehen, dass die Fernsehsender des Globus eine Milliarde Zuschauer und Tageszeitungen Hunderte Millionen Zeitungsleser mit der

Nachricht versorgten: »Papstreise nach Moskau steht unmittelbar bevor.« Dann würde es in der Nachricht sehr wahrscheinlich weiter heißen: »Nach Informationen des neuen Reisechefs im Vatikan will der Papst in Kürze Moskau besuchen.«

Wahrscheinlich hätte der Reisechef dann wenige Sekunden später den Kardinalstaatssekretär am Telefon, wenn der nicht gleich selbst erbost in das Büro des Unglücklichen gerauscht käme, um ihn nach Strich und Faden herunterzuputzen. Denn solche verfrühten Informationen konnten komplizierte Verhandlungen, die sich über Jahre oder der gar Jahrzehnte hinzogen, schlagartig zerstören. Klarerweise würde dann der Reisechef den Journalisten zur Rechenschaft ziehen, ihm das Höllenfeuer selbst androhen und vermutlich erreichen, dass der Journalist einen Widerruf, ein Dementi, verbreitete, aber das würde dem Reisechef ein zweites Mal schaden. Die Nachricht »Papst muss Reisepläne nach Moskau vorerst begraben!« klang nach einer Niederlage des Papstes, es klang, als ob man ihn in Moskau gar nicht haben wolle. Somit würde ein zweites Mal der Kardinalstaatssekretär vor der Tür stehen und ein weiteres Donnerwetter vom Stapel lassen. Der Reisechef würde sich spätestens in diesem Moment schwören, nie wieder ein Wort mit einem Journalisten zu wechseln.

Nach genau diesem Schema verlief im Sommer 2003 die sogenannte Kazan-Affäre. Johannes Paul II. hatte eine Reise in die Mongolei geplant, wo während der Zeit des starken Einflusses der Sowjetunion zahlreiche katholische Priester auf furchtbare Weise umgebracht worden waren. Bischof Boccard hatte dem Papst die Reiseroute erklärt und ihm gezeigt, dass die Flugrote zufällig genau über die Stadt Kazan in Russland führte. Der Papst hatte dann den Wunsch geäußert, ein von dort gestohlenes Madonnenbild zurückzugeben, das auf verschlungenen Wegen im Vatikan gelandet war. Dadurch wollte er sich auch endlich den Traum erfüllen, den Boden Russlands zu betreten. Doch ein polnischer Priester plauderte den Plan aus, die russische Seite brach empört die Verhandlungen ab. Die Russen waren sehr überrascht darüber, wie wenig der Vatikan etwas geheim halten konnte. Renato Boccardo hatte mit der ganzen Sache nichts zu tun, außer, dass er die Planung der Reise abbrechen konnte, der Vorgang warnte ihn aber natürlich.

Wie erwähnt kam hinzu, dass Boccardo in einer extrem schwierigen Phase den neuen Job anzutreten hatte: unmittelbar vor der Reise nach Griechenland, Syrien und Malta. Griechenland allein bedeutete schon eine historische Herausforderung, weil die griechisch-orthodoxe Kirche und der Vatikan sich seit der Kirchenteilung des Jahres 1095 vor allem bekämpft hatten. Das moslemische Syrien, in dem das Regime der Familie Al Assad herrschte, konnte man auch nicht gerade als ein leichtes Reiseziel für den Papst ansehen. Als am Morgen des 5. Mai 2001 die päpstliche Maschine zur 93. Auslandsreise des Papstes, der ersten unter der Regie von Renato Boccardo, abhob, konnte der neue Mann seine Nervosität kaum verbergen. Was mich aber sehr positiv überraschte, war, dass der neue Reiseleiter sich stellte. Es wäre ganz einfach für ihn gewesen, im vorderen, für den Papst und die Kardinäle reservierten Teil des Flugzeugs zu bleiben, um sich wenigstens die hechelnde Journalistenmeute zu ersparen, die darauf wartete, den neuen Reisechef mit Blicken und Fragen zu sezieren. Er hätte sogar guten Gewissens vorn bleiben können, denn für Informationen während der Reise war ohnehin der Pressesprecher Joaquin Navarro-Valls zuständig.

Doch zur allgemeinen Überraschung kam der hoch aufgeschossene Mann nach hinten und stellte sich den Fragen. Ich hatte mir genau überlegt, was ich ihn fragen wollte, um aus ihm herauszuholen, was für ein Mensch er ist. Ich hatte relativ leicht herausgefunden, dass er verwandt ist mit Giovanni Maria Boccardo, einem 1848 bei Turin geborenen Priester, den der Papst am 24. Mai 1998 in Turin selig gesprochen hatte. Ich wusste, wie Priester und Ordensleute auf die Tatsache reagieren, dass sie einen Seligen in der Familie haben, das gilt als ganz besondere Ehre, darauf ist man sehr stolz. Wenn der neue Reisechef sehr von sich selber eingenommen sein sollte, was darauf schließen ließ, dass der Umgang mit ihm nicht ganz einfach werden würde, dann würde er den Seligen in der eigenen Familie mit Hochachtung überschütten, weil der Glanz dann natürlich auch auf ihn strahlte.

Boccardo lächelte, als ich ihn damals darauf ansprach, und betonte vor allem, dass er nur über viele Ecken mit dem Seligen verwandt war. Er spielte die Tatsache, einen von diesem Papst selig gesprochenen Priester in der Familie zu haben, regelrecht herunter. Eingebildet war dieser Mann also mit Sicherheit nicht, er stieg in diesem Augenblick in meiner Achtung. Er hatte es erstens nicht nötig, sich mit den Verdiensten längst verstorbener Verwandter zu schmücken, und zweitens schien er mir bescheiden und mit einem sehr gesunden Sinn für die Realität ausgestattet zu sein. Ich wusste, dass er mehrere Weltjugendtage mit vorbereitet hatte, und seine langjährige Arbeit mit Jugendlichen und seine Arbeit für den päpstlichen Rat für die Laien merkte man ihm an. Man spürte ebenso, dass er Menschen auch dann erst nahm, wenn sie keine Priester waren, was im Vatikan alles andere als selbstverständlich ist. Selbst Johannes Paul II. hatte diese Erfahrung der Geringschätzung für Nicht-Priester immer wieder im Vatikan gemacht. Er musste manchmal mit allem Nachdruck durchsetzen, dass Nicht-Priester, also Laien, an der Arbeit in Gremien des Vatikans beteiligt wurden. Es gab einige eklatante Fälle; so tobte lange ein Streit, ob tatsächlich Laien am päpstlichen Rat für die Familie beteiligt werden sollten, wie der Papst es wollte, oder ob dieser Rat ausschließlich aus Priestern und Ordensleuten bestehen sollte, die keinerlei Erfahrungen mit eigenen Familien hatten, wie eine große Zahl von Kardinälen es wollte. Der Papst setzt sich in diesem Punkt durch.

Boccardo wirkte dafür, dass er sich im inneren Machtzentrum des Vatikans befand, sicherlich auch wegen des langjährigen Kontakts mit Nicht-Priestern erstaunlich unkompliziert und frisch. Zu meiner großen Verwunderung gelang es mir relativ leicht, an seine Handynummer zu gelangen, was im Fall einer Katastrophe, etwa eines Attentats gegen den Papst oder die Delegation, von unschätzbarem Wert sein würde, denn dann würde nur Boccardo Einzelheiten kennen, etwa wohin man den Papst brachte, ob er verletzt war und, wenn ja, wie schwer. Boccardo entpuppte sich als ein Mann, der erstaunlicherweise selber ans Telefon ging, was im Vatikan eine enorme Seltenheit ist. Wichtige Entscheidungsträger gehen selten ans Telefon; ganze Heerscharen von Journalisten haben oft vergeblich versucht, eine simple Antwort von Kardinal Joseph Ratzinger zu bekommen, seine Sekretäre schmetterten über Jahrzehnte Anfragen mit der Bemerkung ab, der Kardinal eigne sich nicht für Interviews. Der Chef des päpstlichen Einheitsrats Kardinal Walter Kasper dagegen antwortete immer selber am Telefon. Dass ich den neuen Reisechef direkt anrufen konnte, dass ich eine höfliche Antwort bekam, solange die Frage nicht allzu indiskret war, konnte ich zunächst kaum glauben.

Diese erste Reise nach Griechenland, Syrien und Malta bescherte Boccardo gleich nahezu alle denkbaren Dramen auf einmal. In Athen herrschte zum Teil eine unfassbare Feindseligkeit, orthodoxe Mönche beteten in ihren Kirchen gegen den »Satan«, den Papst und gegen die »Sünde«, dass dieser Papst griechischen Boden betreten hatte, obwohl die Spitze der griechisch orthodoxen Kirche sich während des Besuchs mit dem Papst und der katholischen Kirche aussöhnte.

In Damaskus musste Boccardo miterleben, wie der Vatikan-Mitarbeiter Vik van Brantegem mit einer blutigen Nase in der Omajaden-Moschee zu Boden ging, weil syrische Sicherheitskräfte einige Würdenträger des Vatikans nicht in die Moschee lassen wollten. Monsignor Boccardo hatte dann auch gleich das

Pech, dass in Damaskus ein Anschlag auf den Papst geplant worden war. Die syrischen Sicherheitskräfte bestätigten nach der Abreise des Papstes, dass ein geplanter Anschlag verhindert worden war. Als der Papst wohlbehalten am 9. Mai wieder in Rom eintraf, muss Renato Boccardo ein enormer Stein vom Herzen gefallen sein. Seitdem organisierte Renato Boccardo elf Auslandsreisen des Papstes, bis er zu Beginn des Jahres 2005 die Vorbereitung für die 105. Auslandsreise von Papst Johannes Paul II. angehen musste: zum zwanzigsten Weltjugendtag nach Köln.

Ich bin mir sicher, dass Johannes Paul II. sehr lange Zeit nicht geglaubt hat, dass er diesen Besuch in Deutschland noch würde erleben können, und ich erfuhr das in einem der für mich dramatischsten Momente des Pontifikates.

Es war gegen Mittag am 28. Juli 2002 in Toronto in Kanada. Mehr als 800 000 Jugendliche hatten mit dem Papst den Abschiedsgottesdienst des 17. Weltjugendtages gefeiert. Vor dem Altar hatten sich Tausende deutscher Pilger gesammelt und schwenkten die Deutschlandfahne. Der Gottesdienst war vorbei, Papst Johannes Paul II. blieb nur noch das tun, was er am Ende eines jeden Weltjugendtages zu tun hatte, nämlich die Einladung für den nächsten Weltjugendtag auszusprechen. Er hatte während der Messfeier den vorbereiten Einladungstext vorgelesen: »In der beeindruckenden Kathedrale von Köln werden die Heiligen Drei Könige verehrt, die Weisen aus dem Morgenland, die sich vom Stern leiten ließen, der sie zu Christus führte. Euer Pilgerweg nach Köln beginnt heute, Christus erwartet euch dort zum XX. Weltjugendtag«, hatte der Papst gelesen. Ich verließ zum Ende der Messe das Pressezentrum, das in einem Flugzeughangar untergebracht war. Nach den Abschlussmessen bei Weltjugendtagen sagte der Papst stets den gleichen Satz, und ich wollte diesmal mit eigenen Ohren hören, wie der Papst in mein Heimatland einlud. Ich wartete auf den Satz aus den Lautsprechern, die er in den Sprachen des

Gastlandes, Englisch und Französisch und in der Sprache des Gastlandes des nächsten Weltjugendtages, also auf Deutsch sagen würde: »See you again in Cologne 2005« – »Wir sehen uns wieder in Köln, im Jahr 2005.« Ich sah auf die Großleinwand, wie der Papst noch einmal zum Mikrofon ging, aber dann drehte er sich ganz langsam um und ging.

Mir lief es eiskalt über den Rücken. Hatte sich da gerade der große Medienpapst, der Papst der Massenereignisse, der Papst, der die Geschichte Europas so stark verändert hatte, der Papst, dessen Stimme durch Lautsprecher und über kreischende Fernsehapparate tausendmal verstärkt worden war, hatte dieser Karol Wojtyla sich auf einmal ganz leise verabschiedet? War der Mann, dessen Botschaft die Medien der ganzen Welt verbreitet hatten, ohne ein Wort, ganz leise gegangen, wortlos von einer der gewaltigen Bühnen vor der Weltöffentlichkeit, die er so beherrscht hatte wie nie ein Papst vor ihm? Glaubte er nicht daran, die Jugend der Welt wiederzusehen, in drei langen Jahren, im damals so weit entfernt liegenden Jahr 2005? Ich weiß nicht, ob es Zufall war, dass der Papst zum Schluss schwieg, dass er nicht sagte, »Welcome in Cologne 2005«, aber ich glaube es nicht. Ich glaube, dass er diesen letzten Satz nicht vergaß, sondern dass er nicht glaubte, noch am Leben zu sein, um im Frühjahr des Jahres 2005 seinen Reisechef Renato Boccardo anzuweisen, die Reise zum Weltjugendtag 2005 ins Auge zu fassen.

Ein Weltjugendtag bedeutet aus der Sicht der Organisatoren etwas ganz anderes als für den Vatikan. Für die Organisatoren in Köln ging es um eine logistische Meisterleistung. Es ging darum, gewaltige Menschenmassen zu koordinieren und zu bewegen. Das bedeutete, dass Abertausende Unterkünfte gefunden werden mussten, mit Bus- und Bahnbetrieben über den Transport verhandelt werden musste, Notprogramme aufgestellt werden mussten für Jugendliche, die sich verletzten, erkrankten, sich verliefen oder einfach verschwanden. Von der

Bundesregierung bis zu Städten und Gemeinden mussten sich Abertausende an der Mammutleistung, einen solchen Weltjugendtag vorzubereiten, beteiligen.

Allein schon die Lage der Stadt Köln, mitten in Europa, bedeutete für die Organisatoren eine Herausforderung. Der Weltjugendtag zuvor war in Toronto in Kanada gefeiert worden, einer Stadt, die aus Sicht der katholischen Jugendlichen dieser Welt nicht gerade günstig lag. Die europäischen Teilnehmer mussten eine weite und vor allem kostspielige Flugreise in Kauf nehmen. Hinzu kam, dass der Schock des 11. September 2001 noch sehr tief saß, die Angst vor Terror überschattete auch den Weltjugendtag. Die kanadischen Behörden verweigerten Abertausenden Jugendlichen vor allem aus Afrika und Asien die nötigen Einreisevisa. All diese Probleme gab es in Köln nicht, für die europäischen Jugendlichen ließ sich die Stadt mit Bus oder Bahn leicht erreichen. Der deutsche Außenminister Joschka Fischer hatte dem Weltjugendtag eine großzügige Regelung für die Einreise zugesichert. Die Organisatoren rechneten daher von Beginn an mit einer relativ großen Zahl der Teilnehmer, erlebten aber Anfang 2005 eine Überraschung, als die ersten definitiven Anmeldungen eingingen: Sie wurden vom eigenen Erfolg überrollt. Die Organisatoren des Weltjugendtages rechneten damit, dass eine enorme Menschenmenge zum Abschlussgottesdienst am Sonntag, dem 21. August kommen werde.

Es stellte sich heraus, dass allein aus Polen mehr als 500 000 Menschen kommen wollten, die Schätzung, dass etwa 300 000 Jugendliche den Papst nach seiner Ankunft in Köln sehen wollten, erwies sich als viel zu pessimistisch. Aus der Zahl der Anmeldungen ging hervor, dass bereits am Donnerstag etwa 600 000 Menschen nach Köln streben würden, für den Abschlussgottesdienst musste man jetzt mit mehr als 1,2 Millionen Teilnehmern, wenn nicht mit noch mehr, rechnen. Die Organisatoren entschieden sich, die Planung drastisch zu erweitern. Für den Abschlussgottesdienst entschied man sich für das enorme Gelände »Marienfeld« im Süden von Köln. Doch die Organisatoren mussten zunächst einmal einen gewaltigen Schock überwinden, die Nacht des ersten Februar 2005.

Dieser klirrend kalte Abend war der einzige des Jahres, an dem nichts passieren durfte, denn die komplette Zunft derer, die dafür verantwortlich waren, alles Berichtenswerte aus Italien in alle Länder der Welt weiterzugeben, gingen an diesem Abend zum Ball. Es war der große Ball der in Rom akkreditierten Auslandspresse, der Stampa Estera im Hotel Hilton. Schon in den Tagen vor dem Ball hatte sich an der dünnen Berichterstattung aus Italien ablesen lassen, dass die Korrespondenten und Reporter mehr mit der Frage beschäftigt waren, was sie und ihre Frauen anziehen sollten, als mit ihrem Job. Als der Tag des Balls kam, versammelten sich die bestens gelaunten Journalisten im Hilton, an dem Abend sollten Italien und der Vatikan sich selbst überlassen werden, die Nachrichtenmacher wollten feiern. Ein namhafter italienischer Automobilbauer hatte ein Auto gestiftet, das verlost werden sollte, der Tombola tanzte man gelassen entgegen und genoss wirklich ausgezeichnetes Lammfleisch.

Ich glaube, ich habe selten eine gut organisierte Party so brutal platzen sehen. Während die Damen noch huldvoll Komplimente für ihr Outfit entgegennahmen, klingelten plötzlich Dutzende Handys gleichzeitig im Saal, nahezu gleichzeitig wurden die an den festlichen Tischen versammelten Damen und Herren der Weltpresse blass. Eine italienische Nachrichtenagentur hatte eine Eilmeldung herausgeschickt: »Papst im Krankenhaus«. In Windeseile verließen alle Korrespondenten den Ballsaal, und alle Kollegen wurden an diesem Abend, wie ich auch, auf die etwa gleiche Weise zusammengestaucht: »Wo zum Henker warst du? Musst du ausgerechnet an dem Abend feiern, wenn in Rom etwas passiert? Wie geht es dem Papst? Was ist passiert? Warum ist er im Krankenhaus, und vor allem warum bist du da nicht?« Und so weiter.

An diesem Abend hatte Papst Johannes Paul einen Erstickungsanfall erlitten. Der erkältete Papst hatte so viel Speichel geschluckt, dass er keine Luft mehr bekam. Der päpstliche Leibarzt Renato Buzzonetti ließ den Papst sofort in das Gemelli-Krankenhaus einweisen. Um 22.50 Uhr kam der Krankenwagen mit dem Papst an. Die Situation erwies sich als weit dramatischer, als es zunächst schien: Der Papst drohte zu ersticken, die Ärzte erwogen zunächst einen Luftröhrenschnitt, konnten dann aber doch per Schlauch den Patienten retten. Den Medizinern war klar: Der Papst schwebte in akuter Lebensgefahr. Der Schleim in seiner Brust konnte eine Lungenentzündung auslösen, das wäre in diesem Fall sein Todesurteil gewesen. Die Medienmeute aus der ganzen Welt bezog vor dem Krankenhaus Stellung, Hunderte Kameras richteten sich auf das Fenster im zehnten Stock der Klinik, hinter dem der Papst mit dem Tod rang. Bis zum Sonntag, dem 6. Februar, zeigte sich der Papst nie. Doch dann beruhigten vier schwach geflüsterte Worte die Gläubigen der Welt: Der Papst betete am Sonntag die Formel des Segens am Ende des Angelus-Gebets: »Benedictus Vos omnipotens Deus« (Es segne euch der allmächtige Gott). Jetzt konnte es keinen Zweifel mehr geben: Der Papst war außer Lebensgefahr.

Bei der Organisation des Weltjugendtages ging es aus der Sicht der Verantwortlichen in Köln um etwas ganz anderes als aus der Sicht Roms. Im Auftrag des Vatikans interessierte sich Bischof Renato Boccardo weniger für die Massen als vor allem für jeden einzelnen Zentimeter, den Papst Johannes Paul II. in Deutschland zurücklegen würde bis zu dem Augenblick, wenn er wieder im Flugzeug sitzen würde, um nach Rom zurückzufliegen. Ich kenne eine ganze Menge Kollegen, die davon überzeugt sind, dass Renato Boccardo ein getarnter Terror-Experte ist, ein Kirchenmann, der in der Lage ist, jede Untergruppierung von al-Qaida zu analysieren, jede Gruppe zu erkennen, die eventuell ein Attentat auf Papst Johannes Paul II. planen könnte.

Es bedarf viel Geduld von Seiten Boccardos, seinen Gesprächspartnern immer wieder klar zu machen, dass Bombenleger und Terrorgruppen sein letzte Sorge sind. Er fürchtet zu allem entschlossene Ordensleute, unendliche Schlangen von Gratulanten aus Politik und Wirtschaft und Mütter, die um jeden Preis erreichen wollen, dass der Papst ihr Baby segnet, viel mehr als die ganze al-Qaida. Auf der ganzen Welt muss Renato Boccardo seine Gesprächspartner erst einmal über den größten Irrtum aufklären, dass er nämlich gar nicht dazu da ist, mögliche Terrorangriffe oder Anschläge welcher Art auch immer auf den Papst zu verhindern. Dazu wäre die winzige Mannschaft des Vatikans gar nicht in der Lage. Die Sicherheit des Heiligen Vaters vertraute der Kirchenstaat immer vollkommen der Polizei des besuchten Landes an. Renato Boccardo sorgte sich um etwas ganz anderes: um jede einzelne Falte im Roten Teppich, über die der Thron des Papstes gerollt werden musste, um jede einzelne Treppenstufe, jede Rampe, die es zu überwinden galt. Er fürchtete die Erschütterungen, denen der Papst auf einer holprigen Altstadtstraße ausgesetzt war, er fürchtete die Hitze des deutschen Sommers, die der Papst so schlecht vertrug. Viel mehr als irgendwelche Terroristen fürchtete Renato Boccardo Verzweifelte, wie den Mann, der sich am 22. Mai 2002 gegen 11.30 Uhr in Baku in Aserbaidschan auf den Papst stürzen wollte, um ihn um Hilfe zu bitten. Die Polizei hatte dem gehbehinderten Mann mit seinen beiden Krücken einfach nicht zugetraut, dass er sich blitzschnell auf den Papst zubewegen und versuchen könnte, sich auf ihn zu werfen. Bischof Boccardo fürchtete Ordensleute und Priester, die, sobald der Papst kam, alles tun würden, Absperrungen überklettern und Verbote missachten würden, um einmal im Leben den Papst berühren zu können. Renato Boccardo hatte Ordensleute erlebt, die monatelang in ihrem Klostergarten eine Blume gehegt und gepflegt hatten, die sie schließlich abschnitten, um sie auf das Papamobil zu werfen. Diese frommen Menschen harrten, wenn es sein musste, tagelang an einer Straße aus, um das Papamobil kommen zu sehen, und ließen sich dann im entscheidenden Moment weder von der Polizei noch von der Vernunft davon abbringen, ihre Blume auf das Papamobil zu legen, selbst wenn sie dabei riskierten, über den Haufen gefahren zu werden. Diese Menschen waren das Problem von Renato Boccardo. Die Organisatoren des Weltjugendtags in Köln ahnten im Frühjahr 2005 so langsam, was Renato Boccardo tatsächlich bedrückte: Bei den Organisatoren meldeten sich ganze Heerscharen von jungen Frauen und Männern aus Jugendorganisationen, von Parteien und Organisationen, die eindrücklich klar stellen wollten, dass sie den Papst persönlich, schon auf dem Rollfeld nach der Ankunft begrüßen müssten. Boccardo wusste, dass dieser Druck bis zur Ankunft des Papstes Tag für Tag wachsen würde. Staatssekretäre und Politiker jeder Ausrichtung, Minister oder bekannte Künstler, ein jeder, der entweder tatsächlich eine wichtige Person des öffentlichen Lebens war oder sich dafür hielt, würde einen erheblichen Druck ausüben, um dem Papst die Hand schütteln zu können. Polizeichefs, die den Papst beschützen sollten, hatten schon in vielen Ländern der Welt ihren Müttern und Großmüttern ein Erinnerungsfoto mit dem Papst versprochen und eine Polizeieskorte gestoppt, damit der Papst die alte Dame segnen konnte, Ministerpräsidenten hatten ihren ganzen Einfluss ausgeübt, um ihr Versprechen an eine Nachbarin einzuhalten, dass sie dem Papst die Hand würde geben können. Renato Boccardo wusste, wie zäh die Verhandlungen waren, um den Papst ein stundenlanges, ermüdendes Handshaking mit ihm völlig unbekannten Personen wenigstens einzuschränken.

Eine noch größere Bedrohung stellten zu allem entschlossene junge Mütter dar, die um jeden Preis erreichen wollten, dass der Papst ihr Baby segnet. Die Damen riskierten ernsthafte Verletzungen der Babys, reichten Neugeborene über die Köpfe der Masse weiter, in der Hoffnung, dass der Sekretär des Papstes das Baby einsammeln und zum Papst bringen werde, damit er es segnen könne. Wie reife Früchte musste Don Dziwisz diese Kinder einsammeln, und es gehörte zu Renato Boccardos Alpträumen, dass in dem Gedränge einem der Kinder einmal etwas passieren könnte.

Bischof Boccardo musste seinen Partnern in der Kölner Diözese erst einmal klar machen, dass ihn die Frage, ob es Terrorgruppen gelingen könnte, in die Wohnung des Papstes in Köln in der erzbischöflichen Residenz einzudringen, gar nicht so sehr beschäftigte. Ihn beunruhigte die Frage, welche Ordensfrau, welcher Priester oder welcher besonders fromme Politiker versuchen könnte, unter einem Vorwand in das Priesterseminar in der erzbischöflichen Residenz einzudringen, wo das Gefolge des Papstes untergebracht war, um von dort in die päpstliche Wohnung zu gelangen. Renato Boccardo fürchtete in erster Linie keinen Froschmann, der sich im Schwimmbad der Residenz des Kölner Bischofs verbergen könnte, sondern eine Unzahl von Bittstellern, Priestern, Laien, Ordensleuten, verzweifelten, betrogenen, enttäuschten Menschen mit einer Flut von Bittbriefen, die bereit wären, jede Absperrung zu durchbrechen, um dem Papst ihr Leid zu schildern oder wenigstens ihm einen Brief zuzustecken, als könne der Nachfolger Petri persönlich alle Probleme der Welt lösen. Diese Menschen fürchtete Renato Boccardo.

Für den Reisechef begann die Vorbereitung der Papstreise mit der Wahl des Flughafens. Wenn der Papst in der päpstlichen Sommerresidenz in Castelgandolfo wohnte, schien es logisch, vom nahe gelegenen Flughafen Ciampino abzufliegen statt vom viel weiter entfernten Großflughafen Fiumicino. Nach der Landung musste Renato Boccardo sichergehen, dass die deutsche Seite auch wirklich verstanden hatte, dass der Papst einen geeigneten Fahrstuhl brauchte, um das Flugzeug auf seinem Thronstuhl verlassen zu können. Während der apostolischen Reise in die Slowakei vom 11. bis zum 14. September

2003 war das gründlich schief gegangen, die Organisatoren vor Ort hatten nicht verstanden, dass ein geeigneter Fahrstuhl herangeschafft werden musste. Der päpstliche Thron wurde schließlich mitsamt Papst mit Hilfe eines Gabelstaplers in das Flugzeug verfrachtet. Das war ein sehr unwürdiges Bild. Und so etwas wenn irgend möglich zu vermeiden, dafür war Renato Boccardo jetzt verantwortlich.

Renato Boccardos Schicksal war es, in einer Zeit das Amt des Reisechefs zu übernehmen, in der Johannes Paul II., den die Zeitungen der Welt den Marathonmann Gottes genannt hatten, nur noch sehr, sehr kleine Schritte gehen konnte. Und jeder einzelne Schritt, jedes einzelne Mal, wenn der Papst seinen Stuhl verlassen musste, aufstehen oder auf einen anderen Stuhl geschoben werden musste, diese Kleinigkeiten beunruhigten Renato Boccardo. Aber ich bin mir sicher, dass sowohl Bischof Boccardo als auch alle anderen Verantwortlichen des Vatikans sehr froh waren, dem Papst diesen Besuch in Deutschland noch zu ermöglichen.

Die Vorsehung hat es gut gefügt, dass er in das Land noch einmal zurückkehren wollte, dessen Schicksal so eng mit seinem eigenen verbunden war. Niemand in Deutschland hätte im Jahr seiner Wahl 1978 geglaubt, dass noch während seines Pontifikates Deutschland wiedervereinigt werden würde und es diesem Papst vergönnt sein würde, mit Helmut Kohl durch das Brandenburger Tor zu gehen. »Ohne Sie, Heiliger Vater, wäre die Berliner Mauer sehr viel später gefallen«, sagte Michail Gorbatschow während des Besuchs im Vatikan am 1. Dezember 1989. Im Sommer des Jahres 2005 sollte sich dieser Papst auch aufmachen, um sich von diesem Land, das die Folgen des Wirkens von Karol Wojtyla so dramatisch und so glücklich erlebt hatte, zu verabschieden. Und auf den härtesten Job, den Deutschland zwischen dem 18. und 21. August 2005 zu vergeben hatte, auf den bereitete sich ein Bischof im Vatikan vor: Exzellenz Renato Boccardo.

Epilog

Mein Chef hatte mich nach Umbrien geschickt, für die klassische »Nachdrehe«. Wie erging es den Erdbebenopfern, die seit dem September 1997 in Notunterkünften hausen mussten, weil der Aufbau der zerstörten Dörfer und Städte so langsam voranschritt?

Die Reportage war eine Routinesache, nichts Besonderes. Auf dem Rückweg überfiel mich wie immer der Wunsch, irgendein Mitbringsel zu kaufen. Ich dachte an Steinpilze, Wein oder irgendeine hausgemachte Nudelsoße, damit ich mir einreden konnte, davon profitiert zu haben, bis nach Umbrien gefahren zu sein.

Am Straßenrand entdeckte ich plötzlich ein Schild von einem Bauernhof, der in der Nähe liegen sollte und für hausgemachte Lebensmittel warb. Also bog ich ab. Der Wagen rumpelte über einen üblen Feldweg, und ich hatte das Gefühl, die Ölwanne hätte aufgesetzt. Ich bedauerte schon, für ein Glas Nudelsoße meinen Wagen kaputtzufahren, aber dann tauchte ein kleines, hell erleuchtetes Steinhaus auf. Ich fuhr vor und stieg aus. Es war niemand zu sehen.

Der Abend senkte sich über die Hügel, Gänse und Enten stolzierten über den Hof, hinter einer Abzäunung grasten friedlich Esel, die wie Spielzeugtiere aussahen, irgendwo gackerten Hühner. Auf einem Tisch waren noch Gläser und Dosen mit Lebensmitteln aufgebaut. Ich sah mir die Gläser an und entschied mich für Leberpastete. Plötzlich sprang die Tür auf, und ein schmaler, braungebrannter Mann mit kurz geschnittenem Haar kam heraus. Er stellte sich hinter die Dosen, und ich sagte ihm, was ich wollte. Er sah mich erstaunt an, zunächst dachte ich, dass ich mir beim Tanken irgendeinen Schmutz ins Gesicht geschmiert hatte und irgendwie entstellt aussah. Er schaute mich an, als wollte er sich mein Gesicht einprägen. Seine Augen tasteten jede Falte ab. Ich schaute mir unterdessen sekundenlang irritiert die Beschriftungen auf den Gläsern an, während die Metalldeckel in der Abendsonne golden glänzten.

Dann sagte er plötzlich: »Hallo, Andreas!«

Woher kannte er meinen Namen?

Ich sah ihn mir genauer an: Er trug eine ausgebeulte Cordhose, ein leicht zerrissenes Flanellhemd und hatte vom Wetter gegerbte Haut. Er sah aus, als arbeite er viel im Garten. Ich blickte ihm in die Augen, aber erkannte ihn zunächst nicht.

»Ich war vor 15 Jahren ein geweihter katholischer Priester. Ich hab dich kennen gelernt, als du noch am Kolosseum gewohnt hast.«

Jetzt erinnerte ich mich an ihn.

Er hatte inzwischen sein Zuhause im tiefsten Umbrien gefunden, zwischen Zwergeseln und Hühnern. Er hatte auch ein paar Gästezimmer, und so beschloss ich, über Nacht zu bleiben. Wir saßen noch lange auf seiner Terrasse zusammen. Die Sonne verglühte hinter dieser Landschaft, die so wirkt, als habe Gott sie mit den riesigen Fingern seiner Hand besonders liebevoll modelliert.

»Ich habe es nicht geschafft, wie du siehst. Ich konnte nicht Priester bleiben, ich habe einen Fehler gemacht. Ich hätte mir vorher klar machen müssen, dass ich nicht mein Leben lang keusch bleiben kann, weil ich es in meinem tiefsten Inneren nie sein wollte.«

»Ich hab dir viel zu verdanken«, sagte ich ihm. »Du hast mir damals viele Türen im Vatikan aufgestoßen. Wenn du mir nicht all diese Priester vorgestellt hättest, wäre ich niemals so weit gekommen.«

»War es schlimm, all die Jahre im Vatikan?«, fragte er.

»Im Gegenteil, es war eine wunderschöne Zeit bisher, ich habe sehr viel gelernt. Vor allem habe ich gelernt, wie wenig ich wusste, als ich meinen Job als Vatikanreporter angefangen habe.«

Er schwieg eine Weile, dann sagte er: »Und? Was denkst du jetzt über diesen Papst?«

»Ich bin da wenig objektiv«, sagte ich. »Ich glaube, du musst jemand anderen fragen.«

»Ich frage aber dich ganz persönlich. Hat sich deine Meinung geändert?«

»Er hat nichts. Er hat nur seine leeren Hände. Ich habe geglaubt, dass er eine Majestät ist, die die undurchsichtige Machtmaschine des Vatikans regiert, aber ich habe mich geirrt. Er ist nur ein Mann, der sich selbst für völlig unbedeutend hält, und die Welt steht staunend vor ihm, weil er die Courage hat zu sagen: ›Ich komme im Namen des Herrn.‹ Ich habe ihm ein enormes Geschenk zu verdanken.«

»Und was ist das?«

»Ich bin nicht mehr allein. Ich fühle, dass der Mann aus Nazareth sein Versprechen wahr macht: Ich werde bei euch sein alle Tage, bis an das Ende der Zeit. Verstehst du? Ich weiß nicht, ob Gott existiert, aber die Worte des Manns aus Nazareth werde ich nie wieder vergessen können.«

»Glaubst du inzwischen an Gott?«

»Ich glaube, dass ich mich bis an das Ende meiner Tage fragen werde: Existiert Gott? Ich kenne die Antwort nicht. Aber ich habe erlebt, ich habe mit eigenen Augen gesehen, dass ein Mann um die Welt gezogen ist, der nichts hatte außer seiner immer schwächer werdenden Stimme, und weder die Kanonen Moskaus noch die Kampagnen gegen ihn haben etwas vermocht.« Es entstand eine Pause.

»Der Mann aus Nazareth hatte auch nichts, aber er hat die Welt verändert. Ich glaube, dass der Papst und der Handwerkersohn aus Nazareth eines gemeinsam haben: Die Menschen haben ihnen geglaubt. Sie haben ihnen abgenommen, dass sie für ihren Herrn und Gott alles, was sie haben, auch geben.«

ZEITTAFEL

18. Mai 1920:	Geburt von Karol Josef Wojtyla, dem zweiten Sohn von Emilia Kaczorowska und Karol Wojtyla, einem Unteroffizier des 56. österreichisch-ungarischen Infanterie-Regiments; in Wadowice (Polen).
20. Juni 1920:	Taufe in der Kirche der Heiligen Jungfrau Maria in Wadowice.
15. September 1926:	Eintritt in die Grundschule Marcin Wadowita in der Mickiewiczstraße, Wadowice.
13. April 1929:	Tod seiner Mutter Emilia nach langer Krankheit.
5. Dezember 1932:	Tod seines Bruders Edmund; der Arzt stirbt im Alter von nur 26 Jahren.
27. Mai 1938:	Abitur mit der Bestnote in allen Fächern.
August 1938:	Übersiedlung von Vater und Sohn nach Krakau. Aufnahme des Studiums der Literatur.
Februar 1939:	Eintritt in die Theater- und Intellektuellengruppe *Studio 38*; Wojtyla nimmt an mehreren Aufführungen teil und inszeniert selbst einige Theaterstücke.
Juli 1939:	Teilnahme an einem militärischen Lager für Studenten bei Lemberg in der heutigen Ukraine.

September 1940:	Annahme einer Arbeit im Steinbruch Zakrzowek, um nicht zur Zwangsarbeit nach Deutschland deportiert zu werden.
18. Februar 1941:	Tod seines Vaters.
23. Mai 1941:	Die Gestapo verhaftet die Priester der Pfarrei in Krakau, zu der Wojtyla gehört.
Herbst 1941:	Eintritt in ein Priesterseminar, das im Untergrund organisiert wird.
29. Februar 1944:	Ein Lastwagen der deutschen Wehrmacht fährt Wojtyla an, der Kopfverletzungen erleidet und lange im Krankenhaus liegen muss.
1. November 1946:	Bischof Adam Sapieha von Krakau weiht Wojtyla zum Priester.
5. November 1946:	Um sein Studium zu vervollständigen, reist Wojtyla nach Rom. Ab dem 26. November 1946 studiert er im Angelicum, eine von Dominikanern geleitete Universität.
14. Juni 1948:	Abschluss des Philosophie-Studiums.
24. Oktober 1948:	Abschluss des Studiums der Theologie; Doctor Sacrae Theologiae.
1. Dezember 1956:	Dozent für Ethik an der Universität Lublin; das Amt behält Wojtyla bis zu seiner Wahl zum Papst.
4. Juli 1958:	Papst Pius XII. ernennt Wojtyla zum Weihbischof von Krakau.
28. September 1958:	Auf Betreiben von Pius XII. wird Wojtyla zum jüngsten Bischof Polens geweiht. Er wählt das Motto *Totus Tuus (Ganz dein, o Maria)* im Wappen, das er auch als Papst beibehält.
1. Januar 1960:	Veröffentlichung des Theaterstücks *Die*

	Werkstatt des Goldschmieds unter dem Pseudonym Stanislaw Andrzej Grada.
Frühjahr 1962:	Teilnahme am Zweiten Vatikanischen Konzil; Wojtyla arbeitet vor allem an Texten zu den Themen *Würde des Menschen, Familie* und *Ökumene*. Sein Engagement trägt ihm einen Sitz in der Arbeitsgruppe ein, die das *Schema 13* bearbeitet, die künftige Pastoral-Konstitution des Konzils, die unter dem Namen *Gaudium et Spes* (Freude und Hoffnung) veröffentlicht wird.
8. März 1964:	Ernennung zum Erzbischof von Krakau und somit zum zweitwichtigsten Kirchenmann Polens nach Kardinal Stefan Wyszynski.
28. Juni 1967:	Erhalt des Titels Kardinal.
16. Oktober 1978:	Karol Wojtyla wird zum Papst gewählt. Johannes Paul II. ist der erste slawische Papst der Geschichte und der erste nichtitalienische Papst seit dem aus Utrecht stammenden Flamen Hadrian VI. (1459 bis 1523).
24. Januar 1979:	Besuch des sowjetischen Außenministers Andrej Gromyko im Vatikan. Es beginnt ein zähes Ringen des Papstes mit den Herrschern im Sowjetreich.
26. Januar 1979:	Die erste Auslandsreise des neuen Papstes führt nach Mexiko.
15. November 1980:	Erster Deutschland-Besuch.
16. Dezember 1980:	Brief an Leonid Breschnew zur Verteidigung der Souveränität Polens, worauf Breschnew die bevorstehende Invasion Polens untersagt.

13. Mai 1981:	Mehmet Alì Agca schießt auf dem Petersplatz auf den Papst und verletzt ihn lebensgefährlich.
22. Juli 1981:	Agca wird zu lebenslanger Haft verurteilt.
19. August 1985:	Als erster Papst der Geschichte hält Johannes Paul II. in Casablanca/Marokko vor mehr als 80 000 Moslems eine an die Moslems gerichtete Ansprache.
13. April 1986:	Johannes Paul II. ist der erste Papst, der eine Synagoge (in Rom) besucht.
27. Oktober 1986:	Trotz heftiger Proteste feiert der Papst in Assisi den Weltfriedenstag mit den Oberhäuptern zahlreicher Religionen. Manche Kurienkardinäle meinen, dass dadurch der Anspruch der katholischen Kirche, die einzig selig machende Kirche Jesu Christi zu sein, verwässert werde.
30. Juni 1988:	Exkommunion des ultrakonservativen Bischofs Marcel Lefebvre.
1. Dezember 1989:	Als einziger KPdSU-Generalsekretär wird Michael Gorbatschow vom Papst empfangen.
15. Juli 1992:	Schwere Darmoperation; angebliche Krebserkrankung.
7. Dezember 1992:	Der neue Katechismus der katholischen Kirche wird vorgestellt.
29. April 1994:	Nach einem Sturz erhält der Papst ein künstliches Hüftgelenk.
30. Mai 1994:	Endgültige Ablehnung des Frauenpriestertums durch Apostolisches Schreiben.
29. September 1994:	Nach Vorstellung des israelischen Botschafters im Vatikan erkennt der Kirchenstaat fortan den Staat Israel vorbehaltlos an.

9. Dezember 1994:	Das amerikanische Nachrichtenmagazin »Time« erklärt den Papst zum *Mann des Jahres*.
15. Januar 1995:	Etwa 3,2 Millionen Gläubige nehmen als größte jemals versammelte Menschenmasse an der Papstmesse in Manila/Philippinen teil.
25. Mai 1995:	Veröffentlichung der Enzyklika *Ut unum sint (Sie mögen eins sein)*, die ein neues Kapitel der Aussöhnung der Kirchen einleitet.
16. März 1998:	Mit *Nachdenken über die Shoa* erkennt der Vatikan die Mitschuld der Christen, nicht jedoch der Kirche am Holocaust an.
25. Juni 1998:	Die *Gemeinsame Erklärung zur Rechtfertigungslehre* bekundet den Beginn der Aussöhnung mit den Lutherischen Kirchen.
2. März 2000:	*Mea culpa* der Kirche für Verfehlungen in den Glaubenskriegen, der Inquisition und der Judenverfolgung.
26. März 2000:	Johannes Paul II. bittet das Volk der Juden um Vergebung nach gemeinsamem Gebet mit Rabbinern an der Klagemauer.
6. Mai 2001:	Erstes Gebet eines Papstes in einer Moschee (Omajjaden-Moschee/Damaskus, am Grab Johannes des Täufers).
18. Mai 2003:	Offizielle Bestätigung der Parkinson-Erkrankung des Papstes an seinem 83. Geburtstag.
5. Juni 2003:	Papst Johannes Paul II. tritt seine 100. Auslandsreise an, sie führt ihn nach Kroatien.

16. Oktober 2003:	25-jähriges Jubiläum der Wahl Karol Wojtylas zum Papst. Während seines Pontifikats besuchte Johannes Paul II. mehr als 120 Länder auf über 100 Auslandsreisen und legte dabei mehr als 1,2 Millionen Kilometer zurück.
14./15. August 2003:	Papst Johannes Paul II. besucht Lourdes/Frankreich. Mehr als 200 000 Gläubige feiern den Papst. Direkt vor der Grotte, in der die Muttergottes erschienen sein soll, erleidet der Papst am 14. August einen Schwächeanfall und droht von der Gebetsbank zu rutschen.
5./6. Juni 2004:	Der Papst besucht die Schweiz. Er nimmt in Bern am Tag der katholischen Jugend teil. Die Veranstaltung gilt als Generalprobe für den Weltjugendtag am 18. August 2005 in Köln.
17. Oktober 2004:	Johannes Paul II. eröffnet das Jahr der Eucharistie mit dem 40. apostolischen Brief »Mane nobiscum Domine« (Bleib bei uns Herr).
1. Februar 2005:	Der Papst wird nach einem Erstickungsanfall in das Krankenhaus Gemelli in Rom eingeliefert. Er bleibt bis zum 10. Februar, erleidet aber am 24. Februar einen Rückfall und muss operiert werden. Ein Luftröhrenschnitt erleichtert ihm nun das Atmen.
2. April 2005:	Um 21.37 Uhr stirbt Papst Johannes Paul II. in seinen Privatgemächern.

Personenregister

Abdullah II. (König von Jordanien) 228, 262 ff.
Abraham 194 f., 283, 327, 330
Luigi Accattoli 41
Vasile Aftenie 116 f.
Alì Agca 36 f., 300 f., 376
Alexi II. (Patriarch von Moskau) 99, 123, 158 f., 342
Alfonso, Herzog von Bisceglie 29
Avelino de Almeida 302 ff.
Giulio Andreotti 40, 174, 238
Yuri Andropow 157, 167
Kofi Annan 312
Yassir Arafat 254, 260 f., 267, 269 f., 283, 285
Kiko Argüello 279
Baschar el-Assad 316 f., 321 f., 330 f.
Hafez el-Assad 324
Athenagoras (Patriarch von Konstantinopel) 11, 98 f., 100
Tarek Aziz 312 f.
Jose Maria Aznar 312

Ehud Barak 265, 275 f.
Bruno Bartoloni 160, 229
Voivoda Costantin Serban Basarab 101 f.
David Beckham 375 f.
Ciro Benedettini 232 f.
Silvio Berlusconi 24, 69, 175
Raphael Bidawid 318
Amba Bishoi 210

Jim Bitterman 234
Albino Bizzotto 378
Chaim Blaumuth 145 f.
Renato Boccardo 399, 405 ff., 412 ff.
Leonardo Boff 242, 244
Cesare Borgia 28
Lucrezia Borgia 29
Baget Bozzo 69
Marcantonio Bragadin 204 f.
Willy Brandt 142
Vik van Brantegem 414
Leonid Breschnew 11, 33 ff., 375
Dan Brown 381
Giordano Bruno 31
Michelangelo Buonarrotti 84
George Bush 201, 344
George W. Bush 340
Renato Buzzonetti 170

Roberto Calvi 174, 176
Ernesto Cardenal 241 ff.
Fernando Cardenal 242, 245
Giancarlo Castiglioni 386
George Carey 87
Juan Carlos Bourbon (König von Spanien) 57 ff., 226
Jimmy Carter 36
Edward Idris Cassidy 80, 88
Fidel Castro 11, 224 ff., 235 ff., 241, 246 ff., 252 f., 348
Michele Cerulario 91
Miguel de Cervantes 205

Jacques Chirac 325
Bill Clinton 226, 250, 337 ff.
Hillary Clinton 226
Marcantonio Colonna 204
Emil Constantinescu 94, 101, 103
Francesco Crucitti 301, 386

Godfried Danneels 169
Alighieri Dante 198
Maurizio Dickmann 45 f.
Salah ad Din (Saladin) 255, 313, 324
Diodoros (Patriarch) 290
Johannes Dyba 177 f., 181
Bob Dylan 179
Stanislaw Dziwisz 22, 38, 47 f., 129 ff., 301

Marek Edelmann 141 ff., 146
Adolf Eichmann 274
Elija (Prophet) 224
Miguel D'Escoto 242, 245
Alois Estermann 173

Joschka Fischer 312
Vicente Fox 340
Franz von Assisi 197 f., 257, 357

Galileo Galilei 214, 237
Mahatma Gandhi 151 ff., 279
Licio Gelli 175
Edward Gierek 33 f.
Jozef Glemp 39, 351
Joachim Gnilka 211, 277
Johann Wolfgang von Goethe 184
Michael Goldmann-Gileat 273 f.
Maria Paloma Gomez 50
Michail Gorbatschow 227, 376
Francesco Goria 40
Hans Hermann Groer 73

Andrej Gromyko 375
Che Guevara 251
Angelo Gugel 23
Gustavo Gutierrez 242

Roman Herzog 181
Adolf Hitler 33, 142, 254
Erich Honecker 35
Saddam Hussein 312 f., 318

Ferdinando Imposimato 36 f.

David Maria Jäger 258 ff.
Jakobus (Verfasser des Jakobusbriefs) 82
Wojciech Jaruzelski 35, 37 ff., 134
Johannes (Evangelist) 155, 194
Johannes der Täufer (Yaya Ben Zakariyah) 264, 329, 377
Erzherzog Josef 30
Menachem Pinchas Joskowicz 140 f.

Emilia Kaczorowska 25 f., 145 f., 373
Malek al Kamil 197
Stanislaw Kania 37
Hermann Kanzler 31
Katholikos Karekin II. 342
Walter Kasper 83 ff., 88, 207, 363
Sayed Mohammed Khatami 292, 313
Yezey Kichler 140, 143, 146
Jerzy Kluger 145
Manfred Kock 84 f.
Kaiser Konstantin 102, 342
Christian Krause 82, 87
Hans Küng 29, 32, 85
Ahmed Kuftoro 325
Leonid Danilowitsch Kutschma 57

Osama bin Laden 346
Marcel Lefebvre 74 ff., 376
Karl Lehmann 84, 178, 189
Wladimir Iljitsch Lenin 345
Gotthold Ephraim Lessing 324
Monica Lewinsky 250 f.
Ignatius von Loyola 85
Ludwig IX. (König von Frankreich) 198
Grigor Luisavorich 342
Lukas (Evangelist) 189
Martin Luther 75, 80 ff., 88, 215

Paul Marcinkus 175 f., 399 f., 407
Arturo Mari 23, 132, 225 f., 329
Piero Marini 160, 193, 282
Markus (Evangelist) 188, 217
Francesco Marto 294 f., 305
Giacinta Marto 294 f., 305
Matthäus (Evangelist) 211, 277, 293, 359, 370
Rabbi Melchior (späterer stellvertretender Außenminister von Israel) 285, 287, 289
Gladys Meza-Estermann 173
Adam Mickiewicz 68
Andrea Cordero Lanza di Montezemolo 243, 255 ff.
Mieczyslaw Mokrzycki 372
Moses 211, 218, 221, 224, 263
Humbert de Moyenmoutier 91
Hosni Mubarak 199 ff.
Benito Mussolini 32
Lala Mustafa 204 f.

Napoleon I. 30
Joaquin Navarro-Valls 40 f., 94, 96, 100, 170 ff., 176, 263, 314, 317, 321, 346 f., 365, 374, 394, 397, 405, 408 ff.

Nestorius, Bischof von Konstantinopel 210

Daniel Ortega 241, 243

Lucio Paciaroni 45 f.
Päpste
  Alexander VI. 29
  Benedikt XV. 363
  Benedikt XIV. 83
  Bonifazius VIII. (Benedetto Caetani) 198
  Celestinus V. 170
  Cölestin I. 210
  Gregor XVI. 30
  Hadrian VI. 133, 375
  Johannes XXIII. 67, 146, 254, 295, 309, 363
  Johannes Paul I. 67, 173 f., 363
  Klemens V. 381
  Klemens VI. 257
  Klemens XIV. 30
  Leo IX. 91
  Leo XII. 30
  Leo XIII. 31, 363, 367, 396
  Paul VI. (Giovanni Battista Montini) 67, 100, 182, 210, 215, 264, 309, 357, 363
  Pius V. 204, 206
  Pius VII. 30, 67
  Pius VIII. 30
  Pius IX. 31, 325, 367
  Pius X. 363
  Pius XI. 32, 79, 363
  Pius XII. (Eugenio Pacelli) 33, 235, 254, 274, 363, 374
Ajit Panja 149
Ali Pascha 205
Paulus (Apostel) 19, 315 ff.

Petrus (Simon bar-Jonas) 23, 29, 70, 93, 99, 170, 218, 261, 280 ff., 367
Augusto Pinochet 187, 248, 316
Reginald Pole 83
Marco Politi 375
Wanda Poltawska 357
Jerzy Popieluszko 39
Kardinal Paul Poupard 214
Janis Pujats 370
Vinko Puljic 363

Raffael 84
Victoire Rasoamanarivo 307
Joseph Ratzinger 78, 83, 86 ff., 122, 180, 196, 212, 214, 242, 310 f., 328, 361
Ronald Reagan 11
Leandra Rebollo 307
Oscar Romero 242
Donald Rumsfeld 312

Michel Sabbah 266
Ekrima Said Sabri 285
Afif E. Safieh 260
Lucia Dos Santos 294 ff., 303, 305, 310 f., 343
Adam Stefan Sapieha 26 f., 374
Eduard Ambrosewitsch Schewardnadse 156, 158
Heraclius Georgiewisch Schiolaschwili (Elias II) 148, 158 ff., 176, 194

Helmut Schmidt 36
Shenouda III. 209 ff., 217
Klara Sietmann 183 ff.
Angelo Sodano 307, 309, 361
Steven Spielberg 381
Costantin Stephanopoulos 314

Scheich Taysir Tamimi 285
Großscheich Tantawi 206 ff.
Jean-Louis Tauran 251
Teoktist (Patriarch) 94, 98 f., 110, 118, 121 ff.
Kaiserin Maria Theresa 30
Mutter Theresa 183
Tiridates III. 342
Torkom (Patriarch) 291
Cederic Tornay 172 f.
Wiktor S. Tschernomyrdin 57
Kardinal Roberto Tucci 132, 329, 374, 394, 397, 405, 409 f., 412

Lech Walesa 35, 38 f.
Abraham Weiss 286
Edmund Wojtyla 26, 373
Karol Wojtyla (Vater von Johannes Paul II.) 25 f., 145 f., 373
Kardinal Stefan Wyszynski 190, 375

David Yallop 379
Kaiser Zenon 158 f.

Die Lebenserinnerungen des bedeutendsten Sinfonikers der Moderne

Der große russische Komponist Dmitri Schostakowitsch erweist sich in seinen Memoiren als begnadeter Autobiograph: Selten bietet das Lebensbekenntnis eines Künstlers ein so aufrüttelndes, spannendes und zugleich amüsantes Lebensabenteuer. Mit Ehrfurcht und Wärme erzählt er von seinen großen Lehrern und Vorbildern. Und mit beißender Ironie geißelt er den repressiven Kulturbetrieb der Stalin-Ära, in der er mit höchsten Ehrungen, aber auch mit wildesten Schmähungen bedacht wurde. Ein kulturgeschichtliches Zeugnis ersten Ranges.

»Ein einzigartiges Zeitdokument.«
Berliner Lesezeichen

Solomon Wolkow (Hg.)
Die Memoiren des Dmitri Schostakowitsch

Mit zahlreichen Abbildungen

List Taschenbuch

Das Mädchen Anne Frank

Wer war Anne Frank? Wie verbrachte sie ihre Kindheit? Wie war es möglich, daß sie, fast noch ein Kind, jenes Zeugnis von Menschlichkeit und Toleranz verfaßte, für das sie berühmt wurde? Melissa Müller ist diesen Fragen nachgegangen und hat mit ihrer Entdeckung der fünf geheimgehaltenen Tagebuchseiten das Bild der Anne Frank um wesentliche Facetten erweitert.

»Die bisher gründlichste Biographie der Anne Frank.«
FAZ

»Eine ausführliche und fesselnde Biographie, die ein Leben würdigt, das wir eigentlich zu kennen glaubten.«
Newsweek

»Eine erzählerisch starke und souveräne Verknüpfung biographischer und historischer Details.«
Times

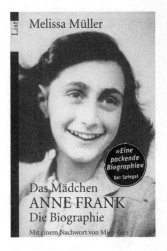

Melissa Müller

Das Mädchen Anne Frank

Die Biographie

List Taschenbuch

»Ein köstliches Buch – fabelhaft.«
Augsburger Allgemeine

Ein ebenso geistreicher wie witziger Bildungsratgeber, in dem jenes Wissen vermittelt wird, das wir wirklich brauchen. Neben Einführungen in die Kunst, Musik, Literatur und Philosophie lernen wir vor allem jede Menge über die Kunst, gut zu leben.

»Gescheitheit; die Fähigkeit, sich kurz zu fassen; eine umfassende Bildung; großer Fleiß; ungeheure Chuzpe – über all das verfügt der Exdiplomat und Exkorrespondent der *FAZ* Jörg von Uthmann in beneidenswertem Maße.«
Die Zeit

Jörg von Uthmann
Bildung für alle Lebenslagen

Alles, was man wissen muss, um ein Mann oder eine Frau von Welt zu werden

ULLSTEIN TASCHENBUCH

»Ein großer historischer Rückblick – und ein politisches Buch von hoher Aktualität«
NDR

Peter Glotz, der als Kind selbst aus dem Sudetenland vertrieben wurde, erzählt am Beispiel Böhmens von der Vertreibung der Deutschen am Ende des Zweiten Weltkriegs. Sein Buch ist eine ebenso genaue wie erschütternde Darstellung des Unrechts und Leids, die ein seit 1848 entfesselter Nationalismus verursacht hat.
Der Fall Böhmen zeigt: Jede Vertreibung ist ein Verbrechen gegen die Menschenrechte.

»Sehr lesenswert«
Frankfurter Allgemeine Sonntagszeitung

Peter Glotz
Die Vertreibung
Böhmen als Lehrstück

ULLSTEIN TASCHENBUCH

»*Ein großartiges Buch über einen
großartigen Mann*« Bild

Willy Brandt war einer der bedeutendsten und zugleich populärsten Kanzler der Bundesrepublik. Wie nur wenige hat er das politische Klima in unserem Land geprägt. Mit dieser ersten großen Biographie gelang dem Historiker Gregor Schöllgen ein einzigartiges Porträt des Menschen und eine kritische Würdigung des Politikers Willy Brandt.

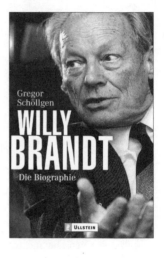

»Schöllgen zeichnet die ganze Widersprüchlichkeit Willy Brandts nach.«
Neue Zürcher Zeitung

»Ein ausgewogenes, akribisch recherchiertes und gut lesbares Werk.«
Financial Times Deutschland

Gregor Schöllgen
Willy Brandt
Die Biographie
Mit zahlreichen Abbildungen

ULLSTEIN TASCHENBUCH